BI-YÄN-LU

2. BAND

BI-YÄN-LU

Meister Yüan-wu's
Niederschrift
von der
Smaragdenen Felswand

verfaßt
auf dem Djia-schan
bei Li in Hunan
zwischen 1111 und 1115
im Druck erschienen
in Sïtschuan
um 1300

verdeutscht und erläutert
von
Wilhelm Gundert

2. Band

Carl Hanser Verlag

Kapitel 34-50

Dieses Werk erscheint in der Reihe von Übersetzungen asiatischer Literaturen, die durch die United Nations Educational, Scientific and Cultural Organization (UNESCO) im Rahmen ihres Hauptprogramms zur weiteren Verständigung zwischen Ost und West gefördert wird.

Dem Andenken

des großen Zen-Deuters

SUZUKI TEITARO DAISETSU

gewidmet

Zum Geleit

Als ich gegen Ende der fünfziger Jahre die Übersetzung des Bi-yän-lu bis zum 33. Kapitel gefördert hatte, schien es mir mit Rücksicht auf mein Alter geraten, dieses erste Drittel der Beispielsammlung auf alle Fälle in den Druck zu geben. Im September 1960 konnte es erscheinen. Inzwischen ist mir die Arbeitskraft noch über das achtzigste Lebensjahr hinaus erhalten geblieben, so daß mit Einschluß dieser zweiten Folge, welche bis Kapitel 50 geht, nun wenigstens die erste Hälfte dieser Haupturkunde der chinesischen Zen-Bewegung lückenlos in deutscher Sprache vorliegt.
Dieser zweite Band schließt also an den ersten ohne Unterbrechung an. Auf das 33. Kapitel in Band 1 folgt hier das 34. Kapitel. Es treten wieder Meister auf, die uns vom 1. Band bereits bekannt sind, Yün-mën Wën-yän sogar dreimal, offensichtlich Liebling des Veranstalters der Sammlung Hsüä-dou Dschung-hsiän, dann auch Nan-tjüan, Dschau-dschou, Djing-tjing. Doch überwiegt die Zahl der neuen. Kapitel 43 bringt erstmals ein eigenes Beispiel von dem schon oft erwähnten Dung-schan Liang-djiä (Tô-zan Ryô-kai), dem Vater der für Japan wichtigen Sôtô-Schule; Kapitel 38 führt den souveränen Fëng-hsüä ein. Und neben den berufenen Meistern sprechen auch »Privatstudierte«, d. h. Laienanhänger, wie Pang und Wang, gewichtige Worte.

In der Wahl des deutschen Ausdrucks für den Grundtext ist der Übersetzer sich im allgemeinen treu geblieben, hat aber durch die Arbeit selbst noch mancherlei dazugelernt. Einem kritischen Betrachter wird es deshalb leicht sein, dieser Übersetzung Ungleichheiten nachzuweisen, und das nicht nur in der Terminologie, sondern auch bisweilen im Verständnis wichtiger Begriffe. Wer bedenkt, wie unsere Bibelexegetik sich noch heute um das richtige Verständnis der hebräischen und griechischen Texte bemühen muß, und wie auch Platon oder Aristoteles unseren Philologen manche harte Nuß zu knacken geben, wird den ersten tastenden Versuchen abendländischer Forschung auf dem bisher kaum beachteten Gebiet des Schrifttums der chinesischen Zen-Bewegung ein gewisses Maß von Nachsicht nicht versagen.
Dem Übersetzer selbst ist freilich solche Nachsicht nicht gestattet, und zwar um so weniger, je mehr er sich der ständigen Gefahr des Irrtums ausgesetzt weiß. Ihm gilt die altbewährte Übersetzungsregel: so treu wie möglich, so frei wie nötig. Ihre Weisheit ist uns schon an Cicero, Caesar und Tacitus aufgegangen, ganz deutlich aber erst an den chinesischen Texten. An ihnen zeigt sich, daß gerade eine treue Übersetzung völlig frei sein muß. Da steht ein Zeichen um das andere, starr, lapidar und doch mit Ausstrahlung nach vor- und rückwärts, von Beziehungen umwittert, die der Zusammenhang zwar zu verstehen gibt, die aber äußerlich durch keinen Artikel, keine Angabe von Einzahl oder Mehrzahl,

von Deklinations- oder Konjugationsendungen abzulesen sind. Da stehen, ein ganz primitives Beispiel, etwa die drei Zeichen »wu tai schan«, d. h.: fünf – erhöhte Fläche – Berg. Ein englischer Übersetzer macht daraus: »the Five Terraces Mountain«. Gemeint ist aber nicht *ein* Berg mit fünf Terrassen, sondern die berühmten Fünf Tafelberge im Norden der Provinz Schansi. Droht dem Übersetzer so schon bei Realien, welche er bei etwas Nachforschung erkunden kann, Gefahr, wieviel mehr, wenn es um geistige Zusammenhänge zartester und feinster Art geht. Hier muß er erst einmal den Satz, der ihm vor Augen liegt, gründlich verstanden haben, ehe er beginnt zu übersetzen. Dann erst mag er sehen, wie er, was der Schreiber meint, treu in seiner eigenen Muttersprache wiedergibt. Dabei muß er über all die reichen Möglichkeiten, die sein indoeuropäisches Deutsch ihm bietet (und die der chinesische Schriftsteller zur Verständlichmachung gar nicht braucht) frei verfügen können; aber dies nicht, um zu faseln, sondern einfach so zu reden, wie der Autor, wäre er des Deutschen mächtig, reden müßte.
So gesehen, ist Übersetzung allerdings ein kühnes Unterfangen. Und das um so mehr, als es sich in diesem Buch um eine Sache handelt, die nach dem einstimmigen Zeugnis ihrer Wortführer mit Worten überhaupt nicht zu beschreiben ist. Und dies bedeutet wiederum doch nicht, daß es auf die Worte, die man hier verwendet, etwa nicht so sehr ankomme, sondern im Gegenteil, daß man mit einem einzigen ungeschickten Wort den Blick in das Dahinterliegende verdecken kann.
Ich muß hier ganz persönlich an mich selbst die Frage richten: Woher nehme ich mir überhaupt das Recht, mich an einen Text heranzuwagen, der solch Geheimnisvolles in sich schließt? Es hat mich dazu niemand aufgefordert, noch weniger autorisiert. Sollte ich das nicht viel eher einem echten Zen-Mann überlassen, dem legitimierten Schüler eines anerkannten Meisters, geübt im Sitzen und in allen Fragen gründlich unterrichtet?
Es ist mir selbst ein Rätsel, wie das ganze Leben. Doch läßt sich einiges zu einer Art Erklärung anführen. Ich stamme aus dem schwäbischen Pietismus, meine Eltern sind beide in Indien geboren, Kinder baslerischer Missionare. Ich studierte Theologie und Philosophie in Tübingen und Halle bei bedeutenden und gottesfürchtigen Lehrern, trat in den Kirchendienst, ging aber bald, zum Pfarramt erst halb ausgereift, mit 26 Jahren als freier Missionar nach Japan. Dort war mein nächstes Ziel, erst einmal den Japanern ein Japaner zu werden, zu leben wie sie, zu sprechen wie sie; und das erste nachhaltige Erlebnis war die innige Verbindung mit dem zwanzig Jahre älteren, bedeutenden und ganz selbständigen Kämpfer für das Evangelium Uchimura Kanzô, vor dessen geistiger Wucht und weitreichendem Einfluß mir mein missionarisches Vorhaben gar bald etwas fragwürdig zu erscheinen begann. Nur lernen, was es hier zu lernen gibt, und dienend helfen da, wo ich als Deutscher wirklich helfen kann, war schließlich alles, was am Ende von dem etwas stolzen Missionarsvorhaben übrigblieb.

Ein fünfjähriger Aufenthalt in ländlicher Umgebung brachte mich erstmals in nähere Berührung mit japanischem Buddhismus. Gelesen hatte ich darüber bisher nur die gute Einführung in den Mahâyâna-Buddhismus (Daijô Bukkyô Hyakuwa) von Katô Totsudô. In den Dörfern jenes flachen Reislandes herrschte unumstritten der Glaube an den Buddha unermeßlichen Lebens und Lichtes, den sündige Menschen nur im Vertrauen anzurufen brauchen, um von ihm mit dem Tode in die Seligkeit seines »Reinen Landes« oder Paradieses aufgenommen zu werden. Ich sah die Menge in den Tempeln sich versammeln, bewunderte die volksnahe, mitleidsvolle Beredsamkeit der Priester und war ergriffen, wenn am Ende die ganze kniende Versammlung sich verneigte, um mit flach zusammengelegten Händen einzustimmen in den viele Male wiederholten Anruf: »Namu Amida Butsu, Namu Amida Butsu.« Ein junger Bauer, durch Uchimura's Einfluß gläubiger Christ geworden, erzählte mir von seiner Mutter. Sie habe ihm gesagt: »Ganz gewiß ist der Herr Jesus ein sehr guter Mann gewesen, und ich habe nichts dagegen, wenn du an ihn glaubst. Aber mir genügt es völlig, den Herrn Amida anzurufen; das hat mir bisher in aller Not geholfen, damit will ich auch sterben.« Mir stand es fest: hier ist Gott und sein Erbarmen ebenso am Werk gewesen wie in Palästina und im Römischen Reich. Während eines kurzen Heimataufenthaltes erzählte ich es meinem einstigen theologischen Lehrer. »Wer ist denn dieser Amida?« fragte er zurück. Ich war verlegen, denn es gibt darüber keine deutlichen historischen Daten. »Also eine Phantasterei!« Damit beschloß der so verehrte Lehrer diese Diskussion; und Jahre später erst ging mir auf, daß mein Weg sich damit von dem seinigen geschieden hatte.

Inzwischen brach der Erste Weltkrieg aus, und ich sah mich genötigt, an einer höheren Schule im japanischen Südwesten ein Lehramt für Deutsch zu übernehmen. Hier nahm ein Kollege mich zu Zen-Vorträgen mit. Ein angesehener Meister aus der Sôtô-Schule legte eine chinesische Kôan-Sammlung aus, die »Niederschrift aus der (Klause zur) Gelassenheit« (Tsung-yung-lu, japanisch Shôyô-roku). Es war sprachlich für mich noch zu hoch, obwohl ich sonst Vorträgen ohne große Mühe folgen konnte. Ich merkte, daß man im japanischen Zen den Wortschatz der chinesischen Meister einfach übernimmt, ihn nach der angeborenen Sprechgewohnheit eigenwillig umformt und so in das japanische Satzgefüge einbaut. Um hier mitzukommen, bedurfte es noch vieler Vorarbeit. Dennoch blieb schon damals mir ein starker Eindruck von der geistigen Höhe dieses Meisters. Es schien mir im letzten Grund derselbe Geist, wie ich ihn bei den Verkündern der Erlösung durch Amida Buddha verspürt hatte, nur mit dem Unterschied, daß es hier auf solche Namen überhaupt nicht ankam, sondern darauf, daß die Tatsache des Erlöstseins selbst ohne Stütze und Begründung aus dem tiefsten Herzensgrunde einfach eines Tages aufstieg. Von hier gesehen erschien der Amida-Glaube wie ein tröstliches Bild, das man sich mittels eines Nagels an die Wand hängt, ohne zu bedenken, daß es für ein solches Innerlichstes keine Wand gibt, um es vor sich aufzuhängen.

Das alles waren Eindrücke der ersten fünfzehn Jahre. Sie bewirkten eine Umwälzung in meinem Denken und führten mich vom Wege der Belehrung und Bekehrung ab auf den des Lernens und der Forschung. Die nächsten fünfzehn Jahre galten der Vertiefung in die Sprache, Dichtung, Religionen, die Kultur und die politische Geschichte Japans, wobei sich immer stärker die Bedeutung der chinesischen Kultur und Sprache für das Inselvolk heraushob. Dann kam der Auftrag, das erworbene Wissensgut an einer deutschen Universität als akademischer Lehrer zu verwerten – leider zu einer Zeit, die stiller Forschung wenig günstig war und in den Zweiten Weltkrieg auslief.

Erst mit der Entbindung von den Pflichten des aktiven Lehramts war ich frei für jene Fragen und Aufgaben, die mich in den ersten fünfzehn Jahren meines Aufenthalts in Japan umgetrieben hatten. Es war noch etwas gutzumachen. Es galt, das Beste, Größte, was der Ferne Osten bietet, und was ich einst, von allerdings nur halb bewußtem Überlegenheitsgefühl geblendet, großenteils mißachtet hatte, in voller Anerkennung zu erforschen und ins Licht zu stellen. Daß dieses Größte von dem Buddha herkam, stand mir fest. Wie nun das Licht von der Erscheinung Jesu sich im Spiegel menschlichen Begreifens bald klarer widerspiegelt, bald gebrochen, farbig oder trüb, so auch das Licht des Buddha. Und bei aller sozusagen christlich angeborener Zuneigung zum gläubigen Anruf des verlorenen Sünders an den gnadenvollen Amida mußte ich mir eingestehen, daß das Zen des Patriarchen Bodhidharma und seiner Vorgänger noch um eine Stufe tiefer, und das heißt zugleich auch höher, greift. (Daß es sich damit auch größeren Gefahren aussetzt, nämlich den des Erstarrens in hochmütiger Verachtung, darauf werden seine Lehrer selbst nicht müde, mit der Warnung vor der »tödlichen Zen-Krankheit« hinzuweisen.)

Nun fiel mir auf, daß es über Zen zwar viele gute Bücher gab, auch Übersetzungen aus Schriften alter Meister, daß jedoch die anerkannte Haupturkunde der chinesischen Zen-Bewegung, die »Niederschrift von der Smaragdenen Felswand« (Bi-yän-lu), von einzelnen kurzen Stücken abgesehen, überhaupt in keiner abendländischen Übersetzung vorlag. Kurz entschlossen griff ich zu dem Doppelband Hekigan-roku Kôwa des Ehrwürdigen Zen-Meisters Takazu Hakuju von der auf den berühmten Huang-bo zurückgehenden Obaku-Schule und begann zu übersetzen. Aber das ging nicht so leicht wie bei normalen Büchern in japanischer Sprache. Um dieser Stilart auf den Grund zu kommen, mußte ich noch mehr Chinesisch lernen. Die Erklärungen des Meisters waren ausgezeichnet, aber zu lakonisch, und vor allem hatte er die wichtigen Erläuterungen Yüan-wu's zu den Beispielen und Gesängen in sein Buch gar nicht aufgenommen. Diese Kürzung ist bei vielen Ausgaben des Hekigan-roku beliebt, ist aber in das Werk Yüan-wu's ein so schwerer Eingriff, daß der Titel, den sie führen, kaum noch zu Recht besteht.

Inzwischen kam von dem Verlag Carl Hanser, München, der Auftrag, für eine Sammlung »Lyrik des Ostens« die Redaktion des ostasiatischen Teils zu übernehmen. Das führte zur Vertiefung in chinesische Poesie, eine gute Vorbereitung für die schwierigen Gesänge Hsüä-dou's im Bi-yän-lu.

Nach ein paar Jahren war ich besser ausgerüstet, war auch von Japan her durch die Güte von Professor Miura Yukio mit der nötigen Literatur reichlich versehen und konnte mit dem Bi-yän-lu wieder neu beginnen. Der zwölfbändige Kommentar des schon erwähnten Buddhologen Katô Totsudô war und blieb mir von Kapitel zu Kapitel eine unschätzbare Hilfe, daneben als fast nie versagende Fundgrube die japanische Buddhismus-Enzyklopädie (Bukkyô Daijiten) von Mochizuki Shinkyô. Zur allgemeinen Orientierung verdanke ich viel Wertvolles den »Zen-Notes« des »First Zen Institute of America«, in welchen sein Begründer, der Zen-Gelehrte und Amerika-Missionar Sasaki Sôkei-an und nach dessen Tod aus seinem Nachlaß die Witwe, Mrs. Ruth Fuller Sasaki, eine Menge von gehaltvollen, soliden Ausführungen über alle Gebiete buddhistischer Lehre und Praxis veröffentlicht haben. Die kritische Gegenüberstellung amerikanischer und buddhistischer Lebensauffassung, die sich in diesen Blättern findet, gibt ihnen ein besonderes Interesse.

Zur Verlebendigung der formelhaften und sehr komplizierten Tradition buddhistischer Scholastik aber, aus der den Meistern des chinesischen Zen die Quintessenz zu ziehen wunderbar gelungen ist, half mir nichts besser als der schwerelose lichte Geist, der von Person und Werk des ebenso gelehrten wie fast kindlich schlichten Suzuki Daisetsu ausgeht. Viele seiner Schriften gehen durch die ganze Welt; andere, von hohem wissenschaftlichem Gewicht, sind weniger beachtet. Unter letzteren legen seine »Studies in the Lankâvatâra-Sûtra« direkt diejenige Geisteshaltung innerhalb des indischen Buddhismus dar, die Bodhidharma mit nach China brachte, die also für die dortige Zen-Bewegung den eigentlichen Mutterboden bildet.

Ich schreibe dies nur wenige Tage nach dem 12. Juli 1966, in dessen fernöstlicher Frühe der Vielverehrte im St.-Lukas-Hospital zu Tokio nach ganz kurzer Krankheit in die große Stille eingegangen ist. Noch zwei Tage zuvor war der fast Sechsundneunzigjährige daheim in Kamakura mit Arbeiten beschäftigt gewesen, die einem Bilderwerk mit Malereien und begleitenden Notizen des Zen-Meisters Sengai galten. Er schien zu nichts anderem geboren, als den Geist des Zen aus seinen Klöstern in die Welt hinaus zu tragen, nicht allein durch Wort und Schrift, sondern leibhaft, wie er ging und stand.

Er war geboren 1870, also in der Frühzeit der Erschließung Japans für die abendländische Kultur. Dem Vater, der als Arzt zum Stand der Samurai gehört hatte, war durch die große Umwälzung von 1867 sein feudales Lehensgut entzogen worden. Der junge Teitarô wuchs in bitterer Armut auf und lernte um so eifriger, um als kleiner Volksschul-

lehrer sich und seine Mutter zu ernähren. Nach deren Tode zog er nach Tokio, um seinen eigenen Weg zu finden. Dort und in dem nahen Kamakura spannen sich die Fäden, aus denen sich das seltene Gewebe seines langen Lebens wob.
Es war die erste Zeit des heftigen Ringens zwischen alter und moderner Lebensanschauung in Japan. Dabei war es vor allem der Buddhismus, der bei den führenden Schichten mehr und mehr an Ansehen verlor, und ohne Frage war daran vielfach der geistig träg und lahm gewordene buddhistische Klerus selber schuld. Doch es gab auch noch lebendige Buddhisten, die sich durch die Flut einströmender moderner Anschauungen nicht einschüchtern ließen. Unter ihnen ragte der Zen-Meister Shaku Sôen in Kamakura als zuchtvoll straffe und weitblickende Gestalt hervor. An ihn schloß sich der junge Teitarô als treuer Schüler an und gewann durch seine Einfalt, seinen Eifer und erstaunliche Beweglichkeit des Geistes bald die besondere Zuneigung des Meisters.
Shaku Sôen war einer der ganz wenigen, die den Ruf der Zeit an das halb eingeschlafene Buddhatum in Japan klar begriffen hatten, sich zu neuer Selbstbesinnung aufzuraffen. Darum war er auch kurz zuvor nach Ceylon gereist, um Fühlung mit den Führern des sogenannten »südlichen Buddhismus« zu gewinnen und ihre kanonischen Schriften in der dem Sanskrit verwandten Pâli-Sprache zu studieren. Suzuki Teitarô ließ sich sofort auf diese Pâli-Studien ein. Bald kam es 1893 zum ersten »Weltkongreß der Religionen« in Chicago, für Shaku Sôen die willkommenste Gelegenheit, vor aller Welt das Buddhatum zu rühmen, und Suzuki, der hoffnungsvolle Schüler, mußte ihn begleiten.
Die Folge war, daß sich der letztere auch nach dem Weltkongreß noch länger als zehn Jahre in Amerika aufhielt, um einem Verlagsunternehmen des aus Bremen stammenden Millionärs Eduard Hegeler als Übersetzer philosophischer und religiöser Schriften aus Asien zu dienen. Dabei lernte er nicht nur sein reines, angenehm lesbares Englisch, sondern auch Sanskrit, Chinesisch, endlich Französisch und noch etwas Deutsch. Die englische Übersetzung von »Lao-tse« durch Carus entstand mit seiner Hilfe. Hier in der Zinkfabrik von Hegeler zu La Salle im Staate Illinois schrieb er auch sein erstes eigenes bedeutendes Werk: »Studies in Mahâyâna Buddhism«, das vielen Lesern für den Reichtum der Entwicklung des buddhistischen Geistes erstmals den Blick erschlossen hat. Zuletzt entsandte Hegeler ihn nach Paris, um seltene Sanskrittexte zu kopieren. Und, schon zur Heimkehr nach Japan entschlossen, ging er nach London und übertrug hier noch Schriften Swedenborgs in seine Muttersprache.
1908 sah Suzuki die Heimat wieder, war 1910 noch einmal in Europa, heiratete in Japan 1911 die amerikanische Theosophin Beatrix Lane aus New York, der er schon vorher in Amerika bei Übersetzungen geholfen hatte und die nun selbst ihm bis zu ihrem Tode im Jahr 1938 bei der Arbeit half. Er war nie Mönch im strengen Sinn gewesen, nur

Novize. Sein Lebensweg jedoch, zu dem sein Meister ihn veranlaßt hatte, brachte es von selbst dahin, daß er zuletzt zum einzigartigen berufenen Interpreten des indischen, chinesischen, japanischen Zen für die moderne Welt geworden ist. Das war sein eigentlicher, seltener Beruf, ob er nun bis 1941 an buddhistischen Hochschulen in Japan lehrte, ob er später sich in Kamakura aufhielt oder dazwischen wieder in New York. Und wo immer man ihn hören wollte, dahin ging er, sei es nun nach Honolulu oder Mexiko, sei's zur Eranos-Tagung in Ascona oder einer europäischen Universität. Er sprach vor Gelehrten und vor Ungelehrten, vor Theologen, Existentialisten und Psychoanalytikern, sprach frei und gleichsam spielend, grundgelehrt und ohne eine Spur Gelehrsamkeit. Er bewies die Wahrheit des chinesisch-japanischen Sprichworts: »Große Kunst sieht aus wie großes Ungeschick[1].« Er setzte sich mit jedermann zusammen, taub für jedes Wort, das nicht aus reinem Herzen kam, aber um so offener für Suchende, Geängstigte, Verzweifelnde. Da konnte er die Hände ineinanderlegen, nahm mit einem Blick voll Anteilnahme alles in sich auf, sagte tröstend kaum etwas Bedeutendes, zog dann sachte seine Rechte aus der hohlen Linken, hielt sie dem schon halb Beruhigten hin, bis dieser sie gefaßt ergriff. Mir hat ein solcher einst bezeugt, dieser bescheidene Mann mit seinem seelenvollen Blick habe ihm das Leben gerettet.

Er hat die Hoffnung wahrgemacht, die einst sein Meister in ihn setzte, als er dem Schüler zur Entlassung aus der Lehrzeit den Zen-Namen mitgab, unter welchem Suzuki seitdem berühmt geworden ist: Dai-setsu, der Mann »von großem Ungeschick«, sehr wahrscheinlich im Gedanken an das eben erwähnte Sprichwort. In dem Schriftzeichen *setsu* liegt zunächst ein Tadel. Es bedeutet allgemein: ungeschickt, unfähig, dumm, und ist im chinesischen Briefstil Ausdruck der Bescheidenheit für »mein«: die ungeschickte Person (= ich), die ungeschickte Frau (= meine Frau), der ungeschickte Sohn, Brief, Aufsatz usw. Wo aber einer weiß, daß diese Höflichkeitsfloskeln in Wirklichkeit gar keine Lüge sind, daß auch die beste Leistung mangelhaft und Stückwerk bleibt, und er darüber trotzdem nicht verzweifelt, sondern einfach als ganz Ungeschickter sich hergibt, wie er ist, da wird aus seinem »großen Ungeschick« die »große Einfalt«, welche höher ist als alle Klugheit und ehrgeiziges Streben.

»Ungeschickt« war im gewissen Sinn ja schließlich auch die ganze Ausrichtung der Lebensarbeit dieses so modernen Japaners. Schon im Bi-yän-lu tadelt Yüan-wu (freilich halb ironisch) oft genug die Kühnheit eines Meisters, der von Dingen redet, über welche man nicht reden kann. Suzuki Daisetsu hat ein Leben lang von Zen geredet wie kein anderer, und das nicht als irgendwo akkreditierter Meister, nicht vor den

[1] Japanisch Dai-kô wa dai-setsu no gotoshi. (Wie das zu verstehen ist, hat Eugen Herrigel in seiner Schrift »Zen in der Kunst des Bogenschießens« klassisch dargelegt.)

internen Kreisen eines Klosters, sondern vor der weiten Welt des Westens, die dafür nach eingesessenem Urteil seiner eigenen Heimat hoffnungslos verschlossen war. Es fehlte darum auch in den japanischen Zen-Klöstern keineswegs an Kopfschütteln über diese Kühnheit, und der Betroffene selbst hat darein eingestimmt und seine Arbeit gerne als die »große Sünde seines Lebens« bezeichnet. Auf jeden Fall ist für das Zen vornehmlich durch Suzuki Daisetsu's Wirken die geographische Grenze, welche ihm bisher gezogen war, für alle weitere Zeit durchbrochen. Daß dies auch für das Zen in seiner Heimat eine neue Situation bedeutet, läßt sich nicht bestreiten, und sehr wohl können sich daraus auch bisher unbekannte Spannungen ergeben. Sie werden letztlich doch der Sache keinen Schaden bringen, denn Spannung, wenn man ihr nur standhält, ist gesund, erhält lebendig.

Wie sehr ich auch persönlich Suzuki Daisetsu zu Dank verpflichtet bin, habe ich im Vorwort zu dem 1. Band bereits hervorgehoben. Zu einer Zeit, als ich die Arbeit am Bi-yän-lu nur erst zaghaft angefangen hatte, ließ er mir auf der Fahrt durch Deutschland sein eigenes, rein chinesisches Exemplar des Werks in Händen und gab mir damit erst den vollen Mut, mich mit ganzer Kraft hineinzuwerfen. Das war entscheidend.

Auch in den nun folgenden Jahren fortgesetzten Ringens mit dem schwer faßbaren Gegenstand durfte ich Ermutigung durch Teilnahme von anderen erfahren. Hermann Hesse, ein drei Jahre älterer Enkel des bereits erwähnten Großvaters, hat sich in seinem Heim hoch über dem Luganer See an manchen Abenden aus meinem Manuskript vorlesen lassen. Und aus seiner liebevollen Beschäftigung mit der ihm neuen, aber irgendwie doch kongenialen Welt sind sogar noch einige seiner letzten Gedichte hervorgegangen.

Von anderer Art, jedoch nicht minder wertvoll, war mir die Verbindung mit Menschen, welche ganz abseits von Sino- oder Japanologie, von Religionsgeschichte oder Philosophie ein inneres Gespür für das besitzen, was im Zen dem tieferen Bedürfnis unserer Zeit entgegenkommt. Es gibt Hungernde und Dürstende, denen, was die Kirche bietet, aus verschiedenen Gründen einfach nicht mehr mundet. Der »Weg überwärts«, den das Zen mit der ihm eigenen Konsequenz verfolgt, führt über solche Anstöße hinaus und öffnet gleichzeitig durch seine unerschrockene Umkehr in die »Richtung niederwärts« einen neuen Zugang zu den »Dinglichkeiten«, zu ihrer Freude und zu ihrem Leid.

Wertvoll war mir auch die Art und Weise, wie die Psychoanalyse die Erfahrungen des Zen zu deuten weiß. Suzuki Daisetsu selbst hat im August 1957 auf Einladung des Psychoanalytischen Instituts der Staatsuniversität von Mexiko in einer Reihe von Vorträgen die psychologischen Aspekte des Zen und seiner Methodik ausführlich dargelegt, und die Psychoanalytiker Erich Fromm und Richard de Martino haben ihm darauf die weitgehende Übereinstimmung des Zen mit ihren eigenen wissenschaftlichen Erkenntnissen bestätigt (vgl. das 1960 erschienene Buch »Zen-Buddhismus und Psychoanalyse« von Erich Fromm, D. T. Suzuki und Richard de Martino, Szczesny Verlag, München). Für mich als Übersetzer des Bi-yän-lu freilich stand anderes im Vordergrund als Psychoanalyse; ich durfte darauf mich nicht einlassen. Daß der Horizont der Zen-Meister der Tang- und Sung-Zeit und derjenige der heutigen Psychotherapie sich in der Tat beträchtlich überschneiden, das festgestellt zu haben, ist echt Suzuki Daisetsu. Wie sehr trotzdem die beiden Horizonte sich an Inhalt und an Umfang unterscheiden, das wußte auch kein anderer besser als gerade er.

Ob der Übersetzer nun die »Sache« selbst tatsächlich getroffen, d. h. unverfälscht das wiedergegeben hat, was die in den »Beispielen« zu Wort gekommenen Meister, ihr dichterischer Deuter Hsüä-dou und deren aller Kommentator Yüan-wu wirklich meinten, diese Frage zu entscheiden, muß er dem Urteil derer überlassen, die tiefer eingedrungen und mehr als er in ihr zu Hause sind.

Es bleiben zu dem »Vorbericht« des 1. Bandes noch einige Punkte nachzutragen.

Vor allem ist auf die bislang recht dunkle Textgeschichte des Bi-yän-lu in jüngster Zeit ein neues Licht gefallen. Seitdem Dschang Ming-yüan um 1302 auf Grund der ihm erreichbaren Texte die ganze Sammlung im Druck herausgegeben hatte (vgl. 1. Band, S. 9 und 25), war diese in ganz China, wie auch bald nachher in Japan, die allseits anerkannte und benutzte Fassung der Lehrvorträge Yüan-wu's zu den »hundert Beispielen der Alten mit Gesängen« Hsüä-dou's. Auch unserer Übersetzung lag nichts anderes zugrunde als dieser »Dschang-Text«. In China liefen aber, wie man weiß, daneben noch verschiedene andere Texte um, und von zweien derselben befanden sich noch im 18. Jahrhundert je eine Abschrift auch in Japan, die von damaligen Kommentatoren unter den Bezeichnungen *Shoku-hon* und *Fuku-hon* berücksichtigt worden, heute aber nicht mehr aufzufinden sind. Sie wiesen allerdings nur unbedeutende Abweichungen vom Dschang-Text auf.

Es gibt in Japan aber noch ein drittes Manuskript, und das hat kein Geringerer aus China mitgebracht als Dôgen Zenji, der Begründer des japanischen Zweigs der Tsau-Dung- oder Sôtô-Schule (1200–1253). Er hat 1223 das Südliche Sung-Reich besucht, sich erst im Hinterland von Ningpo auf dem Tiän-tung-Berg in Geist und Sprache des Zen-Klosters eingelebt, darauf die obligate Wanderung zu Meistern absolviert, 1225 wieder auf dem Tiän-tung-schan geübt, bis er vom Meister die Bestätigung erhielt und Ende 1227 von Ningpo aus die winterliche Rückfahrt nach der Heimat antrat. Noch in der letzten Nacht im Tiän-tung-Kloster brachte er »mit Hilfe eines Gottmenschen« die Abschrift eines dort befindlichen Bi-yän-lu-Textes fertig, die deshalb in Japan unter der

Bezeichnung »Text der einen Nacht« (ichi-ya-hon) bekannt ist. Sie hat nach Dôgen's Tod mehrmals den Ort gewechselt, galt stets als kostbarster Besitz des Tempels und blieb denn auch als solcher vor jedem fremden Blick ängstlich bewahrt. Erst dem »Ungeschick« von Suzuki Daisetsu gelang das Kunststück, sie in Augenschein zu nehmen, und er erkannte rasch die außerordentliche Bedeutung dieser Handschrift. Ist sie doch mehr als 70 Jahre vor dem Druck Dschang Ming-yüan's angefertigt und weist zudem einen Text auf, der dem letzteren allem Anschein nach überhaupt nicht vorgelegen hat!
Der Vorstoß von Professor Suzuki hat denn auch die Forschungen zur Textgeschichte des Bi-yän-lu auf eine neue Bahn geführt. Um das – vielleicht noch hypothetische – Ergebnis gleich vorwegzunehmen, so hätte es von Anfang an nicht eine, auch nicht zwei, sondern drei verschiedene Fassungen der Schrift gegeben, weil nämlich Yüan-wu selbst die »Hundert Beispiele der Alten mit Gesängen« Hsüä-dou's nacheinander an drei verschiedenen Orten ausgelegt und diese Vorträge bei jeder Wiederholung durchgesehen und verbessert habe. Die erste Vortragsreihe fiele in die Zeit vor 1111, als er in seiner Heimat Sï-tschuan das Dschau-djiau-Kloster in der Hauptstadt Tschengtu leitete. Die zweite Vortragsreihe bildete das Hauptstück seiner Wirksamkeit von 1111 bis 1114 auf dem Djia-schan in Hunan, wie dies schon im Titel unseres Buches angedeutet ist. Auf sie bezieht sich deutlich der von uns benutzte Text Dschang Ming-yüan's: Yüan-wu nennt sich selbst hier wiederholt den Meister Djia-schan. Im Jahr 1115 aber wurde Yüan-wu ehrenvoll nach der Hauptstadt von Hunan, dem heutigen Tschang-scha, eingeladen und hat dort im Dau-lin-Kloster bis 1118 noch ein drittes Mal denselben großen Gegenstand behandelt, offenbar mit mancherlei Verbesserungen. Auf dieser Umarbeitung scheint die Fassung des Bi-yän-lu zu beruhen, welche Dôgen 110 Jahre später auf dem Tiän-tung-schan in Tschekiang vorfand.
Auf Grund all dieser Überlegungen hat nun der Zen-Gelehrte Itô Yûten, Professor an der Aichi Gakuin Daigaku in Nagoya, die große Aufgabe übernommen, den »Dschang-Text« mit dem »Text der einen Nacht« von Dôgen Zenji, sowie mit den beiden Texten Shoku-hon und Fuku-hon (soweit von ihnen Abweichungen überliefert sind) sorgfältig zu vergleichen und daraus eine Art von »endgültigem Text« (tei-hon) für den Gebrauch der Zen-Schulen zu konstruieren. Das Ergebnis ist ein Prachtband mit dem Titel *Heki-gan-shu Tei-hon* (XL + 465 Seiten in Großformat, erschienen bei Risôsha, Tôkyô 1963), in großem Druck und mit sämtlichen Abweichungen anderer Texte in kleinerem Druck am oberen Rand. Vorausgeht eine Darlegung der textgeschichtlichen Ergebnisse sowie der Arbeitsgrundsätze des Herausgebers. Dahinter folgen ein Nachwort von Suzuki Daisetsu, ein persönlicher Bericht von Itô Yûten, ein nützliches Register usw.
Der Titel »Tei-hon« allerdings ist anfechtbar. Die Entscheidung, welche

Fassung eines Abschnitts einer anderen vorzuziehen ist, kann der Herausgeber nur nach eigenem Gutdünken treffen. Der hohe Wert der Ausgabe von Itô Yûten liegt nicht darin, daß wir in seinem großgedruckten Haupttext den »endgültig richtigen« hätten, wohl aber in den sorgfältig verzeichneten Varianten, gleichviel, ob er in seinem Haupttext dem Druck Dschang Ming-yüan's den Vorzug gibt oder der von Dôgen mitgebrachten »Handschrift der einen Nacht«. Wie wertvoll solche Varianten manchmal sind, davon wird sich der Leser überzeugen können, wenn er in der Erläuterung Yüan-wu's zum 47. Beispiel den Text Dschang Ming-Yüan's mit der Fassung in Dôgen's altem Exemplar vergleicht (s. S. 270f.). Er kann daran ermessen, wie ernst es Yüan-wu damit nahm, seine Vorträge von Mal zu Mal neu durchzusehen und zu läutern.

Zur Umschrift des Chinesischen

Hierzu haben wir uns schon im Vorbericht zum 1. Band ausführlich geäußert. Es ist nachzutragen, daß wir uns dabei an das Chinesisch-Deutsche Wörterbuch von Werner Rüdenberg gehalten haben, das sich auf das System der Sinologen Lessing und Othmer stützte. Die drei Genannten waren Philologen, welche jahrelang in China wirkten, die Phonetik des Chinesischen aufs genaueste beobachten konnten und sich gewissenhaft die Frage stellten, durch welche Art der Umschrift man einem deutschen Leser helfen könnte, der Aussprache chinesischer Wörter wenigstens so nahe zu kommen, als es bei dem gewaltigen Unterschied zwischen deutschen und chinesischen Lautgesetzen überhaupt nur möglich ist.

Inzwischen hat sich in der deutschen Sinologie das Blatt gewendet, indem man hier in der Majorität sich darauf einigte, die englische Art der Umschrift zu übernehmen. Diese hat zwar gegenüber der von Rüdenberg gewählten entschiedene Nachteile; sie verwischt phonetische Unterschiede, welche Rüdenberg beachtet hat. Unseren Sinologen, welche ohnedies die Zeichen richtig lesen, macht das nicht viel aus. Ihnen erleichtert diese Umschrift immerhin den wissenschaftlichen Austausch mit den englischschreibenden Kollegen. Uns jedoch genügt es, das Chinesische so zu schreiben, daß ein deutscher Leser es annähernd richtig auszusprechen lernen kann. So halten unsere Zeitungen es auch schon mit dem Russischen. Sie schreiben weder *Kruskchev* wie die »Times«, noch Krouchtchev wie der »Figaro«, noch Kruscev wie der »Corriere della Sera«, sondern so, wie wir's am sichersten aussprechen können: Chruschtschow. Das entspricht genau der Regel, die das Wörterbuch von Rüdenberg befolgte[1].

[1] In einem Punkte allerdings bedarf auch Rüdenberg der Korrektur. Die Zeichen, deren Lesung er mit *ji* angibt, sollten besser mit *jĭ* umschrieben werden, also analog der Reihe *schĭ*, *tsĭ*, *dsĭ* usw. Dieses *ĭ* unterscheidet sich von *i* dadurch, daß es nicht mit ausströmender Luft, also »exspiratorisch«

Nun ist es freilich diesem widerfahren, daß es vor einigen Jahren neu erschienen ist, zum Teil ergänzt durch bisher fehlende Vokabeln, aber auch in einer völlig anderen Umschrift, derjenigen, die der deutsche Sinologe Otto Franke in seiner großen Geschichte Chinas angewendet hat. Auch sie hat ohne Frage manches für sich, doch einiges auch gegen sich (z.B., daß sie phonetische Unterschiede, die heute überholt sind, konserviert). Leid ist es uns nur für Rüdenberg, der eine Umschrift, welche nicht die seine ist, mit seinem Namen decken soll.

Im übrigen ist zu bedenken, daß die Umschrift eines nationalen Lautsystems auf die Buchstaben einer völlig fremden Sprache notwendig eine unbeholfene Sache bleibt. Laute gibt es hundertfach, Buchstaben nur wenige. Darum nimmt auch der Streit um Transkription kein Ende, bis ein Staat bestimmt: so schreiben wir das, was wir sprechen; nun hört uns zu und sprecht uns nach! Auch das moderne China ist schon auf dem Wege, dies mit lateinischen Buchstaben zu tun. Es bedient sich unter anderem derselben Unterscheidungen wie wir, nämlich im Fall von b und p, d und t, g und k. In anderen Fällen wendet es für einige Laute Buchstaben an, die uns befremden. Und vor allem: es hat sich bei uns politisch noch nicht durchgesetzt.

Wie sehr die Frage der Transkription von politischen Faktoren abhängt, zeigt das Beispiel Japans. Dort gab es seit Jahrzehnten eine kräftige Bewegung für eine »japanisch-nationale Lateinschrift«, die sich auf spracheigene Lautwandlungsgesetze stützte und für Japaner in der Tat durchaus vernünftig war. Nach jahrelangem Streit gewann sie durch den Krieg von 1941 die Oberhand. Auf jeder Bahnstation wurden die lateinisch geschriebenen Ortsnamen revidiert; statt Shinanomachi hieß es Sinanomati, statt Fukushima: Hukusima. Die »Aussprache«, das Primäre, blieb natürlich gleich. Dann, 1945, kamen die Amerikaner, und mit der »japanisch-nationalen Lateinschreibung« war es vorbei. Es gilt dort offiziell die alte Umschrift, die, von einigen Vereinfachungen abgesehen, auf den Verfasser des ersten guten japanisch-englischen Wörterbuches, den Amerikaner Hepburn, zurückgeht und daher seinen Namen trägt. Diese zu verändern, bestand für uns kein Anlaß. Wie sie ausgesprochen werden muß, ist im Vorbericht zum 1. Bande nachzulesen.

Noch ein Wort über den Gebrauch des Bindestrichs. Die chinesischen Ortsnamen sind in der Regel Doppelwörter, oft kommt noch ein

Fortsetzung der Fußnote von Seite 17

gesprochen wird, wie alle unsere Vokale, sondern »inspiratorisch«. Bei *schĭ* z. B. setzt man zwar mit ausströmender Luft an, zieht sie zum Vokal aber plötzlich ein, so daß ein kurzes, dumpfes *ĭ* entsteht. Dasselbe ist der Fall bei *jĭ*, wobei das *j* noch eine Idee weicher lautet als im Französischen (vgl. je, Jean, Gironde), weil es ganz vorne auf der Zungenspitze angesetzt wird. Die akustische Wirkung fällt dabei mit der des englischen *r* in ring, wring, written zusammen, wie denn nach einem modernen chinesischen Wörterbuch dieses Lautbild nicht mehr *jĭ*, sondern *rĭ* (!) geschrieben werden müßte.

drittes Wort hinzu als Bezeichnung des politischen Ranges einer Stadt, bei Bergen und Gebirgen das Wort *schan*. Nun haben wir uns zwar daran gewöhnt, die allgemein bekannten Namen ohne Bindestrich zu schreiben, z. B. solche von Provinzen wie Schantung, Schansi, Hupe, Hunan, oder Städtenamen wie Nanking, Peking, Shanghai. Bei ungewohnten Namen dagegen empfiehlt es sich, sie zunächst mit Bindestrich zu schreiben, damit die Einzelwörter klar erkennbar werden. Wird einem nun ein solcher Doppelname mit der Zeit vertraut, so fühlt man das Bedürfnis, ihn ohne Bindestrich zusammenzuschreiben. Das hat mich dazu geführt, bei manchen Namen, die dem Leser nach und nach geläufig werden dürften, das eine Mal den Bindestrich zu setzen, das andere Mal nicht. Das ist, vom Standpunkt einer strengen »Rechtschreibung« gesehen, allerdings inkonsequent. Doch haben wir hinsichtlich des Chinesischen noch keine orthographischen Gesetze, vielmehr ist alles hier im Fluß. Mein Verfahren ist davon ein Spiegelbild. Es will unbekannte Namen teils geläufig machen, teils von Zeit zu Zeit daran erinnern, wie sie sich zusammensetzen.

Schlußwort

In aller Stille und Verborgenheit begonnen, hat die Übersetzung und Erklärung der dreiunddreißig ersten Kapitel des Bi-yän-lu doch einen Widerhall gefunden, wie ich ihn nicht erwartet hatte. Ich erfuhr, daß etwas in der Luft liegt, was dem Geist des Zen entgegenkommt. Daß damit auch ein Stück »Snobismus« verbunden sein kann, wie ein Kritiker mit Recht hervorhebt, ist doch nur Begleiterscheinung einer tieferen Bewegung. Was mir an Zustimmung und Dankesausdruck zugegangen ist, hat mit Snobismus nichts zu tun. Es gibt nun einmal Menschen heutzutage, die ein Gespür dafür besitzen, daß die Vorstellungen oder Bilder, die wir in unserem anererbten Glauben überkommen haben, nicht das Letzte sind, woran wir uns im Leben und im Sterben klammern können, sondern daß der eigentliche Halt dahinter liegt, in einer Tiefe, die zugleich die höchste Höhe ist, und umgekehrt. Im Buddhismus nennt man es das »Leere«, während wir mit diesem Ausdruck die enttäuschende Vorstellung eines Gefäßes verbinden, in dem nichts drin ist. Aber denken wir bei »Leere« an den Himmel, den alten Ort der Seligkeit, oder an die »offene Weite« des Weltraums, so wird uns jener Ausdruck weniger befremdlich.

Für das himmlisch Leere, das mit keinem Wort mehr zu beschreiben ist, haben auch wir Christen ein Gefühl. Eines unserer schönsten Glaubenslieder, »O Gottes Sohn, du Licht und Leben«[1], schließt mit den Worten:

[1] Nach dem Schlesier Karl Heinrich von Bogatzky, dem Schüler von August Hermann Francke, 1690–1774; komponiert um 1800 von Johann Georg Weller in Schorndorf, Württemberg.

»Ach zeuch mich, zeuch mich weit von hinnen! Was du nicht bist, das laß zerrinnen, o reiner Glanz der Ewigkeit!« Ein Nichtchrist, der darum bemüht ist, sich von Jesus ein historisch klares Bild zu machen, wird zu diesem Anruf wohl bemerken: welch grenzenlose Idealisierung! Es bleibt schon richtig: »Niemand kann Jesum einen Herrn heißen ohne durch den Geist.«
Der Geist aber weht, wo er will, und er hat auch die uns fremde Völkerwelt nicht unbesucht gelassen. Heute ist die Zeit, in der die Welt, wenn auch unter schweren Wehen, zu einer einzigen Gemeinschaft immer mehr zusammenwächst.
Schon Paul Gerhardt, der strenge Lutheraner, war imstande, in einem seiner herrlichsten Lieder (»Die güldne Sonne«) eine »Definition« von Gott zu geben, die jeden logisch faßbaren Begriff übersteigt: »Willst du mir geben, womit mein Leben ich kann ernähren, so laß mich hören allzeit im Herzen dies heilige Wort: Gott ist das Größte, das Schönste und Beste; Gott ist das Süßte und Allergewißte, aus allen Schätzen der edelste Hort.«
Und in seinem großen Liede »Gott ist gegenwärtig« erhebt sich der stille Bandwirker in Mühlheim an der Ruhr, Gerhard Tersteegen, in dieselbe Höhe jenseits menschlicher Begriffe, wenn er bittet: »Laß mein Herz überwärts wie ein Adler schweben und in dir nur leben.«
»Überwärts« geht aber auch die Richtung jener Menschen, mit welchen dieses Buch aus China uns bekanntmacht. Und dieses nicht im Sinne eines festen Endpunktes, auf welchem sich der Aufgestiegene befriedigt niederlassen könnte, vielmehr im Sinne ständiger Bewegung. Und zwar schließt diese immer auch den Gegenpol zum Überwärts mit ein, die Richtung niederwärts, das willige Eingehen auf die gemeine Dinglichkeit des Alltags mit aller ihrer Not und Plage.
Hier zeigt sich zwischen Christentum und Buddhatum ein Punkt der Übereinstimmung von höchster Wichtigkeit. Auf völlig fremdem Boden und von ganz verschiedenen Voraussetzungen her hat sich von Indien bis zum Fernen Osten eine Lebenshaltung ausgebreitet, die mit der vom Alten Testament und Jesus ausgegangenen in ihren letzten Zielen übereinstimmt. Zwar trägt die eine wie die andere klar und deutlich ihren eigenen Charakter; aber sie bewegen beide sich wie Parallelen in derselben Richtung. Und da beide Parallelen ins Unendliche gerichtet sind, so fallen sie zuletzt in eins zusammen. Das bedeutet nicht, daß sie schon in der Zeit einander angenähert oder gar verschmolzen werden müßten. Beide haben je ihr eigenes »Charisma«. In der Gemeinde Jesu steht die Liebe obenan. Sie spielt im Buddhatum als Mitleid und Barmherzigkeit die zweite Rolle. Sie beginnt erst an dem Punkt, an dem die absolute Einheit sich in Vielheit auflöst, wo Subjekt und Objekt sich scheiden, und ein Ich ein anderes als Du vorfindet. Das Buddhatum fängt so, wie es der Buddha selbst erlebt hat, bei der Einheit an und wendet sich erst dann den Unterschieden zu, den Nebenmenschen und der gan-

zen Dinglichkeit. Darum sind die Buddhisten in der schweigenden Betrachtung, in der Stille der Versenkung uns voraus. Und innerhalb des Buddhatums sind es die Jünger Bodhidharma's, die im Unterschied von anderen Richtungen eben dieses Kernstück, d. h. das Zen, am reinsten pflegen.

Immerhin ist heute eine Zeit des Austausches wie nie zuvor. Christen und Buddhisten haben darum auch bereits begonnen, voneinander zu lernen. Dies kann auf mannigfache Art geschehen. Wichtig ist dabei das richtige Verständnis beiderseits. Die »Niederschrift von der Smaragdenen Felswand« bietet hierfür anerkanntermaßen die sicherste Grundlage. Sie deutschen Lesern vorzulegen, war des Übersetzers einziger Beweggrund. Er hat das Werk nun bis zur Hälfte dargeboten und muß die zweite Hälfte altershalber einem anderen überlassen. Wird sich einer finden, der es womöglich besser macht als er?

»Es gehört zum seligen Leben, daß man von seinem eigenen *Nichtssein* und von seinem *Sein lediglich in Gott und durch Gott* innigst überzeugt sei, daß man diesen Zusammenhang ununterbrochen fühle, und daß derselbe die verborgene Quelle und der geheime Bestimmungsgrund aller unserer Gedanken, Gefühle, Regungen und Bewegungen sei.«

Johann Gottlieb Fichte (1762–1814)

»Uns allen wohnt ein geheimes, wunderbares Vermögen bei, uns aus dem Wechsel der Zeit in unser innerstes, von allem, was von außen her dazu kam, entkleidetes Sein zurückzuziehen und da in der Form der Unwandelbarkeit das Ewige in uns anzuschauen. Diese Anschauung ist die innerste, eigenste Erfahrung, von welcher allein alles abhängt, was wir von einer übersinnlichen Welt wissen und glauben.«

Friedrich Wilhelm von Schelling (1775–1854)

Die Niederschrift

Vierunddreißigstes Beispiel

Yang-schan's Fünfaltenhörner

Das Beispiel

Wir legen vor:

YANG-SCHAN fragte einen Mönch: Wo seid Ihr in letzter Zeit gewesen?
Der Mönch antwortete: In den Lu-schan-Bergen.
Yang-schan fragte weiter: Habt Ihr Euch jemals an den Fünfaltenhörnern herumgetrieben?
Der Mönch verneinte: Dorthin bin ich nie gekommen.
Yang-schan sagte: Tschârya, Ihr habt Euch noch niemals in den Bergen herumgetrieben.
Yün-mën hat hierzu bemerkt: Diese Worte kommen ganz und gar aus Mitleid und Erbarmen. Darum redet er wie einer, der sich ins Gras hat fallen lassen.

Zwischenbemerkungen zum Beispiel

»Yang-schan fragte einen Mönch: Wo seid Ihr in letzter Zeit gewesen?« – Die allgemein übliche Frage! – Muß aber auch gestellt sein. – Wo der Wind hinweht, in dieser Richtung bläst man Feuer an. – Man kann darin nichts anderes sehen, als die von der Sitte gebotene Regel. [Absichtlich irreführende Bemerkung: Mit dieser Frage schon forscht Yang-schan seinen Gast bis auf den Grund des Herzens aus.]
»Der Mönch antwortete: In den Lu-schan-Bergen.« – Ein Mensch mit einem Kopf voll Tatsachen! Schwer zu finden! [Kann beides heißen: solch brave Ehrlichkeit ist selten. Aber mehr noch: so einer hat es schwer, den Punkt, auf welchen Yang-schan's Frage zielt, zu sehen.]
»Yang-schan fragte weiter: Habt Ihr Euch jemals an den Fünfaltenhörnern herumgetrieben?« – Da kannst du beim Gehen ruhig die Arme verschränken [gehoben von Bewunderung der herrlichen Natur]. – Wie hätte er [dieser Meister] je das Richtige verfehlt! [Denn mit der Frage nach den Fünfaltenhörnern stellt er den Mönch gleich vor das Höchste, vorausgesetzt, daß dieser ihn versteht.]
»Der Mönch verneinte: Dorthin bin ich nie gekommen.« – Er tritt einen Schritt zurück! [Getroffen von der Frage, geht er, einem Fechter ähnlich, in Abwehrstellung über. In seinem Bekenntnis liegt etwas von Trotz: was will der Meister eigentlich von mir? Was vermißt er? Spreche er sich deutlicher aus!] – Aber besser ehrlich mit der Sprache heraus, als mit rotem Gesicht als Lügner dastehen. – Doch nun steht er auch da wie einer, dem vorn und hinten alles weg ist.
»Yang-schan sagte: Tschârya, Ihr habt Euch noch niemals in den Bergen

herumgetrieben.« – Ein arger Wichtigtuer! – Er sollte seine Brauenhaare besser schonen! [Denn die Redensart besagt: Wer leere Worte macht, dem fallen seine Brauenhaare aus.] – Wo bleibt denn bei diesem alten Chinesen noch etwas von dem tödlichen Eifer [wie ihn der rechte Meister an den Tag legt]?

»Yün-mën hat hierzu bemerkt: Diese Worte kommen ganz und gar aus Mitleid und Erbarmen. Darum redet er wie einer, der sich ins Gras hat fallen lassen.« – Einen Säbel, um zu töten; einen Degen zum Lebendigmachen! [Auch Yang-schan führt das Schwert des Geistes nach beiden Seiten, ist streng und mild zugleich. Seine Güte kommt aus eisiger Höhe; sein vernichtendes Urteil ist lautere Güte.] – Zweie sind es, dreie sind's! [Auch Yün-mën mit dieser seiner Anmerkung, und Hsüä-dou, welcher sie hier an die Anekdote anfügt, sind von gleicher Art. Sie lassen sich genau wie Yang-schan »ins Gras fallen« und sind doch hoch darüber.] – Um Pfade im Gebirge zu erkunden, brauchst du einen, der auf ihnen hin und her geht.

Erläuterung des Beispiels

Die Kunst, jemand auf seinen Sinn und Willen hin zu prüfen, besteht darin, bei dessen erstem Wort schon auch den Tonfall seiner Rede zu erkennen. Einer der Alten [und zwar der soeben angeführte Meister Yün-mën] hat gesagt: ›Auch große Menschen, die mit keinem Maßstab mehr zu messen sind, vollziehen im Pulsschlag der gesprochenen Worte Wendungen hin und zurück.‹ Wer mit dem Geistesauge oben auf dem Scheitel ausgerüstet ist, wird, wenn ein solcher irgend etwas äußert, alsbald erkennen, worauf er hinaus will. Seht hin, wie hier der eine fragt, der andere antwortet! Dann wird es euch von einem Schritt zum andern klar und deutlich werden.

Was aber soll nun die Bemerkung Yün-mën's: ›Diese Worte kommen ganz und gar aus Mitleid und Erbarmen; darum redet er wie einer, der ins Gras gefallen ist?‹ In diesem Punkte sind die Alten wie ein klarer Spiegel auf dem Ständer, wie eine Perle auf der flachen Hand. Kommt ein Tatare daher, erscheint darin ein Tatare; kommt ein Chinese daher, erscheint darin ein Chinese; auch nicht die kleinste Fliege kann an diesem Spiegel unbemerkt vorüberstreichen.

Sagt mir einmal: Wieso sind denn Yang-schan's Worte ganz und gar aus Mitleid und Erbarmen heraus gesprochen und darum die Rede eines Mannes, der sich ins Gras hat fallen lassen? Das ist allerdings gefährlich schroff und steil. Um auf solchen Standort zu gelangen, muß einer schon so ein Kerl sein [wie Yün-mën], dann erst mag er's [nämlich Yang-schan's Sinn und Meinung] auf die Arme nehmen und es wiegen. Yün-mën behandelt [in seinen hinterlassenen Reden] die Sache noch weiter und sagt: Der Mönch war, wie er leibte und lebte, gerade von den Luschan-Bergen hergekommen. Wieso sagt Yang-schan dessenungeachtet: ›Tschârya, Ihr habt Euch noch niemals in den Bergen herumgetrieben‹?

We-schan richtete eines Tages an Yang-schan folgende Frage: Wenn da von irgendeinem Meister her ein Mönch gewandert kommt, auf welche Art und Weise prüfst du ihn? Yang-schan erwiderte: Da habe ich einen Prüfstein. We-schan bat: Zeige ihn mir einmal! Darauf sagte Yang-schan: Gewöhnlich, wenn ich einen Mönch herkommen sehe, hebe ich einfach den Jakschweif auf, wende mich ihm zu und frage: Hat man an andern Orten das da auch? Nachdem ich dann abgewartet habe, was er zu erzählen hat, wende ich mich ihm wieder zu und sage nur: Lassen wir dies zunächst einmal beiseite, wie aber steht es mit *dem?* We-schan erwiderte: Das sind die Fänge und die Krallen derer, die überwärts gerichtet sind.

Seht doch einmal her! Der Großmeister Ma fragte Bai-dschang: Wo kommst du her? Bai-dschang versetzte: Ich bin von unten den Berg heraufgekommen. Der Patriarch fragte: Bist du denn unterwegs irgend jemandem begegnet? Bai-dschang verneinte: Niemandem. Der Patriarch fragte: Warum bist du niemandem begegnet? Bai-dschang erwiderte: Wenn ich jemand begegnet wäre, hätte ich es dem Ehrwürdigen berichtet. Da fragte der Patriarch: Woher bringst du mir *diese* Kunde? Und Bai-dschang sagte: Ich habe gefehlt. Der Patriarch erwiderte: Im Gegenteil, der alte Mönch hier hat gefehlt. – Yang-schan's Frage an den Mönch und diese Gespräche [zwischen We-schan und Yang-schan und zwischen dem Patriarchen Ma und Bai-dschang] sind richtig miteinander verwandt.

Als Yang-schan damals fragte: Habt Ihr Euch jemals an den Fünfaltenhörnern herumgetrieben? da hätte jener Mönch, wenn er ein Kerl danach gewesen wäre, auf der Stelle einfach ausgerufen: Wehe mir, ich bin verloren! Statt dessen sagt er: Dorthin bin ich nie gekommen. Da kann man schon sagen: er ist kein Meister seines Fachs. Was aber bedeutet es nun, daß Yang-schan, anstatt ihn gebührend zu traktieren, sich selbst im Gegenteil noch weiteren Verlegenheiten aussetzt, indem er sagt: ›Tschârya, Ihr habt Euch noch niemals in den Bergen herumgetrieben?‹ Dies ist der Grund, weshalb Yün-mën bemerkt: Diese Worte kommen ganz und gar aus Mitleid und Erbarmen; darum redet er wie einer, der sich ins Gras hat fallen lassen. Wäre Yang-schan mit seinen letzten Worten aus dem Gras herausgetreten, so hätte Yün-mën diese Bemerkung nicht gemacht.

Gesang

HERAUS aus dem Gras – ins Gras hinein.
Wer löste es, forschte und dränge ein?
Weißen Gewölks geschichtete Hülle.
Purpurner Sonne leuchtender Schein.

Von links betrachtet, makelfrei.
Von rechts beschielt, schon altersgrau.
Sieh an, mein Freund, den Weisen vom Kaltenberg!
Wohl ging er beflügelten Schritts. Doch schau!
»Zehn Jahre ließ es ihn nicht von der Stelle.
Er weiß den Weg, woher er kam, nicht mehr genau.«

Zwischenbemerkungen zum Gesang

»Heraus aus dem Gras – ins Gras hinein.« – Es wuchert über unsern Köpfen weit und breit; es wuchert weit und breit zu unsern Füßen. – Halb offen, halb zu. – So treibt auch er es [nämlich Hsüä-dou, der Dichter]; so auch ich [Yüan-wu].
»Wer löste es, forschte und dränge ein?« – Er hat ein Auge oben auf dem Scheitel. – Aber das zu erforschen, darin einzudringen, diese Aufgabe löst auch der Herr Tschârya [Hsüä-dou] nicht.
»Weißen Gewölks geschichtete Hülle.« – Tausend Lagen übereinander, hundertfach rundum gewickelt! – Er setzt seinem Kopf noch einen zweiten auf! [Er steigert seine Worte ganz unnötig. Um den Berg zu verhüllen, genügt eine einzige Wolke.]
»Purpurner Sonne leuchtender Schein.« – Da, ein Riß! [Die Wolken zerreißen, der Berg wird sichtbar.] – Es macht mich ja blind! – Und blickt man hin, verfällt man schon dem Irrtum. [Man unterscheidet sich als Sehenden von dem gesehenen Berg: der Zauber der Einheitsschau zerbricht.]
»Von links betrachtet, makelfrei.« – Ein blinder Geselle [dieser Hsüä-dou]! – Der Mann ist schon von jeher aller Dinge ledig. – Was willst du [Hsüä-dou] denn mit deinen vielen Künsten?
»Von rechts beschielt, schon altersgrau.« – Umfaßt doch schon ein einziger Gedankenblitz zehntausend Jahre! [Was soll hier noch der Gegensatz von jung und alt!] – Das geht an der Sache vorbei.
»Sieh an, mein Freund, den Weisen vom Kaltenberg!« – Ein Räudiger zieht den andern mit sich.
»Wohl ging er beflügelten Schritts.« – Das ist auch noch nicht schnell.
»Doch schau! Zehn Jahre ließ es ihn nicht von der Stelle.« – Wo ist er denn eben jetzt? – Ist ja klar! [daß hier nach keinem Ort gefragt wird, daß Buddhaschaft nirgends und überall zu finden ist.]
»Er weiß den Weg, woher er kam, nicht mehr genau.« – Der hat seine Freiheit gewonnen! – Er schenkt ihm einen Zug im Spiel. [Wenn Hsüä-dou hier den Weisen vom Kaltenberg als Vorbild hinstellt, drückt er dabei allerdings ein Auge zu. Nicht alles an diesem Mann ist vorbildlich.] – Es gehört ihm eins mit dem Stock. – So alles um sich her vergessen und versäumen, das darf man nicht gutheißen.

»Heraus aus dem Gras – ins Gras hinein. Wer löste es, forschte und dränge ein?« Aber Hsüä-dou, der kennt und versteht den Punkt, auf welchen jener [Yang-schan] hinaus will. Hier gilt es, mit der einen Hand hochheben, mit der andern festhalten [zwei gegensätzliche Bewegungen, wie wenn man ein Kind auf den Arm nimmt, in die Höhe hebt und dabei festhält].

»Weißen Gewölks geschichtete Hülle. Purpurner Sonne leuchtender Schein.« Das erinnert sehr an den Vers: »Wirres Steppengestrüpp, dicht in Nebel und Qualm« [im Gesang zum sechsten Beispiel, Band I, S. 151]. Hier gilt es: auch nicht mit einem Fädchen sich an das Gemeine binden, und nicht mit einem Fädchen an das Heilige. Die Welt hat überall noch nie etwas verborgen; du kannst kein einziges Ding verhüllen und verdecken. Im Bereich [im Zustand oder Stand] der sogenannten Geistabwesenheit [des Unbewußtseins] merkst du bei Kälte von der Kälte nichts und bei Hitze spürst du nichts von Hitze. Alles, alles ist ein Tor hinaus ins große Freisein.

»Von links betrachtet, makelfrei. Von rechts beschielt, schon altersgrau.« – Der Ehrwürdige Lan-dsan [d. h. der Träge Dsan, der eigentlich Ming-dsan hieß] lebte als Einsiedler in einer Felsenhöhle des Hëng-schan. Kaiser Dö-dsung[1] vom Hause Tang hörte von seinem Ruf und entsandte einen Boten, der ihn an seinen Hof laden sollte. Der Abgesandte trat in die Höhle und bestellte seine Botschaft. »Dies ist [bemerkte er] ein kaiserlicher Erlaß! Es geziemt dem Ehrwürdigen, sich zu erheben und für die erwiesene Gnade zu danken.« Der Träge Dsan schürte gerade sein Feuer aus getrocknetem Büffelmist, suchte darin nach gerösteten Süßkartoffeln [Bataten], und während er sie verzehrte, tropfte ihm vor Kälte das Nasenwasser aufs Kinn herunter, so daß er überhaupt nicht dazu kam, eine Antwort zu geben. Der Abgesandte sagte lachend: »Darf ich mir die Anregung erlauben, der Ehrwürdige möge sich die Tränen abwischen?« Lan-dsan erwiderte: »Wie sollte ich mich noch auf Künste einlassen und einem Weltmenschen zulieb das Nasenwasser abwischen?« Dabei blieb er und erhob sich nicht. Der Abgesandte kehrte um, berichtete dem Kaiser, und der geruhte, den Vorfall auf das tiefste zu bedauern. – Wenn einer dem an innerlicher, unberührter Reinheit und unverrückbar klarer Haltung ähnlich ist, nimmt er von andern keine Weisung an. Das ist geradeso, wie man beim Zugreifen gleich auch festhält, gerade, wie Roheisen mit dem Guß schon seine fertige Form hat.

Es ist einfach wie bei dem Ehrwürdigen Schan-dau[2]. Nachdem dieser

[1] Dö-dsung von Tang: reg. 780–805.

[2] Schan-dau: Vgl. Bi-yän-lu I, 25. Beispiel, Erläuterung, S. 430, Zeile 21. Daß er dort Schau-dou heißt, sind zwei Druckfehler. Es ist statt Schau Schan, statt dou dau zu lesen.

von der Ausmerzung getroffen [d. h. durch das buddhistenfeindliche Edikt vom Jahr 845 aus seinem Kloster vertrieben] worden war, trat er [trotz baldiger Aufhebung des Verbotes] nie wieder als Mönch in ein Kloster ein. Bei den Leuten hieß er nur der Heilige in der Felsenhöhle. Sooft er den Stößel zum Reisschleifen trat, vergaß er, den Fuß abzusetzen [so daß der Stößel nicht herunterschnappen konnte][1]. – Ein Mönch [der davon gehört hatte] fragte Lin-dji: Was hat es zu bedeuten, daß der Heilige in der Felsenhöhle vergaß, den Fuß abzusetzen? Lin-dji antwortete: Er war in einem tiefen Wassergraben versunken und ertrunken.

Von Fa-yän [dem Meister des siebenten Beispiels, s. S. 165–181] gibt es einen Gesang »Vom Rundvollkommenen Eigentlichen Wesen«. Der lautet:

Höchste Vernunft vergißt Gefühl und Rede.
Wo fände sich für sie ein Gleichniswort?
Am Ende sinkt in Nacht und Eiseskälte
Der Mond gelassen in den Abgrund dort.

Das Obst, gereift, hängt schwerer noch mit Affen.
Des Berges Länge irrt mich auf dem Pfad.
Ich blicke auf: es blieb ein Rest von Helle!
... Wie stets im Westen, wenn vors Haus ich trat.

Hsüä-dou sagt: »Sieh an, mein Freund, den Weisen vom Kaltenberg! Wohl ging er beflügelten Schritts. Doch schau! ›Zehn Jahre ließ es ihn nicht von der Stelle. Er weiß den Weg, woher er kam, nicht mehr genau.‹« Eines der Gedichte des Han-schan-dsï [des Weisen vom Kaltenberg] lautet nämlich:

Begehrst du einen Ort des Seelenfriedens?
Geh hin zum Kaltenberg und hüt' ihn lang!
Ein feiner Wind streicht durch die dunklen Föhren:
Ganz nah vernimmst du schön und schöner seinen Klang.

Darunter sitzt ein Mann mit weißen Strähnen
Und liest und liest und leiert Huang und Lau.
Zehn Jahre läßt es ihn nicht von der Stelle.
Er weiß den Weg, woher er kam, nicht mehr genau.

Wiederum sagt Yung-djia [in seinem »Lied vom Erleben des WEGES«, Dschëng-dau-go]:

Geist, das ist die Wurzel,
Dingliches ist Staub.
Beides aber gleicht noch Flecken
Auf dem Spiegel drauf.

Wird er rein von Fleck und Schrammen,
Leuchtet erst er klar.
Beides, Geist wie Ding, vergessen
Zeigt das Wesen wahr.

Wer es bis dahin bringt, der ist dann freilich wie ein Blöder, sieht einem Einfaltspinsel ähnlich. Aber gerade so wird er diesen öffentlichen Aushang [dieses 34. Beispiel] richtig sehen und verstehen. Wer diesen Grund und Boden nicht erreicht hat und nur im Kreis des Wortlauts weiterläuft, an welchem Tag wird der wohl seinen Schlußtermin erleben?

[1] Zum Schleifen des Reises wird ein großer Mörser in den Boden eingelassen und mit den enthülsten Körnern gefüllt. Auf die Mitte des Mörsers fällt als Stößel Schlag um Schlag ein hammerkopfähnlicher Baumklotz, dessen langer, kräftiger Stiel hebelartig auf einem Drehpunkt ruht. Durch Treten auf das Stielende wird der Klotz gehoben, durch Absetzen des Fußes plumpst er wuchtig in den Mörser hinein und bewirkt eine regelmäßige Verlagerung der Körner, so daß schließlich alle gleichmäßig geschliffen werden.

Erklärungen zum Text

Yang-schan, Schüler Dan-yüan's und We-schan's

Schon bisher ist uns Yang-schan[1] nicht nur in seiner geschichtlichen Bedeutung als zweiter Vater der nach We-schan und ihm selbst benannten We-Yang-Schule entgegengetreten. In der Erläuterung zum einunddreißigsten Beispiel (S. 502 und 514f.) haben wir bereits auch einen Hauch von seinem Feuergeist verspürt. Dort tritt der junge Wanderschüler vor den Meister Dschung-i, der ihm auf den ersten Schritt die geistige Beschwingtheit ansieht, freudig in die Hände klatscht und ihn begrüßt: eia! eia! Der Wanderer beginnt mit einer Geste, in welcher sich die Frucht seines Samâdhi, seiner Versenkung in den Ort, der alle Gegensätze überragt und einschließt, darstellt. Es ist das auch der Samâdhi Dschung-i's, und damit könnten beide sich zufriedengeben. Dem Jungen aber schwillt der Kamm; denn er kommt von der Tsauschlucht her, wo Hui-nëng[2] selbst, der Vater aller echten Meister, einst gewirkt hat, und das verschafft ihm ein besonderes Hochgefühl persönlicher Verbindung mit dem Sechsten Patriarchen, während der bescheidene Dschung-i seinen Samâdhi nur von Hui-nëng's Enkelschüler Ma empfangen hat. In Yüan-wu's Schlußwort zu der Szene haben wir bereits ein Urteil, das die Wesensart des späteren Meisters Yang-schan trifft. Es klingt zwar zunächst wie ein Tadel, und den hat Yang-schan's jugendlicher Überschwang gewiß verdient: »Ein Kerl, der, wenn er die Hauptsache begriffen hat, gleich auch den Nebensachen nachläuft.« Ein Tadel ist das aber nur solange, als dieser »Kerl« den Nebensachen ein Gewicht einräumt, das ihnen nicht gebührt. Ist ihm die Hauptsache einmal wirklich Alles geworden, dann ist es nur noch eine Frage des Temperaments und des jeweiligen Augenblicks, ob und in welchem Maße er sich auch der Nebensachen gelegentlich bedient.

Yang-schan war ein Sohn des äußersten Südens. Sein Elternhaus stand in Huai-hua, dem Gebiet der heutigen Hafenstadt Kanton. Das war schon damals Chinas großes Tor zur Welt, und mancher Buddhamönch aus Indien hatte hier schon seine Mission im Reich der Mitte angetreten. Früh fiel der Knabe durch seltene Begabung auf. Er galt als Wunderkind und hielt sich von Gemeinem fern. Bald reifte in ihm der Entschluß, ins Kloster einzutreten. Die erschrockenen Eltern sorgten rasch für eine kleine Braut, die ihn durch ihre Anmut für die Welt zurückgewinnen sollte. Der Jüngling griff zum Beil, hieb sich die zwei letzten Finger ab und setzte seinen Willen durch. Im Kloster hatte er das Glück, einen ehemaligen Schüler jenes geistesstarken Bai-dschang Huai-hai, des Meisters auf dem »Reckenberg« (vgl. das 26. Beispiel), zum Erzieher zu erhalten. Früh prägte sich ihm so die Bedeutung der Traditionskette ein, in der die heilsame Erkenntnis sich durch die Geschlechter fortpflanzt.

Und nun erlebte er, daß sein eigener Meister von Kanton weg den Ruf erhielt, die Leitung eben jenes Klosters, in dem der Sechste Patriarch vor über hundert Jahren, von 677 bis 713, gewirkt hatte, zu übernehmen. Selbstverständlich folgt er diesem den Nordfluß aufwärts nach dem Norden der Provinz in den Kreis Schau-dschou, wo es vom Flußtal ostwärts in ein stilles Seitental hinaufgeht, in die Tsauschlucht. Hier stand, von dichtem Wald umgeben, das Kloster, und dabei auch die Pagode, in deren unterstem Geschoß, in einem Heiligenschrein verwahrt, der Sechste Patriarch als Mumie, von schwarz lackierter Leinwand schützend überzogen, noch immer in Versenkung hockte[3]. Hier führten Pfade nach den dreizehn Aranyas, Waldwildnissen in großer, stiller Landschaft, von Hui-nëng's Gönner Tschën zur Übung eigens angelegt. Hier lebte man von der Erinnerung, man unterhielt sich über Hui-nëng's Schüler, über den »Erwachten einer Übernachtung« Yung-djia (s. Band I, S. 502, 514), über den Landesmeister Dschung (18. Beispiel) und verfolgte im Gespräch, wie weit der Stammbaum, dessen Wurzelboden hier an dieser Stätte war, sich schon über das gesamte Tangreich ausgebreitet hatte. Aber freilich, die kräftigsten Zweige dieses Baumes waren nicht am Tsaubach selbst gewachsen, sondern weit verstreut an anderen Orten. Für unsern Klosterschüler war es klar, daß er bald wandern mußte, um alle Meister seiner Zeit, die geistig von hier ausgegangen waren, zu besuchen.
Genaues über Yang-schan's Reisen ist nicht überliefert; nur einzelne Begegnungen sind in der Erinnerung festgehalten. Auch mit den Jahreszahlen hat man seine liebe Not. Nicht einmal über das Todesjahr, von welchem die Berechnung auszugehen pflegt, herrscht in der Überlieferung Einstimmigkeit. Die angegebenen Zahlen schwanken zwischen 890 und 916 (!). Einig ist man nur darüber, daß Yang-schan im 77. Lebensjahr gestorben, also 76 Jahre alt geworden sei. Zum Glück hat aber neuerdings der Zenhistoriker Ui Hakuju feststellen können, daß auf Yang-schan's Grabstein für seinen Tod das Jahr 883 steht, wonach er also im Jahre 807 geboren wäre.
Man darf annehmen, daß die Reise des Klosterschülers zunächst nordwärts ging, wo in der Provinz Hunan bedeutende Meister aus dem

[1] Yang-schan Hui-dji (nach neuerer Berechnung 807–883), japanisch Kyôzan Ejaku. Traditionstafel III B 11e (die dort angegebenen Jahreszahlen sind also darnach zu verbessern).

[2] Lu-dsu (d. h. 6. Patriarch) Hui-nëng, japanisch Roku-so E-nô (638–713), Traditionstafel II 6a.

[3] Der japanische Forscher Tokiwa hat diese Mumie des Sechsten Patriarchen in der Tsauschlucht im Dezember 1928 besichtigt und bestätigt ihre Echtheit. Nur befindet sie sich nicht mehr in der baufällig gewordenen Pagode, sondern in einem kleinen, eingeschossigen Gedenkbau nebenan. Vgl. Seite 627 des in Band I, S. 569, erwähnten Werkes von Tokiwa Daijô.

Stamme Hui-nëng's wirkten. Einer derselben war der schon erwähnte Dschung-i, der noch den Patriarchen Ma erlebt hatte, also der neunten Generation angehörte und sicher in sehr hohem Alter stand. Von ihm heißt es, er habe dem jungen Gast das erste Mönchsgelübde abgenommen und ihn damit zum Shramanera, zum Novizen, geweiht. Der Name, welchen dieser dabei annahm, nämlich Hui-dji, d. h. Weisheitsstille, läßt die Gedanken ahnen, die den späteren Meister Yang-schan hier bewegten.

Bei einem anderen Meister aus derselben Stammeslinie, Schï-schuang Hsing-kung auf dem Steinreifberg, südöstlich der Provinzhauptstadt Tschangscha, hörte der Novize Hui-dji ein Gespräch mit an, das ihm zu denken gab. Ein Wandermönch stellte die obligate Frage nach dem Sinn des Zen in der üblichen Form: Was ist der Sinn des Kommens des Ersten Patriarchen Bodhidharma aus dem Westen? Schï-schuang sagte nur: Das werde ich dir sagen, sobald es dir gelingt, einen Mann, der tausend Fuß tief unten im Brunnenloch sitzt, ohne Seil heraufzuholen.

Auf der Weiterreise ostwärts nach der Provinz Kiangsi quälte sich Hui-dji viel mit diesen Worten herum, bis er am Kan, dem großen Zufluß des Poyang-Sees von Süden, zu dem steinalten Meister Dan-yüan[1] kam, demselben, der als Vertrauter jenes Landesmeisters Dschung (vom 18. Beispiel) dem Kaiser Dai-dsung seinerzeit den Plan der »nahtlosen Pagode« mit vier rätselhaften Versen zu erklären wußte. Man bedenke: der Landesmeister Dschung war ein direkter Schüler des Sechsten Patriarchen gewesen. Dan-yüan steht somit in der Geschlechterfolge auf der achten Stufe, noch um eine höher als der alte Dschung-i! Ihm legte Hui-dji nun den Ausspruch Schï-schuang's von dem Mann im tiefen Brunnen vor.

Dan-yüan sagte nur: Hm, Dummkopf du! Wer ist denn das im Brunnenloch? Das blieb in Hui-dji wie ein Stachel sitzen.

Im übrigen gewann er bald des alten Meisters ganz besonderes Vertrauen. Diesem Dan-yüan hatte einst der Landesmeister Dschung ein Geheimnis anvertraut, das er selbst, wie er ihm damals sagte, vom Sechsten Patriarchen, Hui-nëng, überkommen hatte (ohne daß man wüßte, ob noch andere aus Hui-nëng's Schule Kenntnis davon besaßen). Es ist jene eigenartige Methode geistiger Verständigung durch Kreisfiguren, der wir schon im 13. Beispiel bei Yang-schan's Enkelschüler Dsï-fu flüchtig begegnet sind. Es war ein fein ersonnenes System von 97 Kreisfiguren, dadurch entstanden, daß in die Grundfigur des leeren Kreises bestimmte Schriftzeichen wie Buddha, Mensch, Sonne, Mond, Erde, Wasser, Rindvieh, Kreuz, Svastika (Hakenkreuz) u. a. eingesetzt werden, wobei jede Figur ihre besondere Bedeutung hat und sowohl als Frage vorgelegt wie auch als Antwort entgegengehalten werden

[1] Dan-yüan Schën-ying, japanisch Dan-gen Shin-nô, 8. Jahrhundert. Trt II 8.

kann. Also ein geheimes Sprachsystem, das sämtliche im Erfahrungsbereich des Zenlebens auftretenden Probleme wie Verständnis und Unverständnis, Verborgenheit und Offenbarung, Freiheit und Bindung, Wahrheit erster und Wahrheit zweiter Ordnung umfaßt, doch alles dies nur zum Gebrauch für Eingeweihte und Geübte. Wenn Yüan-wu den jungen Yang-schan einen Kerl nennt, der, wenn er die Hauptsache erfaßt hat, gleich auch Nebensachen nachläuft, so kann man vermuten, daß er dabei auf diese Kreisfiguren anspielt. Wo nicht schon vorher ein Verhältnis innigsten Verstehens da ist, wird aus dem Verkehr durch Kreisfiguren eine Spielerei. Und dies ist wohl der Grund dafür, daß jene alten Meister ihre Kenntnis streng geheim zu halten und nur ganz wenigen Schülern, vielleicht nur einem einzigen, zu überliefern pflegten. Jedenfalls berichtet die Tradition der nachmaligen We-Yang-Schule: Eines Tages habe Dan-yüan seinem Schüler Hui-dji ein großes Schriftstück überreicht mit der Bemerkung, die darin beschriebenen 97 Kreisfiguren habe einst sein Meister Dschung vom Sechsten Patriarchen überkommen und zuletzt ihm übergeben mit den Worten: ›Dreißig Jahre nach meinem Tode wird aus dem Süden ein junger Shramanera zu dir kommen, der diese Lehre übernehmen und vor Vergessenheit bewahren wird. Hier übergebe ich sie dir zu treuen Händen.‹ Fast muß man vermuten, daß Dan-yüan während seines Alters jahrelang gewartet hat, bis der eine, der ihm würdig schien, endlich daherkam. Hui-dji nun nahm die Urkunde entgegen und sah sie sich gründlich an, dann warf er sie ins Feuer. Entsetzt hielt ihm Dan-yüan den Frevel vor, Geheimnisse, die nur den großen Weisen faßbar sind, dem Vergessen preiszugeben. Hui-dji erwiderte in aller Ruhe: nach seiner Ansicht sei es besser, solch eine Überlieferung nicht schriftlich festzuhalten; sie könnte sonst in falsche Hände kommen. Er habe sich das Ganze sicher eingeprägt. Dan-yüan hielt ihm entgegen, der Schlüssel könnte später doch einmal vergessen werden. Gut, versetzte Hui-dji, wenn Ihr es unbedingt für nötig haltet, schreibe ich's Euch auf, setzte sich hin und stellte frei aus dem Gedächtnis zur Zufriedenheit des Meisters die Urkunde mit allen 97 Figuren wieder her.

Wahrscheinlich ist der greise Dan-yüan bald darnach gestorben. Bei seinem Tode, sagt die Überlieferung, sei Hui-dji 23 Jahre alt gewesen. Das fiele nach der neuesten Berechnung also in das Jahr 830. Jedenfalls gehört Dan-yüan nicht nur dem 8. Jahrhundert an, wie in der Traditionstafel II, 8 auf S. 564 angegeben wurde.

Für Hui-dji kam nun eine neue Zeit. Er wanderte von Kiang-si wieder westwärts nach Hunan und fand in dem Gebirge We-schan westlich von Tschangscha endlich den Meister, mit dem er viele Jahre lang verbunden bleiben sollte, den vom 4. und vom 24. Beispiel her bekannten We-schan Ling-yu. Als er den fast Sechzigjährigen begrüßte, fragte dieser: Bist du ein Shramanera, der einen Herrn hat, oder hast du keinen? Hui-dji bekannte klar und fest: Ich habe einen Herrn. We-schan fragte weiter: Wo ist er? Ohne ein Wort wandte sich Hui-dji vor We-schan's Augen nach rechts, ging nach der Seite ab, blieb stehen und blickte sich nach We-schan um. Dieser merkte, wen er vor sich hatte, zog ihn als Aufwärter in seine Nähe, und bald war das Eis zwischen beiden gebrochen.

Eines Tages fragte Hui-dji: Was ist das eigentlich für ein Ort, an dem der wahre Buddha seinen Wohnsitz hat? We-schan, in ungewöhnlich ernster, feierlicher Haltung, erwiderte: Wenn du in der Schwebe zwischen Denken und Nichtdenken die Gedanken in die Grenzenlosigkeit der Geistesfeuerglut zurückschickst, dann gehen dir diese aus und kehren heim in ihren Ursprung. Das ist die ewige Gestalt des ursprünglichen, eigentlichen Wesens. Die Mannigfaltigkeit der Dinge und das Eine Wahre Wesen sind nicht zweierlei, und eben dieses ist das Wie und So des wahren Buddha und sein Wohnsitz. Bei diesen Worten wurde es in Hui-dji licht, es öffnete sich ihm die große Weite, er fühlte die Begegnung mit dem absoluten Selbst, das Himmel und Erde in sich schließt.

Wahrscheinlich war es um dieselbe Zeit, daß er auch We-schan jenen Ausspruch Schï-schuang's von dem Mann im Brunnenloch vorlegte und ihn fragte, was Dan-yüan wohl gemeint habe, als er ihn schalt: Dummkopf du, wer ist denn das im Brunnenloch? We-schan blickte ihn durchdringend an und sagte: Hui-dji! Hui-dji, innerlich getroffen, sagte: Ja? und We-schan stellte trocken fest: Der Mann ist aus dem Brunnenloch heraus. Damit fielen vollends alle Zweifel von dem Jünger ab. In späteren Jahren pflegte er zu sagen: Dan-yüan verdanke ich die Form, We-schan das Wesen.

Das Verhältnis zwischen beiden wurde mit der Zeit so innig, daß sie sich jederzeit sofort verstanden, sei es beim Pflügen oder Büffelhüten, beim Obstauflesen oder wenn es regnete. Alles wurde ihnen Anlaß, innere Erfahrung auszutauschen. Die Verehrung der Schülerschaft für den Meister übertrug sich mit der Zeit auch auf den Lieblingsjünger. Dennoch zeigte dieser keine Eile, sich nach einer eigenen Tätigkeit als Meister umzusehen. Zuviel gab es für ihn beim Alten noch zu lernen. Wohl unternahm er manche Wanderfahrten zum Verkehr mit anderen Meistern seiner Zeit. Aber immer kehrte er zurück zum We-schan. »Zählt man's zusammen«, heißt es im Bericht von der Weitergabe der Leuchte aus der Ära Djing-dö, »so hat er sich wohl fünfzehn Jahre auf dem We-schan herumgetrieben. Er konnte Worte von sich geben, so daß keiner in der Bruderschaft gewesen wäre, der sich nicht davor beugte«.

Endlich (wohl um die Zeit jenes Edikts 845, das den Mönchen Rückkehr in die Familie befahl) übergab ihm We-schan sein geheimes Siegel. Er nahm Abschied von dem nun bald fünfundsiebzigjährigen Meister, bezog zunächst ein Kloster weit im Osten, ohne dort recht Fuß zu fassen, und fand schließlich auf dem Yang-schan bei Yüan-dschou im

Westen von Kiangsi die für ihn passende Stätte, so daß in kurzer Zeit von nah und fern die fahrenden Schüler zu ihm strömten, um seinen Namen später durch das ganze Reich zu tragen.
Auch vom Yang-schan aus scheint er noch an anderen Orten Aufgaben übernommen zu haben. So gründete er zwischen 860 und 873 im Norden der Bezirksstadt Schau-dschou ein neues Kloster »zum östlichen Frieden«, Dun-ping-schan genannt, nur etwa 50 km nördlich der Tsauschlucht, dem Schauplatz seiner besten Jugendjahre. Und hierhin ist er auch im hohen Alter noch einmal gereist. Bald nachher schwanden seine Kräfte. Er versammelte den Kreis der dortigen Schüler und trug seine Abschiedsverse vor:

Das Maß ist voll: siebzig und sieben Jahr'!
Vergänglichkeit: das Wort wird heute wahr.
Die Sonne steht im Mittagsort genau.
Umschließ' die Kniee, du mein Händepaar!

Damit nahm er die Hockerstellung ein, in welcher man den Leichnam einzusargen pflegt, und verharrte in ihr bis zum letzten Atemzug.

Worte Yang-schan's über seine Art zu lehren

Als eine Art Ersatz für den bei diesem Beispiel ausgefallenen Hinweis Yüan-wu's hat es wohl Sinn, dem »Bericht von der Weitergabe der Leuchte aus der Ära Djing-dö« einiges aus einer Rede zu entnehmen, in welcher Yang-schan sich vor seiner Hörerschaft über seine Art zu lehren ausgesprochen haben soll.[1]
»Ihr alle hier! Möge jeder unter euch das Licht in sich umdrehen und nach innen blicken! Notiert nicht meine Worte, sie zu memorieren! Ihr habt seit anfanglosen Weltzeitaltern euch von der Helle abgewandt und euch der Dunkelheit ergeben. Die Wurzeln wirrer Denkart reichen tief hinab und lassen sich mit einem Ruck so plötzlich nicht ausreißen. Das ist der Grund, weshalb wir (Lehrer) hie und da für einen Augenblick zu Notbehelfen greifen, um euch euer ungeschlachtes Wissen wegzuschnappen. Das ist, wie wenn man kleinen Kindern vergilbte Baumblätter zum Spielen gibt, damit sie aufhören zu schreien. Was wäre daraus irgend Sinnvolles zu entnehmen! Oder auch: es ist, wie wenn ein Kaufmann Waren der verschiedensten Art gemischt mit Gold und Silber in seinem Laden feilhält. Einfach je nach dem Kunden, der gerade eintritt, entscheidet er, ob er diesem schlechte Ware bietet oder kostbare ... Kommt ein Kunde und will Rattendreck, so greife ich ihm den heraus. Kommt einer und verlangt nach lauterem Gold, so biete ich ihm das ...

[1] Vgl. Djing-dö Tschuan-dëng-lu XI. – Eine vollständige Wiedergabe des Abschnitts findet sich bei Daisetz' T. Suzuki, Essays in Zen Buddhism, third series, S. 36f.

Erkläre ich nun aber den inneren Sinn des Zen, da möchte etwa einer, der mir nahe sitzt, wohl gerne meinen Worten folgen: er vermag es nicht. Wieviel weniger erst eine Bruderschaft von fünf- bis siebenhundert Hörern! Rede ich von weiß nicht was, da drängen sie sich vor, um etwas aufzuschnappen. Das ist, wie wenn ich Kinder mit der leeren Faust nasführte, als hätte ich etwas darin. In alledem steckt gar nichts. Ich muß euch jetzt ganz klar und deutlich sagen, wie es um das Heiligsein bestellt ist. Laßt einmal davon ab, Ankerplätze für Gedanken und Gefühle aufzusuchen! Steuert vielmehr auf die hohe See der jedem eigenen ursprünglichen Beschaffenheit und übet darin euch mit vollem Ernst! Dazu bedarf es weder der ›dreifachen Hellsicht‹ noch des ›sechsfältigen Zugangs zur Geisterwelt‹[1]. Und warum nicht? Weil alle solche Künste nur die äußersten und letzten Zweige an dem Baume heiligen Lebens sind. Euch tut jetzt not, Kern und Herz der Sache zu erkennen, zum Stamm und Ursprung durchzudringen. Habt ihr nur einmal den Grund und Ursprung, braucht ihr euch um die letzten Ausläufer und Enden nicht zu sorgen. Zu irgendeiner Zeit, an irgendeinem späteren Tage wird es soweit sein, daß ihr selbst es habt und damit weitergeht. Solange du den Grund und Ursprung noch nicht hast, ist es zwecklos, auf dem Weg gewöhnlicher Gedanken und Gefühle darnach zu forschen. Seht doch nur, was der Ehrwürdige vom We-schan einst gesagt hat: ›Wenn die unterscheidenden Gefühle und Gedanken von gemein und heilig sich erschöpfen, dann enthüllt das Wesen seine Wahrheit, seinen ewigen Bestand. Dann ist die große Einheit und die Mannigfaltigkeit der Einzeldinge nicht mehr zweierlei. Und eben dieses ist das Wie und So des wahren Buddha.‹«

Zum Verständnis des Beispiels

Nicht, wie in den meisten Fällen, tritt der Mönch mit einer Frage vor den Meister. Dieser selbst beginnt und fragt den Gast: Woher des Weges? Daß schon diese Frage ihre Hintergründe hat, geht aus Yüanwu's Äußerungen dazu klar hervor. Des rechten Meisters einzige Frage ist immer nur: Wes Geistes Kind bist du?

Des Mönches Antwort »In den Lu-schan-Bergen« könnte nun allerdings in einem Ton gesprochen sein, an dem auch Yang-schan seine Freude gehabt hätte. Diese Berglandschaft im Norden der Provinz Kiangsi, südlich von Kiukiang im Winkel zwischen Yangtsekiang und Poyang-See aufsteigend, begeistert mit ihren vielen hohen Gipfeln, ihren Felswänden und Schluchten, Gießbächen, Seen, Wasserfällen nicht allein die Maler und die Dichter (und in unserem Jahrhundert bis zur Umwälzung die internationalen Sommerfrischler in Kuling). In ihren Höhlen hausten

[1] Fähigkeiten, Vergangenheit und Zukunft jedes Menschen zu durchschauen und ihm durch Weissagung den Weg zu weisen.

Heilige aller Art, in ihren Klüften bauten sie sich Hütten – Lu-schan heißt »die Hüttenberge«, im Schutz der Hänge standen Klöster, man konnte Geistesmenschen aus allen Teilen Chinas hier begegnen, Heiligen und Gelehrten. Gewiß hat auch dieser Mönch dort mancherlei gesehen und gehört, hat Klöster und Klausen besucht, Lehrgespräche mitangehört und seine Kenntnisse in der Buddhalehre und ihren verschiedenen Richtungen erweitert. Er hätte vor Yang-schan sehr wohl mit Augen reden können, deren Leuchten ihm etwas verriet. Aber als er trocken sagte: in den Lu-schan-Bergen, war von irgendeiner Art Erlebnis nichts zu spüren. Weil jedoch ein Mönch das sagt, der immerhin Bescheid weiß und die Lu-schan-Berge mit Erwartungen durchwandert, ist sein trockener Realismus höchstwahrscheinlich nur gespielt, und dahinter birgt sich die Enttäuschung, das, was er erhoffte, nicht erlebt zu haben.

Wie dem auch sei, so wußte Yang-schan jedenfalls von seinem Gaste nun bereits genug. Um ihm zu helfen, versuchte er es noch einmal mit ihm. Es mag einer jene Berge noch so stumpf durchwandern, kommt er aber an die Fünfaltenhörner, dann muß auch ihn etwas ergreifen. Freundlich fragt ihn Yang-schan, ob er dort gewesen sei. Und der Mönch hört daraus ohne weiteres die eigentliche Frage, welche Yang-schan meinte, die auch ihn im tiefsten Grund bewegte: die Frage nach ihm selbst. Wenn er nun mit seiner Antwort: »Dorthin bin ich nicht gekommen« abermals den trockenen Realisten spielt, so liegt darin schon Bitterkeit und ein verschämter Trotz, für Yang-schan aber ein verstecktes Eingeständnis, ja ein Hilferuf.

Dieser Meister aber weiß nichts Besseres, als zu sagen: Tschârya, Ihr habt Euch noch niemals in den Bergen herumgetrieben. Mit Recht hat dazu später der sechzig Jahre jüngere Yün-mën erklärt, da rede Yang-schan wie einer, der ins Gras gefallen ist, d. h. er spreche die Sprache des gemeinen Alltags. Es klingt wie billiger Snobismus, wie wenn jemand einen anderen, der von den Berner Alpen heimkommt, fragte, ob er auch auf der Wengenalp gewesen sei, und auf dessen Nein hin bissig sagte: Mein Herr, Sie waren niemals in den Alpen. Aber eben diese Sprache, bemerkt Yün-mën, sei der reinste Ausdruck lauteren Mitleids und Erbarmens. Nur weil ihm der Wanderer leidtat, kleidet Yang-schan das, was er ihm sagen muß, in die Symbolik eines Wanderergesprächs. Und nur weil seinem Gaste radikale Hilfe nottut, spricht er dessen ganzer Wanderung so unbarmherzig jeden Sinn und Wert ab. Was nützt das Wandern durch die schönste Landschaft, was nützen Berge mit so seltenen Menschen ohne eigenes Erwachen? Eben diese harte Abfuhr ist im Grunde nichts Geringeres als die gütige Einladung, es mit den Bergen doch einmal auf andere Weise zu versuchen, sei es hier in der Umgebung dieses Yang-schan oder gar noch einmal in den Lu-schan-Bergen mit den Fünfaltenhörnern.

Mit anderen Worten: Yang-schan's Rede ist, wie immer sie auch klingen mag, stets die des um sein Gegenüber väterlich besorgten Führers. Um dies ganz deutlich werden zu lassen, führt Yüan-wu in seiner Erläuterung zwei andere Gespräche früherer Meister an, mit denen, wie er ausdrücklich betont, die Unterredung Yang-schan's mit dem Mönche irgendwie verwandt sei.

We-schan's Gespräch mit Yang-schan

Yang-schan war damals noch der Mönch Hui-dji. Vielleicht hatte er das Amt des Vorsitzers. Auf jeden Fall konnte er bereits We-schan, den alten Meister, beim Empfang Ratsuchender vertreten. We-schan fragte ihn, wie er denn in solchem Fall verfahre: wie prüfst du einen Ankömmling? Yang-schan versteht sofort, worum es geht. Es geht hier nicht um äußere Dinge, auch nicht etwa um die Vorbildung des neuen Gastes. Es geht ausschließlich um die Frage: hat er es, oder hat er's nicht? In ihrem Drang, andern Menschen zur befreienden Erkenntnis zu verhelfen, könnte man diese Meister mit den alten Pietistenvätern oder methodistischen Erweckungseiferern vergleichen, die jedem Menschen erst einmal daraufhin ansehen, ob er »bekehrt« ist oder nicht. Nur wird dieser Drang gezügelt durch ihr Wissen um das Wesen, das sie anderen erschließen möchten. Denn dieses Wesen selbst ist unfaßbar und stille; es ist für menschliche Vernunftbegriffe wie ein Nichts und ist doch Alles. Yang-schan nennt es »das da« und überläßt es seinem Gegenüber, ob er merkt, was damit gemeint ist, oder ob er es auf den Jakschweif bezieht, den er in der Hand hält. Und das ist ohne Frage ein sehr guter Prüfstein. Denn wer es hat, versteht sofort, fällt auf den Jakschweif nicht herein; jeder andere aber sicher. »Das sind die Fänge und Krallen derer, die überwärts gerichtet sind.« Man sieht den alten We-schan richtig vor sich mit seiner breiten Ruhe, seiner Trockenheit, den Schalk im Nacken und voll Güte.

Der Großmeister Ma und Bai-dschang

Der Großmeister Ma, auch Patriarch Ma (Ma-dsu) genannt, ist schon vom dritten Beispiel her als der eigentliche Vater der jüngeren Linie von Zen-Meistern wohl bekannt (vgl. Traditionstafel III B 8), und ebenso sein bedeutender Schüler Bai-dschang, als Mönch Huai-hai genannt, dessen Verhältnis zu Ma im Anschluß an das 26. Beispiel ausführlich dargestellt ist. In dem Gespräch, das Yüan-wu von den beiden anführt, ist die Spannung zwischen starkem Drang, den Schüler zu erforschen, und tiefer Scheu vor jedem Wort so mächtig, daß sich die Verständigung zwischen beiden sozusagen auf verschiedenen Ebenen bewegt: die Worte drehen sich um völlig Äußerliches, der geistige Austausch nur um »das da«. Wenn Bai-dschang klipp und klar verneint: niemandem bin ich begegnet, dann sollte, meint der in sich selbst bereits Geklärte, für den Meister schon genug gesagt sein. Ihm ist auf dem Weg bergaufwärts anderes begegnet, als die Leute, die etwa den Berg herunterkommen mochten. Mit diesem Nein hat er des Meisters Frage in dem Sinn, wie sie in Wirklichkeit gemeint war, schon bejaht. Der Meister seinerseits bemerkt auch wohl bereits, daß seinem besten Schüler unterwegs Etwas begegnet ist. Aber er will sichergehen; denn was in diesem Schüler vorgeht, das hat auch für ihn und seine Wirksamkeit entscheidende Bedeutung. So faßt er nach und fragt noch einmal. Und aus des Schülers hintergründig hartnäckigem Beharren darauf, keiner Seele begegnet zu sein, vernimmt er nunmehr klar die Kunde, auf die er lange schon gewartet hat. Beide wissen jetzt umeinander Bescheid. Die Szene schließt damit, daß Huai-hai sich für seine Sprödigkeit, der Meister für Taktlosigkeit entschuldigt.

Um was es diesen Meistern geht, ist stets dasselbe. Es ist ein Nichts und doch nicht auszudenken. Deshalb gibt sich Hsüä-dou, der Sammler unserer Anekdote, nicht damit zufrieden, daß er nur Yün-mën's Hinweis anführt, wonach jene banalen Worte Yang-schan's »aus lauter Mitleid und Erbarmen« kommen. Er muß noch höher greifen nach dem »Überwärts«, der Quelle dieses Mitleids und Erbarmens. Daher sein Gesang.

Zum Verständnis des Gesangs und der Erläuterung dazu

»Heraus aus dem Gras! Ins Gras hinein!« Man kann mit Hsüä-dou's lapidaren, frei in die Luft hineingestellten Sätzen stets verschiedene Vorstellungen verbinden. Man kann an die Fünfaltenhörner denken, in deren reine Höhe man aus dem Gras der Niederung erst einmal heraufgestiegen sein muß, um sich hernach hier unten überhaupt erst zurechtzufinden. Man kann die Sätze als Yang-schan's Anruf an den Mönch auffassen, der bis dahin mehr »im Grase« heimisch ist als in der Höhe. Hsüä-dou, der Dichter selbst, hat aber ohne Frage die Gestalt Yang-schan's vor Augen, die ihm zum Bild und Vorbild jedes echten Meisters wird, damit aber auch zu einem Träger höchster Wahrheit, derselben, welche Yang-schan in den Fünfaltenhörnern verkörpert sieht.

Dieser Wahrheit tiefstes Geheimnis aber ist, daß in ihr auch ihr Gegenspiel einbeschlossen bleibt, oder, wie es Hsüä-dou ausdrückt, man niemals in der reinen Höhe verharren kann, ohne sofort wieder ins Gras heruntersteigen zu müssen. Die ewige Einheit, die alles umschließt, und die Welt der Unterschiede und Gegensätze sind nicht zwei getrennte Welten, wie Himmel und Erde in antiker Vorstellung, sondern sie sind eins, sie verschlingen und durchdringen sich geheimnisvoll und unergründlich.

»Wer löste es, forschte und dränge ein?« Wenn oben aus einer Lehrrede Yang-schan's das Wort angeführt war: »Laßt einmal davon ab, Ankerplätze für Gefühle und Gedanken aufzusuchen« (S. 38), hier ist es am Platz. Es ist, wie Hsüä-dou es im Bilde sagt: »Weißen Gewölks geschichtete Hülle, purpurner Sonne leuchtender Schein.« An manchen Tagen bleiben die Fünfaltenhörner verhüllt in dichtem Wolkenschleier. Und plötzlich teilt sich das Gewölk, die Sonne scheint: das Dunkel war nichts weiter als ein Schatten eben ihres Lichts.

Die Welt hat also zwei Gesichter, und diese zwei sind eins. So ist es auch

mit dem, der dies erkannt hat, in diesem Falle hier mit Yang-schan. »Von links betrachtet, makelfrei. Von rechts beschielt, schon altersgrau.« Auch die menschliche Erscheinung ist widersprüchlich. Man kann in diesem Yang-schan einen Heiligen sehen, je nachdem aber auch einen versponnenen Greis, der wirres Zeug vor sich hinmurmelt.
Aber eben dieser Widerspruch zeigt die totale Andersartigkeit der Sphäre, in der Yang-schan innerlich zu Hause ist. Deshalb stellt Yüan-wu in der Erläuterung zum Gesang neben den alten Yang-schan mit Bedacht zwei Beispiele von wunderlichen Heiligen, die in den Augen der gemeinen Welt schon mehr Idioten sind. Nicht als ob das Bild des »Trägen« Dsan oder das des geistesabwesenden Schan-dau genau auf Yang-schan paßte, der als Meister von Format mit Menschen sehr wohl umzugehen wußte. Aber in ihrer radikalen Abkehr von der Denkart und den Maßstäben der gemeinen Welt verkörpern sie gleichwohl genau dasselbe, was auch Yang-schan's Kern und innerstes Geheimnis war.
Und wiederum mit gutem Bedacht fügt Yüan-wu an die Bilder dieser Käuze den Gesang des Meisters Fa-yän Wën-i an, desselben, der im siebten Beispiel unserer Sammlung dem Mönch Hui-tschau auf die Frage nach dem Buddha zur Antwort gibt: du bist Hui-tschau. Denn dieser Gesang enthält für jenes Eintauchen in den Abgrund der Vergessenheit sozusagen die dogmatische Legitimation. Nach der Lehre des großen Mahâyâna-Meisters Vasubandhu und seiner Schule können wir je nach der Betrachtungsweise uns selbst, ebenso wie den Dingen, dreierlei Arten von Beschaffenheit, von inhärentem Wesen, zuschreiben: 1. eine vermeintliche, von der Phantasie erfundene Beschaffenheit (parikalpita svabhâva), indem wir behaupten, ein Mensch, ein Individuum sei eine ewige Wirklichkeit (so, wie jemand einen Strick, der vor ihm auf dem Wege liegt, für eine Schlange halten kann), 2. eine uneigentliche, von fremden Ursachen abgeleitete, also nur bedingte Beschaffenheit (paratantra svabhâva), indem wir den Menschen als ein kausal bedingtes, zeitlich begrenztes Bündel aus bestimmten Seinselementen oder Dinglichkeiten betrachten (so, wie ein Strick eben ein zu bestimmten Zwecken gedrehter Hanfstrang ist), 3. die nur dem erleuchteten Sinn erkennbare wahre Beschaffenheit, das »rundvollkommene eigentliche Wesen« (parinispanna svabhâva), indem wir einsehen, daß auch die Dinglichkeiten, aus denen sich unser zeitliches Dasein formt, im Grunde »leer«, d. h. unfaßbar sind, und darum alle ein unterschiedsloses Eines bilden (so, wie ein Seiler weiß, daß Stricke substantiell überhaupt nichts anderes sind als Hanf). Dieses unser inhärentes Wesen ist »rundvollkommen«, denn es erfüllt die ganze Welt, ist ohne Werden und Vergehen, ohne Trug. Es ist, metaphysisch gesprochen, die wahre Gestalt des Seienden, und ist, menschlich betrachtet, Buddhaschaft.
Darein versenkt der Meister Fa-yän sich auf abendlicher Wanderung im Gebirge. Er sieht, wie alles der Vernichtung zustrebt: der Mond, das reife Obst, gieriger Affen Beute, die eigenen Kräfte auf dem weiten

Weg. Er sieht die Nichtigkeit, versinkt in ihr und findet eben darin eine neue Helle, neues Licht: das Wahre, Echte, Eigentliche.

Wer das erlebt, den kann es schon fortreißen, daß er alles um sich her vergißt. Und darum beschließt Hsüä-dou seinen Gesang mit dem Hinweis auf den merkwürdigen Einsiedler vom Kaltenberg. Die Legende über diesen Mann hält nur einzelne bestimmte Züge fest; alles andere bleibt im Dunkel. Nicht einmal das Jahrhundert, in welchem er gelebt hat, ist sicher überliefert. Halten wir uns an die Tradition der Tiän-tai-Schule, auf welche auch Hsüä-dou sich stützt, so müssen wir zuerst von einem andern Sonderling reden, welchen der ebenfalls absonderliche Tiän-tai-Heilige Fëng-gan einst im dortigen Gebirge in hilflosem, völlig verkommenem Zustand aufgelesen und zu Dienstleistungen im Kloster angestellt habe. Er führte dort einfach den Namen »Findling«, Schï-dö, und benahm sich ganz auf eigene Art als närrischer und jeder Regel spottender Halbidiot. Bei diesem nun erschien von Zeit zu Zeit ein Fremdling von armseligem, zerlumptem Aussehen, auf dem Kopfe einen Hut aus Birkenrinde, Holzschuhe an den Füßen. Er führte mit dem Findling tiefsinnige Gespräche über Buddhatum und Dichtung, wobei sie oft zusammen hell auflachten. Dann summten sie zusammen Lieder und buddhistische Gesänge, strolchten Hand in Hand geräuschvoll durch den langen Flur oder blickten vom Hof aus an den Himmel hinauf und machten ihrer Weltverachtung in Scheltworten Luft. Zum Abschied brachte Schï-dö seinem Freund einen schlauchartigen Behälter aus Bambusgeflecht, in dem er von den Mahlzeiten der Mönche Reis- und Gemüseabfälle aufbewahrt hatte. Eines Tages aber, als der Fremde wieder dagewesen war, gingen sie zusammen Hand in Hand beschwingten Schrittes aus dem Kloster fort und wurden nicht wieder gesehen.

Von dem Fremdling wußte man zunächst nur, daß er sieben bis acht Wegstunden weit im Westen des Tiän-tai-schan als Einsiedler auf dem Kaltenberge, Han-schan, lebe. Es wurde auch bekannt, daß der Bezirksmandarin Lü den seltenen Mann in seiner Bergeseinsamkeit aufgesucht habe, ihm Kleider und Arzneien zu bringen. Der Einsiedler aber habe sich vor ihm in einer Felsenspalte versteckt, diese habe sich geschlossen, und er sei nie wieder herausgetreten. Als man später nach ihm suchte, habe man im Wald auf Baumblättern und an Felswänden aufgemalt mehr als dreihundert Gedichte gefunden. Sie sammelte der Kreisbeamte Lü, schrieb dazu ein Vorwort und gab sie unter dem Titel »Gedichte vom Kaltenberg« heraus.[1]

Auf diesen Weisen vom Kaltenberg, Han-schan-dsï genannt, weist also Hsüä-dou im Gesange hin. »Wohl ging er beflügelten Schritts.« Es

[1] Das Freundespaar Han-schan und Schï-dö (japanisch: Kanzan und Jittoku) bildet auch für die Zen-Malerei einen beliebten Vorwurf zur Darstellung des im Wesen des Zen tief verwurzelten Humors. Vgl. Dietrich Seckel, Buddhistische Kunst Ostasiens, S. 228, und Werner Speiser, Meisterwerke chinesischer Malerei S. 20.

machte ihm gar nichts aus, vom Kaltenberg einmal rasch den weiten Weg nach dem Tiän-tai-Gebirge unter die Füße zu nehmen, sich ein paar Stunden mit Schï-dö, dem Findling, zu unterhalten und noch am Abend oder in der Nacht zurückzukehren. In dem Gedichte aber, das Hsüä-dou zitiert und Yüan-wu im vollen Wortlaut anführt, bekennt er, sich auf dem Kaltenberg »in Huang und Lau« derart vertieft zu haben, daß er zehn Jahre lang nicht mehr vom Berg heruntergekommen sei. (Die Gänge nach den Tiän-tai-Bergen zählt er dabei nicht: sie galten ja auch nicht dem Umgang mit der Welt.) »Lau« ist natürlich Lau-dsï (nach englischer Schreibart Lao-tse) und sein weltberühmtes Buch, das Dau-dö-djing (Tao-te-king). Und »Huang« bezeichnet höchstwahrscheinlich den sagenhaften »Gelben Kaiser«, Huang-di, in dem die chinesische Geschichtsschreibung der alten Zeit den Begründer des Reichs der Mitte verehrte. Ihm werden zwei, freilich viele Jahrhunderte später verfaßte, heute nur ganz spärlich erhaltene Werke ältester Medizin zugeschrieben, deren Lehre sich auf der Grundlage chinesischer Naturphilosophie aufbaut.[1] Daß weder Huang-di noch Lau-dsï buddhistisch sind, stört Hsüä-dou nicht. Hauptsache ist ihm die Versunkenheit, in der man aufhört, nach Namen, Ort und Zeit zu fragen. Daß der Einsiedler vom Kaltenberg durchaus nicht unbedingt als Vorbild gelten kann, gibt Yüan-wu mit seinen Zwischenbemerkungen zum Ende des Gesangs deutlich zu verstehen. »Hsüä-dou schenkt ihm einen Zug im Spiel.« »Es gehört ihm eins mit dem Stock.« »So alles um sich her vergessen und versäumen, das darf man nicht gutheißen.«

Aber auch im Zen hat das, was der Einsiedler vom Kaltenberg verkörperte, seinen legitimen Ort. Das zeigt Yüan-wu mit den Versen Yung-djia's, jenes »Erwachten *einer* Übernachtung«, auf den sich Yang-schan einst als junger Novize vor dem alten Dschung-i berufen hat. Wohl geht die tiefere Erkenntnis davon aus, den Geist den Dingen gegenüber als die Wurzel aller Vorstellungen und Gedanken zu erfassen. Doch solange der Geist noch über sich selbst nachdenkt, sich selbst zum Objekt macht, hat er den Frieden nicht gefunden. Seligkeit ist erst da, wo die Reflexion ein Ende nimmt. Das ist, von unten her gesehen, Vergessenheit, Geistabwesenheit. Wenn diese eine Weile anhält, kann ein solcher Mensch den andern als Idiot erscheinen. Was sie jedoch in Wahrheit ist, das »rundvollkommene eigentliche Wesen«, das läßt sich nicht ausdenken, noch weniger in Worte fassen. Dies aber ist es, womit Yang-schan sich in den Bergen »herumtreibt«, und was er von dort zum Dienst an seinen Schülern und zum Wirken in der Welt der Menschen mitnimmt. Nur deshalb konnte er dem Mann, der vom Lu-schan-Gebirge herkam, sagen: »Tschârya, Ihr habt Euch noch niemals in den Bergen herumgetrieben.«

[1] Die beiden Werke führten die Titel Huang-di Ne-djing und Huang-di Wai-djing. In China selbst sind sie verschwunden; nur im Kloster Ninnaji in Japan findet sich vom ersteren noch eine stark überarbeitete Handschrift.

Fünfunddreißigstes Beispiel

Wu-dscho's Begegnung mit Manjushrî

Hinweis

Bestimmen, was ein Drache ist, was eine Schlange, Edelstein und Steine auseinanderhalten, das Seidenschwarz [bewährten Wissens] von dem Naturweiß [ahnungsloser Einfalt] trennen und zögernder Unschlüssigkeit ein Ende setzen: dazu muß einer schon ein Auge oben auf dem Scheitel haben und unten am Ellbogen einen Zauberspruch. Sonst schlägt es ihn nur immer wieder auf den Kopf, daß er danebentritt und fehlt.
Wenn aber welche jetzt nur sehen, hören, nichts verdunkeln, die Stimme echt, die Mienen wahr – sagt mir einmal: Ist dieses nun das Seidenschwarz [bewährten Wissens]? Ist es das Naturweiß [ahnungsloser Einfalt]? Ist es krumm oder gerade? Wie wollt ihr in diesem Falle unterscheiden?

Das Beispiel

Wir legen vor:

Manjushrî fragte Wu-dscho: Von wo kommst du neuerdings her?
Wu-dscho antwortete: Vom Süden.
Manjushrî fragte: Wie hält sich denn im Süden das Gesetz des Buddha?

Wu-dscho erwiderte: Bei den Mönchen dieser Endzeit tun nur wenige der Ordensdisziplin und ihren Regeln Ehre an.
Manjushrî fragte: Wie viele sind es denn in eurer Bruderschaft?
Wu-dscho erwiderte: Vielleicht dreihundert, vielleicht auch fünfhundert.
Wu-dscho fragte Manjushrî: Wie hält sich das Gesetz des Buddha hier?
Manjushrî sagte: Hier wohnen Weltliche und Heilige zusammen, Drachen und Schlangen in bunter Mischung durcheinander.

Wu-dscho fragte: Wie viele sind es in der Bruderschaft?
Manjushrî antwortete: Vorne san und san; hinten san und san[1].

Zwischenbemerkungen zum Beispiel

»Manjushrî fragte Wu-dscho: Von wo kommst du neuerdings her?« – Das muß der Form zulieb einmal gefragt sein. – Aber auch das da ist daraus zu vernehmen. [Schon in der scheinbar nichtssagenden Frage des Bodhisattva liegt bereits auch das letzte Geheimnis.]
»Wu-dscho antwortete: Vom Süden.« – Er streckt den Kopf aus seinem Grasdickicht heraus. – Aber warum sollte er auch um jeden Preis [das Brett, das er auf der einen Schulter trägt und das ihm nach einer Seite hin den Blick verdeckt] über die Augenbrauen hinaufstemmen?[2] [Wu-dscho ist nun einmal in seiner einseitigen Denkweise, die von dem Gegensatz von Süd und Nord beherrscht wird, festgefahren.] – Im Großen Geviert aber [in der Unendlichkeit des Alls], das nirgendwo ein Außen hat, wo soll es da noch einen Süden geben?
»Manjushrî sagte: Wie hält sich denn im Süden das Gesetz des Buddha?« – Wäre die Frage an einen andern [etwa an einen gereiften Meister] gerichtet gewesen, hätte es ihm übel ergehen können. – Es bleibt einem noch ein Geschmack an Lippen und Zähnen hängen! [Daß der große Bodhisattva sich noch Sorgen um das Schicksal des Buddhatums macht! In Wahrheit hat er diese nämlich gar nicht.]
»Wu-dscho erwiderte: Bei den Mönchen dieser Endzeit tun nur wenige der Ordensdisziplin und ihren Regeln Ehre an.« – Ein Mensch mit einem Kopf voll Tatsachen! So einer hat es schwer, zu finden.
»Manjushrî fragte: Wie viele sind es denn in eurer Bruderschaft?« – Ich hätte ihm darauf ein Ho' entgegengeschleudert! – Mit diesem einen Druck hat er ihm die Finger so zusammengepreßt, daß er umfällt.
»Wu-dscho erwiderte: Vielleicht dreihundert, vielleicht auch fünfhundert.« – Lauter Feldfuchsgeister! – Dachte ich mir's doch: er ist leck und locker geworden!
»Wu-dscho fragte Manjushrî: Wie hält sich das Gesetz des Buddha hier?« – Er nimmt ihn in die Zange. – Er dreht den Spieß um.
»Manjushrî erwiderte: Hier wohnen Weltliche und Heilige zusammen, Drachen und Schlangen in bunter Mischung durcheinander.« – Keine kleine Niederlage! [Das nimmt sich noch viel schlimmer aus, als Wu-dscho's Darstellung der Lage in den südlichen Provinzen.] – Schon hat es ihn, daß er von einem Fuß auf den andern tritt und mit den Händen fuchtelt!
»Wu-dscho fragte: Wie viele sind es in der Bruderschaft?« – Komm, überlasse diese Frage mir! [Für dich, Wu-dscho, sagt Yüan-wu, ist diese Frage doch nur dem Manjushrî nachgesprochen. Lasse mich sie stellen; ich werde ihn damit schon in die Enge treiben.] – Aber andererseits

können wir ihn doch auch nicht freigeben. [Wu-dscho muß nun schon Manjushrî's Antwort über sich ergehen lassen.]
»Manjushrî erwiderte: Vorne san und san, hinten san und san.« – Verrückte Worte! stellen alles auf den Kopf! – Saget mir einmal: wie viele sind das nun? – Auch der Barmherzigkeit, der Großen, reichen ihre tausend Hände nicht, die Zahl zu zählen. [Der Bodhisattva Avalokiteshvara (chinesisch Guan-yin, japanisch Kwan-non) besitzt tausend Hände, um zu helfen und Barmherzigkeit zu üben. Aber auch er würde mit der Rechenaufgabe, die der Bodhisattva Manjushrî mit seinem Ausspruch stellt, nicht fertig.]

Erläuterung des Beispiels

Als Wu-dscho auf seinen Wanderungen in den Fünftafelbergen auf dem mittleren Pfad in eine einsame und wilde Gegend gelangt war, da ließ Manjushrî vor ihm einen Buddhatempel erscheinen und nahm ihn zur Einkehr auf. Als es soweit war, fragte er ihn, wo er neuerdings herkomme, und als Wu-dscho sagte, vom Süden, fragte er weiter: Wie hält sich denn im Süden das Gesetz des Buddha? Wu-dscho erwiderte: Bei den Mönchen der Endzeit tun nur wenige der Ordensdisziplin und ihren Regeln Ehre an. Manjushrî fragte: Wie viele sind es in der Bruderschaft? Und Wu-dscho erwiderte: Vielleicht dreihundert, vielleicht auch fünfhundert. Dann richtete umgekehrt Wu-dscho an Manjushrî die Frage: Wie hält sich das Gesetz des Buddha hier? Manjushrî sagte: Hier wohnen Weltliche und Heilige zusammen, Drachen und Schlangen in bunter Mischung durcheinander. Wu-dscho fragte: Wie viele sind es in der Bruderschaft? Und Manjushrî antwortete: Vorne san und san, hinten san und san. Dann tranken sie Tee. Manjushrî hielt ihm eine gläserne[3] Teeschale hin und fragte: Hat man das im Süden auch? Wu-dscho verneinte. Manjushrî fragte: Woraus trinkt man dort gewöhnlich Tee? Wu-dscho hatte kein Wort zu erwidern. Schließlich bat er, sich verabschieden zu dürfen, und ging weiter. Manjushrî winkte seinem Knaben Djün-ti[4], ihn bis ans Hoftor hinauszugeleiten. Diesen nun fragte Wu-dscho: Dein Herr hat vorhin doch gesagt: Vorne san und san, hinten san und san. Wieviel ist denn das? Da rief ihn der Knabe an:

[1] Das chinesische Schriftzeichen für san bedeutet: drei. Man kann also übersetzen: »Vorne drei und drei (oder dreimal drei); hinten drei und drei (oder dreimal drei).« Aus Gründen, welche nachher deutlich werden, behalten wir jedoch die chinesische Lautform bei.

[2] Der Mann, der auf der einen Schulter ein breites Brett am Kopfe angelehnt daherträgt, so daß der Blick nach dieser Seite ihm verdeckt bleibt, ist uns bei Yüan-wu als beliebtes Gleichnis für einen beschränkten Gesichtskreis längst bekannt.

[3] Glas zählte mit dem Bergkristall zusammen zu den sieben Edelsteinen.

[2] Djün-ti heißt: Gleichmäßige Darbietung.

Hochehrwürdiger! Wu-dscho nickte ihm bejahend zu. Da sagte der Knabe: Wieviel ist denn das? Wu-dscho fragte weiter: Was ist denn dies hier für ein Heiligtum? Da wies der Knabe rückwärts auf die [beiden] Vajrahalter[1] [die Tempelhüter mit dem diamantenen Donnerkeil, dem Vajra, in der Hand, zu beiden Seiten des Toreingangs]. Wu-dscho drehte sich nach ihnen um. Da war der Zaubertempel mit dem Knaben und allem Drum und Dran verschwunden, und nichts mehr zu sehen als die öde Talschlucht. Später nannte man den Ort die Vajragrotte.

Später einmal richtete ein Mönch an Fēng-hsüä[2] die Frage: Welche Bewandtnis hat es eigentlich mit dem Herrn der Berglandschaft der Reinen Kühle[3] [mit Manjushrî und der Antwort, die er Wu-dscho gab]? Fēng-hsüä erwiderte: Der hat sich mit seinem Spruch überhaupt nicht Zeit gelassen, auf Wu-dscho's Frage einzugehen. Er ist noch bis zum heutigen Tag ein vagabundierender Mönch.

Wenn es euch verlangt, unter Anleitung des Meisters ganz schlicht und gleichmäßig, ganz sachlich und wahrhaftig durchzudringen, so daß ihr mit den Füßen auf dem Boden der Tatsachen bleibt, so streicht euch den Gewinn aus Wu-dscho's Worten ein! Dann werdet ihr von selbst dahin gelangen, daß ihr im heißen Wasserkessel und im Kohlenofen nichts von Hitze spürt und auf kaltem Eis nicht friert.

Und wenn es euch verlangt, unter Anleitung des Meisters es so weit zu bringen, daß ihr einsam, gefährlich, steil und schroff dem wunderbaren Schwert des Königs diamantener Wahrheit ähnlich seid, so streicht euch den Gewinn aus des Manjushrî Worten ein! Dann werdet ihr von selbst dahin gelangen, daß ein Wasserguß nicht an euch hängenbleibt, das Windeswehen nicht in euch eindringt.

Seht einmal her! Di-tsang von Dschang-dschou[4] fragte einen Mönch: Wo bist du neuerdings gewesen? Der Mönch antwortete: Im Süden. Di-tsang fragte: Wie steht es dort um das Gesetz des Buddha? Der Mönch erwiderte: Die erörternde Debatte steht in höchster Blüte. Di-tsang erwiderte: Das ist freilich etwas völlig anderes, als wenn wir hier Setzlinge auspflanzen und dafür Reis gewinnen, um ihn zu verspeisen.

Sagt mir einmal: Ist nun diese Antwort derjenigen Manjushrî's gleich, oder ist sie von ihr verschieden? Es gibt Leute, die behaupten, Wu-dscho's Antwort sei zwar nicht die richtige; aber auch Manjushrî unterscheide noch in seiner Antwort Drachen und Schlangen, Weltmenschen und Heilige. Was hätte das mit der Sache zu tun! Sehen diese Leute denn auch klar den Unterschied der Antwort »Vorne san und san, hinten san und san«? Der erste Pfeil [Manjushrî's erste Antwort, nämlich von der bunten Mischung weltlicher und heiliger Bewohner des Gebirges] war noch leicht. Der zweite Pfeil, der, den er nachher abschoß, der ging tief. Sagt mir einmal: Wieviel ist denn das? Gelingt es euch, durch diesen Punkt [das Sätzchen: Vorne san und san, hinten san und san] hindurchzublicken, dann sind alle tausend und zehntausend Sätzchen nur dies eine Sätzchen. Und wenn ihr, unter diesem Sätzchen stehend, abschneidet, bis abgeschnitten ist, zugreift, bis ihr es ergriffen habt, dann werdet ihr in nächster Weile diese Region [aus der Manjushrî's rätselhafter Ausspruch stammt] erreichen.

Gesang

GIPFEL, tausendfach gefaltet, wie Indigo so blau!
Wer will sagen, Manjushrî rede ihn da an?
Lachhaft, in der Reinen Kühle fragen: Wieviel sind's?
Vorne san und san, hinten san und san.

Zwischenbemerkungen zum Gesang

»Gipfel, tausendfach gefaltet, wie Indigo so blau!« – Siehst du [Hsüä-dou!] denn auch etwas von Manjushrî? [Hsüä-dou scheint ihn zu ignorieren.]
»Wer will sagen, Manjushrî rede ihn da an?« – Und wenn es auch Samantabhadra wäre, ich kehrte mich nicht daran.[5] – Da hat er sich

[1] Nach buddhistischem Glauben haben sich die alten Himmelskönige Brahma und Indra dem Buddha als Beschützer angeboten. Ihre Gestalten stehen als Vajrahalter (vajradhâra), auch »zwei Könige« genannt, vor vielen Buddhatempeln.

[2] Fëng-hsüä Yän-dschau, aus der Lin-dji-Schule, vgl. Band I, Traditionstafel III B 14 und Register. Ihn stellt das 38. Beispiel in den Mittelpunkt.

[3] Die »Reine Kühle«, Tjing-liang, ist ein anderer Name für das Hochland der Fünftafelberge. Vgl. Erklärungen, S. 56.

[4] Von diesem Di-tsang war schon in Band I, S. 175f., als dem geistigen Vater des Meisters Fa-yän Wën-i ausführlich die Rede. In der Traditionstafel der Zen-Schule führt er den Namen Lo-han Gue-tschën (Traditionstafel III A 14 a). Di-tsang (japanisch Jizô) hieß er deshalb, weil er lange Zeit das Kshitigarbha- oder Di-tsang-Kloster der Stadt Dschang-dschou in der Provinz Fukien geleitet hat. Der Name geht auf den im Volksglauben sehr beliebten Bodhisattva Kshitigarbha (chinesisch Di-tsang, japanisch Jizô), den Beschützer der Kinder, zurück.

[5] Samantabhadra bildet mit Manjushrî zusammen im Mahâyâna das Paar der höchsten Bodhisattvas, die den Buddha links und rechts begleiten. Wird Manjushrî auf goldhaarigem Löwen reitend vor- und dargestellt, so Samantabhadra auf einem weißen Elefanten. In der Idee verhält sich Samantabhadra zu Manjushrî etwa wie der Inhalt des Wissens zu dem Wissen selbst. Er steht für die ideelle Welt (dharmadhâtu) des reinen Soseins ohne Unterscheidung, die in Wahrheit mit der irdischen Welt, wie wir sie sehen (Lokadhâtu), in Eins zusammenfällt, ja deren kleinstes Teilchen ganz und gar erfüllt. Den Bodhisattva Samantabhadra zu erkennen ist somit im Grunde nur ein Umweg zur Erkenntnis meiner eigenen Natur. Wer soweit ist, braucht also diese Vorstellungen von Manjushrî und Samantabhadra nicht. Manjushrî: chinesisch Wën-schu, japanisch Monju. Samantabhadra: chinesisch Pu-hsiän, japanisch Fugen.

geirrt [Wu-dscho nämlich, als er meinte, mit ihm rede Manjushrî]. – »Lachhaft, in der Reinen Kühle fragen: Wieviel sind's?« – Sagt mir einmal: Was hat er [Hsüä-dou] denn zu lachen? [Lächerlich wird ja die Frage nach der Zahl der echten Jünger erst im Licht der Antwort Manjushrî's. Nur die Schau der ewigen Wahrheit, nur das Glück der großen Einheit weckt das sieghaft königliche Lachen der Befreiung. Die Frage Yüan-wu's rührt an Höchstes.] – Es ist von vornherein zum Lachen! [Hsüä-dou brauchte das gar nicht zu sagen.]
»Vorne san und san, hinten san und san.« – Hier möchte ich euch doch recht bitten: Achtet genau darauf, wo ihr den Fuß hinsetzt! – In fauligem Schlamm sind Dornen drin! – Fällt das Teegeschirr zu Boden, zerspringt das Tellerchen in sieben Stücke! [Lauter Mahnungen, behutsam vorzugehen, d. h. das Geheimnis der großen Einheit nicht auf die Ebene unterscheidender Reflexion herabzuziehen, weil es dieser in den Händen zerbricht.]

Erläuterung des Gesangs

»Gipfel, tausendfach gefaltet, wie Indigo so blau! Wer will sagen, Manjushrî rede ihn da an?« – Manche Leute behaupten, Hsüä-dou wiederhole hier einfach [sage nichts Neues]; das sei also überhaupt kein »Gesang« [im Sinne dieses Buches, nämlich als Deutung des Beispiels]. Aber Hsüä-dou macht es eben gerade wie Fa-yän[1], dem ein Mönch die Frage vorlegte: Was ist es um einen Tropfen Wasser aus der Tsaubachquelle? [dem Bach, an dem das Kloster des Sechsten Patriarchen, Hui-nëng's, stand; man könnte dafür sagen: Was ist es um einen Hauch vom Geiste Hui-nëng's?] Fa-yän gab zur Antwort: Das ist ein Tropfen Wasser aus der Tsaubachquelle.
Oder auch [ein ähnliches Beispiel]: Ein Mönch fragte den Ehrwürdigen Djiau vom Lang-yä-schan[2]: Wie kann der lautere und reine Urgrund plötzlich Berge, Ströme und die ganze große Erde aus sich heraus gebären? – Auch das kann man nicht einfach eine Wiederholung nennen. Nun hat den Sinn dieses Beispiels auch schon der Einäugige Drache von Ming-dschau[3] in einem Gesang gedeutet. Darin ist ein Getriebe wirksam, das den Himmel und die Erde überdeckt. Es lautet:

> Sandbereich im weiten Rund – hehrer Buddhabau!
> Manjushrî mit erfülltem Blick: das zieht ihn ins Gespräch.
> Ein Wort, und ihm geht unbewußt das Buddhaauge auf.
> Er schaut sich um, sieht nichts als nur der Felsenberge Blau.

»Sandbereich im weiten Rund – hehrer Buddhabau« – das weist auf den Tempel hin, in welchen sich die Grashütte verwandelt hatte. In den Worten ist das zwiefache Getriebe zeitlich-vorläufiger und eigentlicher ewiger Wahrheit wirksam.
»Manjushrî mit erfülltem Blick: das zieht ihn ins Gespräch. Ein Wort,

und dem geht unbewußt das Buddhaauge auf. Er schaut sich um, sieht nichts als nur der Felsenberge Blau.« Wie steht es nun jetzt, in diesem Augenblick? Habt ihr etwas davon, dies den Erlebnisbereich des Manjushrî zu nennen, oder des Samantabhadra, oder des Avalokiteshvara? Letzten Endes ist doch das der vernünftige Sinn der Sache nicht.

Hsüä-dou hat einfach den Gesang des Einäugigen Drachen von Mingdschau vorgenommen und verbessert, so daß er nun erst eine Nadelführung hat.

»Gipfel, tausendfach gefaltet, wie Indigo so blau!« – Das [dieser Schwerthieb] beschädigt weder die Schwertspitze, noch verletzt es die Hand. In diesem Vers steckt ebenso die vorläufige, bedingte Wahrheit, wie die eigentliche, ewige. Er enthält sowohl das grundsätzliche Prinzip als auch das Dingliche, Reale.

»Wer will sagen, Manjushrî rede ihn da an?« [Man bedenke:] Während der ganzen Nacht, in der sie miteinander sprachen, wußte Wu-dscho überhaupt nicht, daß er mit Manjushrî redete.

Nachher während seines Aufenthalts im Hochland der Fünftafelberge bekleidete Wu-dscho das Amt des Speisemeisters. Jedesmal, wenn er den Reisbrei kochte, erschien Manjushrî über seinem Kochtopf, bis Wu-dscho nach dem Rührlöffel griff und ihn damit schlug. Ob er das nun auch getan haben mag, so heißt das doch, den Bogen spannen, wenn der Räuber schon davon ist. Hätte Wu-dscho in dem Augenblick, als jener fragte, wie sich das Buddhatum im Süden halte, gleich den Stock genommen und ihm damit den Rücken bearbeitet, dann wäre es noch ein klein wenig angegangen.

»Lachhaft, in der Reinen Kühle fragen: Wieviel sind's?« – In Hsüä-dou's Lachen ist ein Schwert verborgen. Und wenn ihr den Punkt, worüber er hier lacht, begriffen habt, dann werdet ihr auch sehen, was er mit den Worten ausspricht: »Vorne san und san, hinten san und san.«

1 Fa-yän Wën-i, der Meister des siebten Beispiels, Band I, S. 165ff. Traditionstafel III A 15 a.

2 Djiau (andere Aussprache: Djio oder Djüä) vom Lang-yä-schan bei Tschu-dschou in der Provinz Anhui, nordwestlich von Nanking, mit vollem Namen Lang-yä Hui-djiau (jap.: Rô-ya E-kaku), ein Schüler des Meisters Fën-yang Schan-dschau (Traditionstafel III B 16), bedeutender Zeitgenosse Hsüä-dou's.

3 Ming-dschau Dö-tjiän, Enkelschüler des Meisters Yän-tou. Vgl. Band I, S. 344f.

Das vorliegende Kapitel bietet eine Reihe von Schwierigkeiten, durch welche sich hindurchzuarbeiten Geduld erfordert. Erstens ist geschichtlich nicht alles in Ordnung. Zweitens spielen neben dem eigentlichen Zen gewisse der Magie verwandte Neigungen des sogenannten Vajrayâna oder »Diamantfahrzeugs« herein, die sorgfältiger Berücksichtigung bedürfen. Endlich sind auch die Bemerkungen Yüan-wu's zu dem Sinn des Ganzen so zurückhaltend, daß es gewagt erscheint, sie im einzelnen ausdeuten zu wollen. Wir müssen uns damit begnügen, auf den Kern des Ganzen loszugehen. Die dafür aufgewandte Mühe wird sich am Ende lohnen.

Von welchem Wu-dscho ist die Rede?

Bei dem Namen Wu-dscho erhebt sich die Frage, welcher Zen-Meister damit gemeint ist. Das Wort an sich bedeutet »ohne Haften«, also der »an nichts Haftende«, der »Unbefangene«, und ist die chinesische Form des indischen Namens Asanga, dessen berühmter Träger im vierten Jahrhundert n. Chr. Geb. die tiefsinnige Lehre von einer allen verstandes- und gefühlsmäßigen Unterscheidungen, also auch dem Ichbewußtsein gegenüber neutralen grundlegenden Bewußtseinsschicht, dem »Schatzkammerbewußtsein«, Âlaya-vijnâna, aufgestellt hat. Wir begegnen ihr im Zen immer dann, wenn von dem in sich leeren, aber von Formen und Farben wimmelnden »Spiegel auf dem Ständer« die Rede ist. Kein Wunder also, wenn der Name Wu-dscho (japanisch Mu-jaku) später in China wie in Japan manchen Meister zierte.
Für unser Beispiel kommen zwei verschiedene Träger des Namens Wu-dscho in Frage. Der ältere unter ihnen ist ein Nachfahre des in der Erläuterung zum 11. Beispiel erwähnten Meisters Fa-yung vom Niu-tou- oder Ochsenkopf-Berg (vgl. Band 1, S. 227, 513; Traditionstafel II 5) und gehört dem achten Jahrhundert an, war also ein ungefährer Zeitgenosse etwa des Meisters Bai-dschang Huai-hai. Nach unserer heutigen Auffassung ist er es, den das Beispiel meint.
Dagegen überwog in den japanischen Zen-Schulen bis in die neueste Zeit die Ansicht, es handle sich um einen späteren Wu-dscho, der von 820 bis 899 lebte und als Mönch zunächst den Namen Wên-hsi trug. Auch er hat etwa um 850 die Fünftafelberge besucht, kam dann durch Yang-schan (den Meister des vorhergehenden Beispiels) zur befreienden Erkenntnis, blieb bei ihm über anderthalb Jahrzehnte und fand nach vielen Wechselfällen erst mit 67 Jahren in Hang-dschou, der Hauptstadt seines Heimatlandes Tschekiang, eine Wirkungsstätte, wo ihm der Landesherr Tjiän Liu (vgl. Band 1, S. 192) als letzte vieler Auszeichnungen den Ehrennamen Wu-dscho verliehen hat.
Da auch der große Kommentator des Bi-yän-lu, Katô Totsudô, ent-

schieden dafür eintritt, daß es sich in unserem Beispiel um diesen jüngeren Wu-dscho, Yang-schan's Schüler, handelt, hat sich der deutsche Übersetzer, als er in einer Fachzeitschrift[1] das Beispiel erstmals veröffentlichte, dieser Ansicht zunächst angeschlossen. Im Fortgang seiner Studien aber sind ihm daran Zweifel aufgestiegen. Vor allem deshalb, weil er in der Erläuterung des Gesangs zu Beispiel 38 fand, daß bereits der Meister Lin-dji zwischen 854 und 867 in seiner Lehre von »Aussprüchen erster, zweiter und dritter Ordnung« auf das im Beispiel berichtete Gespräch Manjushrî's mit Wu-dscho hingewiesen hat, und zwar so knapp und bündig, daß man nur annehmen kann, jene Begegnung am Fuße der Fünftafelberge sei zu seiner Zeit schon längst bekannt gewesen, ja sei bereits als Gung-an (Kô-an), d. h. als »öffentlicher Aushang«, in fester Formulierung umgelaufen.

In dieser Auffassung bestärken uns die Forschungen des Historikers Ui Hakuju, der sich im 1. Band seiner »Studien zur Geschichte der Zen-Schulen[2] auch mit dem Meister Fa-yung vom Niutou-schan oder Ochsenkopfberg[3] und seiner nach acht Generationen ausgestorbenen Schule beschäftigte. Er kommt bei der siebten Generation der »Ochsenkopf-Schule« auch auf einen Wu-dscho zu sprechen, einen Schüler des uns vom 18. Beispiel her wohlbekannten Landesmeisters Dschung[4]. (Uns fällt dabei auf, daß der Historiker diesen Meister der Ochsenkopfschule zurechnet, während die späteren Zenschulen ihn für ihre Traditionskette beansprucht haben. Er kann aber wohl recht haben. Die persönliche Verbindung Hui-dschung's mit dem Sechsten Patriarchen ist nicht sicher verbürgt). Ui hat ermittelt, daß dieser Wu-dscho[5] 749 in den Mönchsstand getreten sei, ja hat sogar feststellen können, daß Wu-dscho 767 die Fünftafelberge besucht habe. Sonst aber weiß er nur noch zu berichten, daß Wu-dscho später sich an den bedeutenden Avatamsaka-Meister Tschëng-guan[6] angeschlossen habe, um ganz dem Studium des Avatamsaka-Sûtra[7] und besonders seines wichtigsten Teils, des Gandavyûha, obzuliegen. Bedenkt man, daß in dieser Schrift als Führer zur befreienden Erkenntnis eben jener Bodhisattva »Manjushrî«, den zu erleben

[1] Vgl. Mitteilungen der Deutschen Gesellschaft für Natur- und Völkerkunde Ostasiens, Band XLIV (Jubiläumsband), Teil 3, S. 1–25.

[2] Ui Hakuju: Zenshû-shi Kenkyû, 1. Band, Tokyô 1939, Seite 121 f.

[3] Niu-tou Fa-yung (japanisch Go-zu Hô-yû), Traditionstafel II 5 b. Der Niu-tou-schan erhebt sich im Südwesten von Nanking direkt vor der Stadtmauer.

[4] Nan-yang Hui-dschung (jap. Nan-yô E-chû) 675-775 Trt. II 7 d.

[5] Wu-dscho (japanisch Mu-jaku), 8. Jahrhundert.

[6] Tschëng-guan (japanisch: Chô-kwan), 737 (oder 738) bis 838.

[7] Avatamsaka-Sûtra: chinesisch Hua-yän-djing; japanisch Kegonkyô. Die Schule oder »Sekte«, welche dieses Sutra in den Mittelpunkt ihrer Lehre stellt, heißt chinesisch Hua-yän-dsung, japanisch Kegon-shû.

Wu-dscho die Fünftafelberge aufgesucht hat, die beherrschende Figur ist, so kann man seine Hinwendung zur Avatamsaka- oder Hua-yän-Schule wohl verstehen.

In diesem älteren Wu-dscho also können wir mit besserer Sicherheit, als in dem jüngeren, denjenigen erblicken, von welchem unser Beispiel handelt. Es kommt dazu noch eine weitere Bestätigung. Gegen Ende der Erläuterung zum Gesang berichtet Yüan-wu, »Wu-dscho« habe nach dem Erlebnis mit Manjushrî im Gebirge der Fünftafelberge eine Zeit lang das Amt des Küchenmeisters in einem dortigen Kloster bekleidet. Diese Nachricht aber kann nach allgemeiner Auffassung nicht auf den jüngeren, sondern nur auf den älteren Wu-dscho gehen, weshalb denn für Katô Totsudô und andere nur die Auskunft übrigbleibt, Yüan-wu habe die zwei Träger des Namens Wu-dscho durcheinandergebracht. Da fügt es sich schon besser, wenn wir bei dem älteren Wu-dscho bleiben.

Im übrigen liegt in dem Beispiel auf der Person als solcher kein Gewicht. Hier geht es einzig um die Sache, nämlich darum, daß vor der Unermeßlichkeit und Unerschöpflichkeit der Einen Wahrheit auch die Schranken, welche frommer Eifer in der besten Meinung aufbaut, letztlich ihren Sinn verlieren.

Der Bodhisattva Manjushrî und die Wu-tai-Berge

Von dem Bodhisattva Manjushrî war schon in früheren Kapiteln gelegentlich die Rede (vgl. besonders das 23. und 24. Beispiel, Band I, S. 412, 414, 424f.). Hier ist er die Hauptperson. Wir müssen deshalb näher auf ihn eingehen.

Er tritt erst in den späteren Schriften des Buddhismus auf, in denen des sogenannten Mahâyâna oder Großen Fahrzeugs, und zwar zumeist in denjenigen, welche die prajnâ-pâramitâ, die »Vollkommene Erkenntnis«, genauer das »Hinübergelangen ans jenseitige Ufer der Erkenntnis« zum Gegenstand haben. Und zwar steht Manjushrî hier als Lehrer eben dieser höchsten Wahrheit im eigentlichen Mittelpunkt.

So ist im Vimalakirti-Sûtra Manjushrî der einzige Jünger, den der Buddha bereit und würdig findet, den kranken Millionär Vimalakirti zu besuchen und ein Gespräch mit ihm zu führen. In den Avatamsaka oder Blumenschmucksutren ist Manjushrî der Berater, der dem Pilger Sudhana die dreiundfünfzig Orte nennt, an welchen er die nötige Belehrung finden wird, um an das jenseitige Ufer der Erkenntnis zu gelangen. Ein späteres Sutra[1] enthält sogar eine Lebensbeschreibung dieses Bodhisattva. Sein Vaterhaus im Dorfe Tâlagrâma in der Landschaft von Shrâvastî habe sich bei seiner Geburt in einen Lotosteich verwandelt, er sei, hierin dem Buddha Shâkyamuni ähnlich, als Lotosblütenstengel

[1] Es ist das »Sutra von Manjushrî's völligem Nirvâna«, Manjushrî-parinirvâna-sûtra, japanisch Monjushiri han-nehan-gyô.

aus seiner Mutter rechter Seite rein herausgewachsen, habe später als Jüngling die Bergasketen aufgesucht, ohne doch auf seine Fragen eine Antwort zu erhalten, habe darauf sich dem Buddha zugewandt, das Mönchsgelübde abgelegt, alle Lehren Buddhas sorgfältig studiert und dann sich lange Zeit der schwersten aller Übungen, dem Shûramgama- oder Helden-Samâdhi, hingegeben und so, dem Meer, das alle Wasserläufe in sich aufnimmt, ähnlich, in tiefster, allumfassender Versenkung die äußerste erreichbare Erkenntnis von der wahren Beschaffenheit der Welt und unserer eigenen Natur, nämlich die von der Leerheit und Unbegreifbarkeit, erlangt und sei dadurch zu dem jenseitigen Ufer der Erkenntnis durchgedrungen. Dann sei er, Jahrhunderte nach Buddhas Eingang ins Nirvâna, in die Berge des Himalaya gestiegen und habe dort vor den fünfhundert Bergasketen sämtliche Lehren Buddhas ausgelegt. Am Ende sei er in sein Heimatdorf zurückgekehrt und dort im Schatten eines Nyagrodha-Baumes (ficus indica) ins Nirvâna eingegangen.

Für die nüchtern kritische Betrachtung ergibt sich daraus immerhin, daß viele Sutren Manjushrî als geschichtliche Persönlichkeit behandeln, und daß sein Name aufs engste mit der prajnâ-pâramitâ und ihrer neuen Lehre von der Leerheit zusammenhängt, welche in der Folgezeit von Nâgârjuna und Âryadeva (vgl. das 13. Beispiel) zum sogenannten Shûnya-vâda, der Leerheitstheorie, ausgebaut worden ist. Bedenkt man die Neuheit, den Radikalismus und die dialektische Kühnheit dieser Überzeugung, so versteht man leicht, daß sie in den Augen ihrer Anhänger als eine Offenbarung gewertet wurde, welche das, was Buddha wollte, erst eigentlich ganz zu Ende gedacht und ausgesprochen habe. Man versteht auch, daß derjenige, der im Samâdhi diese Schau zuerst in ihrer ganzen Größe erlebt, in sich verkörpert und einem Jüngerkreis erschlossen hat, in der Verehrung seiner Nachfolger gar bald dem Buddha Shâkyamuni in gewissem Sinne gleich, wenn nicht gar über ihn gestellt wurde. Wie er geheißen haben mag, ist nebensächlich. Für seine Gläubigen war er der Bodhisattva Manjushrî, der »Glückselige«. Und so erscheint er in den Sutren nicht nur als Jünger, sondern als die personhaft vorgestellte Weisheit Buddhas, in deren Kraft also auch schon der Buddha selbst gelehrt hat, die auch den Jünger Buddhas erst in die Fülle und die Tiefe der Erkenntnis einführt. Kurz, Manjushrî wird zu einer Wesenheit, wie etwa in manchen späteren Teilen des Alten Testaments die »Weisheit« vorgestellt wird, nur daß die indische Phantasie ihr bald auch bildhafte Gestalt verleiht. Dem in Manjushrî-Andacht tief Versunkenen erscheint der Bodhisattva, wie die malerischen Darstellungen zeigen, in sieghafter Ruhe mit untergeschlagenen Beinen auf einem Lotossitze, den ein goldhaariger Löwe weniger zu tragen, als nur in der Schwebe zu halten scheint. Die Rechte führt das Schwert der Weisheit oder hält ein Buch, das Sutra der Vollkommenen Erkenntnis, die Linke einen Lotosblütenstengel, und oft geht neben ihm mit langem Pilgerstab der jugendliche Sudhana oder andere Trabanten als Begleiter.

Durch die neue Leerheitsschau sind dem Buddhismus ohne Frage frische Kräfte zugewachsen. Sie verlieh auch seiner Ausbreitung nach Osten neuen Schwung. Und so gelangte auch der Glaube an Manjushrî bald nach China. In ihn und seine Prajnâ-pâramitâ sich zu versenken, fanden seine indischen Verkündiger, an Übungen hoch im Himalaya gewöhnt, für sich und ihre chinesischen Anhänger keine bessere Stätte, als hoch im Norden des gewaltigen Reiches das einsame Gebirge der Fünftafelberge, deren höchster immerhin 3040 m Meereshöhe erreicht und ewigen Schnee trägt. Ein breites Lößtal von 1700 m Höhe führt tief bis an den Fuß der rauhen Felsmassen. Die fünf höchsten Erhebungen bilden auf dem Gipfel eine Platte. Das hinterste Ende des Tals wird von der mittleren Platte abgeschlossen, rechts davon erheben sich die nördliche und östliche, links die westliche, halb rückwärts die südliche.

Schon in älterer Zeit war dieses Tal und seine Berge von Einsiedlern aufgesucht worden, die hier im Sinne des Dauismus (Taoismus) Erhebung über die gemeine Welt und höhere Lebenskräfte suchten. Jetzt aber, durch die Pilgerscharen, welche ihnen folgten, wurde das Gebirge erst belebt zu einer Stätte vieler Klausen, Klöster, Tempel, wurde zu dem größten Wallfahrtsziel Ostasiens, das zur Zeit des großen Jahresfestes Scharen von Heilsuchenden auch aus der Mongolei, Tibet und Turkestan, ja sogar aus Indien anzog[1].

Den Anstoß zu diesem Aufschwung gab offenbar der türkische Nomadenstamm der Toba, der sich seit 386 über die Große Mauer weg in der Provinz Schansi festgesetzt hatte, um von hier aus unter dem Namen »Nördliches We-Reich« bald den ganzen Norden Chinas zu beherrschen. Seine Kaiser hatten als Landesfremde rasch den Vorteil einer Anlehnung an das buddhistische Priestertum erkannt. Der fünfte Kaiser von We (471–499) Hsiau-Wēn-Di, hat selbst den mittleren Tafelberg besucht und dort weit oben in dem Felsental der »Reinen Kühle« ein Kloster begründet. Man wird annehmen dürfen, daß der Buddhismus, der hier Wurzel schlug, mit Zauberei aus indischer und aus schamanischer Quelle reichlich verquickt war. Aber schon sechzehn Jahre nach dem Tod des Gründers ließ sich in demselben Kloster »zur Reinen Kühle« der Mönch Ling-biän nieder, der eine Handschrift des Avatamsaka- oder Blumenschmuck-Sutras mitgebracht hatte, um in der Bergeseinsamkeit sich in den Bodhisattva Manjushrî, den geistigen Vater dieses Buches, zu versenken und es dann in hundert Bändchen für die Nachwelt zu erklären.

Von da an waren die Fünftafelberge mit dem Tal der Reinen Kühle,

[1] Vgl. das 24. Beispiel, wo die Nonne Liu dem alten We-schan den Besuch dieses Festes vorschlägt, Band 1, S. 415, 417, 424f. Dort nannten wir das Gebirge nach englischem Vorbild den »Fünfterrassenberg«. Dieser Name ist aber irreführend, da wir mit dem deutschen Wort Terrasse die Vorstellung eines stufenmäßigen Ansteigens in waagrechten Flächen verbinden. Hier handelt es sich um fünf Tafel- oder Plattenberge, deren Gipfel flach sind.

Tjing-liang, ein Ziel der Sehnsucht für Hochstrebende, die es nach der Vollkommenen Erkenntnis durch Begegnung mit dem Bodhisattva Manjushrî verlangte. Und immer häufiger geschah es, daß den Übenden dort oben die Gestalt des Bodhisattvas im Gesicht erschien. Die Fünftafelberge wurden zu dem Reich, das er regierte, eine heilige Stätte der persönlichen Begegnung mit der Weisheit Buddhas. Sie waren noch sehr viel mehr als das Lu-schan-Gebirge, nach welchem Yang-schan jenen Mönch im vorigen 34. Beispiel ausgefragt hat. Schon dort ging es um die Frage, was es bedeuten kann, sich »in den Bergen herumzutreiben«. Gewiß hat Hsüä-dou dem nicht ohne Bedacht dieses neue 35. Beispiel folgen lassen, das nun zeigt, was schon vor hundert Jahren ein nach höherer Erkenntnis Dürstender erlebt hat, als er sich in der »Reinen Kühle« der Fünftafelberge einst »herumtrieb«. Das neue Beispiel will das vorige ergänzen, ja in gewissem Sinn noch überbieten.

Zum Verständnis des Beispiels

Wu-dscho gelangt nach vielen Mühen endlich ins Gebirge der Fünftafelberge. Weither ist er gereist, und immer auf der Suche nach der Wahrheit über sich und über diese ganze Welt. Nun ist er der Nordgrenze des großen Reiches nahe; weiter nördlich gibt es für ihn nichts zu suchen.

Ringsum ragen die gewaltigen Berge auf zum Himmel; je höher er emporsteigt, um so inniger durchdringt ihn das Gefühl der »Reinen Kühle«. Rein und kühl ist auch die Wahrheit, die er sucht, die Erkenntnis und die Weisheit der Erwachten. Hier, in dieser Landschaft, hier ist sie zu Hause; hier waltet sie, als könnte man sie sehen und greifen; hier ist das Reich des Bodhisattvas Manjushrî. Es ist der Höhepunkt auf Wu-dscho's langer Wanderung. Hier oder nirgends muß er finden, was er suchte.

Der Dialog, den Hsüä-dou mitteilt, enthält in wenigen Worten das, was Wu-dscho nun im Hochgebirge dort gefunden hat. Er hat es also später seinem Hörerkreis mitgeteilt. Die Geschichte ist in den Erinnerungsschatz der Zen-Gemeinde eingegangen. Und wie es so geht, hat sie im Lauf der Zeit verschiedene Umformungen erfahren. Im 12. und 13. Jahrhundert ist daraus eine anmutige Legende geworden, die genau dem Typ von Geister- und Göttererscheinungen entspricht, wie er z. B. auf der japanischen Nô-Bühne in bunter Abwandlung zu sehen ist. Ein Pilger kommt auf seiner Wallfahrt an ein altberühmtes Heiligtum. Er trifft im Vorhof einen ortsansässigen alten Mann, oder sonst ein Wesen von geringem Stand, gerät in ein Gespräch mit ihm, erstaunt allmählich über dessen Reden, die irgendein Geheimnis anzudeuten scheinen, dringt forschend in ihn, bis sich dieser spröd entzieht, und erst nachher, im nächtlichen Gesicht, erscheint derselbe ihm in seiner wirklichen Gestalt als Gott des Heiligtums, als Bodhisattva, Kriegsheld, Dichter oder sonst ein höheres Wesen.

So trifft auch Wu-dscho in der späteren Überlieferung zuerst nur einen alten Hirten, der eine Kuh am Seil führt und ihn in seine Hütte einlädt. Erstaunlich ist nur gleich der wunderbare Tee und die nie gesehene gläserne Schale, in der er das Getränk dem Gaste vorsetzt. Das Gespräch, das sie nun führen, ist genau dasselbe, wie es Hsüä-dou im Beispiel berichtet. Es macht auf Wu-dscho tiefen Eindruck; er fühlt, daß er es nicht einfach mit einem alten Hirten zu tun hat, und bittet, in der Hütte über Nacht bleiben zu dürfen. Das aber weigert ihm der Alte streng. Niemand, sagt er, könne hier übernachten, der auch nur die leiseste Spur von Haften an irgendeinem Ding im Herzen trage. Wu-dscho muß, obwohl es bereits dunkelt, Abschied nehmen. Den Knaben, der ihn an das Tor hinausbegleiten darf, fragt er neugierig: Was ist das eigentlich für eine Klause hier? Darauf der Knabe: Dies ist das Heiligtum der letzten und endgültigen Erkenntnis, der Prajnâpâramitâ, die Vajra-Felsengrotte. Da lief es Wu-dscho kalt über den Rücken, und er erkannte, daß er dem Bodhisattva Manjushrî begegnet war. Auf seine Bitte, ihm doch ein Abschiedswort mit auf den Weg zu geben, sagte der Knabe einen Spruch:

> Ein Antlitz ohne Zorn bringt Opfergaben.
> Des Mundes Rede ohne Zorn ist Wohlgeruch.
> Ein Herz ganz ohne Zorn: ein seltener Edelstein.
> Das Unbefleckte, Ungefärbte nur hat wahre Dauer.

Kaum hatte der Knabe geendet, da war er selbst mitsamt der Klause im Hintergrund nicht mehr zu sehen. Erschrocken blickte Wu-dscho auf: über seinem Haupte leuchtete in den fünf Farben eine große Wolke, und auf ihr zog, von einem goldhaarigen Löwen getragen, der Bodhisattva Manjushrî mit seinem Knaben als Begleiter feierlich an ihm vorüber.

Es ist nicht unsere Aufgabe, zu untersuchen, wie und wann diese Legende ihre verschiedenen Formen erhalten hat, in welcher Fassung sie im 11. Jahrhundert auf Hsüä-dou gelangt ist, oder auf welche Überlieferung Yüan-wu seine Darstellung in der Erläuterung zum Beispiel stützt. Für Hsüä-dou und für Yüan-wu handelt es sich lediglich um den Gehalt, um das, was Wu-dscho innerlich erlebt hat. Die äußere Form, in welcher das geschah, ist ihnen Nebensache. Von einem alten Hirten ist hier keine Rede. Wu-dscho hat es direkt mit Manjushrî zu tun, und auch diesen schiebt er letzten Endes ins Gestalt- und Namenlose ab.

Der Bodhisattva also sieht den Pilgrim kommen, einen Mönch von ernstem Streben, heiligem Wandel, und er liest ihm alsbald seinen Kummer vom Gesicht ab. So lockt er ihm mit seiner Frage das Geständnis dessen, was ihn quält, heraus. Wie steht es dort im Süden um das Buddhatum? Das berührt genau den wunden Punkt, der unserem mönchisch strengen Pilger so viel Not bereitet. Sein ganzes Denken ist beherrscht von dem Begriff der Endzeit, welche nach den Sutrenschriften schon der Buddha Shâkyamuni einst vorausgesagt haben soll.

Dort heißt es in schematischer Abstufung: fünfhundert Jahre echter Geist, die Blütezeit, in der das Buddhatum die ganze Fülle seiner Kraft entfaltet und sich im Wandel seiner Nachfolger bewährt; dann tausend Jahre äußerlichen Buddhatums, während welcher zwar die wahre Lehre noch verkündet und auch die Mönchsregel der Form nach eingehalten wird, doch ohne eine Frucht lebendiger Bewährung; zuletzt führen zehntausend Jahre Endzeit das Buddhatum zu völligem Zerfall, bis wiederum ein neuer Buddha, Maitreya mit Namen, in der Menschheit auftritt, um eine neue Blüte zu eröffnen. Rechnet man buchstäblich nach den angegebenen Zahlen, so hätte Wu-dscho allerdings noch keinen Grund gehabt, von Endzeit zu reden. Aber das, was ernstgesinnte Mönche in der Tangzeit um sich her an Buddhatum erlebten, war freilich ärgerlich genug, sie in dem Glauben zu bestärken, daß die letzte, böse Zeit schon angebrochen sei.
Wu-dscho also stellt vor Manjushrî besorgt und bitter fest, daß es eben Endzeit sei, und daß die Zustände, welche in den Buddhaklöstern seiner Heimat herrschen, dies nur allzu klar beweisen. Nur die wenigsten der vielen tausend Mönche nehmen es in ihrem Wandel mit den Regeln wirklich ernst. Vielleicht drei-, im besten Fall fünfhundert.
Und der Kummer über diesen Zustand treibt ihn zu der Gegenfrage: Hier im Wu-tai-Hochgebirge, dem heiligen Bezirk des Bodhisattva Manjushrî, da muß es gewiß ganz anders stehen. Welch ein Trost wird es für ihn sein, zu hören, wie hier oben das Gesetz des Buddha in der Blüte steht! Was aber ist der Zustand, den ihm Manjushrî nun schildert! Ein großes Durcheinander, eine bunte Mischung! Drachen, d. h. überwärts Aufsteigende, Bodhisattvas, Heilige ohne Fehl und Flecken, und daneben ein Gewimmel von Reptilien, die dem Anschein nach den Drachen etwas ähnlich sind, aber auf der Erde kriechen bleiben, jedes Höhenflugs unfähig. Das ist für Wu-dscho eine kräftige Enttäuschung. Und unbehaglich obendrein, vielleicht geradezu anstößig ist ihm die Ruhe, mit welcher ihm der große Bodhisattva diesen Zustand schildert, so als mache ihm das gar nichts aus. Halb ängstlich, halb inquisitorisch nimmt er nun den Bodhisattva ins Verhör und stellt, wie vorher dieser, die Frage nach der Zahl der echten Buddhajünger oben im Wu-tai-Gebirge.
Die Antwort aber, die der Bodhisattva ihm erteilt, ist völlig rätselhaft. Sie kommt aus einer andern Welt. Und dies sogar in doppeltem Sinn. Nicht genug damit, daß sie dem Frager seine Frage nach der Zahl, und damit seine Sorge um das Buddhatum, seinen geheimen Ingrimm auf die Menge von Abtrünnigen, mit der Wurzel ausreißt. Sie tut das obendrein in einer Sprache, die im Bereich der Zengemeinde fremden Klang hat, weil sie einer anderen Strömung innerhalb des Buddhatums entstammt, von deren äußerer Gestalt das Zen sich sichtlich unterscheidet.
Schon gegen eine Übersetzung sträubt sich dieser Ausspruch. Tjiän san san, hou san san – das kann heißen: Vorne drei und drei, hinten drei und

drei. Es kann ebenso bedeuten: Vorne dreimal drei, hinten dreimal drei. Man könnte deuten: In der Menge derer, die hier oben die Versammlungen besuchen, da stehen vielleicht im Vordergrund hie und da einmal drei oder sechs oder neun echte Buddhajünger beisammen, und blickt man nach weiter hinten, sind es auch dort nicht mehr. Es sind überall nur einzelne, im besten Fall kleine Häuflein. Aber der Ausspruch ist zu knapp und formelhaft, als daß sein Sinn sich in einer bloßen Zahlangabe erschöpfen könnte. Auch Wu-dscho empfindet das, sonst würde er nicht nachher noch fragen, wieviel das nun sei. Manjushrî's Antwort trägt deutlich die Merkmale eines Rätselwortes, dessen tieferer Sinn dem Uneingeweihten verborgen bleiben muß.

Nun ist daran zu erinnern, daß Rätselworte im Buddhismus von jeher eine wichtige Rolle spielen. Worte, die in Augenblicken äußerster Konzentration oder einer plötzlichen Eingebung dem Mund entfahren, ob verständlich oder unverständlich, werden zu Behältnissen für das erlebte Wunderbare und ermöglichen es durch ihre Wiederholung, das Geheimnis, welches sie verborgen halten, immer neu in die Gegenwart hereinzurufen. Insbesondere der Buddhismus des sogenannten Diamantfahrzeugs, das Vajrayâna, hat entsprechend seinem Grundsatz, jede geistige Erfahrung nicht nur in Gedanken zu erfassen, sondern zugleich auch mit dem Mund durch Worte und mit Hand- und Fingerstellungen magisch zu vergegenwärtigen, eine Menge kraftgeladener Wörter und Sprüche hervorgebracht. Sie heißen mantra (chinesisch dschĕn-yän, japanisch shin-gon), d. h. »wahre Worte«, wahr im vollsten Sinn, sofern sie gerade nicht nur Worte sein, sondern die Sache selbst zur Wirkung bringen wollen. Weil sie in ihrer geballten Knappheit es ermöglichen, das Heilsgut, welches sie in sich bergen, im Gedächtnis und im Herzen unverwandt festzuhalten, heißen sie auch Behaltekräfte, dhâranî.

Die kompaktesten »Behaltekräfte« aber sind noch kürzer. Es sind die fünfzig und mehr Buchstaben des Sanskritalphabets, deren jeder zugleich Anfangsbuchstabe eines »wahren Wortes« sein, dieses also vertreten kann. Der Eingeweihte schreibt sich einen solchen auf ein Blatt Papier, hängt ihn an die Wand, setzt sich davor, versenkt sich darein und erfährt die Kraft der Wahrheit, die er darstellt.

Diese Buchstaben des Sanskritalphabets brachte der Buddhismus auch nach Ostasien mit[1]. Daß sie fremd und unverständlich waren, störte nicht. Sie waren hier erst recht geheimnisvoll, also gerade die geeigneten Symbole für das unbegreifliche Geheimnis. Nur die Eingeweihten konnten sie verstehen und gebrauchen, und in der Hand des Priesters wurden sie zu Zaubermitteln und zu Stützen seines Ansehens beim gemeinen Volk.

Bedenkt man, daß sich im Gebirge der Fünftafelberge schon von Anfang

[1] Sie heißen, nach dem indischen siddham, chinesisch hsi-tan, japanisch shittan.

an auch Anhänger des Vajrayâna niedergelassen haben, und dessen Übungen und Riten dort kräftig im Schwange waren, so legt sich von selbst die Frage nahe, ob hinter dem zweimaligen san-san nicht etwa ein Geheimnis aus dem Buchstabensystem des Diamantfahrzeugs verborgen liegt. Hierbei ist zu beachten, daß für chinesische Leser die Sanskritbuchstaben nicht immer in der Sanskritform geschrieben werden, sondern daß man für ihren Laut (a, i, u, ka, ta, pa, sa, u. ä.) jeweils ein gleich oder ähnlich lautendes chinesisches Schriftzeichen einsetzen kann. Zwar hat jedes dieser chinesischen Zeichen als solches seinen ganz bestimmten Sinn; doch sieht man in diesem Fall von deren ursprünglicher Bedeutung ab und behandelt sie als reine Lautzeichen, also als Ersatz eines Sanskritbuchstabens, der als Anfangsbuchstabe eines »wahren Wortes« dieses selbst und seine Kräfte wirksam macht.

Nun hat das Chinesische ganz ungewöhnlich viele Wörter gleicher Lautform, deren unterschiedliche Bedeutung nur an der Schrift erkennbar ist (wie im Deutschen etwa Lehre und Leere, Wagen und Waagen). Infolgedessen steht für jeden Sanskritbuchstaben eine ganze Anzahl chinesischer Zeichen gleicher Lautform zu Gebot. Ein Zeichen, welches man z. B. für den Sanskritbuchstaben sa verwendet, bedeutet Windstoß, ein anderes tänzeln, ein drittes teilnehmen. Ein viertes, welches auch für sa verwendet wird, ist das Zahlwort drei, chinesisch san. Daß es auf ein n ausgeht, stört nicht. Man schreibt es für die Sanskritsilbe sa. Diese aber ist von alles überragender Bedeutung. Sa ist der Anfangsbuchstabe zweier Wörter, die das Höchste, was sich denken läßt, bezeichnen: sarva, d. h. alles, und satya, d. h. Wahrheit.

Für die Heiligkeit des Sanskritzeichens sa gibt das Yogavajra-shekara-sûtra den Grund an: »Weil die Gesamtheit der Seinselemente (sarvadharma) und die Gesamtheit der Wahrheit (sarvasatya) nicht zu fassen sind.« In dem großen Traktat von der Prajnâpâramitâ heißt es: »Wenn du die Silbe sa vernimmst, so weißt du, daß alle Elemente des Seins, alle Arten des Seienden unfaßbar sind.« Ein Kommentar zum Mahâvairocana-sûtra sagt: »Satya heißt die Wahrheit, nämlich die Beschaffenheit der Dinge, wie sie tatsächlich ist, und das Wissen davon, unverwirrt. Mag die Sonne erkalten, mag der Mond sich erhitzen, so bleibt es doch bei der Wahrheit vom Leiden, die der Buddha gelehrt hat, und bei der Wahrheit von der Entstehung des Leidens aus seinen Ursachen (dem Durst nach Sein, samt Lust und Begier). Denn diese sind es und keine anderen; und wenn die Ursache aufgehoben ist, so sind auch ihre Folgen aufgehoben. Der Weg der Aufhebung des Leidens ist der Weg der Wahrheit; einen andern gibt es nicht. Ferner: das Nirvâna, das Erlöschen, das bedeutet nun, daß Leiden ohne Leiden ist. Also gibt es (überhaupt) kein Leiden, und dieses ist die eigentliche höchste Wahrheit . . .« In einigen andern Sutren, sowohl aus der Gattung der Blumenschmuck- als auch der der Prajnâpâramitâ-Schriften, heißt es: »Wenn du die Silbe sa [die dazu unerläßliche vollkommene Gesammeltheit vorausgesetzt] mit deinem Munde aussprichst, trittst du gerade wie zur Regenzeit in einen Wolkenbruch der höchsten und vollkommenen Erkenntnis.« Und ein wohl spätes, erst in China abgefaßtes Sutra »Vom Besuche bei dem Bodhisattva Manjushrî« bezieht die Silbe sa zusammenfassend auf den Ausdruck sarvajnâ oder das Allwissen, wenn es sagt: »Sprichst du die Silbe sa, hast du in ihr die Stimme, welche von der Gegenwart der Fülle alles Wissens Zeugnis gibt[1].«

Betrachtet man in diesem Licht die Antwort, welche Wu-dscho von dem rätselhaften alten Mann dort in der Bergeseinsamkeit erhielt, so wird, wenigstens verstandesmäßig, mit einem Schlage alles klar. »Vorne san und san, hinten san und san« – hier geht es nicht mehr um Statistik, nicht um die jämmerlich geringe Zahl der wahren Jünger. Vorne, hinten, oben, unten, ringsherum ist alles, alles eine einzige Wahrheit. »Vorne san und san, hinten san und san.« Mehr bedarf es nicht. Nun können beide ruhig Tee zusammen trinken. Auch dieser ist nun nicht mehr bloß gemeiner Tee. Er ist ein Göttertrank in wunderbar durchsichtiger Schale. Manjushrî fragt den Gast: Hat man das im Süden auch? Habt ihr Strammen, Aufrechten da unten auch den stillen Glanz, der durch alle Farben durchscheint, alles transparent macht? Oder seht ihr überall nur schwarz und weiß? Wu-dscho fühlt sich mitsamt der Bruderschaft, aus der er kommt, an einem wunden Punkt getroffen. Sein Nein ist keine bloße Feststellung. Beschämt sitzt er dem Alten gegenüber und hat nichts mehr zu sagen.

Beim Fortgehen aber quält ihn immer noch die alte Frage: Wie steht es hier im Norden um das echte Buddhatum? »Vorne drei und drei, hinten drei und drei.« Wie viele sollen das nun sein? Ein Glück, daß er den Knaben, welcher ihn hinausgeleitet, noch befragen kann. Und wunderbar, wie der den Nagel auf den Kopf trifft. War des Alten Spruch ein Mantra oder eine Dhâranî im Stil des Vajrayâna, so versteht es dieser Jüngling, dem Zenmönch jene Rätselworte in die Sprache seiner eigenen Meister zu übertragen. Er ruft den Frager einfach an, und wie sich dieser stellt und vor ihm dasteht, fragt er zurück: Wieviel ist denn das? Wieviel seid Ihr, Ehrwürdiger? Seid Ihr denn eine Zahl? Seid Ihr nicht selber »vorne san und san und hinten san und san«? Es ist derselbe Handgriff, den das siebte Beispiel von Fa-yän berichtet, wie er jenem Hui-tschau auf die Frage nach dem Buddha einfach vorhält: Du bist Hui-tschau.

Noch immer gibt sich Wu-dscho nicht zufrieden und will wissen, wo er eigentlich ist. Der Knabe weist ihn auf die beiden Tempelhüter, die, wie vor jedem Buddhatempel, hier rechts und links im Torbau stehen. Jetzt erst merkt Wu-dscho, daß er sich nicht in einer Hirtenhütte, sondern im Heiligtum des Buddha befindet. Und in demselben Augenblick ist schon das ganze Traumgesicht zerflossen. Der Wanderer steht, mit sich allein, am Abhang einer kahlen Felsenschlucht; darüber ragen die Fünftafelberge in den Himmel.

Es wird jetzt deutlich sein, was Yüan-wu meint, wenn er im Hinweis zwei verschiedene Haltungen, die ein Nachfolger des Buddha einnehmen kann, einander gegenüberstellt. Die eine ist bestimmt durch scharfe Unterscheidung zwischen echt und unecht, Drachen und Schlangen, Weizen und Unkraut. Sie ist die Haltung des entschiedenen Kämpfers für die Wahrheit, für den Sieg des Buddhatums, die Haltung Wu-dscho's. Und es verdient Beachtung, daß Yüan-wu in der Erläuterung zum Beispiel nicht daran denkt, diese Haltung irgendwie herabszuetzen. Spräche er damit doch seiner eigenen Wirksamkeit als Meister und Vorkämpfer echten Buddhatums das Urteil. Auch aus Wu-dscho's Haltung, wie sie sich in seinen Worten ausspricht, mögen seine Schüler sich den richtigen »Gewinn einstreichen«.
Aber allerdings, das gibt Yüan-wu zu, ja legt es seinen Schülern ernst ans Herz, es gibt noch eine höhere Region. Er kennzeichnet sie in seinem Hinweis mit so gewöhnlichen und schlichten Worten, daß man beim ersten Lesen gar nicht merkt, welch ungeheuer Großes er damit im Sinn hat. »Einfach sehen, hören, nichts verdunkeln; die Stimme echt, die Mienen wahr.« Und in der Erläuterung zum Beispiel macht er es anschaulich an Di-tsang von Dschang-dschou, der von dem Redestreit, wie er in vielen Klöstern blüht, nichts wissen will, sondern mit seiner Bruderschaft im Frühjahr Tag für Tag im Schlamm des Reisfelds steht, um Setzlinge zu pflanzen, genau wie der geringste Bauer. Das ist so ungeheuer einfach und kostet doch gerade den, dem es mit heiligem Eifer um das Höchste zu tun ist, die größten Schmerzen: »abschneiden, bis alles abgeschnitten ist«, gar nichts mehr wollen, aller Dinge, alles Streites ledig, nur wahr sein, sehen, hören, nichts verdunkeln. Dies ist die Region, die sich dem Buddhastreiter Wu-dscho in der Begegnung mit dem Bodhisattva Manjushrî erschloß. Hsü-dou stellt, wie immer, diesen Kern des Ganzen im Gesange knapp und klar heraus.

[1] Es darf nicht verschwiegen werden, daß keiner der für unsere Erklärung benützten japanischen Kommentare diese dem Vajrayâna entstammenden Deutungen des Zeichens san (= drei) auch nur mit einem Wort erwähnt. Darüber wird entweder überhaupt geschwiegen, oder erfährt der Übende davon nur in geheimer Unterweisung durch den Meister (?). Wenn der Übersetzer hier auf Grund der angeführten Sutren das Zeichen san in dem genannten Sinn deutet, tut er es auf eigene Gefahr. Die Zuversicht dazu gibt ihm der Umstand, daß eben diese Deutung im Endergebnis genau auf das hinausläuft, was schon Hsüä-dou im Gesange sagt: »Lachhaft, in der ›reinen Kühle‹ fragen: Wieviel sind's?« Vgl. für diese Deutung von san-san Mochizuki Shinkyô, Bukkyô Daijiten, Band II, S. 1392 Art. sa, sowie bei D. T. Suzuki, Essays in Zen Buddhism, second series, p. 211, die Bemerkungen über die Übernahme von Shingon-Gebräuchen durch die Zen-Schulen in China.

Schon vor Hsüä-dou hat ein anderer, wie Yüan-wu in der Erläuterung zum Gesang berichtet, das Erlebnis Wu-dscho's dichterisch besungen: der Meister Dö-tjiän von Ming-dschau mit dem Beinamen »der einäugige Drache«.

»Sandbereich im weiten Rund – hehrer Buddhabau.« Der Wortlaut läßt es offen, wie der Leser beide Bilder zueinander in Beziehung setzen will. Einfach faßlich kann man deuten, daß Wu-dscho in der Bergeswüste einen Buddhatempel findet. So entspräche es der »zeitlich-vorläufigen Wahrheit«. Aber der Ausdruck »Sandbereich« erinnert zugleich an den Sand der Gangesebene, Gangâ-nadi-vâluka, der in den Sutren stets die völlige Unzählbarkeit der Elemente alles Seienden veranschaulicht, deren jedes einzelne, obwohl unfaßlich klein, doch von der ganzen Buddhaweisheit überquillt. Der Sandbereich also ist selbst ein unübersehbar großer Buddhatempel. Er strahlt die Fülle aller Weisheit aus. Dies ist der »erfüllte Blick« Manjushrî's, der diese Weisheit als personhafte Erscheinung darstellt. Daß dieser volle Blick Manjushrî's Wu-dscho tief im Herzen trifft, das ist der eigentliche Inhalt des Gesprächs mit jenem rätselhaften Alten. Sein Wort schließt dem Besucher »das Buddhaauge auf«. Nur ist sich Wu-dscho selbst dessen noch nicht klar bewußt. Der Dichter des Gesangs, der »Einäugige Drache«, zerreißt hier sachlich nüchtern das Gewebe der Erzählung, die so tut, als bleibe Wu-dscho's Sinn auf des Manjushrî Worte hin noch immer verschlossen. In Wirklichkeit ist alles ja nur ein Erlebnis Wu-dscho's. In dem Augenblick, wo er das Mantra Manjushrî's vernimmt, ist das Licht in ihm schon aufgegangen. Nur freilich erst im Untergrunde des Bewußtseins. In der Oberschicht bedarf es einer kleinen Weile, bis im Augenblicke des Erwachens aus dem Traumgesicht ihm alles klar wird: »Er blickt sich um, sieht nichts als nur der Felsenberge Blau.«

Diesen Gesang des »Einäugigen Drachen«, sagt Yüan-wu, habe Hsüä-dou sich für seine eigenen Verse zum Vorwurf genommen. Und zwar habe er ihm einfach eine »Nadelführung« gegeben. Worin besteht die Straffung?

Sie besteht darin, daß Hsüä-dou noch radikaler, als der »Einäugige Drache«, mit der äußeren Form aufräumt, in die Wu-dscho's persönliches Erlebnis eingekleidet ist. Schon im »Beispiel« hat er erst einmal dem Bodhisattva Manjushrî die Maske des ehrwürdigen alten Hirten abgenommen. Jetzt gibt er diesem Bodhisattva selbst den Laufpaß. »Wer will sagen, Manjushrî rede ihn da an?« Der Wanderer Wu-dscho ist es, dem hier oben in der Bergwelt das Licht des Buddha aufgeht. Die »Gipfel, tausendfach gefaltet, wie Indigo so blau«, die waren es, die ihn da oben in der »Reinen Kühle« angeredet haben. Bei ihrem Anblick überfiel ihn dieses wunderbare Traumgesicht, das sein bisheriges Denken aus den Angeln hob. Der Druck der Sorge um das Abnehmen

der Zahl der Buddhajünger, der Stachel stillen Ingrimms ob der Lauheit der Gemeinden, der Verderbtheit dieser Welt, das alles fiel mit einem Schlage von ihm ab und wurde lächerlich.
Bewirkt aber wurde die befreiende Erkenntnis durch ein nie gehörtes Mantra, einen Zauberspruch, der aus den Tiefen seiner Seele in ihm aufklang: »Vorne san und san, hinten san und san.« Er selbst vernahm es im Gesichte aus dem Mund des Bodhisattva. Hsüä-dou seinerseits stellt mit Bedacht das Bild des Hochgebirges an die Spitze, und ans Ende des Gesangs das Mantra. Was dazwischen steht, ist nur Zurechtstellung: hier geht es nicht um mythische Figuren, und nicht um Missionsstatistik. Hier ragen Berge in den Himmel und künden unaussprechliches Geheimnis. Wu-dscho vernimmt es in der Form des Mantras. Gerade so, als Rätselwort, sagt es ihm alles.
Die Gestalt des Bodhisattvas Manjushrî scheidet damit aus dem Kern des »öffentlichen Aushangs« (Kô-an) aus. Yüan-wu legt auf diesen Punkt noch ausdrücklich den Finger, wenn er in der Erläuterung zum Gesang erzählt, wie Wu-dscho dann als Speisemeister in der Klosterküche den Bodhisattva, der ihm im Dampf über dem Kochtopf zu erscheinen pflegte, als Störung empfunden und mit dem Rührlöffel fortgejagt habe. Das zeigt, daß Wu-dscho selbst den Sinn der Vision, die ihm geworden war, verstanden hat. Wem einer auch begegnen mag, welchem Ding und welcher Sache, welchem Menschen oder überirdischem Wesen: es fällt letztlich alles auf ihn selbst zurück, um ihn vom eigenen Ich zu lösen, ihn in die Uferlosigkeit zu stoßen, bis er das Ufer einer neuen Welt betritt, in der man nicht nach Formen und Gestalten, nicht nach Rang und Namen fragt. Denn eben diese neue Welt ist das, was Manjushrî verkörpert, und ist der Sinn des Mantra »Tjiän san san, hou san san.«

Tschang-scha eines Tages in den Bergen

Das Beispiel

Tschang-scha hatte sich eines Tages in den Bergen ergangen, kehrte wieder um und kam bis an das Tor [seines Zenhofs].
Der Vorsitzer fragte ihn: Ehrwürdiger, wo seid Ihr gewesen?
Tschang-scha antwortete: In den Bergen.
Der Vorsitzer fragte: Bis wohin seid Ihr gekommen?
Tschang-scha erwiderte: Erst lief ich dem Duft von Gras und Kräutern nach, und auf der Jagd nach fallenden Blüten kam ich zurück.
Der Vorsitzer bemerkte: Das klingt stark nach Frühlingsstimmung.
Tschang-scha versetzte: Ist auch schöner, als wenn Herbsttau auf die Lotosblätter tropft.
Hsüä-dou bemerkt hierzu: Dank sei ihm für die Antwort!

Zwischenbemerkungen zum Beispiel

»Tschang-scha hatte sich eines Tages in den Bergen ergangen, kehrte wieder um und kam bis an das Tor.« – Ein heutiger Tag. – Er läßt sich ganz und gar ins Gras fallen. – Erst fällt er ins Gras [mit seinem Umherschweifen in den Bergen] und nachher fällt er abermals ins Gras [mit seiner Rückkehr ins Kloster].
»Der Vorsitzer fragte ihn: Ehrwürdiger, wo seid Ihr gewesen?« – Er will dem alten Chinesen auch einmal den Puls fühlen. – Sein Pfeil fliegt über Silla hinaus. [In seiner Frage liegt viel mehr als er selbt bemerkt. Silla ist das alte Korea; ein Pfeil, in China abgeschossen, der über Silla hinausfliegt, geht ins Grenzenlose.]
»Tschang-scha antwortete: In den Bergen.« – Er sollte sich doch nicht so ins Gras fallen lassen! – Keine kleine Niederlage! – Es liegt einer im Gras!
»Der Vorsitzer fragte: Bis wohin seid Ihr gekommen?« – Ein Stoß! – Wenn Tschang-scha ein Wohin gehabt hat, ist er rettungslos ins Gras gefallen. – Der Mann will ihn womöglich in die Feuergrube [die Hölle] zerren. –
»Tschang-scha erwiderte: Erst lief ich dem Duft von Gras und Kräutern nach, und auf der Jagd nach fallenden Blüten kam ich zurück.« – Er ist nicht wenig leck und locker. – Dabei hat er schon immer in einem Wald von Dorngestrüpp gesessen. [Seine fast anstößige Unbefangenheit ist in Wirklichkeit nur die Frucht langjähriger harter Übung.]

»Der Vorsitzer bemerkte: Das klingt stark nach Frühlingsstimmung.« – Er schließt sich ihm an [läßt sich von ihm anstecken]. – Ein Fehltritt zieht den andern nach sich. – Mit einer Hand hebt er ihn hoch, mit der andern hält er ihn fest. [Halb beneidet er Tschang-scha um seinen Genuß, halb macht er ihm diesen zum Vorwurf.]
»Tschang-scha versetzte: Ist auch schöner, als wenn Herbsttau auf die Lotosblätter tropft.« – Er muß auf die nackte Erde noch Schlamm obendrauf schütten. – Hat sein erster Pfeil noch leicht getroffen, so geht der zweite aber tief. [Nahm der Vorsitzer schon an Tschang-scha's erster Antwort einen leichten Anstoß, so muß die zweite ihn vollends aus der Fassung bringen.] – Was gibt es da für einen Schlußtermin? [Zu welchem Zustand, welchem Stande der Erkenntnis und der Läuterung soll eigentlich die Übung eines Zenbeflissenen zuletzt noch führen?]
»Hsüä-dou bemerkt hierzu: Dank sei ihm für die Antwort!« – Nun haben wir sogar drei Spießgesellen, die einander Schlammbälle zuwerfen. [Tschang-scha, der Vorsitzer, und zuletzt auch Hsüä-dou, jeder gibt seinen Senf zur Aufhellung des Problems in diesem »öffentlichen Aushang«.] – Wir können ihnen den Schuldbefund auf einem und demselben Urteilsschreiben zustellen. [Jeder hat sein Bestes getan; sie verdienen alle höchstes Lob.]

Erläuterung des Beispiels

Der große Meister Schau-hsiän [d. h. »Winke den Weisen!«][1] vom Hirschpark in Tschang-scha hatte das GESETZ von Nan-tjüan übernommen, in derselben Zeit wie Dschau-dschou, Dsï-hu und die andern seiner Generation. Sein Zenorgan war scharf, lebhaft und schlagfertig. Fragte ihn jemand über die Lehre, erklärte er ihm die Lehre. Verlangte einer nach einem Gesang, gab er ihm einen Gesang. Und wenn du ein Meistertreffen mit ihm suchst, so liefert er dir ein Meistertreffen.
Yang-schan[2] stand mit seinem Scharfsinn bei solchen Treffen in der Regel weitaus an der ersten Stelle. Eines Abends nun, als er auf einem Gang mit Tschang-scha ganz dem Eindruck einer Mondnacht hingegeben war, deutete er zum Mond hinauf und sagte: Das haben nun die Menschen alle, einer wie der andere; nur daß sie es nicht anzuwenden wissen. Tschang-scha gab zur Antwort: Darf ich es gleich einmal auf dich anwenden? Yang-schan sagte: Gut, laß deine Anwendung mich einmal sehen! Da gab ihm Tschang-scha einen solchen Fußtritt, daß er zu Boden fiel. Als Yang-schan wieder aufgestanden war, sagte er zu Tschang-scha: Meister Onkelchen, du bist ja geradezu das große Kriechtier [der Tiger]! Seitdem heißt Tschang-scha bei den Leuten Tsën, das große Kriechtier[3].
Eines Tages also kam er von einem Ausflug in die Berge zurück. Der Vorsitzer, der auch zu seinem Schülerkreis gehörte, fragte ihn: Ehrwürdiger, wo seid Ihr gewesen? Tschang-scha antwortete: In den

Bergen. Der Vorsitzer fragte: Bis wohin seid Ihr gekommen? Tschang-scha erwiderte: Erst lief ich dem Duft von Gras und Kräutern nach, und auf der Jagd nach fallenden Blüten kam ich zurück. Um so etwas sagen zu können, braucht es schon einen Menschen, der nach allen zehn Richtungen hin [die aus dem Unterscheiden von Ich und Außenwelt hervorgegangenen Gedanken und Gefühle] abgehauen hat. Erst ein solcher ist zu einem solchen Ausspruch fähig. Diese Hauptsache haben die Alten bei all ihrem Aus- und Eingehen niemals aus dem Sinn gelassen. Seht euch die beiden an, wie sie hier als Gast und Hauswirt miteinander Austausch pflegen, wie sie [geübten Fechtern gleich] jede Wendung ihres Partners sofort parieren, und keiner dem andern eine Blöße bietet!

Wo bereits gesagt ist, daß Tschang-scha in den Bergen war, wozu fragt ihn der andere: Bis wohin seid Ihr gekommen? [D. h.: Auch der Vorsitzer hat seine Hintergedanken. Er zielt auf mehr, als nur auf einen Bericht Tschang-scha's über seinen Ausflug.] [Und nun Tschang-scha's Antwort!] Ein Zenmann heutigen Tages würde auf die Frage »bis wohin« gefügig antworten: Bis zur Aussichtshütte auf dem Djia-schan. [Yüan-wu stellt sich das Zwiegespräch von zwei Zeitgenossen an dem Orte vor, an dem er selber spricht. Am Djia-schan stand das Kloster, in dem er diese Erläuterung gegeben hat; vgl. das Titelblatt zum 1. Band!] Seht es euch an, wie diese Alten von jeder Spur vernünftiger Berechnung frei, wie sie an keinen festen Ort verhaftet und gebunden sind! Das ist es, weshalb Tschang-scha sagen kann: Erst lief ich dem Duft von Gras und Kräutern nach, und auf der Jagd nach fallenden Blüten kam ich zurück.

Der Vorsitzer geht nun entsprechend auf die Laune seines Meisters ein, kommt ihm entgegen mit den Worten: Das klingt stark nach Frühlingsstimmung. Tschang-scha erwidert ihm: Ist auch schöner, als wenn Herbsttau auf die Lotosblätter fällt. Und Hsüä-dou fügt hinzu: Dank sei ihm für die Antwort! In Vertretung des Vorsitzers [der nichts mehr zu sagen hat] spricht er ein Schlußwort. Das fällt freilich in Zweiseitigkeit zurück, wo doch der letzte Schluß [auf den der ganze »öffentliche Aushang« hinausläuft] gerade nicht in dieser Zweiseitigkeit besteht [sondern darin, daß zwischen Tschang-scha, dem Vorsitzer und nachher auch Hsüä-dou alle Scheidewände fallen].

1 »Schau-hsiän« ist der nach dem Tod verliehene Ehrenname für Tschang-scha Djing-tsën (japanisch Chôja Keishin), Schüler Nan-tjüan's, gest. 868. Traditionstafel III B 10 g.

2 Yang-schan Hui-dji, der Meister des 34. Beispiels (Seite 25ff.) steht in der Traditionstafel eine Generation unter Tschang-scha. Doch wird der Altersunterschied zwischen beiden nicht sehr groß gewesen sein.

3 »Das große Kriechtier«: verhüllender Ausdruck für den gefürchteten Tiger (chinesisch Da-tschung; japanisch Dai-chû). In Band I, S. 311, sagten wir dafür »das schleichende Ungeheuer«. Dort ist statt Tschën richtig Tsën zu lesen.

Es war einmal ein Gelehrter namens Dschang Dscho, mit dem akademischen Grad des »blühenden Talents«[1]. Nachdem er das Sutra »von den tausend Buddhanamen« durchgelesen hatte, kam er, Tschang-scha zu befragen. Nun habe ich, begann er, von hunderttausend Buddhas nichts gehört als nur die Namen. Ich möchte doch auch gerne wissen, in welchem Buddhaland ein jeder wohnt und ob sie zum Heil der Welt überhaupt etwas tun oder nicht. Darauf sagte Tschang-scha: Der Dichter Tsui Hau hat doch seinerzeit auf den Turm zum Gelben Kranich das bekannte Gedicht verfaßt. Haben darnach wohl auch Sie einmal, Herr Doktor, dasselbe Thema dichterisch behandelt? Dschang Dscho verneinte: Diesen Gegenstand habe ich bis jetzt nicht vorgenommen. Da sagte Tschang-scha: Wäre es nicht schön, Ihre Mußestunden einmal auch zu einem Gedichtblatt darauf zu verwenden?
Die Art, wie Tsën, das große Kriechtier, sich anderer Menschen anzunehmen pflegte, war jederzeit schlagfertig und blitzartig, wie wenn Perlen rollen, wie wenn man Edelsteine hin- und herdreht. Er wollte, daß die Leute, wenn sie vor ihm standen, auf der Stelle ganz genau begriffen, was er meinte. – Der Gesang lautet:

Gesang

DAS Erdenrund – von Staub und Flecken frei!
Wer hätte nicht das Auge dafür offen?
Erst hinterm Duft von Gras und Kräutern her,
Zurück den fallenden Blüten nachgelaufen.
Ein hagerer Kranich sträubt den Schwanz auf kahlem Baum.
Ein Affe, närrisch, plärrt herab vom alten Turm.
Tschang-scha, ja, der hat keine Grenzen mehr im Sinn!
Oh, oh! ...

Zwischenbemerkungen zum Gesang

»Das Erdenrund – von Staub und Flecken frei!« – Wer ist es, der weit die Türen und die Fenster aufgeschlagen hat und unters Vordach tritt? – Und doch kann keiner unter allen Menschen das entbehren. – Großer Friede unterm Himmel! »Wer hätte nicht das Auge dafür offen?« –

[1] Hsiu-tsai, d. h. blühendes Talent, war während der Tangzeit die Bezeichnung für den angesehensten der sieben akademischen Grade, welche auf Grund der streng zentralistischen Staatsprüfungen verliehen wurden. Er bezeugte nicht nur die allgemeine Befähigung zum höheren Staatsdienst, sondern besonders auch hervorragende literarische Bildung.

Aber es muß einer oben auf dem Scheitel schon ein großes Licht ausstrahlen haben. Dann erst wird er das erlangen. – Wie aber, wenn du dich durch aufgeweichten Lehm und Sand hindurcharbeiten mußt?

»Erst hinterm Duft von Gras und Kräutern her« – Das ist nicht wenig leck und locker. [Dies ging oben auf Tschang-scha, jetzt geht es auf Hsüä-dou, der Tschang-scha's Worte einfach wiederholt.] – Ihm ist es nicht genug, daß nur einer ins Gras fällt. – Nur gut, daß es schon vorher einer gesagt hat! [Das entschuldigt wenigstens einigermaßen Hsüä-dou's Leichtsinn.]

»Zurück den fallenden Blüten nachgelaufen.« – Von einem Ort zum andern immer in der vollen Wahrheit. – Man kann ja froh sein, daß er von dem Gang zurückgekommen ist! – Mit Lehm drei Fuß tief an den Sohlen.

»Ein hagerer Kranich sträubt den Schwanz auf kahlem Baum.« – Links und rechts von Tschang-scha stellt Hsüä-dou nunmehr je noch einen Vers. – Er hat noch immer sehr viel Zeit für Spielereien übrig.

»Ein Affe, närrisch, plärrt herab vom alten Turm.« – [Aber auch diese beiden Verse sind durchaus keine Spielerei:] Im Gegenteil, er legt seine ganz persönliche Kraft und Meisterschaft hinein. – Man kann keinen andern Vers dazufügen; man kann auch keinen von den beiden weglassen.

»Tschang-scha, ja, der hat keine Grenzen mehr im Sinn.« – Da muß ich mit dem Stock dreinschlagen. [So etwas sagt man doch nicht!] – Was wird er nun im achten Vers noch sagen können? – Begraben wir sie alle drei [Tschang-scha, den Vorsitzer und Hsüä-dou] in der gleichen Grube! – Dann stürzen sie zusammen in das Loch, wo die Gespenster hausen.

»Oh, oh!« – Da liegt er im Gras! [Er will da etwas sagen, was man doch nicht sagen kann.] – Wo der Räuber längst schon fort ist, spannt er noch den Bogen. [Er kann Tschang-scha's Sinn mit Worten doch nicht treffen.] – So können wir ihn erst recht nicht freigeben. [Wir geben uns mit Hsüä-dou's Schluß noch nicht zufrieden. Es ist noch ein Wort dazu zu sagen. Yüan-wu sagt es am Schluß seiner Erläuterung.]

Erläuterung des Gesangs

Saget mir einmal: Wie denkt Ihr über das Verhältnis dieses öffentlichen Aushangs zu jenem andern: »Yang-schan fragte einen Mönch: Wo seid Ihr in letzter Zeit gewesen? Der Mönch antwortete: In den Luschan-Bergen. Yang-schan fragte weiter: Habt Ihr Euch jemals an den Fünfaltenhörnern herumgetrieben? Der Mönch verneinte: Dorthin bin ich nie gekommen. Yang-schan sagte: Tschârya, Ihr habt Euch noch niemals in den Bergen herumgetrieben?« Versucht es einmal, Seidenschwarz und ungefärbtes Weiß zu unterscheiden! Sind die beiden Beispiele einander gleich, oder sind sie verschieden? Für diese Frage ist es unerläßlich, das innere Triebwerk abzustellen, bewußtes Fühlen, Wollen, Denken zu vergessen und sich von Bergen, Flüssen, von der ganzen großen Erde, vom winzigen Gräslein wie von Mensch und Vieh auch nicht die kleinste Spur einsickern zu lassen. Wer das nicht kann, von dem sagen die Alten, er lebe noch im »Stand des Siegeswunders«.

Seht einmal, was Yün-mën sagt: »Auch wenn es einem plötzlich aufgeht, daß Berge, Flüsse und die ganze große Erde auch nicht mit einem Fädchen Makel oder Leid behaftet sind, so ist auch diese Einsicht doch immer noch ein ›Wendesatz‹ [der sich also in sein Gegenteil umkehren läßt]! Die Mannigfaltigkeit der farbigen Gestalten zu sehen, ist erst die eine Hälfte der Wahrheitsdarbietung. Es gilt, noch weiterzugehen und zu erkennen, daß es im Augenblick der ganzen, vollen Darbietung der Wahrheit einen letzten Endpunkt überwärtiger Richtung gibt, an welchem du zum erstenmal begreifst, daß du dich in Ruhe niedersetzen kannst.« Bist du bis dahin einmal durchgedrungen, dann sind die Berge Berge wie zuvor und die Gewässer sind Gewässer. Jedes Ding hat seinen eigenen Stand und Wohnsitz, jedes trägt in sich das eigentliche Wesen. Und du bist wie ein Blinder mit der großen Klapper [der herumläuft, ohne Richtungen zu kennen].

Von Dschau-dschou stammen folgende Verse:

Hahnenschrei, noch früh vor Tag.
Aufgestanden, aber wie! Wacklig, kümmerlich!
Unten anzuziehn kein Hemd, oben keinen Rock!
Nur der gelbe Umhang gibt noch so was wie Form.
Schamtuch ohne Bodenstück, Hose ohne Loch!
Blaue Asche auf dem Kopf, drei Maß, wenn nicht fünf!
Suchte doch nur Läuterung zu der Menschen Heil!
Ahnte wer, draus würd' am End' solch schwacher Musikant?

Gelingt es uns in Tat und Wahrheit diese Verfassung zu erreichen, dann [gilt, was Hsüä-dou sagt:] »Wer hätte nicht das Auge dafür offen?« Dann kann einer siebenmal umfallen und achtmal auf dem Kopf stehen. Das ist ihm alles völlig einerlei. Wo er sich auch befinden mag, es ist überall dieselbe Lage, es ist jederzeit derselbe Augenblick. Er stößt nirgendwo auf eine Mauer, in keiner Richtung auf ein [ihm verschlossenes] Tor.

Von daher kommen die Worte [Tschang-scha's, die Hsüä-dou im Gesang im Sinne höchster Rühmung wiederholt]: »Erst hinterm Duft von Gras und Kräutern her; zurück den fallenden Blüten nachgelaufen.« Hsüä-dou, das muß man schon sagen, versteht sich auf sein Handwerk. Er nimmt Tschang-scha einfach aus der linken Hand den einen Satz und klebt ihn auf; nimmt ihm aus der rechten Hand den andern und klebt ihn darunter. Zusammen sehen sie nun ganz so aus wie ein Gedicht.

»Ein hagerer Kranich sträubt den Schwanz auf kahlem Baum. Ein Affe, närrisch, plärrt herab vom alten Turm.« Nachdem er seinen Gesang soweit hingezogen hat, merkt er auf einmal, daß er leck und locker geworden ist, springt plötzlich ab und kann nur noch sagen: »Tschang-scha, ja der hat keine Grenzen mehr im Sinn! Oh, oh! . . .« Es ist gerade, wie wenn einer mitten aus dem Traum erwacht. Aber es reicht ihm nicht mehr, [sein Opfer] völlig auszurauben [d. h. alles, was in Tschang-scha's Worten liegt, auszusprechen – weil dies nämlich gar nicht möglich ist und ein Versuch, es auszusprechen, nur schädlich wäre]. Der Mönch vom Berge hier [ich, Yüan-wu] würde es in diesem Falle anders sagen. [Ich würde den fehlenden Schlußvers ergänzen, aber auf eigene Art, so, wie ich es als Meister meinen Schülern schuldig bin, so daß die letzte Strophe des Gesangs dann lauten müßte:]

> Tschang-scha, ja, der hat keine Grenzen mehr im Sinn. –
> Grabt einen Schacht, vergrabt noch tiefer ihn!

Tschang-scha, ein Schüler Nan-tjüan's von eigener Art

Vom Lebenslauf des Meisters Tsën, genauer Djing-tsën aus Tschang-scha, ist nur mehr das allerwenigste bekannt. Bei Nan-tjüan, dem Schüler des Großmeisters Ma, zu der entscheidenden Erkenntnis durchgedrungen, hat er nachher in Tschang-scha, der bekannten Hauptstadt der Provinz Hunan, einen eigenen Zenhof begründet, den er nach dem berühmten Wildpark bei Benares benannte, wo der Buddha einst in fünf brahmanischen Asketen seine ersten Jünger gewonnen hat[1]. Hier vertiefte er sich mit besonderem Nachdruck in die Avatamsaka- oder Blumenschmucksutren, die ihn in seiner Überzeugung von der vollkommenen Einheit menschlicher Existenz mit dem gesamten Universum bestärkten. Er pflegte seinen Schülern folgendes zu sagen: »Wenn ich euch hier Wesen und Wirken der allerhöchsten Wahrheit auseinandersetze, dann wird dort hinter unserer Lehrhalle das Gras drei Meter in die Höhe schießen. Ich kann nicht anders als euch zu bezeugen: Das ganze weite Universum ist nichts anderes als das Augenpaar des Shramana (des Übenden, des um erlösende Erkenntnis sich bemühenden Mönches). Das ganze weite Universum ist nichts anderes als der ganze Leib des Shramana. Das ganze Universum ist dein eigenes Licht. Das ganze weite Universum ist in dem Lichte deines eigenen Bereichs enthalten. Im ganzen weiten Universum gibt es nichts, was nicht du selbst bist. Solange dieses Licht nicht in euch aufgegangen ist, worauf wollt ihr euch denn verlassen? Solange dieses Licht nicht in euch aufgegangen ist, gibt es auch keinen Buddha, ist von Menschen, die des Heils bedürfen, nichts zu melden, und woher sollte es dann Berge, Ströme und den ganzen Landesboden geben?« Von seiner Wirksamkeit in Tschang-scha ist dem Meister zwar zeitlebens dieser Name geblieben. Er selbst aber gab nach einigen Jahren das seßhafte Leben auf, um als freier Wandermönch hin und her durchs Land zu ziehen, zu lehren und zu predigen, wo sich der Anlaß dazu bot, und im übrigen in inniger Verbundenheit mit der Natur seinen dichterischen Trieb zu pflegen. So wenig auch der »Bericht von der Weitergabe der Leuchte aus der Ära Djing-dö« über das Leben des merkwürdigen Mannes zu erzählen weiß, so bringt er doch mancherlei Erinnerungen an Worte, die er sprach, und teilt nicht weniger als siebzehn Gedichte von ihm mit.[2]

Das »große Kriechtier«

In der Erläuterung zum Beispiel (S. 68) legt Yüan-wu, wie wir sehen, gleich zu Anfang Wert darauf, Tschang-scha's vitale Geisteskraft und impulsive Wucht hervorzuheben, damit der Leser von vornherein vor der Versuchung bewahrt bleibe, die kurzen Antworten, welche der

Meister seinem Vorsitzer gibt, so harmlos leicht zu nehmen, wie sie ihm zunächst vielleicht erscheinen mögen. Darum erzählt er auch alsbald jenen Gewaltstreich, den sich Tschang-scha mit dem um eine Schülergeneration jüngeren Yang-schan, dem Meister des 34. Beispiels, geleistet und der ihm den Beinamen »großes Kriechtier«, d. h. Tiger, eingetragen hat.
Und dazu paßt genau der Satz, mit welchem Yüan-wu jene Erläuterung beschließt (S. 70): »Er wollte, daß die Leute, welche vor ihm standen, auf der Stelle ganz genau begriffen, was er meinte.«
Bei Yang-schan ist ihm das gewiß gelungen. Denn dieser selbst hat sich ja stets grundsätzlich bestrebt, die Wahrheit weniger mit Worten als mit stummen Gesten auszudrücken. Wenn er nun auf dem Gang in jener Mondnacht das andächtige Schweigen brach und etwas salbungsvoll den Ausspruch tat: »Das haben nun die Menschen alle, einer wie der andere; nur daß sie es nicht anzuwenden wissen«, so lag darin für Tschang-scha deutlich ein geheimer Stachel, nämlich die bohrende Gewissensfrage: Weißt denn du es anzuwenden? Tschang-scha verschmäht es, Yang-schan's Feststellung nur auch mit einem Ja zu bestätigen. Noch weniger denkt er daran, sich auf die geheime Frage Yang-schan's einzulassen. Ihm geht es um die Sache, hier also um die »Anwendung«. Und in diesem Fall ist Yang-schan selbst das gegebene Objekt dazu.
Wer sich von dem Erlebnis einer solchen Mondnacht nicht völlig umwerfen läßt, wer dabei gleich wieder an andere denkt und sie gar noch bekehren will, hat sich gegen ihre eigentliche Bedeutung bereits verschlossen. Ein Fußtritt, Yang-schan fällt zu Boden, und gewiß hat niemand später so genau wie er begriffen, was damit gemeint war.

Der Gelehrte Dschang Dscho

Auch der Bescheid, den Tschang-scha dem Gelehrten Dschang Dscho erteilt (im vorletzten Abschnitt der Erläuterung zum Beispiel, S. 70), ist von derselben Wirkung. Dschang Dscho ist geistig interessiert, nimmt sich das Buddhanamensutra[3] vor, das nichts als lauter Ehrennamen für alle Buddhas gibt. Es ergeht ihm dabei, wie es jedem andern gehen würde, der sich mit dem Wissensdurste des Gelehrten entsagungsvoll durch diesen Wald von Namen durchschlägt. Er tauscht für sehr viel Zeit und Mühe einen leeren Schädel ein. So kommt er denn zu Tschang-

[1] Dieser Wildpark heißt auf Pâli: Isipatana Migadâya, auf Sanskrit: Rschipatana Mrgadâva; chinesisch Hsiän-jën-dschu-dscho Lu-yä-yüan; japanisch Sennin-jûsho Rokuya-en (kurz: Roku-on).

[2] Djing-dö Tschuan-dëng-lu Bd. x, 1

[3] Das Lesen und Hersagen dieser Namen diente vor allem der Beicht- und Bußübung, um in der Erinnerung an alle Tugenden der Buddhas das eigene Böse abzuschütteln.

scha, ihm seine Enttäuschung zu klagen. Der Meister aber geht auf jenes Sutra nicht mit einer Silbe ein. Er wechselt auf ein völlig anderes Gebiet hinüber, auf das, in dem sein Gast recht eigentlich zu Hause ist. Dschang Dscho hat, wie jeder seines Standes, die für das ganze Reich streng vorgeschriebene Beamtenlaufbahn durchgemacht, er hat die Klassiker studiert, sich in der großen Staatsprüfung im Prosaaufsatz ebenso bewährt wie in der dichterischen Behandlung eines aufgegebenen Themas, und betrachtet es als Ehrensache, die Kunst der Dichtung auch in Amt und Würden weiterhin zu pflegen. Nur ein Jahrhundert trennt ihn von der Zeit der höchsten Blüte, welche die chinesische Dichtung je erlebt hat. Von ihren Dichterfürsten Du Fu, Li Bo und anderen singt man noch Lieder bei Banketten, erzählt sich dazu Anekdoten. Man weiß in Kunst und Dichtung sehr genau Bescheid und empfindet stolz die seltene Höhe vaterländischer Kultur.

Ein Dichter jener Blütezeit, Tsui Hau mit Namen[1], hat einst in Wutschang, der großen Stadt am Yangtse, den Schwesterstädten Han-yang und Han-kou gegenüber, den berühmten Hochbau »zum Gelben Kranich« mit seiner sagenhaften Erinnerung an einen Genius der alten Zeit und mit seinem herrlichen Blick hinab auf das gegenüberliegende Ufer von Han-yang im Gedicht besungen, und dies nach dem Urteil seiner Zeitgenossen so meisterhaft, daß die Sage ging, selbst Li Tai-bo habe es daraufhin nicht mehr gewagt, den an sich verlockenden Gegenstand zum Thema eines Gedichtes zu machen, geschweige denn irgendein anderer.[2] Der Bau zum Gelben Kranich wurde für die Dichter späterer Zeit tabu. Und natürlich dachte auch Dschang Dscho, von dessen Dichtkunst die Geschichte keine Kunde gibt, nicht im Traum daran, diesen allgemeinen Bann zu brechen. Der Bau zum Gelben Kranich blieb ihm etwas Fremdes. Er mochte von ihm hören, von ihm lesen, vielleicht hat er ihn sogar besucht und angestaunt. Aber ihn sich innerlich zum Eigentum zu machen, war ihm niemals eingefallen.

An diesem Punkt setzt Tschang-scha ein. Wenn sein Gast es einmal wagte, aus der kleinen Ichbefangenheit herauszutreten und selbst den Bau zum Gelben Kranich zu besingen, dann würde dieser letztere erst ein Stück von ihm selbst. Dann würde ihm auch aufgehen, daß noch viel weniger der Buddha etwas Fremdes ist, ein Gegenstand, den man nur »objektiv« betrachten, vielleicht sogar bewundern kann. Er würde einsehen, weshalb ihn die Lektüre jenes Sutras leer und kalt gelassen hat, und merken, daß Beschäftigung mit Buddhatum nur Sinn hat, wenn man es sich zu eigen macht. Man kann sicher sein, daß der gelehrte Dschang Dscho den Stoß, den Tsën, das Große Kriechtier, ihm mit seinem für die Tangzeit

[1] Tsui Hau hat sein Staatsexamen 723 bestanden und bis 754 gelebt.

[2] Eine deutsche Übersetzung des Gedichtes von Tsui Hau auf den »Bau zum Gelben Kranich« gibt Günther Deben in der Sammlung »Lyrik des Ostens« (Carl Hanser Verlag, München) auf Seite 304.

unerhörten Rat versetzte, stark empfunden hat und auch die Anwendung davon auf seine Frage nach dem Buddha sofort begriff.
Tschang-scha's Art, den Suchenden die Hand zu reichen, war in der Tat, wie Yüan-wu es am Schluß seiner Erläuterung ausdrückt, »schlagfertig und blitzartig, wie wenn Perlen rollen, wie wenn man Edelsteine hin- und herdreht. Er wollte, daß die Leute, wenn sie vor ihm standen, sofort begriffen, was er meinte.« Uns liegt nun ob, zu überlegen, ob dies auch auf die drei kurzen Antworten, die er seinem besten Schüler gönnte, zutrifft, und wieso.

Tschang-scha in den Bergen

Die Stadt Tschang-scha, wo der Meister gleichen Namens damals lebte, ist ihrer schönen Umgebung wegen seit alter Zeit berühmt. Der ansehnliche Hsiang, der von Süden her an ihr vorbei dem großen Dung-ting-See entgegenströmt, ist schon von den Dichtern der Tangzeit in allgemein gesungenen Liedern gerühmt worden. Später, in der Sung-Periode, suchten Chinas größte Maler den Lauf des Stroms, vom See her aufwärts wandernd, nach seinen schönsten Blicken ab und faßten sie für die Naturgenießer unter dem Namen der »acht Ansichten am Hsiangfluß« zusammen, nach deren Vorbild später die Japaner für ein weit kleineres Gebiet die durch Max Dauthendey bekanntgewordenen »Acht Gesichter (d. h. Landschaftsblicke) am Biwasee« aufgestellt haben. Seitdem weiß jeder Reisende in Hunan und am Hsiang, was man dort »gesehen haben muß«.
Für Tschang-scha gab es das noch nicht. Und wenn, so hätte er sich nicht daran gekehrt. Er trug Blick und Maßstab in sich selbst. Und wenn er manchmal aus dem Kloster fort und in die Berge ging, so war dies seine eigene Sache. Doch hatte er auch eine Bruderschaft, die zu ihm als Vorbild und als Führer aufsah und darum jeden seiner Schritte aufmerksam verfolgte. Es zeigt das innige Verhältnis zwischen ihr und ihrem Meister, wenn ihn nach einem solchen Ausflug in die Berge der Vorsitzer und Sprecher der Gemeinde schon am Tor erwartete. Alles, was der Meister tut, hat auch für sie Bedeutung. Aus allem kann auch für die Schüler neue Einsicht, neuer Antrieb kommen.
So eröffnet der Vorsitzer das Gespräch. Vorsichtig tastet er sich an den noch tief in sich Versunkenen heran und fragt unverbindlich, wo der Meister denn gewesen sei. Die knappe Antwort »in den Bergen« barg in sich für Tschang-scha bereits alles, was überhaupt zu sagen war. Sie deutet nicht auf Bereitschaft, sich noch weiter auszulassen. Ein anderer als der Vorsitzer hätte nicht gewagt, noch einmal den Mund aufzutun. Diesen aber reizt gerade die Verschlossenheit des Meisters. Er ahnt, daß hinter ihr etwas verborgen ist, was hervorzulocken wichtig sein kann. So forscht er weiter, wenn auch immer noch ganz unverbindlich, scheinbar harmlos: wie weit der Meister denn gekommen sei?
Statt nun in der Verschlossenheit sich zu versteifen, wie man nach der

Knappheit seiner ersten Antwort vielleicht erwarten könnte, geht Tschang-scha plötzlich ungehemmt aus sich heraus und breitet sein Erlebnis in den Bergen vor dem zudringlichen Frager ganz kindlich unbefangen aus wie ein Gedicht. Die Frage nach dem Ziel des Ausflugs hat er einfach überhört. Er war ja »in den Bergen« und hat sehen dürfen, was es dort in diesen Frühlingstagen gibt. Dieser Mann lebt außerhalb der Welt, in der man mißt und Ziele setzt und rechnet. Er ist, wie man in China sagt, wu-shin (japanisch heißt es mu-hsin), ohne hsin (shin). Hsin bedeutet ganz im allgemeinen Herz, doch im besonderen auch die Regungen des Herzens, Gedanken, Absicht, Vorsatz, bewußtes Denken und Empfinden. Wu-hsin heißt darum hier nicht etwa »herzlos«. Es bedeutet: ohne Absicht, ohne Vorsatz, wie wenn man »an nichts Besonderes denkt«. Ein Herz, das frei ist von besonderen Zwecken, eine unbeschriebene Tafel, leer und unverfälscht natürlich. Und eben darum offen für die ganze Fülle, ohne nach dem Unterschied der einzelnen Erscheinungen zu fragen. Diese Unschuld lag schon in der ersten Antwort »in den Bergen«. Nur war sie für ungeübte, zweckbefangene Sinne gar nicht zu bemerken. Erst der Vorsitzer mit seiner zweiten Frage lockt des Meisters Innerstes ans Tageslicht heraus. »Erst lief ich dem Duft von Gras und Kräutern nach, und auf der Jagd nach fallenden Blüten kam ich zurück.« Das kommt ganz kunstlos so heraus, und was liegt nicht darin an Duft und Farbe, Wind und Frühlingssonne!

Dem Vorsitzer zieht es das Wasser im Mund zusammen. Solch leckere Kost war er von dem gestrengen Meister nicht gewohnt. Ja, im Grund des Herzens steigt sogar ein Argwohn in ihm auf. Hat jener sich nicht zu sehr gehen lassen? sich ganz gewöhnlichem Genuß ergeben? So bohrt er weiter und sagt sauersüß: »Das klingt stark nach Frühlingsstimmung.« Er ist selbst nicht frei von Anwandlungen der Weltlust. Aber daß sogar der Meister ihnen offenbar glattweg erliegt, das ist immerhin verwirrend. Hat er aus den Bergen denn nichts Höheres, Erbaulicheres mitzubringen, als den Duft der Gräser und den Tanz der Blüten im Wind? Wo bleibt da das Überwärtige, zu dem er uns durch harte Zucht und Übungen bei Tag und Nacht erziehen will?

Jetzt ist es an Tschang-scha, seinem Vorsitzer aus der Verwirrung herauszuhelfen. Wird er ihm nun durch einen buddhamäßigen, rechtschaffenen Bescheid die aufgestiegenen Bedenken zerstreuen? Wird er etwa fortfahren: Und alle diese Herrlichkeit ist nur ein Hauch, ein Schemen, leer und nichtig? Das wäre jedenfalls das Richtige. So hat es doch der Buddha selbst gelehrt; und davon geht auch Tschang-scha in seiner Lehre und in seiner Praxis aus. Jedenfalls, wenn er so spräche, so wäre alles gut, so könnten beide einträchtig und beruhigt vom Tor zum Kloster weitergehen, und alles liefe weiter wie zuvor.

Aber eben diesen Gefallen tut Tschang-scha seinem Vorsitzer nicht. Eigenwillig beharrt er in der angeschlagenen Tonart. Ja, er ist störrisch genug, sie noch zu verschärfen. Statt von seiner merkwürdigen Früh-

lingsstimmung, die den Vorsitzer sichtlich verstört, abzurücken, bekennt er sich zu ihr ausdrücklich, ja lobt sie geradezu auf Kosten ihres Widerspiels, der Wehmut herbstlichen Verwelkens. Diese liegt ja doch buddhistischem Empfinden weitaus näher und findet in der mönchischen Dichtung stimmungsvollen Ausdruck. »Wenn Herbsttau auf die Lotosblätter tropft« – das klingt wie ein Zitat aus einem gut buddhistischen Herbstgedicht. Der Lotosteich gehört zum Garten jedes besseren Klosters. Im Sommer gehen dort auf hohen Stengeln überm Wasser die großen reinen Blüten auf. Im Herbst sind sie schon abgefallen, die mächtigen grünen Blätter fangen an, sich zu verfärben, und hängen müde überm Teich. Der kalte Tau darauf erweckt die Ahnung nahen Todes. Auch diese schönste aller Blüten, die der Buddha so geliebt hat, ja die ihn selbst und sein Gesetz bildhaft verkündet, auch sie muß sterben. Ihr Welken ist nichts anderes als Nirvâna, ist Kern und Stern buddhistischer Erkenntnis. Und eben diese fromme Wehmutsstimmung bespöttelt Tschang-scha, wenn er dem Vorsitzer erwidert: »Ist auch besser, als wenn Herbsttau auf die Lotosblätter tropft.«
Das ist in der Tat verblüffend. Es ist kaum besser, als der Fußtritt, den das »große Kriechtier« in der Mondnacht seinem Freunde Yang-schan gab. Es verschlägt dem Vorsitzer die Sprache. Von dem Standpunkt aus, den er sich unter Tschang-scha's Leitung aufgebaut hat, wüßte er natürlich manches zu erwidern. Aber irgend etwas hält ihn davon ab. Er fühlt, daß alles, was er dem Meister entgegenhalten könnte, lauter Dinge sind, in denen ihm dieser selbst seit Jahren Vorbild und noch immer weit voraus ist. Er fühlt, daß ihn aus dieser ganz leicht hingeworfenen Bemerkung eine kühle Höhe anspricht, die mit Frühlingsstimmung der gemeinen Art sowenig zu tun hat wie mit sentimentaler Herbsteswehmut. Ja, vielleicht fühlt er, daß der Meister nur ihm zulieb den Frühling vor dem Herbst gelobt hat, um ihm zur Ehrlichkeit vor sich selber zu verhelfen. Und er muß sich schämen; denn mit dem Ausdruck »Frühlingsstimmung« hat er sich ja selbst verraten. Vor der Bruderschaft ist er der Nächste nach dem Meister. Nun geht er still neben ihm her dem Kloster zu, getroffen vom Gefühl der Kluft, die ihn noch vom Geheimnis dieses rätselhaften Mannes trennt. Yüan-wu spricht die Frage aus, die ihn bewegt: »Was gibt es da für einen Schlußtermin?« (Zwischenbemerkung zu Tschang-scha's letzter Antwort.) Zu welcher Höhe, welchem Grade von Gelöstheit soll ich auf diesem Weg des Zen zuletzt gelangen?
Weil er so für Tschang-scha's lösenden Bescheid nicht einmal mehr ein Wort des Dankes herausbringt, fügt Hsüä-dou stellvertretend es hinzu und spricht nun im Gesang genauer aus, wie er diesen Dank verstanden haben will.

Zu Hsüä-dou's Gesang

Sein Dank gilt einfach der Gelöstheit dieses Geistes, der sich auch nicht mit einem Fädchen an gefühlsmäßig gefärbte oder verstandesmäßig ersonnene Anschauungen und Grundsätze gebunden weiß, der, jenseits aller Gegensätze stehend, den Augenblick nimmt, wie er kommt, und sich ihm gibt, der darum auch in jedem Einzelding die Makellosigkeit des Weltgeschehens, die Reinheit und Vollkommenheit der Wahrheit, die das All durchdringt, selbst reinen Herzens wie ein Kind erlebt, ohne eine Spur von Denken an sich selbst, wu-hsin.

»Wer hätte dafür nicht das Auge offen?« Treibt es doch einen jeden aus der Enge seines Alltags in die Berge, in den Wald, ans Meer, unter den bestirnten Himmel und den Mond. Aber was alles es im Anblick dieser großen Reinheit zu erkennen und zu lernen gibt, dafür freilich läßt sich selten einer die erforderliche Zeit. Im Augenblick, in dem das Ungeheure zu ihm zu sprechen anfängt, läuft er gewöhnlich fort ins Wohnliche. »Alles Schöne ist schrecklich.« Alles Große vernichtet. Diese Schrecken müssen durchgestanden, die Nichtigkeit des eigenen Lebens muß genommen werden, wie sie ist. Die Rechnung über unser Dasein, die längst im Kontobuch des Weltgesetzes eingetragen steht, die muß beglichen sein. Das ist der Sinn der Lehre Buddhas, die er der Überlieferung zufolge in jenem Wildpark bei Benares, nach welchem Tschang-scha seinen Zenhof nannte, einst verkündet hat. Es ist die vierfache Wahrheit vom Leiden, von der Entstehung des Leidens, von der Aufhebung des Leidens und von dem Weg zur Aufhebung des Leidens. Es ist der Weg, den jeder Jünger Buddhas geht, ein Weg des Kampfes, »der Vernichtung eigenen Begehrens«, bis der Sieg gewonnen ist.

Wie aber, wenn dies nun erreicht zu sein scheint? Wenn die Welt mit ihrer Lust den falschen Reiz verloren hat und ein anderes Licht aufleuchtet, welches nicht von dieser Welt ist? Gerade hier, am Orte der Erleuchtung, zweigt ein neuer Irrweg ab. Die Wunder, die der Sieger an sich selbst erlebt hat, blenden ihm den Blick dafür, daß er trotz allem immer noch derselbe schwache Mensch ist wie zuvor, und daß umgekehrt die Welt, vergänglich, nichtig wie sie ist, doch immer noch den Anspruch erheben darf, wunderbar und schön zu sein. In diesem »Stand des Siegeswunders« läuft der Erleuchtete Gefahr, in mönchischer Engherzigkeit sich abzuschließen, sich besser als die Welt zu dünken. Er stellt sich selbst den andern Menschen und den Dingen als etwas ganz Besonderes gegenüber, wo doch die Erkenntnis, welche ihm die Brust schwellt, letzten Endes auf das Gegenteil engherziger Befangenheit hinausläuft.

Der Schlußtermin, auf welchen Yüan-wu anspielt, ist also jedenfalls noch nicht beim »Stand des Siegeswunders« zu erwarten. Verneinung dieser Welt und ihrer Lust ist nicht das Höchste. Was aber dann? Ist es die Seligkeit der Frühlingswonne, aus welcher Tschang-scha wie ein Trunkener nach Hause kommt: »das Erdenrund, von Staub und Flecken frei«? Sie ist es, und sie ist es nicht. Auch diese Erkenntnis, so wahr und wunderbar sie ist, sagt Yün-mën, ist immer noch ein »Wendesatz«. Man kann mit gleichem Recht sein Gegenteil behaupten. Darum stellt Hsüä-dou neben Gräserduft und bunte Blütenwirbel noch zwei andere Bilder: den Kranich, der, von früher Winterkälte überfallen, auf dem Weg nach Süden fast verhungert und zur Rast auf kahlem Aste fröstelnd die Schwanzfedern sträubt, um mit letzter Kraft zum Weiterflug anzusetzen. Daneben dann den Affen auf verfallenem Gemäuer, wie er von Frost und Hunger schon verrückt die Bitterkeit des Daseins hilflos in die Welt hinausplärrt. Das ist nicht fromme Herbsteswehmut, wie Tschang-scha sie bespöttelt; es ist die nackte Wirklichkeit, wie er sie kennt und meint. Und damit stehen wir wiederum beim Ausgangspunkt buddhistischen Denkens, beim Satz vom Leiden, von der Vergänglichkeit und Nichtigkeit des Irdischen. Der Anfang höheren Lebens liegt am Ort der Weltverneinung und der Selbstverleugnung. Davon läßt sich das Zen so wenig wie der übrige Buddhismus etwas abdingen. Aber die Verneinung muß das eigene Ich so weit ergreifen, daß die Verneinung selbst davon erfaßt wird und von Augenblick zu Augenblick Bejahung werden kann. Nur ist diese etwas völlig anderes als die kurzsichtige Weltliebe des Verblendeten. Sie ist ein reines Spiel hellsichtigen Umgangs mit Identischem, ein Wehen und Weben auf dem Grund, in dem ich selbst samt allem um mich her beschlossen bin, und eben deshalb mit der unerbittlichen Verneinung völlig eins.

Denn die notwendige Folge solch entschlossener Verneinung ist ja dies, daß dabei das, was wir unser Ich zu nennen pflegen, mit ins Nichts versinkt, und daß im selben Augenblick ein anderes Selbstbewußtsein sich erhebt, von dem man eigentlich nur schweigen kann. Ein Christ, dessen Denken an die Kategorie des Gegensatzes zwischen Ich und Du gebunden ist, kann etwa sagen, wie im Lied: »Alsdann wird deine Majestät mich selbst zum Tempel haben, darin sie ihren Ruhm erhöht mit ihren hohen Gaben. Es wird an diesem stillen Ort die Weisheit ihr geheimes Wort nach ihrem Willen führen und ihren Sitz je mehr und mehr mit ihren Wundern, Pracht und Ehr' und großen Taten zieren.«[1] Für ein Denken, welches über diesen Gegensatz von Ich und Du hinausgeht, gibt es an diesem Punkte nur ein Schweigen. Yün-mën nennt es anspruchslos und ungelenk »den letzten Endpunkt überwärtiger Wahrheit, an dem du zum erstenmal begreifst, daß du dich in Ruhe niedersetzen kannst«.

Das läuft dem logischen Verstand nun allerdings direkt zuwider. Und Yüan-wu macht sich, wie es scheint, geradezu ein Vergnügen daraus, den Gegensatz solcher »Torheit« gegenüber der »Weisheit dieser Welt« herauszustreichen. Einen »Blinden mit der großen Klapper« nenne Yün-mën den, der so weit eingedrungen sei. Und um das zu illustrieren, führt Yüan-wu nun den alten Dschau-dschou an (uns vom zweiten, neunten und dreißigsten Beispiel her schon längst vertraut), wie er noch früh vor Tag zum stillen Sitzen aufsteht und beim Anziehn seine Ärmlichkeit ins

[1] So Johann Albrecht Bengel (1687–1752) in dem Lied »Du Wort des Vaters, rede du« (Evangelisches Kirchengesangbuch, Stuttgart 1953).

Lächerliche zieht. Die »Torheit« liegt nicht nur in einer andern Denkart, sie wirkt sich schließlich auf die ganze Lebenshaltung aus.
Solch ein »Tor« also ist Tschang-scha. Er lebt in der Torheit, die verlernt hat, an sich selbst zu denken. Einem solchen Menschen gegenüber versagen allerdings die Maßstäbe, mit denen man die Stufen geistiger Entwicklung zu messen und zu unterscheiden pflegt, beginnend mit dem »ungefärbten Weiß« kindlicher Einfalt und endend mit dem »Seidenschwarz« gereifter Weisheit und bewährter Würde. Hier schlägt die höchste Stufe in die Anfangsstufe um; der Weise, Heilige ist wieder Kind. Und eben deshalb frei von jeder Fessel.
Hsüä-dou hat sich in diese große Freiheit Tschang-scha's so hineingelebt, daß ihm die Worte mit dem siebten Vers schon ausgehen. Für den achten hat er nur noch einen Aufschrei: tschua! Es schüttelt ihn, und stumm verfolgt sein Geist die Weiten, die sich vor ihm auftun. Regeln der Dichtkunst spielen für ihn keine Rolle mehr. Und eben dies gibt dem Gesang die große Wirkung.
Man täte Yüan-wu unrecht mit der Meinung, er habe dafür kein Verständnis. Er hat es mehr als jeder andere. Und eben deshalb kann er sich den Scherz erlauben, den Meister zu schulmeistern. Dahinter steckt die lautere Bewunderung. Zugleich jedoch denkt Yüan-wu auch an seine Hörer. Diese lesen über solch ein Oh! gar leicht hinweg. Sie könnten auch mit Tschang-scha überhaupt am Ende zu rasch fertig werden. Denn sie treten an den Gegenstand zunächst von außen her heran, besehen sich den Mann und sein Gebaren, merken sich die Worte, die er spricht, und sagen sich: So also ist ein richtiger Zenmann; so muß man sein, so sich benehmen, wenn man das Wu-hsin-Ideal erreichen will. Sie würden sich mit Absicht und viel Kunst bemühen, absichtslos zu sein[1], würden zu ihrem Schaden etwas vorwegnehmen, was nur von selber kommen kann. Darum schlägt Yüan-wu seinen Schülern eine Verbesserung von Hsüä-dou's letztem Verspaar vor. Auch auf der achten Zeile soll ein Satz aus fünf Wortzeichen stehen, wie es dem Versmaß und dem Reim entspricht. So endet der Gesang nun mit den Worten: »Grabt einen Schacht! Vergrabt noch tiefer ihn!« Hsüä-dou hat den Alten zu rasch abgetan, hat ihn nur notdürftig begraben. Wir besorgen das Begräbnis gründlicher. Wir wollen über Tschang-scha jetzt nicht weiter reden, noch weniger versuchen, ihn nachzuahmen. Viel besser, ihn vergessen, und es dem Vergessenen überlassen, eines Tages, wenn es soweit ist, aus eurer eigenen Tiefe wieder aufzustehen. Inzwischen übt euch weiter, wie es schon am Schluß des vierten Beispiels heißt: »dreißig Jahre lang!«

[1] Man vergleiche dazu das Büchlein von Eugen Herrigel: »Zen in der Kunst des Bogenschießens«, besonders Seite 40.

Pan-schan verneint das Sein der Dinge

Hinweis

Zum Ausschlag des zuckenden Blitzes gedankenvoll emporzuschauen ist verlorene Mühe. Vor dem Krachen seines Donnerschlags wirst du dir schwerlich die Ohren verstopfen. Über seine [des Meisters] Stirn entfaltet sich rot die Fahne des Sieges. Hinter den Ohren schwingt er [unnahbar] zwei Schwerter im Kreise. Hast du nicht von vornherein den klaren Blick, die griffbereite Hand, wie wärest du imstande, es dir einzufügen [das notgedrungen einseitige und unvollkommene Wort ins unaussprechliche Ganze an der richtigen Stelle einzubauen]? Da gibt es welche, die gesenkten Hauptes sinnen, in ihrem Denkorgane rätseln und erwägen, und dabei gar nicht merken, daß vor ihrem toten Schädel schon die ungezählten Höllengeister auf sie lauern. [Denn eben dieses Überlegen ist Tod, und die sich folgenden Gedanken sind nur Höllengeister.]
Sagt mir einmal: Wenn nun einer, ohne den Geleisen seines Denkvermögens zu verfallen, ohne sich um richtig oder falsch zu kümmern, mit einer plötzlich in ihm aufgestiegenen Erkenntnis einfach herausplatzt: Wie stellt ihr euch dann dazu ein? Versuchet es mit einem Beispiel! Seht her![1]

Das Beispiel

Wir legen vor:

Pan-schan sagte bei der Unterweisung seiner Hörer:
Es gibt in den drei Reichen nichts von Dinglichkeiten!
Wo wäre da ein Geist zu suchen?

Zwischenbemerkungen zum Beispiel

»Pan-schan sagte bei der Unterweisung seiner Hörer: Es gibt in den drei Reichen[2] nichts von Dinglichkeiten!« – Hat der Pfeil die Bogensehne

[1] Wie in anderen Fällen wird auch dieser Hinweis erst recht deutlich werden, nachdem der Leser sich in Beispiel und Gesang vertieft hat. Es wird sich lohnen, ihn am Ende noch einmal zu lesen.

[2] In den drei Reichen: in den drei Schichten unseres Welterlebens. Vgl. die Erklärungen zum Text S. 92.

einmal hinter sich gelassen, lenkt nichts ihn wieder zurück. [Also: Dictum est! Es läßt sich nicht zurücknehmen.] – Ein Wanderer geht durch die Nacht im Mondenschein. – Er trifft ins Schwarze. – Aber wer die Dinglichkeiten kennt, fürchtet sie auch. – Man sollte ihn [den Meister Pan-schan] im Takt zu seinen Worten hauen.

»Wo wäre da ein Geist zu suchen?« – Er sollte andern nicht den Blick verwirren! – Zweimal dasselbe sagen ist keine Kunst. [Zwischen Dinglichkeiten und Geist ist ohnehin kein Unterschied.] – Mach er doch selbst darauf die Probe! [Die Mahnung, an Pan-schan gerichtet, ist auf die Hörer gemünzt: Sie sollen sich selbst einmal klarmachen, in welche Verwirrung man gerät, wenn man über solch letzte Geheimnisse Worte macht.] – Da, [stellt euch vor] ich haue euch! Was ist das nun? [Es tut weh. Ist da nun Geist dabei, oder ist kein Geist dabei?]

Erläuterung des Beispiels

Der Ehrwürdige Bau-dji vom Pan-schan-Kloster in dem weit nordwärts gelegenen Regierungsbezirk Yu-dschou[1] war einer der Altmeister aus der Schule des Patriarchen Ma. Als einzigen Nachfolger hinterließ er schließlich Pu-hua. Als er sich nämlich der Verwandlung nahe fühlte, sagte er zu der Versammlung seiner Schüler: Ist wohl auch einer unter euch, der meine wahre Gestalt von ferne treffen kann? Da zeichnete jeder in der Versammlung ein Bild des Meisters und hielt es ihm hin. Er aber schalt sie alle. Da trat Pu-hua vor und sagte: Ich könnte ein entfernteres Abbild von Euch geben. Pan-schan erwiderte: Warum zeigst du es mir altem Mönch nicht vor? Da schlug Pu-hua vor dem Meister einen Purzelbaum und ging hinaus. Pan-schan sagte zu den andern: Dieser Kerl wird noch einmal mit den Manieren eines Narren Menschen zur Erkenntnis führen.

Eines Tages bei der Unterweisung seiner Hörer sagte er: »Es gibt in den drei Reichen nichts von Dinglichkeiten! Wo wäre da ein Geist zu suchen? Die vier Großen [Erde, Wasser, Feuer, Wind, d. h. die letzten Elemente alles Seienden nach alter Auffassung] sind im Grunde leer. Wo wäre darin für den Buddha eine Wohnstatt? Das Polgestirn bleibt unbewegt. Stille steht es, ohne Makel. So bietet es sich dar von Angesicht zu Angesicht. Sonst ist weiter nichts dabei.«

Aus diesem Zusammenhang heraus hat Hsüä-dou die beiden Sätze hier entnommen, um sie dann im Gesang zu rühmen. Die sind geradezu Berggold und roher Edelstein. Ihr kennt ja wohl das Wort: Um Krank-

[1] Yu-dschou: so hieß in der Tang-Zeit die strategisch wichtige Nordostmark Chinas und ihr militärisch mächtiger Regierungssitz, das spätere Peking. Von diesem lag das Pan-schan-Kloster etwa 90 km ostwärts unweit der Großen Mauer bei der grenznahen Festungsstadt Dji-dschou (im Atlas: Ki-chow).

heiten zu heilen, bedarf es keiner Eselslast von Arzneien. Warum wohl habe ich, der Mönch vom Berge hier, gesagt: Man sollte ihn im Takt zu seinen Worten hauen? Doch einfach darum, weil diese Worte nichts anderes sind als sein hölzerner Halskragen mit dem Schuldbefund darauf [wie ihn im alten China die Verbrecher auf der Straße tragen mußten].

Einer der Alten hat gesagt: »Wenn einer einen Satz, der außerhalb [der Möglichkeiten] unserer Stimme liegt, trotzdem in Worte faßt und ausspricht, so darfst du seinen Sinn nicht in bewußtem Denken suchen.« Sagt mir doch einmal: Wie steht es denn um diesen Sinn? Hier habt ihr gleich auch meine Antwort: Es ist ein Schwerthieb in den reißenden Strom, ein zuckender Blitz, ein Sternschnuppenflug. Mit bedächtigem Erörtern, mit forschendem Erwägen könnten selbst die Tausende von Buddhas, wenn sie in der Welt aufträten, darnach nur ins Dunkel greifen; keiner könnte diesen Satz zu fassen kriegen. Vor solchen, welche tief bis in den Hintergrund der innersten Schwelle vorgestoßen sind, und denen es bis in die Knochen und ins Mark gedrungen ist, wird es für Pan-schan zunächst eine Niederlage geben. Andere, die zwar fähig sind, einen Ausspruch [dieser Art] in sich aufzunehmen und seinen inneren Sinn zu fassen, sich aber bald nach links und bald nach rechts hinwenden, werden sich damit begnügen festzustellen, Pan-schan habe eben ein Holzscheit gefunden [ein Bruchstück aus dem Ganzen ewiger Wahrheit]. Diejenigen aber, die im Schlamm [des Wortlauts] rühren, sich im stehenden Wasser [logischer Spitzfindigkeiten] herumtreiben und im Kehrichthaufen des Geredes und des äußeren Anscheins wühlen, die werden Pan-schan nicht einmal im Traum zu sehen bekommen.

Mein einstiger Lehrer vom Berg des Fünften Patriarchen [Wu-dsu Fa-yän] pflegte zu sagen: Erst wer durch jene [überwärtige] Gegend durchgedrungen und über sie hinaus ist, erst der besitzt das Teil der Freiheit.

Seht doch einmal, was der Dritte Patriarch [Sëng-tsan, und zwar in seiner »Meißelschrift vom Glauben an den Geist«, Hsin-hsin-ming, japanisch Shin-jin-mei) gesagt hat:

»Wer sich versteift, verliert das Maß,
kommt unvermeidlich auf den Irrweg.
Laß los, so gibt Es sich von selbst!
Nie geht Es weg, nie steht Es fest.«

Wenn einer nun zu dieser Erkenntnis gelangt ist und daraufhin behauptet: »also gibt es weder einen Buddha noch auch die Dinglichkeit ›Gesetz‹«, so schlägt ihn auch das hinunter in die Totenhöhle. Die Alten nannten es »die tiefe Fallgrube der Befreiten«. Darum heißt es [und zwar in dem Traktat des Nâgârjuna von der Vollkommenen Erkenntnis, Prajnâ-pâramitâ-shâstra]: »Auch diejenigen, die an keinen Zweck und keine Sache mehr gebunden sind, haben noch die Not der goldenen

Ketten zu bestehen« [auch das Gold der Freiheit kann zur Kette werden]. Es muß auch hier bis auf den untersten Grund hindurchgestoßen sein, dann erst erlangt man es. Wenn dann einer [wie in diesem Falle Pan-schan] so weit kommt, daß er für das, wofür es keine Worte gibt, doch noch Worte findet und dort, wo man nichts tun kann, doch noch etwas tut, so ist er eben, was man einen aus dem Tod Zurückgekehrten nennt. »Es gibt in den drei Reichen nichts von Dinglichkeiten! Wo wäre da ein Geist zu suchen?« Wenn du dir das auf Wegen des Verstandes und Gefühls zu deuten suchst, so wirst du an den Worten dieses Mannes nur des Todes sterben.
So sieht es Hsüä-dou und durchbohrt es durch und durch. Darum nun sein Gesang.

Gesang

»In drei Reichen nicht ein Ding!
Wo suchst du da noch Geist?«
Weiße Wolken geben die Decke,
Quellen das Harfenspiel.
Hier eine Weise, dort zwei Weisen –
keiner, der je sie begriff.
Der Regen verzog. Im nächtlichen Teich
Wasser des Herbstes – tief.

Zwischenbemerkungen zum Gesang

»In drei Reichen nicht ein Ding!« – Das klingt uns ja noch in den Ohren!
»Wo suchst du da nach Geist?« – Bemühe er sich doch nicht um Wiederholungen! – Versuche er es doch von sich aus, selbständig die Sache zu prüfen! [Hintergedanke: diese Worte kann man überhaupt nur wiederholen. Etwas darüber zu sagen ist unmöglich.] – Was ist das überhaupt? – Da hast du einen Hieb! Was ist das nun?
»Weiße Wolken geben die Decke« – Er setzt dem Kopf noch einen Kopf auf. [Er sagt mit andern Worten dasselbe wie Pan-schan.] – Tausendfach, zehntausendfach [ist das unfaßliche Geheimnis offenbar]!
»Quellen das Harfenspiel.« – Hört ihr es? – Oder lauft ihr eben hintereinander her? [Diesem Anblick, diesen Tönen muß sich jeder mit den eigenen Augen und den eigenen Ohren offenen Herzens stellen.] – Einmal gehört, einmal das Leid bestanden.
»Hier eine Weise, dort zwei Weisen – keiner, der je sie begriff.« – Das stimmt nicht auf Gung und Schang [auf c und d], hat nichts mit Djiau und Dschï [mit e und g] zu tun. [Dies sind die vier ersten Töne der altchinesischen Fünftonleiter, den Tönen do, re, mi, sol entsprechend. Das Quellenrauschen läßt sich in keine menschliche Musik einfangen.] – Er [Hsüä-dou] drückt sich auf anderer Leute Wegen zwischen fremden

Häusern durch. [Er bedient sich einer Sprache, welche dem, was er im Sinn hat, fremd ist.] – Dennoch kannst du die fünf Töne und die sechs Tonarten deutlich heraushören. [Die »Weisen« der Natur sind nichts Chaotisches; jeder Klang hat seine bestimmte Ursache und besondere Eigenart.] – Stelle er sich nur selbst seinem Urteil! [Auch Hsüä-dou erfaßt diese Weisen nicht, sowenig wie wir alle.] – Hörst du sie aber, vergeht dir das Gehör. [Ein Erklärer sagt dazu: Man muß es mit den Augen hören und mit den Ohren sehen.]

»Der Regen verzog. Im nächtlichen Teich Wasser des Herbstes – tief.« – Vor plötzlichem Donnerschlag reicht es dir nicht, die Ohren zu verstopfen. [Nun hat auch Hsüä-dou es gemacht wie Pan-schan. In diesen Worten ist ein Donnerschlag.] – Aber schon hat es ihn: er rührt den Schlamm im stehenden Wasser um. [Auch diese Worte sind im Grunde müßig.] – Wo steckt der Sinn von alledem? – Und nun ein Streich mit dem Stock!

Erläuterung des Gesangs

»In drei Reichen nicht ein Ding! Wo suchst du da nach Geist?« Die Art, wie Hsüä-dou diesen seinen Gesang abfaßt, erinnert ganz an die Weltenschau des Blumenschmucksutras. Zwar gibt es Leute, die behaupten, er dichte einfach ins Blaue hinein. Wenn einem aber die Augenlider einmal aufgerissen sind, wird er zuletzt doch anders denken.

Hsüä-dou nimmt sich Pan-schan's Worte zum Ausgangspunkt und setzt dann neben sie den Vers: »Weiße Wolken geben die Decke, Quellen das Harfenspiel.« Su, der Meister aus der Hohen Akademie [der berühmte Dichter Su Schï, auch Su Dung-po genannt], hat einst [in den Lu-schan-Bergen] den Zen-Meister Tschang-dsung aufgesucht [hat sich eine Nacht lang mit ihm unterredet, bis das Licht der höheren Erkenntnis in ihm aufging] und dann [in der Morgenfrühe] folgendes Gedicht [sein »Findelied«] verfaßt:

»Des Bergbachs Rauschen also ist des Buddha Weltenstimme.
Warum das Berggebilde nicht sein makelloser Leib?
Die Sutrenchöre dieser Nacht, die vierundachtzigtausend,
Wie bring ich eines Tages sie den Menschen zu Gehör?«

Davon [nämlich vom »Rauschen des Bergbachs«] entlehnt Hsüä-dou das »Harfenspiel« seiner Quellen[1] und spinnt daraus seinen Gesang, der selbst ein Stück aus Buddhas Weltenstimme ist.

[1] Das Wort »entlehnt« in diesem Satz ist nicht im Sinne literarischer Abhängigkeit zu verstehen, als hätte Hsüä-dou seinen Gedanken von Su Schï entlehnt. Davon kann keine Rede sein; denn Hsüä-dou ist weitaus der ältere von beiden. Bei seinem Tode, 1052, war Su Schï sechzehn Jahre alt. Erst 1057 bestand der letztere mit Glanz sein Staatsexamen, war dann am Hof als Dichter hoch gefeiert, zog sich jedoch durch sein stets unerschrockenes Bekenntnis mächtige Gegner zu und war 1080 nahe daran, zum Tod ver-

Darum sagt er weiter: »Hier eine Weise, dort zwei Weisen – keiner, der je sie begriff.« Um diese Melodie in sich aufzunehmen, muß einer schon »musikalisch«, muß auf ihren Ton eingestimmt sein, sonst gibt er sich vergeblich Mühe, die Ohren hinzuhalten. Einer der Alten hat gesagt: Auch ein Tauber kann die Rohrflöte nehmen, um Tatarenmelodien darauf zu blasen; ob richtig oder falsch, ob hoch oder tief, von alldem hört er nichts.
Ein Wort von Yün-mën lautet:

»Den Antrag nicht beachten führt aneinander vorbei.
Bedächtig überlegen macht niemals wach und frei.«

Mit dem »Antrag« ist das Wesen selbst gemeint [das sich in den Worten eines echten Meisters anbietet]. »Beachten« ist die praktische Anwendung [in der das Wesen sich betätigt].
Wer das Subtile [das geheime Wesen] schon dann zu sehen fähig ist, bevor es sich noch in äußeren Anzeichen kundgibt, der löst sich auf der Stelle, wo er steht, von seinem Ankergrund [an dem er haftet, und wird frei]. Wer wenigstens dann etwas sieht, wenn das Subtile sich kaum erst in äußeren Anzeichen kundgibt, dem wird ein Abbild davon zu eigen werden, das er im Leben betätigen kann. Wem aber erst dann die Augen aufgehen, wenn sich die äußeren Anzeichen vom Subtilen [vom geheimen Wesen selbst] abgelöst haben, der verfällt dem Organ bewußten Denkens [und bleibt damit in der Blindheit stecken].
Im Übermaß seines Erbarmens wendet sich nun Hsüä-dou dir noch weiter zu und sagt: Es [d. h. was Pan-schan meint] ist eher einem Zustand ähnlich, wie wenn »nach einem Regenguß im nächtlichen Teich das Wasser des Herbstes tiefer geworden ist«. Es gibt jemand, der hat diese Verse einer sorgfältigen Erörterung unterzogen [nämlich, wie der Erklärer Katô Totsudô berichtet, kein Geringerer als eben der schon erwähnte große Dichter Su Schï] und sie gelobt, indem er sagte: Hsüä-dou's Talent sei eines Sitzes in der Hohen Akademie würdig.
»Der Regen verzog. Im nächtlichen Teich Wasser des Herbstes – tief.« Auch das ist ein Wort, bei dem man ganz schnell hinblicken muß, um es zu sehen. Wenn du nun wieder zögerst und Bedenken hegst, dann helfen dir auch keine Fragen, es zu sehen.

Fortsetzung der Fußnote von Seite 87
urteilt zu werden, durfte sich aber mit Genehmigung des Kaisers in die Verborgenheit zurückziehen. Erst in diese Zeit fällt sein Besuch bei Tschang-dsung in den Lu-schan-Bergen und sein »Findelied«, wohl dreißig Jahre nach dem Tode Hsüä-dou's. Seitdem aber ist sein Vers »des Bergbachs Rauschen ist des Buddha Weltenstimme« Gemeingut der Gebildeten des Reichs geworden, ein zeitlos geistiger Besitz. Von diesem also nimmt bereits der um eine Generation ältere Dichter Hsüä-dou sein »Quellen-Harfenspiel« vorweg, »entlehnt es«, und läßt, obwohl nicht gleich berühmt wie Su Schï, darin auch schon »des Buddha Weltenstimme« klar vernehmen.

Erklärungen zum Text

Pan-schan Bau-dji und sein Schüler Pu-hua

Von Bau-dji[1], dem Meister dieses Beispiels, sind uns nur einzelne Anekdoten und Aussprüche erhalten. Herkunft und Daten seines Lebens sind vergessen. Sicher ist nur, daß er, wie Bai-dschang, Nan-tjüan und viele andere, ein Schüler des Großmeisters Ma gewesen ist, also der neunten Generation der mit dem Patriarchen Bodhidharma beginnenden Geschlechterfolge angehört, und somit älter ist als die Mehrzahl der im Bi-yän-lu besonders hervortretenden Meister.

Den ersten Anstoß zur Besinnung erhielt er, wie es heißt, vor einem Metzgerladen seiner Stadt. Ein Kunde, der bemerkte, daß Schwarzwild feilgeboten war, bat den Metzger, er möge ihm davon ein recht gutes Stück herausschneiden. Was heißt gutes Stück, schalt ihn der Metzger, wo habe ich in meinem Laden anderes als gutes Fleisch? Aus diesen Worten klang dem Jüngling etwas Tieferes entgegen als Reklame; es war die jedem Menschen eingeborene Sicherheit und Würde, deren letzte Gründe in der ewigen Wahrheit liegen.

Dann eines Tages stieß er auf einen Leichenchor und vernahm aus dem Gesang die Worte: Dem roten Sonnenball ist es bestimmt, im Westen zu versinken. Die Seele aber, wohin wird sie gehen? Hinter dem Sarg ging der Sohn des Toten und stieß Klagetöne aus. Es war alles, wie die Sitte es verlangte; man konnte das fast täglich sehen. Den Jüngling aber traf es mit der Macht des Weltgesetzes. Er sah den Kreislauf von Geburt und Tod, und damit stieg in ihm das Licht auf, das von diesem Kreislauf unberührt bleibt. Er trat ins Kloster ein, wurde Mönch mit Namen Bau-dji, d. h. »Schätze angehäuft«, kam zu dem Patriarchen Ma nach Kiangsi, unterwarf sich seiner Führung, erhielt von ihm zuletzt das Siegel der Bestätigung und fand dann seinen Wirkungskreis als Meister in dem Grenzgebiet gegen Nordosten, etwa neunzig Kilometer östlich des heutigen Peking, wo er in dem Kloster Pan-schan Schüler um sich sammelte. Es war ein abgelegener Winkel des gewaltigen Reiches und von den starken Strömen geistigen Lebens in der Tang-Zeit kaum berührt. So mußte Bau-dji, wie es scheint, in seinem Pan-schan-Kloster sich mit einem Schülerkreis begnügen, der hinter den hochstrebenden, beschwingten Bruderschaften im Gebiet des Yangtsekiang und weiter südwärts bis nach Kwangtung weit zurückstand. Als er am Ende seines Lebens sich nach jemand umsah, der ihn als Nachfolger ersetzen könnte, fand sich nur ein einziger, der ihn verstand, und das sogar sehr tief, der aber, wie sein Purzelbaum beweist, auf Umgangsform und Sitte allzu wenig Rücksicht nahm, so daß er für ein Amt als Meister kaum in Frage kommen konnte.

[1] Pan-schan Bau-dji, Traditionstafel III, B, 9, i

In der Geschichte der chinesischen Zen-Bewegung spielt dieser Pu-hua[1] eine Rolle dadurch, daß er in späteren Jahren dem jungen Lin-dji, dem Vater der chinesischen Lin-dji- und der japanischen Rin-zai-Schule, an die Hand ging, als dieser, von Yang-schan ermutigt, im Jahr 854 dem Rat gefolgt war, sich in seiner von der Zen-Bewegung nur erst schwach berührten Heimatprovinz Hope, und zwar in Dschën-dschou, dem heutigen Dschëng-ding (Cheng-ting), niederzulassen (vgl. Band I, S. 524f.). Doch schloß er sich dem streng auf Ordnung haltenden Lin-dji nicht gerade näher an, hatte ihn vielmehr mit seinen Eulenspiegeleien oft zum besten. Andererseits konnte auch Lin-dji die Narrenpossen Pu-hua's nicht geradeswegs verdammen, erkannte vielmehr an, daß sie im Gegenteil die Widersprüchlichkeit des Weltgeschehens treffend darstellten. Im Grunde verstanden sich die beiden doch.

Pu-hua trieb sich ohne festen Wohnsitz auf den Straßen herum, bettelte um Speisen, klingelte mit einem Glöckchen die Leute zusammen, hielt ihnen kurze Reden und sang Verse, als heiliger Narr bei allem Volk beliebt. Eines Tages aber fing er an, anstatt um Speise um ein Kleid zu betteln. Man bot ihm Kleider an; er wies sie alle ab. Lin-dji erfuhr es und begriff. Er bestellte einen Sarg, rief Pu-hua zu sich und erklärte ihm: Ich habe dir ein Kleid anfertigen lassen; tu damit, was du willst. Überglücklich band sich Pu-hua die Kiste auf den Rücken, tanzte durch die Straßen, rühmte Lin-dji's Güte und gab bekannt, jetzt werde er beim Osttor sich dem letzten Samâdhi überlassen. Alles lief bei diesem Tor zusammen; Pu-hua aber sagte: heute schickt es sich noch nicht, morgen vielleicht am Südtor. Aber auch dort schob er es wieder auf und vertröstete das Volk aufs Westtor anderen Tages. Als auch daraus nichts geworden war, gab es die Menge auf, ihm nachzulaufen. So ging er am vierten Tag allein durchs Nordtor vor die Stadt hinaus, stellte den Sarg am Wege ab, setzte sich hinein und bat einen Vorübergehenden, den Deckel zu vernageln. Als man in der Stadt davon erfahren hatte, so erzählte man sich später, lief das Volk hinaus, den Sarg zu sehen. Er war fest vernagelt, nur merkwürdig leicht. Man öffnete ihn und fand von Pu-hua darin keine Spur. Statt dessen ließ hoch in der Luft ein Glöckchen sich vernehmen und tönte fern und immer ferner, bis es stille wurde.

Das also war der einzige Schüler, welchem Pan-schan zugestehen konnte, daß er des Meisters Sinn und Geist begriffen hatte. In seinem Purzelbaum spricht sich bei aller Komik tiefste Wahrheit aus. Es ist die Lebendigkeit dessen, was die Meister »das Getriebe erster Ordnung« nennen. »Das

[1] Pu-hua von Dschën-dschou (japanisch: Fu-ke). Von ihm leitet sich die kleine aber eindrucksvolle Pu-hua-Sekte ab, die sich in Japan unter dem Namen Fu-ke-shû bis in die neuere Zeit erhalten hat, und deren wenige Mönche einzeln mit verhülltem Gesicht durchs Land ziehen und ohne Worte, nur durch monotones Flötenblasen, die Leerheit alles Dinglichen verkünden.

Rad des Geistes steht von Haus aus still; dreht sich's, dann immer nur nach beiden Seiten« (s. Band 1, S. 444): vom Ja zum Nein, vom Nein zum Ja; von der Lust zum Leid, vom Leid zu reinster Freude. Und nur, wo sich das Rad bewegt, gibt es auch Rede. Wenn es »von Haus aus« stillsteht, gibt es »von Haus aus« auch kein Ja und Nein, keine irgendwie umgrenzten Anschauungen und Begriffe, keine Worte, keine Feststellung. Das führt uns von Pu-hua's Purzelbaum geradeswegs zurück auf seinen Meister Pan-schan und den Ausspruch, welchen Hsüä-dou von ihm vorlegt.

Zum Verständnis des Beispiels

In diesem Beispiel handelt es sich um dasselbe Unsagbare, was schon von Nan-tjüan in Kapitel 28 (Band 1, S. 463) gleich kühn und doch verschwiegen angesprochen wurde. Wie dort, so greift auch hier ein Meister der Zen-Schule nicht etwa die Außenstehenden und Gegner an, sondern das Losungswort, mit dem er selbst und seine Leute sonst das eigentliche Element, in dem sie leben, zu bekennen pflegen. Indisch heißt es citta, chinesisch hsin, japanisch shin. Wir sagen dafür je nachdem Geist, Herz, Gemüt. Nicht auf den Schriftbuchstaben des Sutrenkanons, noch weniger auf kultische und magische Gebärden legt das Zen den Nachdruck. Des Patriarchen Bodhidharma Größe ist, daß er ganz einfach »auf das Herz, den Geist des Menschen, deutet«, als auf den einzigen Ort der heilsamen Erkenntnis, die Stätte, wo die Buddhaschaft zu Hause ist.

Aber die Erfahrung lehrt, daß Herz, Gemüt und Geist, je mehr man davon redet, um so leichter Schaden leiden kann. Gerade solche, die sich dafür interessieren, sind am meisten in Gefahr, es zu zerreden. Immer wieder muß gerade aus dem Geist des Zen heraus die Warnung, der Protest aufsteigen, der das Innerste der Wahrheit dadurch schützt und rettet, daß er es verschweigt, ja unter Umständen verneint. Das ist nicht »Nihilismus«, wie man ihn dem Buddhatum im Abendland seit hundert Jahren sehr zu Unrecht vorgeworfen hat, wohl aber ein in stillem Ernst und reinlicher Bescheidung gründender Verzicht auf Worte und Begriffe da, wo es um eine Sache geht, die Worte und Begriffe übersteigt.

Seinem Nein zu solchem Reden von Gemüt und Geist setzt Pan-schan einen Vordersatz voraus, der dieses Nein verständlich machen soll: »Es gibt in den drei Reichen nichts von Dinglichkeiten.« Dinglichkeiten, das ist alles das, womit das Herz beschäftigt ist, der ganze Inhalt, der den Geist erfüllt und ohne den er leer, ungreifbar ist, also wie ein Nichts. Was wir hier »Dinglichkeiten« nennen, heißt chinesisch fa, japanisch hô, auf Sanskrit dharma. Es ist dasselbe Wort, das sonst »Gesetz« bedeutet: Buddha-dharma, das Gesetz des Buddha, Saddharma, das echte, gute, richtige Gesetz. Aber in der Sprache der Buddhisten hat »dharma« eine noch viel weitere Bedeutung. Es kommt von dem Zeitwort »dhar«, und das heißt »halten«. So kann es einesteils Gesetz, Ordnung und Recht bedeuten und andernteils im allgemeinsten Sinn jegliches Erdenkliche »in den drei Reichen«, was dem Geist sich zur Betrachtung, zur Benennung und Behandlung bietet, woran er »sich halten« kann, also Objekte und Gegebenheiten jeder Art. Für »sarva-dharma«, die gesamten Dharmas, kann man, etwas vergröbernd, einfach »alle Dinge« sagen, und so wird es auch meist verstanden. Nur umfassen die »drei Reiche«, welche Pan-schan als den Ort der »Dharmas« nennt, mehr als nur die materiellen Dinge. Sie umfassen das gesamte Welterlebnis, und das ganz im Sinn des Buddha, dem es einzig um den Menschen, sein Verderben und sein Heil zu tun ist. Als erstes kommt das Reich der Triebe und Begierden, der Quellgrund aller Lust und alles Leids. Das zweite ist das Element, das Reich der Formen und Gestalten, an sich begierdelos und rein, an denen aber die Begierde sich entzündet. (Das also wäre das Gebiet der »Dinge« in dem Sinn, wie wir das Wort gewöhnlich fassen.) Als drittes liegt darüber endlich der Bereich des Unsichtbaren, Gestaltlosen, das Reich der Götter und Ideen. Wenn wir für »Dharma« also »Dinge« oder, etwas allgemeiner, »Dinglichkeiten« sagen, so ist das ebenso wie die »drei Reiche« zu verstehen als die unzählbare Menge bunter Einzelheiten, deren Summe unser ganzes Welterlebnis ausmacht.

»Es gibt in den drei Reichen nichts von Dinglichkeiten. Wo wäre da ein Geist zu suchen?« Damit nimmt Pan-schan also seinen Hörern alles, zieht ihnen nicht allein den Boden unter den Füßen weg, sondern zieht sie selber aus, daß weder Leib noch Seele übrigbleiben, ja nicht einmal der Geist. Dieser Urteilsspruch ist allerdings vernichtend. Pan-schan will die Seinen wirklich so weit bringen, daß sie nicht allein rings um sich her Vernichtung sehen, sondern selbst vernichtet dastehen.

Aber geht er damit nicht zu weit? Ist das nicht barer Nihilismus? Man verfolge es, was Yüan-wu in den Zwischenbemerkungen und in der Erläuterung zu Pan-schan's kühnen Sätzen sagt. Er spricht in Paradoxen, wechselt zwischen Lob und Tadel hin und her: »Er trifft ins Schwarze.« »Berggold und ungeschliffener Edelstein.« Er spricht von Pan-schan's Worten wie von einer Wunderpille, die man nur zu schlucken braucht, um zu gesunden. Und er nennt sie fast im selben Atemzug »den Schuldbefund«, den Pan-schan nun wie ein Verbrecher mit sich auf dem hölzernen Halskragen herumzutragen hat, und für den man ihn »im Takt zu seinen Worten hauen« sollte. Was ist für Yüan-wu der Stein des Anstoßes?

Er besteht darin, daß Pan-schan dem Wortlaut seines Ausspruchs nach in der Verneinung steckenbleibt. Er stellt unser ganzes Weltbild sozusagen auf den Kopf, ja steht für unsere Begriffe selber kopf. Aber um das richtig zu verstehen, hat Yüan-wu bereits im Eingang der Erläuterung uns einen Wink gegeben. Da berichtet er von Pan-schan's höchst absonderlichem Schüler Pu-hua, dieser habe sich, vom Meister aufgefordert, dessen »eigentliche Gestalt« zu zeichnen, wortlos erhoben, um

schlichtweg einen Purzelbaum zu schlagen. Dieses Bild ist in der Tat die einfachste Erklärung auch für unseren Fall. Im Purzelbaum dreht man sich momentan zwar durch den Kopfstand durch; dennoch steht man dabei nicht kopf. Man steht im nächsten Augenblick schon wieder auf den Beinen.
Dazu passen trefflich Yüan-wu's Worte: »Ein Schwerthieb in den reißenden Strom, ein zuckender Blitz, ein Sternschnuppenflug.« Und noch genauer drückt er sich am Ende aus: »Wenn einer für etwas, wofür es keine Worte gibt, dennoch Worte findet, so ist er eben, was man einen aus dem Tod Zurückgekehrten nennt.« Das ist nicht für den Verstand geredet, nicht, daß man sich daraus ein Dogma mache. Mit aller Deutlichkeit warnt Yüan-wu vor dem »Schlamm« des Wortlauts, vor dem Brackwasser, vor der »Totenhöhle« des Nihilismus, der schlimmen »Falle der Befreiten«, und weist dagegen auf die Mahnung seines eigenen Meisters Fa-yän: »Erst wer durch jene Gegend durchgedrungen und über sie hinaus ist, besitzt das Teil der Freiheit.« Durchdringen ist mehr als nur eindringen. Es heißt: hinein, hindurch und darüber hinaus. Das, meint Yüan-wu, sei auch Hsüä-dou's Art. Er durchbohre Pan-schan's Worte durch und durch. Das sollte, wenn wir uns nun dem Gesang zuwenden, unserem Blick von vornherein die Richtung geben.

Zum Verständnis des Gesangs

Nach den behutsamen Einschränkungen, mit welchen Yüan-wu sein Lob für Pan-schan's kühnen Spruch begleitet, ist man darauf gespannt, wie Hsüä-dou nun als Dichter die so heikle Angelegenheit behandeln wird. Und staunend stellt man fest, daß hier von irgendeinem Stein des Anstoßes nichts zu bemerken ist. Und dieses einfach deshalb, weil Hsüä-dou den alten Pan-schan von Grund aus und genau versteht. Er stellt die beiden Sprüche dieses Meisters einfach hin, läßt die Blitze zucken, verliert kein Wort darüber, aber nimmt den Schrecken in sich auf, tritt aus dem Kloster auf der Bergeshöhe hinaus ins Freie, steht den Abend lang bis in die Herbstnacht in hingerissener Betrachtung und dringt auf diese Weise eben dahin durch, wohin auch Pan-schan's Worte führen wollen.
Da wölbt sich über ihm die weiße Wolkendecke. Ist das nun *ein* Ding oder sind es viele? Da sprudeln Quellen und Bäche hier und dort in Schluchten, die unterhalb des Klosters von rechts und links zusammenlaufen. Sind das nun wieder andere Dinge? Die Frage kommt ihm gar nicht. Für ihn ist, was er sieht und hört, ein einziger Traum. In dem wird alles transparent. Er findet sich in einem endlos weiten Saal, umrauscht von Tönen eigenen Klangs, auf keine Tonleiter der menschlichen Musik gestimmt. Er fühlt: das alles ist mir wesensfremd und doch der Stoff, aus dem mein eigener Leib gewirkt ist. Es ist schön und ist zugleich auch schrecklich. Und nun entlädt sich, was da oben in der Höhe hing: ein

starker Abendschauer zwingt ihn, Schutz zu suchen. Nach einer Stunde oder zweien ist es vorüber, und noch einmal tritt er hinaus. Die Szene hat inzwischen sich verwandelt. Die Wolkendecke in der Höhe ist geschwunden. Statt dessen hat die Wassermenge auf der Erde sich vermehrt. Die Bäche rechts und links sind angeschwollen, der Teich da unten übergelaufen. In seinem Wasser spiegeln sich die Sterne, vielleicht sogar das stille Licht des Herbstmonds. Unheimlich, wie der Wasserstand gestiegen ist. Der Teich, zuvor so zahm, gefahrlos, ist plötzlich tief geworden. »Wer die Dinglichkeiten kennt, der fürchtet sie auch«, hat Yüan-wu schon zu Pan-schan's erstem Satz bemerkt.

Wie steht es jetzt um diese Worte: »Es gibt in den drei Reichen keine Dinglichkeiten?« Offenbar »gibt es« sie doch. Es gibt sie nicht nur; sie bedrücken uns. Mit Schmerzen muß die Mutter uns gebären, durch Schmerzen geht es in den Tod, und was dazwischen lag, selbst wenn es »köstlich« war, ist es doch »Mühe und Arbeit« gewesen. Das ist die bittere Wirklichkeit. So blickt sie den Betrachter aus der Tiefe dieses angeschwollenen Teiches an.

Er aber wendet sich nicht ab. Er läßt sich den Schrecken dieser Tiefe durch die Seele gehen und zieht ihn mit hinein in das Bild des hohen, weiten Saales und seine unnotierbare Musik. Er »klappt es alles«, wie die Redensart besagt, »zu *einem* Blatt zusammen«.

Auf diesem Blatt ist keine Schrift mehr zu erkennen. Es ist leer. Wer aber Augen hat zu lesen, erblickt auf ihm die Fülle der Wahrheit. Da steht weder, daß es »keine Dinglichkeiten gebe«, noch daß im Gegenteil die Dinglichkeiten objektive Wesenheiten außerhalb von uns sind, denen wir ein eigenes, ewiges Sein zuschreiben könnten. Was sich von diesem leeren Blatt ablesen läßt, hat ein japanischer Dichter einst in einem sogenannten Kurzgedicht von fünf Zeilen einfach und doch unergründlich ausgesprochen:

Ist die Welt ein Traum?
Ist sie wesenhaft? Sage! –
Weder wesenhaft,
noch auch Traum, daß ich wüßte:
ein Etwas, ein Nichts in einem.[1]

Ein Etwas also, und doch Nichts. Ein Nichts, und dennoch Etwas. Das wäre denn für die ruhigere Betrachtung das Fazit aus der Kreisbewegung, die Pu-hua einst mit seinem Purzelbaum als »innere Gestalt« des Meisters Pan-schan zeichnete. So entspricht es auch der Auffassung der Mahâyâna-Sutren und der großen indischen Lehrer, wie Nâgârjuna und Âryadeva. Sie haben sich mit dem Problem der Dharmas, mit der Dinglichkeit, sehr eingehend beschäftigt, und zwar nicht, wie sie leicht mißverstanden werden, aus theoretisch philosophischem Bedürfnis, sondern im Sinn des Buddha, d. h. getrieben von dem allbeherrschenden Verlangen nach Befreiung von den Fesseln, die uns Menschen an ein trügerisches, kleines Ichbewußtsein binden und gerade so den Dinglichkeiten unterwerfen. Sie lehren, diese ganze Dinglichkeit als einen einzigen großen Traum zu sehen, als ein allumfassendes Kaleidoskop, in dem sich farbige Formen unaufhörlich wirr durchkreuzen.

Um das Wesenlose dieses ganzen Dinglichkeitskomplexes klar hervorzuheben, haben jene Mahâyâna-Lehrer dafür einen eigenen Ausdruck erdacht, welchen auch die chinesischen Zen-Meister hie und da gebrauchten: sie nennen den Komplex der Dinglichkeiten »ungeboren« oder »unentstanden«. Damit wird nicht geleugnet, daß innerhalb der Dinglichkeit ein ständiges Werden und Vergehen im Gange ist. Aber eben dieser ewige Wechsel zeigt die Wesenlosigkeit des Ganzen. Es ist noch nie in wesenhaftes Sein getreten. Es ist die »unentstandene (ungeborene, unerschaffene) Dinglichkeit«.[2]

In eben diesem Sinn kann Pan-schan im Moment erschreckender Intuition den Seinen sagen: »Es gibt in den drei Reichen keine Dinglichkeiten.« Im selben Sinn jedoch kann Hsüä-dou im Gesang die Dinglichkeiten in sein eigenes Bewußtsein ohne Widerstand aufnehmen, seien sie nun schön oder schrecklich: er nimmt sie hin als »unentstandene Dinglichkeit«. Damit, mit dieser willigen Hinnahme, vermeidet er »die tiefe Falle« der Befreiten, welche, aufgebläht von mißverstandenem Ichgefühl, die Nichtigkeit des Dinglichen zum Vorwand nehmen, sich über dessen strenge Ordnung leichtfertig hinwegzusetzen. Wahre Freiheit zieht aus der Erkenntnis von dem Unentstandenen, d. h. der Wesenlosigkeit des Dinglichen, im Gegenteil die Kraft, sich dem Wechsel von Geburt und Tod, von Freud und Leid bereitwillig zu stellen und in allem, was da kommen mag, die ewige Wahrheit und den Frieden, der die Gegensätze übersteigt, zu schmecken.

Gleich im nächsten Beispiel begegnet uns ein Meister, der in seinem Werdegang gerade dadurch zur entscheidenden Wendung fand, daß ihm nach einer Zeit hochfahrender Verachtung alles Dinglichen bei stiller Gartenarbeit aufging, was »das geduldige Ja zur unentstandenen Dinglichkeit« bedeutet.

[1] Vgl. Lyrik des Ostens, Ausgabe 1952, S. 425, Ausgabe 1965, S. 429: Weltgeheimnis. – Japanisch lautet das Gedicht: Yo-no-naka wa / yume ka, utsutsu ka? / Utsutsu to mo / yume to mo shiraji / arite nakereba.

[2] »Unentstandene Dinglichkeit«: indisch: anutpattika-dharma; chinesisch: wu-schëng-fa; japanisch: mu-shô-bô.

Achtunddreißigstes Beispiel

Fëng-hsüä's Eiserner Stier

Hinweis

REDET einer der »Allmählichkeit« das Wort [d.h. der Auffassung, daß die Menschen ihrer inneren Veranlagung gemäß nur allmählich und schrittweise zur Erkenntnis ihrer Buddhanatur gelangen], so setzt er sich der Regel zwar entgegen, stimmt aber mit dem WEG [des Buddha und der ganzen Weltordnung] auch überein. Er geht im Weltgetriebe siebenmal geradeaus und achtmal in die Quere [d. h. er paßt sich all den Irrwegen und Irrtümern der Menschen an, um sie daraus herauszuführen].

Redet er der »Plötzlichkeit« das Wort [d. h. der ständigen Gegenwart der höchsten Wahrheit in des Menschen innerster Natur, so daß, sie zu ergreifen, Sache eines Augenblickes, oder besser eines im Augenblick gar nicht bemerkbaren verborgenen Vorgangs ist, bei dem der Zweifel aus sich selbst heraus mit einem Schlage aufbricht und in das Erwachen umschlägt], so sind [bei diesem Vorgang] weder Voranzeichen noch auch nachher Spuren festzustellen[1]. Mögen alle tausend Heiligen auch darnach tasten, sie bekommen es nie in die Hände [es läßt sich weder formulieren, noch zur Nachahmung in Regeln fassen].

Wie aber, wenn man [methodische Unterscheidungen wie] Allmählichkeit und Plötzlichkeit überhaupt nicht aufstellt [und es einfach mit dem Sprichwort hält]: »Munterem Mann ein Wort, munterem Pferd ein Peitschenstreich«? Wenn solch eine Lage eintritt, wer ist in diesem Fall der Könner, der es schafft? Versuchen wir's mit einem Beispiel! Sehet her!

[1] Man vergleiche dazu die ersten Sätze des Hinweises zum vorhergehenden 37. Beispiel.

Das Beispiel

Wir legen vor:

Als Fëng-hsüä[1] sich in der Vogtei von Ying-dschou[2] aufhielt, betrat er [auf Einladung des Vogtes eines Tags zur Unterweisung einer Hörerschaft] die Halle und begann: Das Geistessiegel unseres Patriarchen gleicht in der Art, wie er sich äußert, der wirkenden Kraft des Eisernen Stiers[3].

Geht es ab, so bleibt das Siegel.

Bleibt es, bricht das Siegel auseinander.

Es scheint gerade so, als ob das Siegel weder abginge noch bliebe.

Ist es [unter diesen Umständen überhaupt] in Ordnung, das Siegel zu erteilen, oder ist es besser, nicht zu siegeln?

Nun befand sich [in der Hörerschaft] der Älteste Lu Be. Der trat zum Fragen vor [und sagte]: Der hier vor Euch steht, besitzt die wirkende Kraft des Eisernen Stiers. Bitte, Meister, drückt mir nicht das Siegel auf!

Fëng-hsüä erwiderte: Ich bin gewohnt, durch Walfischfang das große Naß zu klären; doch einem Frosch im Schlamm nachwaten, preßt mir Seufzer aus.

Lu Be blieb stehen und sann nach.

Da schalt ihn Fëng-hsüä: Ho'! und sagte: Ältester, warum habt Ihr nichts vorzubringen?

Lu Be überlegte, so, als ringe er nach Worten.

Fëng-hsüä führte einen Streich nach ihm mit seinem Jakschweif.

Fëng-hsüä sagte: Erinnert Ihr Euch noch an das, was Ihr gesagt habt? Versuchet es und sagt etwas dazu!

Lu Be machte Miene, den Mund aufzutun.

Und wieder führte Fëng-hsüä einen Streich nach ihm mit seinem Jakschweif.

Der Vogt bemerkte: Buddhagesetz und Königsgesetz sind beide von derselben Art.

Fëng-hsüä fragte ihn: In welchem Sinn versteht Ihr das?

Der Vogt antwortete: Wo Entscheidung nottut, nicht entscheiden, bringt erst recht die Sache in Verwirrung.

Darauf stieg Fëng-hsüä von seinem Sitz herunter.

»Als Fēng-hsüä sich in der Vogtei von Ying-dschou aufhielt, betrat er die Halle und begann:« – Er lehrte also Tschan [Zen] in öffentlichem Auftrag! – Was wird er wohl sagen?
»Das Geistessiegel unseres Patriarchen gleicht in der Art, wie es sich äußert, der wirkenden Kraft des Eisernen Stiers.« – An diesem mögen Tausende, Zehntausende zusammen rütteln; er bewegt sich nicht. – Wo steckt in diesem schwindelhaften Kauderwelsch der Knoten oder Haken [an dem man hängenbleiben wird, der eigentliche Anstoß]? – Er macht Siegelspuren der »drei Hauptsachen« bemerkbar, ohne deren scharfe Spitze zu verletzen. [In seinem Ausspruch sind die »drei Hauptsachen«[4] enthalten, welche Lin-dji für die Hilfeleistung seiner Schule aufgestellt hat; aber er bietet sie in verhüllter Form.]
»Geht es ab, so bleibt das Siegel.« – So, wie es rechtmäßig verordnet ist, so soll man es halten. – Nein, so ist es falsch.
»Bleibt es, bricht das Siegel auseinander.« – Zum zweitenmal dieselbe Ungehörigkeit! Das kann man nicht dulden! – Achtet darauf, wie er seinen Auftrag ausführt? – Daumenschraube! [Wie man es macht, ist es verkehrt! Es ist die reine Foltermarter.] – Gebt acht! Dazu ein Schlag [auf's Pult]! [Über diese merkwürdigen Widersprüche hilft nichts hinaus, als eindringliche Versenkung in das Wesen dieses Geistessiegels und seiner Weitergabe von einem auf den andern.]
»Es scheint gerade so, als ob das Siegel weder abginge noch bliebe.« – Da seht her! Es ist einfach kein Ort vorhanden, wo man es geschwind hinsetzen könnte. – Ein stark irrlichterndes Kauderwelsch!

[1] Fēng-hsüä Yän-dschau, japanisch Fuketsu Enshô, 896–973, Traditionstafel III B 14.

[2] Ying-dschou: so hieß damals das moderne Wu-tschang, Hauptstadt der Provinz Hupe, auf dem Süduser des Yangtsekiang gegenüber den zwei Städten rechts und links der Einmündung des Han-Stroms, Han-yang und Han-kou (mit diesen später zu der Großstadt Wu-han vereinigt). Der Vogt hieß Li Schï-djün und war schon von früher her ein Anhänger des Meisters Fēng-hsüä.

[3] »Der Eiserne Stier« von Schan, der Stadt am Süduser des Gelben Stroms, des Huang-ho, an der Strecke, wo er die Grenze zwischen den Provinzen Schansi und Honan bildet. Dort drängen sich die mächtigen Fluten wild durch eine lange Schlucht mit steilen Wänden, doch so, daß oberhalb der Stadt ein Felsengrat oder -rücken sie schräg von Süden nach dem Nordrand ablenkt. Dieses felsige Gebilde galt der alten Zeit als der »Eiserne Stier«, der unerschütterlich im Wasser stehend dem Druck des Stromes standhält und die Stadt vor Überflutung schützt. (Näheres s. Erklärungen zum Text, S. 123.)

[4] Die »drei Hauptsachen«, chinesisch san-yau, japanisch san-yô. Näheres hierüber siehe die Erläuterung zum Gesang, Seite 113.

»Ist es nun in Ordnung, das Siegel zu erteilen, oder ist es besser, nicht zu siegeln?« – Nun hat jeder in der ganzen Welt sein Teil, gleichviel ob er vortritt oder sich versteckt. [Fëng-hsüä stellt mit dieser seiner Frage jeden einzelnen vor die Entscheidung.] – Sein kunstvolles Gewebe ist bereits erkennbar. [Was er sagt, ist darauf angelegt, die Hörer in sein Netz zu locken. Ist es doch sein Amt, das Geistessiegel weiterzugeben.] – Ich kann nur bitten: Stoße er doch lieber seinen Zensitz um und jage seine Hörer auseinander! [Fëng-hsüä, bemerkt Yüan-wu ironisch, geht in seinem Eifer zu weit; in Wirklichkeit lobt er ihn im Gegenteil für seinen Ernst.]
»Nun befand sich da der Älteste Lu Be. Der trat zum Fragen vor [und sagte]: Der hier vor Euch steht, besitzt die wirkende Kraft des Eisernen Stiers.« – Da ist ihm [dem Meister Fëng-hsüä] einer mit verdunkelter Erleuchtung in das Netz gegangen. – Aber immerhin bemerkenswert!
»Bitte, Meister, drückt mir nicht das Siegel auf!« – Gut gesprochen! – Aber was ist es mit jenem Kauderwelsch? [Die rätselhaften Worte Fëng-hsüä's sind an Lu Be vorbeigegangen.]
»Fëng-hsüä erwiderte: Ich bin gewohnt, durch Walfischfang das große Naß zu klären; doch einem Frosch im Schlamm nachwaten, preßt mir Seufzer aus.« – Das ist, wie wenn der Habicht eine Taube stößt. – Der ganze Himmel hängt voll zauberhafter Netze. [Fëng-hsüä ist ein überlegener Vogelsteller; er fängt die Menschen mit der Macht der Wahrheit, welche Erde und Himmel erfüllt.] – Ein Götterfohlen, tausend Meilen! [Er ist ein Jäger auf dem schnellsten Pferd, das jeden Flüchtigen einholt.]
»Lu Be blieb stehen und sann nach.« – Armer Kerl! Tut einem leid. – Es kann aber auch noch etwas aus ihm werden. – Es wäre schade, ihn fallenzulassen.
»Da schalt ihn Fëng-hsüä: Ho'! und sagte: Ältester, warum habt Ihr nichts vorzubringen?« – Er nimmt ihm die Siegesfahne weg, entreißt ihm seine Trommel. – Es beginnt zu brodeln.
»Lu Be überlegte, so als ringe er nach Worten.« – Nun ist er zum drittenmal gestorben! – Ein zweiter öffentlicher Aushang! [Spöttisch zu verstehen: Schon bei der ersten Frage Fëng-hsüä's ist Lu Be durchgefallen; jetzt steht er da, als hätte er mit einem neuen Problem zu ringen.]
»Fëng-hsüä führte einen Streich nach ihm mit seinem Jakschweif.« – Ein guter Streich! [Er beginnt, den Wirrwarr, in dem Lu Be sich befindet, wegzuwischen.] – Zu solch einer Befehlsgewalt braucht es schon einen Menschen dieser Art [wie Fëng-hsüä]; erst der vermag sie auszuüben.
»Fëng-hsüä sagte: Erinnert Ihr Euch noch an das, was Ihr gesagt habt? Versuchet es und sagt etwas dazu!« [Ihr rühmtet Euch der Kraft des Eisernen Stiers; nun zeigt sie doch einmal!] – Muß denn unbedingt etwas gesagt sein? – Er häuft auf Schnee noch Reif obenauf.
»Lu Be machte Miene, den Mund aufzutun.« – Ist einer einmal tot, kommt

er kein zweites Mal ins Leben zurück. – Dieser Chinese macht auch noch andere ganz dumm und stumpf. – Nun bekommt er es mit Fëng-hsüä's giftigem Griff zu tun [dessen »Gift« jedoch die Wirkung hat, zu heilen].

»Und wieder führte Fëng-hsüä einen Streich nach ihm mit seinem Jakschweif. Der Vogt bemerkte: Buddhagesetz und Königsgesetz sind beide von derselben Art.« Das leuchtet ein. – Der Unbeteiligte beobachtet genauer.

»Fëng-hsüä fragte ihn: In welchem Sinn versteht Ihr das?« – Gut so! Auch den setzt er noch unter Druck. – Er dreht die Lanzenspitze nach der anderen Seite.

»Der Vogt antwortete: Wo Entscheidung nottut, nicht entscheiden, bringt erst recht die Sache in Verwirrung.« – Ähnlich ist das schon; aber auch »richtig« ist noch nicht richtig. – Aber wissen müßt ihr, daß der Unbeteiligte nebenan Augen hat. – »Wenn im Nachbarhaus auf der Ostseite jemand stirbt, helfen die von der Westseite bei der Totenklage mit.« [Der Vogt hilft allerdings dem Meister dabei mit, den Ältesten Lu Be zu »begraben«; er denkt sich aber dabei nicht dasselbe wie Fëng-hsüä.]

»Darauf stieg Fëng-hsüä von seinem Sitz herunter.« – Von einem Fehler fällt man in den anderen. [Denn eigentlich wäre nun noch eine Auseinandersetzung mit dem Vogt über den gewaltigen Unterschied zwischen Königsgesetz und Buddhagesetz am Platz gewesen.] – Sieht man einen guten Anlaß, geht man zu etwas anderem über. – Und damit ist für dieses Mal die Stunde der Belehrung aus.

Erläuterung des Beispiels

[Fëng-hsüä's Bedeutung für die Lin-dji-Schule]

Fëng-hsüä verdient Verehrung als ein ausgereifter Meister aus der Schule Lin-dji's[1].

Lin-dji hielt sich im Anfang seiner Laufbahn bei Huang-bo[2] auf. Als er dort eines Tages junge Kiefernbäumchen pflanzte, fragte ihn Huang-bo: was willst du eigentlich damit, daß du tief im Gebirge hier so viele Kiefern pflanzest? Lin-dji erwiderte: erstens wird es dem Kloster zur Verschönerung dienen. Zweitens werden sie den Nachkommen einst ein Mahnmal sein. Kaum hatte er geendet, so schwang er wieder seine Hacke und grub weiter. Huang-bo versetzte: wie dem auch sei, auf jeden Fall hast du dir zwanzig Schläge mit dem Stock verdient. Lin-dji

[1] Lin-dji I-hsüan, japanisch: Rinzai Gigen, gest. 867, Traditionstafel III B 11 a, der berühmte Stifter der gleichnamigen Schule (vgl. besonders Band I, Kap. 32 und S. 522), von Yüan-wu gleich zu Anfang hier erwähnt, um Fëng-hsüä als seinen echten Schüler einzuführen.

[2] Huang-bo Hsi-yün, japanisch Obaku Ki-un, gest. 850; Lin-dji's Meister. Traditionstafel III B 10 a.

schwang wieder seine Hacke in die Erde und schnob bei jedem Hieb hörbar den Atem aus. Huang-bo bemerkte: wenn du einmal soweit bist, wird meine Schule einen großen Aufschwung in der Welt erleben.
Mu-dschö vom We-schan[1] hat dazu gesagt: »Dieses Benehmen Lin-dji's könnte den Anschein erwecken, als habe er sich einfach in den gemeinen Erdboden verbissen. Aber erst, wer so im Angesichte der Gefahr sich nicht von seinem Tun abbringen läßt, verdient, ein echter Mann zu heißen. Huang-bo's Worte: ›wenn du einmal soweit bist, wird meine Schule einen großen Aufschwung in der Welt erleben‹, passen sehr gut zu dem Sprichwort: An einem Lieblingskind wird man nichts Häßliches gewahr.«
[Einst[2]] richtete We-schan[3] an Yang-schan[4] die Frage: »Hat Huang-bo seinerzeit [sein Werk und seine Lehre] einzig und allein dem Lin-dji übergeben, oder hat er außer diesem sonst noch einen Nachfolger?« Yang-schan erwiderte: »Den hat er allerdings. Nur liegt dessen Lebenszeit [von Huang-bo] so weit ab, daß ich ihn dem Ehrwürdigen nicht aufweisen möchte.« We-schan versetzte: »Das mag sein; aber doch möchte auch ich es gerne wissen. Laß mich's einmal sehen!« Yang-schan antwortete: »Es wird einer mit dem Finger nach dem Süden deuten und eine Wanderung nach Wu-yüä [ungefähr der heutigen Provinz Tschekiang entsprechend] bewirken. Dort, wo sie einem starken Wind [fëng] begegnet, macht die Wanderung halt.« Das war auf Fëng-hsüä [Windloch] geweissagt.[5]
[Fëng-hsüä bei Hsüä-fëng und Jui-yän.]
Fëng-hsüä war zuerst fünf Jahre lang bei Hsüä-fëng[6] in die Schule gegangen. Damals bat er diesen um nähere Erklärung folgender Worte [aus der Niederschrift über Lin-dji, genannt Lin-dji-lu, japanisch Rinzai-roku]: »Als Lin-dji die Halle betreten hatte, erscholl von den Vorsitzern der beiden Hallenhälften [der östlichen und westlichen] gleichzeitig ein Ho'!« [Jeder der beiden hatte wohl eine Bemerkung zu machen oder eine Frage zu stellen.] Ein Mönch fragte Lin-dji: »Besteht hier eigentlich ein Unterschied zwischen Gast und Hauswirt[7]?« Lin-dji erwiderte: »Gast und Hauswirt, das ist klar.« Fëng-hsüä sagte zu Hsüä-fëng: »Ich möchte nur wissen, wie das zu verstehen ist.« Hsüä-fëng gab zur Antwort: »Ich bin seinerzeit zusammen mit Yän-tou und Tjin-schan[8] gewandert, um Lin-dji aufzusuchen. Unterwegs aber erreichte uns die Nachricht, daß er bereits in die Verwandlung eingegangen war. Wenn du seine Worte über ›Gast und Hauswirt‹ richtig verstehen willst, mußt du einen erfahrenen Meister aus seiner Schule aufsuchen und den befragen.« [Dieser Bescheid, sagt der Erklärer Katô Totsudô, ist nicht einfach wörtlich zu verstehen, als ob Hsüä-fëng die Meinung Lin-dji's nicht verstanden hätte. Er regt damit nur den Frager selbst zu gründlicher Besinnung an.]
Als dann später Fëng-hsüä sah, wie Jui-yän[9] sich selbst beständig anrief: »Herr und Meister!« dann selbst darauf antwortete: »Jawohl!« dann

wieder sagte: »Sei sternenklar, mein Herz, laß' künftig dich nicht mehr von anderen beirren!« da sagte er: »[Wahrhaftig!] Selbst sich in die Hände nehmen, sich selbst mit sich befassen – was hätte das für Schwierigkeiten?«

. . .[10]

[Fëng-hsüä bei Djing-tjing[11].]

Eines Tages sah er Djing-tjing. Dieser fragte ihn: »Wo kommst du jetzt eben her?« Fëng-hsüä erwiderte: »Ich bin auf eigene Faust vom Osten

[1] We-schan Mu-dschö, 11. Jahrhundert, japanisch Isan Motetsu, neun Generationen nach Lin-dji, nur zwei vor Yüan-wu; gehört in die Linie III B 19; wirkte auf demselben We-schan wie 200 Jahre früher der gleich nachher genannte Meister Ling-yu.

[2] [Einst]: Im Text steht irrtümlich statt dessen: »später«.

[3] We-schan Ling-yu, japanisch I-san Rei-yû, 771–853, Traditionstafel III B 10 b; der berühmte Meister des 4. und 24. Beispiels.

[4] Yang-schan Hui-dji, japanisch Kyôzan Ejaku, 807–883, Traditionstafel III B 11 c; We-schan's bester Schüler. Vgl. das 34. Beispiel.

[5] »geweissagt«: »Weissagungen« dieser Art sind in der buddhistischen Legende häufig. Wenn ein Meister auf die Nachwelt besonders starken Eindruck machte, mußte früher schon ein Seher sein Auftreten vorausgeschaut haben. We-schan's Schüler Yang-schan stand im Rufe solcher Fähigkeit. So wurde ihm die Prophezeiung zugeschrieben.

[6] Hsüä-fëng I-tsun, japanisch Sep-pô Gi-son, 822–908, Traditionstafel III A 12 c; der berühmte Meister des 5. und 22. Beispiels.

[7] Gast und Hauswirt: der erstere ist im Haus noch fremd, versteht, was vorgeht, nur zur Hälfte; der Hauswirt beherrscht die Lage und weiß genau Bescheid.

[8] Yän-tou Tjüan-huo, japanisch Gan-tô Zen-kwatsu, 828–887, Traditionstafel III A 12 a, und Tjin-schan Wën-sui, japanisch Kin-zan Bun-sui, Traditionstafel III A 12 h. Vgl. Band I. S. 518, dazu auch S. 386f.

[9] Jui-yän Schï-yän, japanisch Zuigan Shigen, Schüler des obengenannten Yän-tou Tjüan-huo, also der 13. Generation der Linie III A zugehörig, stammte aus Fukien, wirkte auf dem Jui-yän-schan im Bezirk Tai-dschou (Provinz Tschekiang) und war für sein sehr strenges Regiment berühmt.

[10] Hier folgt im Text ein Abschnitt von 54 Schriftzeichen, der teils an falscher Stelle steht, teils schlecht in den Zusammenhang des Textes paßt. Wir fügen ihn, soweit er brauchbar ist, nach dem Besuch bei Djing-tjing ein.

[11] Djing-tjing Dau-fu, japanisch Kyô-sei Dô-fu, Traditionstafel III A 13 b, jener Schüler Hsüä-fëng's, der sich in seiner Seelsorge das Zusammenwirken von Henne und Küchlein beim Ausschlüpfen aus dem Ei zum Vorbild nahm (vgl. das 16. Beispiel, Band I, S. 297ff.). Zur Zeit dieser Begegnung lehrte er im Zenhof »zur Spiegelreine« (Djing-tjing) in Schau-hsing östlich von Hang-dschou in Tschekiang. – In dem sog. »Text der einen Nacht« (vgl. Vorwort S. 16), welchen der Gelehrte Itô Yûten in seiner textkritischen Ausgabe Hekiganshû Teihon, 1963, berücksichtigt, ist dieser ganze Abschnitt weggelassen.

hergekommen« [also von keinem Lehrer und von keinem nennenswerten Ort]. Djing-tjing fragte weiter: »Da bist du doch über den kleinen Fluß gekommen, nicht?« Fëng-hsüä erwiderte: »Ein großes Fahrzeug treibt im leeren Raum; da gibt es keinen kleinen Fluß zu überqueren.« Djing-tjing sagte: »Über den Spiegelsee und die Gemäldeberge fliegt nicht einmal ein Vogel weg, junger Mann! Stiehl nicht andern Leuten Worte weg, die du einmal gehört hast!« [Der Spiegelsee, südlich von Djing-tjing'sWohnsitz im Herzen von Tschekiang gelegen, galt schon deshalb als heilig, weil eine Königin dieses bis 334. v. Chr. Geb. so gut wie souveränen Landes einst ihren Spiegel darein versenkt haben soll. Obendrein hat der Tangkaiser Hsüan-dsung (mit dem Beinamen Ming) in der 1. Hälfte des 8. Jahrhunderts auf Antrag des Ritualmandarinen Ho Dschï-dschang den See zum Schongebiet für Fische im Sinne des buddhistischen Gebots der Schonung alles Lebenden erklärt, und Ho Dschï-dschang hat dies in einem Lied gerühmt. – Die Gemäldeberge südlich der Großstadt Hang-dschou, bildschön mit ihren dichtgedrängten Gipfelzacken, hat schon der große Kaiser Schï-Huang-di vom Reiche Tjin bewundert, weshalb sie auch nach ihm genannt werden; und etwa von 588 bis 606 bewohnte sie der hochgelehrte Mönch und Heilige Di-tsang. – Es gibt, will Djing-tjing sagen, auch heilige Stätten hin und her im Land, über welche nicht einmal die Vögel fliegen. Dir dagegen ist, was du von Dauisten (Taoisten) über die des Fluges fähigen Berggenien oder Hsiän gehört hast, in den Kopf gestiegen.] Fëng-hsüä erwiderte: »Auch der mächtige Ozean duckt sich unter dem Gewicht der großen Kriegsschiffe; auch das Sternenheer der Milchstraße zieht mit vollen Segeln über die fünf großen Seen unseres Reiches weg.« Djing-tjing hielt den Jakschweif senkrecht hoch und fragte: »Wie stellst du dich hierzu?« Fëng-hsüä fragte zurück: »Was ist das für ein Ding?« Djing-tjing versetzte: »Dachte ich mir's doch! Du weißt es also nicht!« Fëng-hsüä erwiderte: »Einmal hervortreten, dann wieder verschwinden, einmal zusammenrollen, dann wieder entfalten, das sind die Künste, deren ich mich ebenso, wie, Meister, Ihr es tut, bediene.« [Er bildet sich ein, die Zen-Meister längst durchschaut zu haben.] Djing-tjing sagte: »Beim Orakeln mit dem Schapf im Wasserkessel hört man leere Reden ohne Sinn[1]; im tiefen Schlaf sagt man viel wirres Zeug.« Fëng-hsüä erwiderte: »In einem weiten Marschland kann den Blicken auch ein tiefes Wald- und Berggebiet verborgen bleiben; Verstand und List bringt auch den Panther noch zur Strecke.« Da sagte Djing-tjing: »Deine Sünde will ich dir vergeben, deine Schuld erlassen. Jetzt aber mach dich schnell hinaus und fort!« Fëng-hsüä erwiderte: »Geh' ich hinaus, so habe ich's [den Zweck dieses Besuches] verfehlt.« Damit ging er denn hinaus und kam bis in die Lehrhalle.

Hier aber sagte er zu sich: wie kann ein rechter Kämpe vor dem Abschluß eines Gung-an [Kô-an, einer Auseinandersetzung über höchste Fragen] so bequem sein, es einfach aufzugeben! Er kehrte um und trat noch einmal in das Zimmer, wo Djing-tjing jetzt gerade saß. Nun schickte er sich an zu fragen: »Ich habe vorhin mich erdreistet, mutwillige Torheiten vorzutragen und dem Ehrwürdigen ins Angesicht zu trotzen. Ich beuge mich demütig unter des Ehrwürdigen Barmherzigkeit und Güte. Noch aber habe ich nicht hören dürfen, was mir als Fehler vorgeworfen wird.« Djing-tjing erwiderte: »Vorhin sagtest du, du seiest von Osten hergekommen. Kommst du nicht etwa von Tsui-yän her[2]?« Fëng-hsüä antwortete: »Ach so, dort östlich von dem Baugai-Kloster, wo der Meister Hsüä-dou[3] seinen Sitz hat?« [Fëng-hsüä setzt seine Vernebelungstaktik weiter fort.] Djing-tjing sagte: »Anstatt nun endlich mit der verrückten Suche nach dem verlorenen Schaf[4] [mit diesem Schweifen in die leere Weite] aufzuhören, kommst du abermals daher und leierst mir ein Buch der Lieder vor!« Fëng-hsüä erwiderte: »Triffst du [sagt die Regel] auf dem Wege einen Fechter, so biete ihm dein Schwert; einem, der kein Dichter ist, dem darfst du nicht mit Liedern kommen.« [Darin liegt versteckt die Frage, ob Djing-tjing denn nicht auch das Schwert gebrauchen könne.] Djing-tjing versetzte: »Dann behalte deine Lieder gleich für dich, mach's kurz und zeige mir dein Schwert!« Fëng-hsüä sagte: »Ein Unhold[5] ist mir damit davongelaufen.« [Er weicht also aus.] Djing-tjing erwiderte: »Nicht allein verstößt du gegen Brauch und Sitte, sondern zeigst auch deine

1 Bei Zweifeln, wie man sich entscheiden soll, füllt man nach abergläubischer Sitte in stiller Nacht den Herdkessel mit Wasser, betet gut, wirft den Wasserschapf hinein, läßt ihn sich drehen, bis er stillsteht, geht dann in der Richtung, die der Stiel des Schapfes anzeigt, auf die Straße und wartet hier das erste Wort, das man von Vorübergehenden aufschnappen kann, als Weisung ab.

2 Tsui-yän Ling-tsan, Traditionstafel III A 13 e, wie Djing-tjing ein Schüler Hsüä-fëng's, wirkte damals in Ming-dschou, dem heutigen Ningpo, genau östlich von Djing-tjing's Wohnsitz Schau-hsing. Er ist der Meister des 8. Beispiels, s. Band. I, S. 183 ff.

3 Der hier genannte Hsüä-dou lebte im ersten Drittel des zehnten Jahrhunderts, hat also mit dem Dichter der Gesänge, Hsüä-dou Dschung-hsiän (980–1032), nichts zu tun.

4 Liä-dsï, VIII, 23, erzählt von einem verlorenen Schaf, zu dessen Suche eine Menge Leute aufgeboten wurde, um auch die Seitenwege abzusuchen. Trotzdem blieb das Schaf verloren. Denn die Seitenwege hatten wieder Seitenwege.

5 »Unhold«: dies nur ein vager Ausdruck für vier Zeichen, die eine genauere, uns aber nicht verständliche Beschreibung des Unholds geben. Ist es ein Geköpfter, dessen Kopf vor dem Gefängnis aufgehängt und dann in einem Siedetopf gedämpft wurde? Oder ein Kopfjäger, der den Kopf seines Opfers fortträgt und im Siedetopf dämpft? Wahrscheinlich bedient sich Fëng-hsüä einer zu seiner Zeit geläufigen Ausrede, ähnlich der Redensart: das hat der Teufel geholt.

Unentschlossenheit.« Fëng-hsüä versetzte: »Wie kann ich vom Sinn und Herzen eines Buddha's alten Schlags ein klares Bild bekommen, ohne gegen Brauch und Sitte zu verstoßen?« Djing-tjing fragte: »Was verstehst du unter Sinn und Herz eines Buddha's vom alten Schlag?« Fëng-hsüä erwiderte: »Dies ist nun das zweite Mal, daß Ihr mir die Gunst erweist, meine Worte gelten zu lassen. Wo bleibt da noch etwas von ›Meister‹ [von der Strenge, die zum echten Meister gehört]?« Djing-tjing sagte: »Der Kuttenbruder da vom Osten kennt Weizenkorn und Bohne noch nicht auseinander (...)[1]. Man hört nur, daß er, ohne es zu haben, es schon habe. Wie kann man haben, wenn man sich dagegen wehrt!« Fëng-hsüä erwiderte: »Gewaltige Meereswogen wallen auf in einer Breite bis zu tausend Klafter; wenn sie sich wieder legen, so trennt sie nichts vom Wasser.« [Damit lenkt Fëng-hsüä in gewissem Sinne ein.] Djing-tjing sagte: »Ein einziges Wort kann schon den Strom [der Mannigfaltigkeiten] abschneiden, und alle Auftriebskräfte schlafen ein und schwinden.« Fëng-hsüä verneigte sich verehrungsvoll. Djing-tjing strich ihm dreimal mit dem Jakschweif über den Scheitel und sagte: »Das war [ein Gespräch] von Rang. Jetzt setze dich für eine Weile her zu einer Schale Tee!«

[Fëng-hsüä kommt zu Nan-yüan.]

Später befand sich[2] Fëng-hsüä im Hirschtor-Kloster von Hsiang-dschou [im Norden der Provinz Hupe am Mittellauf des Han-Stroms] und verbrachte dort mit dem Aufwärter Guo[3] die sommerliche Übungszeit. Dieser gab ihm den Wink, Nan-yüan aufzusuchen.

Als Fëng-hsüä zum erstenmal im Südhof [Nan-yüan] ankam[4], trat er zur Tür herein, ohne sich zum Gruße zu verneigen. Nan-yüan sagte: »Beim Eintreten gehört es sich, zu unterscheiden, wer Herr im Hause ist.« Fëng-hsüä versetzte: »Dieses Unterschiedes letzten Sinn möge doch der Meister, bitte, selbst entscheiden!« Nan-yüan hob die linke Hand und schlug sich damit auf das Knie. Darauf schrie Fëng-hsüä: Ho'! Nan-yüan hob die rechte Hand und schlug sich aufs rechte Knie. Fëng-

[1] Hier fügt der chinesische Text Fëng-hsüä als Redenden ein – wohl ein Mißverständnis späterer Abschreiber.

[2] Diesen und den nächsten Satz entnehmen wir dem oben ausgelassenen Abschnitt, vgl. S. 103, Fußnote 10. Fëng-hsüä hat sich nun von seiner Heimat Tschekiang weit entfernt.

[3] Guo: Dschou Guo war einst Aufwärter bei dem berühmten Dö-schan (782–865, Traditionstafel III A 11 a), behielt seinen bürgerlichen Namen bis ins Alter, war also zwar nicht Mönch, aber seiner Erfahrung wegen angesehen.

[4] Nan-yüan, japanisch Nan-in, Beiname des Meisters Bau-ying Hui-yung, japanisch Hô-ô E-gû, 9.–10. Jahrhundert, Traditionstafel III B 13 a, wirkte im Südhof (Nan-yüan) des Bau-ying-Klosters von Ju-dschou in Honan, südwestlich von der Residenzstadt Lo-yang. Durch ihn tritt Fëng-hsüä in die Tradition der Lin-dji-Schule ein.

hsüä schrie wieder: Ho'! Nan-yüan hob die linke Hand und sagte: »Mit dieser Hand kann ich mich dem Tschârya fügen.« [Er will sagen: die unterschiedslose Gleichheit ist auch wahr, aber nur die Hälfte der ganzen Wahrheit.] Dann hob er die rechte Hand empor und sagte: »Wie aber steht es um diese?« Fëng-hsüä sagte: »Blind!« [Kann beides heißen: dafür bin ich blind, das geht mich nichts an; oder aber: Ihr seid blind für mich und mein Verständnis.] Schließlich griff Nan-yüan mit der Hand nach seinem Stock. Fëng-hsüä warf ein: »Was habt Ihr im Sinn? Ich werde dem Ehrwürdigen den Stock entreißen und ihn damit schlagen; saget nicht, das komme nicht in Frage!« Nan-yüan schleuderte seinen Stock zu Boden und sagte: »Da habe ich nun heute vor diesem Gelbgesicht aus Tschekiang den Dummen spielen dürfen.« Fëng-hsüä bemerkte: »Ehrwürdiger, Ihr kommt mir vor, als hättet Ihr in Eurer Bettelschale nichts nach Hause gebracht und stelltet Euch nun satt, als ob Ihr keinen Hunger hättet« [d. h. mein Stoß hat Euch getroffen, und Ihr tut nun so, als wäre das ein Scherz]. Nan-yüan fragte: »Tschârya, bist du nicht schon früher einmal hier gewesen?« [Nan-yüan faßt nun seinen Gast persönlich an.] Fëng-hsüä [von dem familiären Ton befremdet] sagte: »Was ist das für eine Art zu reden?« Nan-yüan antwortete: »Schon gut, schon gut! Ich wollte nur mal fragen.« Fëng-hsüä gab zurück: »Dann darf man das auch nicht so einfach wieder fallen lassen.« Nan-yüan erwiderte: »Setze dich nun einmal her zu einer Tasse Tee!« – Seht, welch überlegene Rasse [dieser Fëng-hsüä]! Ein Geist frei aus sich selbst heraus, scharf zugespitzt und schroff! Selbst Nan-yüan war nicht sogleich imstande, ihn klar zu unterscheiden.

Tags darauf richtete Nan-yüan an Fëng-hsüä die gewohnte Frage, wo er sich den Sommer über aufgehalten habe [nämlich zur sommerlichen Übungszeit, während welcher sich die Mönche, statt zerstreut zu wandern, in bestimmten Klöstern sammeln]. Fëng-hsüä antwortete [und zwar diesmal sachlich, ohne Faseleien]: »Den Sommer verbrachte ich im Hirschtorkloster zusammen mit dem Aufwärter Guo.« Nan-yüan bemerkte: »Da bist du gleich zu Anfang einem sachkundigen Manne nahegetreten.« Dann fuhr er fort: »Was hat er denn zu dir gesagt?« Fëng-hsüä antwortete: »Er hat mich von Anfang bis zum Ende immer nur gelehrt, durchweg den Herrn zu spielen« [d. h. immer die Oberhand zu behalten]. Alsbald schlug ihn Nan-yüan mit dem Stock und jagte ihn zum Zimmer hinaus, indem er sagte: »Was fange ich mit einem Chinesen an, der sich solch einer Niederlage aussetzt!« Fëng-hsüä fügte sich freiwillig und bewahrte es in seiner Brust. Er blieb in Nan-yüan's Bruderschaft und versah das Amt des Obergärtners.

Eines Tags kam Nan-yüan in den Garten und fragte ihn: »Wie setzt man sich im Süden auseinander, wenn ein Meister seinen Stock gebraucht?« [Mit Süden meint Nan-yüan die Gegend, aus welcher Fëng-hsüä hergekommen ist, also Tschekiang, wo Meister aus der Schule Hsüä-fëng's, wie Djing-tjing und Tsui-yän, wirkten.] Fëng-hsüä erwiderte: »Dort setzt man sich in eigenartiger Rede auseinander.« Dann fragte er: »Wie hält es der Ehrwürdige in solchen Fällen?« Nan-yüan hob seinen Stock mit festem Griffe hoch und sagte: »Unterm Stock kann es je nach dem inneren Triebwerk [des Betroffenen] geschehen, daß sein geduldiges Ja zur unentstandenen Dinglichkeit[1] demjenigen des Meisters in nichts nachsteht.« Bei diesen Worten stieg in Fëng-hsüä himmelweit die große Klarheit auf.

[Erörterung des Beispiels]

Zu der Zeit, als die Fünf Dynastien sich der Unordnung entzogen hatten[2], lud der Vogt von Ying-dschou den Meister [Fëng-hsüä] ein, die sommerliche Übungszeit bei ihm [in seinem Amtssitz] abzuhalten. Damals stand einzig die Lin-dji-Schule hoch in Blüte. Fëng-hsüä mochte Zwiegespräche führen oder [im Zusammenhang] zur Unterweisung reden, immer, das muß man schon sagen, waren seine Worte, seine Sätze fein gespitzt, von neuem Klang, wie auserlesener Blumenschmuck, wie eng und dicht gewirkter bunter Seidenstoff, und Wort für Wort schlug ein und blieb im Herzen haften.

Eines Tags lud der Vogt den Meister ein, in der Amtshalle aufzutreten. Hier unterwies er seine Hörerschaft, indem er sagte: »Das Geistessiegel unseres Patriarchen gleicht in der Art, wie es sich darstellt, der wirkenden Kraft des Eisernen Stiers. Geht es ab, so bleibt das Siegel. Bleibt es, bricht das Siegel auseinander. Es ist gerade, als ob es weder wegginge noch haften bliebe. Was ist nun richtig, zu siegeln oder nicht zu siegeln?«[3] – ›Warum soll es [das Geistessiegel des Patriarchen] nicht etwa einem steinernen Menschen [einer Steinfigur] oder einem hölzernen Pferde ähnlich sein? Warum denn ausgerechnet der wirkenden Kraft des Eisernen Stiers? Weil du keinen Ansatzpunkt, ihn zu bewegen, finden wirst. Nimmst du es nur ein wenig ab, so bleibt das Siegel. Läßt du es ein wenig darauf bleiben, so bricht das Siegel auseinander und reißt dich in hundert Stücke. Es ist gerade, als ob es weder wegginge noch haften bliebe. Was ist nun richtig, zu siegeln oder nicht zu siegeln?‹[4] – Seht euch einmal diese seine Unterweisung an! Das heißt: am Angelhaken einen Köder haben.

Nun befand sich damals unter den Zuhörern der Älteste Lu Be, selbst ein angesehener Abt aus Lin-dji's Schule. Der besaß die Kühnheit, vorzutreten und sich mit Fëng-hsüä's innerer Kraft zu messen. Die Art und Weise, wie er dessen Rede einfach umdreht und auf seine eigene Frage hinauslaufen läßt, ist immerhin erstaunlich. Er sagt: »Ich besitze die treibende Kraft des Eisernen Stiers; bitte, Meister, drückt mir nicht das Siegel auf!« Aber was hilft es ihm! Fëng-hsüä, als geübter Meister, erwidert ihm ganz einfach mit den Worten: »Ich bin gewohnt, durch Walfischfang des Meeres Flut zu klären; doch einem Frosche im Schlamm nachwaten preßt mir Seufzer aus.« Da kann man wohl auch sagen: Worte haben ihren Klang. Ein Wort von Yün-mën[5] lautet: »Ich werfe meine Angel aus in die vier Meere, nur einen grimmigen Drachen aufzufischen.« Das ist abseits von aller Regel ein geheimer Kunstgriff, einen echten, geistverwandten Freund zu suchen. So wirft also er [Fēng-hsüä] ins große Naß zwölf Wasserbüffel aus als seinen Köder und angelt damit nichts heraus als einen Frosch! ... [6] Einer der Alten[3] sagt: »Betrachtet man es im Blick auf die Sache selbst, so ist es leicht [zu verstehen]; rät man dagegen mit [vorgefaßten] Meinungen und Absichten daran herum, so hat es mit der Sache nichts zu tun.«

»Lu Be blieb stehen und sann nach.« Wenn er es im Augenblick des Sehens nicht auch gleich erfaßt, so wird er ihm wohl tausend Jahre lang nicht mehr begegnen. Er kann einem wahrlich leid tun. Darum heißt es: Mag einer über alle tausend Sutren und Traktate predigen können, so wird es ihm doch schwer sein, im entscheidenden Augenblick [wo es ums Eigentliche, Wesentliche, um ihn selbst und um das Höchste geht] auch nur ein Wort herauszubringen. Tatsächlich sucht Lu Be geflissentlich nach einem guten Wort, das er Fēng-hsüä entgegenhalten könnte; ihm aber zu gebieten, fühlt er kein Verlangen. So muß er es denn hinnehmen, daß ihm Fēng-hsüä in einem Zug die Siegesfahne aus den

[1] »Geduldiges Ja zur unentstandenen Dinglichkeit«: mit diesem Ausdruck versuchen wir, den wichtigen Begriff des Lankâvatâra-Sûtra's »anutpattika-dharma-kshânti« wiederzugeben. Näheres hierüber in den Erklärungen zum Text S. 120f.

[2] Nach dem Zusammenbruch des Tangreichs, 906, richtete einer der geschlagenen Generäle im nordwestlichen Kerngebiet eine Dynastie auf mit dem Anspruch, legaler Träger der Reichseinheit zu sein. Sie hielt sich nur kurz, und vier andern, die ihr folgten, erging es nicht besser. Vgl. Band I, S. 559, Zeittafel 907–960. In zehn anderen Reichsteilen schufen einstige Militärgouverneure des Hauses Tang mehr oder weniger souveräne und zum Teil recht gut regierte Landesstaaten. Man nennt diese Zeit darum auch die »der Fünf Dynastien und der Zehn Landesstaaten«. Yüan-wu's Ausdruck »der Unordnung entzogen« ist eine legitimistische Formel der Sungzeit, die der Wirklichkeit keineswegs entspricht.

[3] Diese Sätze entsprechen genau dem Wortlaut des Beispiels. Merkwürdigerweise werden sie nachher in etwas anderer Form wiederholt. Es liegt deutlich eine textliche Unordnung vor.

[4] Man muß beinahe annehmen, daß dieser ganze Abschnitt auch, wie der im Beispiel gegebene, als Lehrrede Fēng-hsüä's überliefert war; er hängt durchaus sinnvoll zusammen. Wir haben ihn deshalb ebenfalls zwischen kleine Anführungszeichen gesetzt. Im Text ist davon freilich keine Spur.

[5] »Yün-mēn«: Dies ist ein Irrtum. Der zitierte Ausspruch stammt von einem Urenkelschüler des Yün-djü Dau-ying (Traditionstafel III A 12 k) namens Liang-schan Yüan-guan (japanisch Ryô-zan En-kwan), der seinen Platz also bei Traditionstafel III A 15 hätte.

[6] Wir übergehen hier einen offenbar später eingeschobenen Satz von zwölf Schriftzeichen.

[3] Einer der Alten: Lung-ya Djü-dun; vgl. das 20. Beispiel, Band I, S. 351ff.

Händen windet, die Trommel ihm entreißt, daß er sich einfach alles nehmen lassen muß und sich nicht mehr zu helfen weiß. Wie es im Sprichwort heißt: »Geschlagen liegt die Schar; das Schlachtfeld ist mit Besen nicht zu fegen.« Und wolltest du dich erst auch auf die Regeln für den Speerkampf noch besinnen, so flöge dir doch schon im Augenblicke des Besinnens der Kopf zu Boden.

Auch der Vogt hatte sich längere Zeit Fëng-hsüä's geistlicher Leitung anvertraut und verstand die Redensart: »Buddhagesetz und Königsgesetz sind beide von derselben Art.« Fëng-hsüä fragte ihn: »In welchem Sinn versteht Ihr das?« Der Vogt erwiderte: »Wo Entscheidung nottut, nicht entscheiden, bringt erst recht die Sache in Verwirrung.«

Fëng-hsüä's Geist ist durchweg fest in sich geballt. Er gleicht einem Flaschenkürbis auf dem Wasser: drückst du ihn mit der Hand nach unten, so dreht er sich herum; willst du ihn fassen, weicht er aus. Er versteht es, das Gesetz des Buddha auf die Art und Weise mitzuteilen, zu erklären und zu lehren, die dem inneren Zustand dessen, der gerade vor ihm steht, gemäß ist. Würde er sich nicht bei seinen Reden auf den augenblicklichen Zustand seines Gegenüber einstellen, so wären seine Worte sinnlos [mit anderen Worten: sie sind nur zu verstehen, wenn man sich vergegenwärtigt, mit wem er es im Augenblick zu tun hat]. So steigt er denn nunmehr von seinem Sitz herunter.

[Einschub aus den »Aufzeichnungen über Lin-dji«[1]]

Es ist einfach wie das, was Lin-dji von den viererlei Situationen zwischen Gast und Hausherrn lehrt, eine Sache, die der Lernende genau beachten sollte:

Wenn Gast und Hausherr sich begegnen, so gehen im Gespräch die Worte zwischen beiden hin und her. Bald knüpft man an einen bestimmten Gegenstand an und zeigt seine Gestalt. Bald bietet man das Ganze dar und läßt es wirken. Bald befaßt man sich mit dem Verhältnis zwischen dem Triebwerk erster Ordnung und dem vordergründigen Geschehen und wechselt zwischen Wohlgefallen und Zornausbrüchen hin und her. Bald zeigt man sich nur von der einen Seite und reitet [wie der Bodhisattva der vollkommenen Erkenntnis, Manjushrî] auf einem Löwen feierlich daher. Bald setzt man sich [wie Samantabhadra, der Bodhisattva der Barmherzigkeit] auf den Elefantenkönig.

Nun ist hier [erstens] z. B. ein Schüler von der wahren, echten Art, dem es einfällt, einfach ho' zu rufen und dem Meister zunächst einmal einen Topf mit Leim entgegenzuhalten [den niemand anfassen, einen Ruf, auf den man weder ja noch nein sagen kann, der vielmehr nur bezweckt, den Meister zu erproben]. Der Segensfreund jedoch, welcher nicht merkt, daß dieses Ho' nur äußerlicher Art ist [ein Kunstgriff in der Diskussion, nicht Ausbruch unsagbarer Wahrheit], läßt sich auf dieses Äußerliche ein und ergeht sich darin, den Gast auf allerlei Weise zu befühlen. Darauf ruft der Schüler wieder ho'! Der Meister aber ist noch immer nicht bereit, von ihm abzulassen. Dies ist die Herzverfettungs-

krankheit, die keine Heilung zuläßt. Von diesem [Verhältnis zwischen Meister und Schüler] sagen wir: der Gast durchschaut den Hausherrn.
Oder aber [zweitens] ist einer ein [echter] Segensfreund, der keine äußerlichen Dinge anfaßt und daherbringt. Er läßt sich auf den Fragepunkt des Schülers ein, um ihm diesen alsbald zu entwinden. Den ausgeraubten Schüler läßt er nicht mehr los, bis er beim Tode angelangt ist. Davon sagen wir: der Hausherr durchschaut den Gast.
Oder aber [drittens] ist da ein Schüler, der im Einklang mit der ganzen Region der makellosen Lauterkeit vor einen Segensfreund tritt. Und dieser Freund kann unterscheiden, daß [auch] das [noch] etwas Äußerliches ist, packt jenen an und will ihn in die Grube stoßen. Der Schüler aber sagt: recht so, Ihr seid ein guter Segensfreund. Der Segensfreund schilt ihn und sagt: was soll das heißen? Weißt du nicht, was Gut und Böse ist? Und der Schüler neigt sich tief vor ihm zum Dank. Davon sagen wir: Hausherr durchschaut Hausherrn.
Oder [viertens] ist da ein Schüler mit dem hölzernen Kragen um den Hals, in Fesseln, und tritt vor einen Segensfreund. Der tut ihm den Gefallen und legt ihm noch ein neues Schwergewicht von Holzkragen und Fesseln auf. Und der Schüler grinst vor Freude. Der eine kann den andern gar nicht deutlich unterscheiden. Davon sagen wir: Gast durchschaut Gast.
Was die großen Meister und Bergmönche ihren Schülern bieten, dient alles nur dem Zweck, die bösen Geister klar zu unterscheiden, Seltsames auszusondern und das, was daran falsch ist und was richtig, zu erkennen.
[Durch Worte zweier Meister weist Yüan-wu auf den tieferen Grund von Fëng-hsüä's Löwenkraft.]
Seht einmal her! Ein Mönch fragte Tsï-ming[2]: »Wie geht es zu, daß ein einziges Ho' den Unterschied von Gast und Hausherrn deutlich machen und mit dem Aufleuchten dieses Unterschieds gleich auch wirken kann? Daraufhin rief Tsï-ming: Ho'!
Ferner hat der Zen-Meister Hung-djiau von Yün-djü oder Wolkenheim[3] bei der Unterweisung einmal gesagt: »Wenn der Löwe einen Elefanten reißt, so nimmt er seine ganze Kraft zusammen; und wenn er einen

[1] Der Abschnitt ist nahezu wörtlich den »Aufzeichnungen über Lin-dji« (Lin-dji-lu, japanisch Rinzai-roku), Abschnitt 18, entnommen und enthält dessen vielberufene Lehre von »Gast und Hausherr«. Hier dient er als Maßstab zur Beurteilung von Fëng-hsüä und Lu Be.

[2] Tsï-ming (japanisch Ji-myô): heißt gewöhnlich Schï-schuang Tschu-yüan (japanisch Sekisô So-an) 986–1038, Traditionstafel III B 17 a, Urenkelschüler Fëng-hsüä's. Sein Urenkelschüler wiederum ist Fa-yän »vom Berg des Fünften Patriarchen«, der Meister Yüan-wu's.

[3] Hung-djiau, der »stark Erwachte«, ist posthumer Ehrenname für Yün-djü Dau-ying (japanisch Ungo Dôyô), gest. 901, Traditionstafel III A 12 k, Schüler des berühmten Dung-schan Liang-djiä.

Hasen reißt, so nimmt er wieder seine ganze Kraft zusammen.« Nun war da ein Mönch, der fragte: »Da möchte ich nur wissen, was für eine Kraft das ist, die der Löwe ganz zusammennimmt?« Yün-djü antwortete: »Es ist die Kraft der Wahrheit ohne Falsch.«
Seht her, wie Hsüä-dou im Gesang es auslegt!

Gesang

Er fängt Lu Be, setzt rittlings ihn
dem Stier von Eisen auf.
Drei Tiefen sind ihm Speer und Wehr.
Schwer fällt Erwidrung drauf.
Beim Königsschloß von Tschu der Strom
hinab dem Meere zu
Hat auf sein Machtwort hin dereinst
zurückgewandt den Lauf.

Zwischenbemerkungen zum Gesang

»Er fängt Lu Be, setzt rittlings ihn dem Stier von Eisen auf.« – Unter zehntausend Menschen hätte doch wenigstens jener eine [der Älteste Lu Be] Geschick und Kunst vorweisen können! – Einen geschlagenen Feldherrn erschlägt man nicht ein zweites Mal. [Halten wir uns ehrenhalber bei Lu Be nicht weiter auf!]
»Drei Tiefen sind ihm Speer und Wehr. Schwer fällt Erwidrung drauf.« – Wer am Spielbrett sitzt, verwirrt sich. [Er hat sich in den Kopf gesetzt, er müsse gewinnen, und verliert darüber die unbefangene Objektivität des Zuschauers. Er müßte sich mit einer Kraft ausrüsten, die in der Tiefe wurzelt, in der von Ich und Du, von Sieg und Niederlage überhaupt noch nicht die Rede ist. Diese Tiefe hat nach Lin-dji's Lehre drei Aspekte: 1. die Urtiefe, die allem Reden vorangeht, 2. die Tiefe im Wort selbst, 3. die Tiefe in der Wirkung, die vom Wort aus in das aktuelle Leben eingreift. Mit diesen Tiefen gut gewappnet, ist Fëng-hsüä nicht zu überwinden.] – Unglück haben ist so gut wie Glück haben; unterworfen haben ist soviel wie einen Feind bekommen haben. [Über keinen Sieg sich freuen, sich über keine Niederlage grämen: das erst macht wahrhaft überlegen.]
»Beim Königsschloß von Tschu[1] der Strom hinab dem Meere zu[2].« – Von welchem heimwärts strömenden Gewässer redet er eigentlich? [Als ob nicht die Erscheinungen und Vorgänge der ganzen Welt nur Ströme wären, die alle in das eine Meer der einen unfaßbaren Wahrheit münden.] – Himmel und Erde, alles ist voll von unermeßlichen Strömen.

– Aber auch die Vier Meere selbst müssen zurückströmen [wenn irgendwo durch irgendwen die eine ewige Wahrheit sich gegenwärtig kundgibt. Und das begab sich hier in Fëng-hsüä's Auseinandersetzung mit Lu Be.]
»Hat auf sein Machtwort hin dereinst zurückgewandt den Lauf.« – Es ist nicht daran, daß er mit seinem Schelten nur etwa dir [Lu Be, oder auch: dir, dem Hörer] die Zunge abgeschnitten hätte. – Ha, was meint ihr? – Er macht dem Eisernen Stier von Schan-dschou Angst, daß er davonläuft! Dem großen Buddhabild von Djia-dschou[3] jagt er einen Schrecken ein! [Vor der Macht der höchsten Wahrheit muß das mächtige Symbol verblassen.]

Erläuterung des Gesangs

Hsüä-dou weiß davon, daß Fëng-hsüä diesen Hausbrauch [nämlich den der Lin-dji-Schule] hatte. Darum sagt er im Gesang: »Er fängt Lu Be, setzt rittlings ihn dem Stier von Eisen auf. Drei Tiefen sind ihm Speer und Wehr. Schwer fällt Erwidrung drauf.«
In der Schule Lin-dji's hat man die »drei Tiefen«[4] und »drei Hauptsachen«. Es gilt als Regel, daß[5] ein Sätzchen [ein Ausspruch, der dem andern zur Erkenntnis helfen soll] in sich mit drei Tiefen ausgestattet sein muß. Und jede Tiefe muß in sich mit »drei Hauptsachen« ausgestattet sein. [Hauptsache bei jeder Übermittlung tiefster Wahrheit ist die innere Verfassung (das »Triebwerk«) des Hörers; denn von ihr hängt für sein Verständnis alles ab. Es gibt 1. solche, die im Wort bereits das Echte, Unaussprechliche vernehmen, 2. solche, die es zwar nur wörtlich

1 Das Königsschloß von Tschu: so nennt Hsüä-dou die Vogtei von Ying-dschou, dem modernen Wu-tschang am Yangtsekiang, der Hauptstadt der Provinz Hupe. Hupe bildete im Altertum zusammen mit Hunan das nahezu selbständige Lehensland Tschu, das zur Zeit der »streitenden Staaten« (481–256 v. Chr. Geb.) zu Bedeutung und Ruhm gelangte. Sein Fürst nannte sich König und residierte an demselben Ort, an dem rund 1300 Jahre später Fëng-hsüä weilte.

2 »Der Strom hinab dem Meere zu« – wörtlich: »die zum Hof des Ahnherrn strömenden Gewässer«. Das Meer ist »Ahnherr« alles Wassers, wie der Kaiser Ahnherr alles Volks. Wie die Höflinge frühmorgens sich bei Hof versammeln, so strömen alle Wasser hin zum Meer.

3 Ein riesenhaftes Steinbild des Maitreya Buddha in der Provinz Sï-tschuan, südlich der Hauptstadt Tschëng-du.

4 »drei Tiefen«: vgl. die Erklärung hierzu bei den Zwischenbemerkungen zu diesem Vers, S. 112.

5 »Es gilt als Regel, daß . . .«: Die folgenden Sätze sind beinahe wörtlich dem »Bericht über Lin-dji« (Lin-dji-lu, japanisch Rin-zai-roku) entnommen. Der mit »daß« eingeleitete Satz entspricht dem 10., die drei folgenden Abschnitte dem 9. Auftritt des Berichts.

nehmen, aber seinen eigentlichen, »leeren« Sinn doch ahnen, 3. solche, die am Wortlaut haften und für das, was dieser meint, verschlossen bleiben. Daß jede Tiefe mit diesen »drei Hauptsachen« ausgestattet sein soll, kann wohl nur bedeuten, daß der Sprecher sich die drei verschiedenen Arten, auf welche sein Wort aufgenommen werden kann, vergegenwärtigen, bzw. auf sie Rücksicht nehmen soll.]

Ein Mönch fragte Lin-dji: »Was ist ein Ausspruch erster Ordnung?« Lin-dji antwortete: »Wenn das Siegel der drei Hauptsachen sich öffnet, stehen die zinnoberroten Strichlein eng beisammen. Und noch ehe man beginnt zu überlegen, wird bereits der Unterschied von Gast und Hausherrn klar erkennbar. [Lin-dji spricht sich also über den Inhalt eines Satzes erster Ordnung überhaupt nicht aus. Denn ein solcher ist womöglich überhaupt kein »Satz«, sondern nur ein Anruf aus der Tiefe, alle faßbaren Gedanken aus dem Sinne auszuräumen, alle »Ströme abzuschneiden«. Sprechen läßt sich, streng genommen, nur von der unterschiedlichen Aufnahme, die ein solcher Satz beim Hörer findet. Hier kommt alles auf die »drei Hauptsachen« an, auf die Grade der Empfänglichkeit. Kann der Hörer nicht den Siegeldruck als Ganzes, letztlich Leeres fassen, versucht er erst, die enge Siegelschrift neugierig zu entziffern, so zeigt er schon, daß für ihn das Siegel gar nicht gilt.]

[Der Mönch fragte weiter:] Was ist ein Ausspruch zweiter Ordnung? Lin-dji antwortete: wie könnte wohl die »wunderbare Kunst der Unterscheidung« [wie sie der Bodhisattva Manjushrî besitzt] die Frage Wu-dscho's gelten lassen [welche zwischen strengen Buddhajüngern und anderen Menschen einen scharfen Schnitt macht][1]? Wer für Notbehelfe eintritt[2], kehrt dem Triebwerk, das den Strom abschneidet, nicht den Rücken. [Manjushrî's Antwort »vorne san und san, hinten san und san« gilt Lin-dji also als das beste Beispiel eines »Satzes zweiter Ordnung«. Ein solcher faßt die ganze Welt der Unterschiede in die unsagbare, höchste Wahrheit ein.]

[Der Mönch fragte weiter:] Was ist ein Ausspruch dritter Ordnung? Lin-dji antwortete: sieh dir einfach an, wie man auf den Brettern Marionetten spielen läßt! Ob er diese [an den Schnüren] einzieht oder ob er sie herausholt, liegt ganz und gar bei dem im Hintergrund[3]. [Ein Satz dritter Ordnung also kann sich mit jedem beliebigen Ding be-

[1] Lin-dji kannte also schon die merkwürdige Geschichte von der Begegnung Wu-dscho's mit Manjushrî, wie das 35. Beispiel sie erzählt, und verwendete sie im Unterricht.

[2] »Wer für Notbehelfe eintritt«: so deuten die Erklärer, und das wohl mit Recht, zwei chinesische Zeichen, die den Anfang eines Sanskritausdrucks wiedergeben sollen. Die Zeichen lauten chinesisch ou-ho (sinojapanisch ô-wa) und sind sehr wahrscheinlich als Abkürzung des Wortes aupayika zu verstehen, das mit upâya (Notbehelf) zusammenhängt.

[3] Hier endet das Zitat aus dem 9. Auftritt des »Berichtes über Lin-dji«.

fassen, wobei es doch auf dieses Ding in keiner Weise ankommt, sondern einzig auf den Sinn des Redenden.]
Fëng-hsüä hat also seinen Ausspruch [seine Worte], wie es sich gehört, mit dem Speer und Harnisch der »drei Tiefen« ausgerüstet. Er hat [wie der rechte Kriegsmann] alle seine sieben Sachen bei sich, so daß ihm so leicht keiner etwas entgegensetzen kann. Wie wäre er sonst auch mit Lu Be fertig geworden?
Am Ende ist Hsüä-dou daran gelegen, die gespitzte Stoßkraft der Nachfahren Lin-dji's herauszukehren. Sage keiner, es gehe hier [nur] um Lu Be. Denn mag am Uferrain der Königsburg von Tschu der breite Strom in mächtigem Gewoge weißschäumend bis zum Himmel mit allen seinen Wassern zum Meere, dem er hörig ist, abfließen, so genügt trotzdem ein einziges Ho', um ihn zu zwingen, daß er umkehrt und landauf zurückströmt.

Fëng-hsüä Yän-dschau

Dieses achtunddreißigste Kapitel des Bi-yän-lu ist unter allen hundert das bei weitem längste. Und vom Anfang bis zum Ende lenkt es unsern Blick beharrlich auf die seltene Gestalt des Meisters, der hier auftritt. Dieser muß, das sieht man deutlich, bei den Zeitgenossen und der Nachwelt einen starken Eindruck hinterlassen haben; sonst hätte weder Hsüä-dou in so hohem Ton von ihm gedichtet, noch auch Yüan-wu sich so eingehend mit ihm befaßt.

Auch in früheren Kapiteln ist uns Fëng-hsüä wiederholt begegnet, allerdings nur nebenbei, aber jedesmal gewichtig. Im Anschluß an das sechzehnte Beispiel, das von Djing-tjing und von dem »Getriebe feilepicke« handelt, erzählt Yüan-wu von einem Mönche, welcher Nan-yüan um Belehrung über diesen Vorgang bittet. Nan-yüan sagte ihm: unter echten Könnern feilt und pickt man nicht; sobald man damit anfängt, geht die Sache schief. Der Mönch, unzart und nur auf eine Technik, welche sicher funktioniert, versessen, will das nicht begreifen, und Nan-yüan jagt ihn fort. In Yün-mën's Bruderschaft gehen ihm die Augen dafür auf, wie Nan-yüan es meinte. Er kehrt zurück nach Judschou, um Nan-yüan noch einmal zu sprechen. Der aber ist nicht mehr am Leben; an seiner Stelle wirkt dort Fëng-hsüä, hört sein Bekenntnis an und entläßt ihn kurzweg mit dem bündigen Bescheid: Du hast es begriffen. (Vgl. Band 1, S. 299f.)

Dann das Beispiel 24 mit der rätselhaften Szene zwischen We-schan und der Nonne Liu! Um für das Verständnis gleich von vornherein den Blick des Lesers in die angemessene Richtung zu lenken, weiß Yüan-wu nichts Besseres zu tun, als seinen Hinweis mit den Versen zu beginnen, welche Fëng-hsüä schon hundertfünfzig Jahre vor ihm und wohl hundert vor Hsüä-dou auf We-schan gedichtet hat (vgl. Band 1, S. 415):

Hoch, hoch steht er auf des Gipfels Spitze:
Teufel, Heiden sehen nicht den Ort.
Tief, tief steigt er in des Meeres Gründe:
Buddhaaugen suchen ihn vergebens dort.

Nachher in der »Erläuterung des Gesangs« bringt Yüan-wu diese Verse noch einmal und lobt sie (S. 420). Und am Schluß führt er noch dreimal Fëng-hsüä an, wie dieser einem Mönch den Sinn von We-schan's derbem Gruß, von dem Wallfahrtsvorschlag jener Nonne und von We-schan's verblüffendem Zubodensinken mit feinen Gleichnisworten deutet (Band 1, S. 421).

Endlich taucht in der Erläuterung Yüan-wu's zum Gesang auf Beispiel 33 schon der Vers auf, mit dem Fëng-hsüä sich des forschen Einspruchs von Lu Be erwehrt: »Ich bin gewohnt, durch Walfischfang das große Naß zu klären; doch einem Frosch im Schlamm nachwaten preßt mir Seufzer aus.« Man lese dort auf S. 537 und 541 nach, wie das gemeint ist und beachte, wie alles durch den leeren Kreis bestimmt ist, den Dsï-fu dem stark in Unterscheidungen befangenen Staatssekretär Tschën-Tsau entgegenhält.

Es hat somit schon bisher an Andeutungen dafür nicht gefehlt, daß wir es bei Fëng-hsüä mit einem Meister von besonderer Geisteskraft zu tun haben. Jetzt stellt Yüan-wu das ins volle Licht. Seine Erläuterung zum Beispiel beginnt geheimnisvoll mit Weissagungen, die von Fëng-hsüä ganz Besonderes erwarten lassen. Erst tritt Huang-bo auf, um seinem Schüler Lin-dji eine große Zukunft zu verheißen, darnach Yang-schan, um das Kommen eines diesem Lin-dji ebenbürtigen Nachfolgers dunkel anzudeuten. Fëng-hsüä ist in der Lin-dji-Schule, wie es scheint, zu einer mythischen Figur geworden, um welche sich Legenden spannen.

Merkwürdig ist auch, daß Fëng-hsüä sich fünf Jahre lang bei dem berühmten Hsüä-fëng aufgehalten haben soll, der nur bis 908 gelebt hat, während er, 896 geboren, bei dessen Tod erst zwölf Jahre alt gewesen wäre. Die sonst umlaufenden Berichte über Fëng-hsüä wissen davon nichts. Sie erzählen nur, daß er, in Yü-hang bei Hang-dschou, der Hauptstadt Tschekiangs, geboren, von klein auf Fleisch und scharfe Gewürze gemieden, sich durch Verstand und edlen Ehrgeiz ausgezeichnet habe und in der Absicht, die Beamtenlaufbahn zu ergreifen, zum Staatsexamen nach der fernen Residenz Tschang-an gewandert, dort aber in der Prüfung durchgefallen sei. Dies erst habe sein Streben in andere Richtung gelenkt. Er trat in Hang-dschou in das erste Buddhakloster der Provinz ein, unterzog sich strengster Übung in der Ordensregel, legte bald das Mönchsgelübde ab, erhielt dabei den Namen Yän-dschau und studierte eifrig alle Sutren und Traktate, auf welche die gelehrten Meister auf dem Tiän-tai-schan (japanisch Tendai-san) in Tschekiang ihre allumfassende und tiefe Lehre aufgebaut hatten, also insbesondere das Sutra von der Lotosblüte des guten Gesetzes (Saddharma-pundarîka-sûtra) und die Anweisungen zur Versenkung. Doch irgendwie von der scholastischen Dogmatik unbefriedigt, habe er seit etwa 920, also vierundzwanzigjährig, begonnen, Zenmeister aus der Schule Bodhidharma's und des Sechsten Patriarchen aufzusuchen. Erst führte ihn sein Weg zu solchen in der eigenen Provinz, in Tschekiang, unter ihnen also auch zu Djing-tjing; dann wandte er sich in das Inland und fand zuletzt in Nan-yüan seinen Meister. Wenn sein Besuch bei Hsüä-fëng doch nicht spätere Erfindung ist, die Yüan-wu einfach übernommen hätte, kann man nur annehmen, daß seine Eltern in der Überzeugung, er sei für eine geistliche Laufbahn bestimmt, schon den sechs- bis siebenjährigen Knaben nach Fukien auf den Hsüä-fëng-schan gebracht hätten. Ist dies auch nicht völlig ausgeschlossen, so doch immerhin merkwürdig, zumal wenn man bedenkt, daß sich der Knabe dort bereits mit ganz speziellen Sonderlehren des Meisters Lin-dji aus Nordchina beschäftigt haben soll.

Im weiteren Verlauf zeigt denn auch Yüan-wu uns den Wandermönch Yän-dschau zunächst auf der Fahrt durch seine eigene Heimat Tschekiang. In der Gegend jenes Tiän-tai-schan, des Sitzes der erwähnten Tiän-tai-Schule, trifft dieser in dem Jui-yän-Kloster einen Meister, dem man strenges Regiment nachsagt, der jedoch zuallererst den Herrn und Meister in sich selber fürchtet, ihn anruft und von ihm sich in die Wahrheit und die Klarheit, die von fremder Meinung unbeirrt bleibt, leiten läßt. Solch ein Selbstgespräch hat er noch nie gehört; das bleibt ihm.
Über weitere Stationen kommt er dann zu Djing-tjing, jenem Meister des sechzehnten Beispiels, der sein Amt mit dem der Gluckhenne verglich, die im Augenblick, in dem das ausgereifte Küchlein an der Schale seines Eigehäuses feilt, um es zu öffnen, von außen pickt und so das Ausschlüpfen erleichtert. Doch mußte Djing-tjing die Erfahrung machen, daß, sobald man einen solch verschwiegenen Vorgang umständlich beschreibt, menschlicher Unverstand sich daraus ein Rezept macht, das der Unberufene meint anwenden zu können, und damit nur Schaden anrichtet. Was im geheimen vorgeht, wird durch Reden nur gestört.
Djing-tjing hat ohne Frage auch den jugendlichen Yän-dschau in gütiger Bereitschaft, ihm den Dienst der Glucke zu erweisen, aufgenommen. Auf die Geistesart jedoch, die ihm in diesem Mönch entgegentrat, war er offensichtlich nicht gefaßt. Das war kein Erdgebundener, wie die andern; das war ein Vogel Greif, der über Land und Wasser kühn hinwegflog. Trotz aller seiner Studien in den Sutren und der Tiän-tai-Lehre hatte er noch etwas von der Art der sagenhaften Genien (Hsiän) an sich, die auf Gipfelhöhen die reine Luft des Himmels einatmen und es so weit bringen, von Berg zu Berg zu fliegen. Djing-tjing hatte Mühe, sich mit ihm zu messen; es war ein Kampf von höchster Spannung. Schließlich kam es doch zutage, daß hinter all den hohen Tönen keine echte Kraft verborgen lag. Yän-dschau lenkte ein, und Djing-tjing, von der Zähigkeit des Kampfs bewegt, ließ ihm versöhnlich seinen Jakschweif über den Scheitel streichen mit den Worten: das war von Rang. Er hatte keinen vollen Sieg errungen.
Im Gegenteil, was Yüan-wu weiterhin berichtet, läßt erkennen, daß Yän-dschau, weit entfernt, bescheidener zu werden, sich den Meistern gegenüber nun erst recht versteift. Er reist von Tschekiang landeinwärts nach Hupe in Mittelchina, nördlich des Yangtse-Stroms. In einem Kloster trifft er einen alten Mann, der vor gut sechzig Jahren bei dem gestrengen Dö-schan Dienst getan hat und daher noch jetzt Aufwärter Guo genannt wird. So einer weiß genau, was in den Klöstern los und wo etwas zu holen ist. Er rät dem Gast aus Tschekiang, weiter nach Honan zu reisen und in Ju-dschou am Fluß Ju[1] den Enkelschüler des berühmten Lin-dji, Bau-ying Hui-yung, aufzusuchen, der im Nan-yüan oder »Südhof« des dortigen Klosters lehre und deshalb selbst den Namen Nan-yüan trage. Yän-dschau, voll Eifers, sich mit einem Mann von Ruhm zu

messen, geht dorthin, und das Treffen, wie es Yüan-wu nun beschreibt, wird noch viel dramatischer als das mit Djing-tjing. Solch entschlossene Geste unbedingter Überlegenheit, wie dieser junge Mann sie aufspielt, hat auch Nan-yüan offenbar noch nicht erlebt. Dennoch bleibt er klar der Überlegene, auch wo er einmal eine Schlappe hinnimmt. Er kann stark sein und kann schwach sein, einmal hart und einmal weich. Ihm geht es nicht um Sieg und Niederlage; er hat etwas Höheres in sich. Und im stillen hat er an dem tapferen Streiter seine Freude; aus dem, das fühlt er, kann noch etwas werden. Yän-dschau folgt seiner Einladung zu einer Tasse Tee; er ist im Grunde schon besiegt.

Am Tag darauf kommt es zu der totalen Niederlage. Yän-dschau spricht in aller Einfalt aus, was ihn der Aufwärter Guo gelehrt hat: Herr der Lage bleiben, stets die Oberhand behalten, das sei es, was den Meister ausmacht. So hat der Alte es in früher Jugend bei Dö-schan gesehen und nachher bei jedem guten Meister bestätigt gefunden. Ein ganz einfaches Rezept; man muß es nur gut üben und unerbittlich konsequent durchführen! Jetzt hat Nan-yüan leichtes Spiel. Yän-dschau sieht selbst die ungeheure Blöße, die er sich gegeben hat, demütigt sich und tritt in Nan-yüan's Kreis als Schüler ein. Er lernt den strengen Geist der Lin-dji-Schule kennen. Nan-yüan überträgt ihm bald das Amt des Obergärtners; da hat er es, anstatt mit Wolken, mit Erde, Dünger, Kraut und jüngeren Gehilfen zu tun. Nan-yüan hält, auch wenn er wenig mit ihm redet, doch auf ihn ein waches Auge und weiß genau den Tag, an dem es Zeit ist, ihn entscheidend anzusprechen. Mit einer Frage weiß er ihm die Gegenfrage zu entlocken, die genau diejenige Antwort fordert, welche er schon längst für ihn bereit hat.

Ging es doch für diesen hochgemuten Geist von Anfang an um das Geheimnis echter Überlegenheit. Daß zu wahrer Überlegenheit nur der gelangen kann, der die Dinge dieser Welt in ihrer Nichtigkeit durchschaut hat, davon war Yän-dschau schon lange überzeugt. Daraus leitete er für sich das Recht ab, sich schlechthin über alles frei hinwegzusetzen. Damit nährte er sein Selbstgefühl, in dem er sich erhaben über alle anderen dünkte, und sei es auch der größte Meister. Er hatte eine große Wahrheit falsch, d. h. nur halb, verstanden und war deshalb von ihr, anstatt gesund, für eine Weile krank geworden.

Gewiß ist für das Buddhatum des »Großen Fahrzeugs« (Mahâyâna[2]) dies der Anfang heilsamer Erkenntnis, einzusehen, daß alle Dinge letztlich leer, unfaßbar sind, die Unterscheidungen von Form und Farbe, von Gefühlen und Begriffen wesenloser Schein. Das ist genauso eine echte Glaubensüberzeugung, verwurzelt in den Tiefen menschlichen Gemüts,

[1] Ju-dschou am Ju: rund 120 km südöstlich von Lo-yang, dem heutigen Honan-fu, ungefähr 60 km südlich vom Sung-schan, dem einstigen Sitze Bodhidharma's.

[2] Mahâyâna: chinesisch da-schëng oder da-tschëng, japanisch dai-jô.

wie etwa das, was Paulus mit den Worten ausspricht: »Was sichtbar ist, das ist zeitlich; was aber unsichtbar ist, das ist ewig« (II. Korinther 4, 18). Die großen Lehrer des Mahâyâna, wie Nâgârjuna und Âryadeva, haben diese Intuition nur weiter durchgedacht und mit subtilem Scharfsinn bis zur letzten Konsequenz verfolgt. Weil alles Dingliche, so folgern sie, des festen, substantiellen Kerns, also des wesenhaften Seins entbehrt, so kann man davon auch nicht sagen, es sei irgendwann entstanden und vergehe irgendwann einmal. Die Dinglichkeit[1] ist »ohne Entstehung«[2], »ohne Vernichtung«[3], ein reines Phantom. Man kann von ihr nicht sagen, daß sie ist, und kann auch nicht behaupten, sie sei nicht. Man kann sie nur erfahren, *wie* sie ist, nämlich voll von Gegensätzen in den Formen und den Farben, von Widersprüchen im Gefühl von Lust und Leid, Schönheit und Schrecken, Haß und Liebe, im ständigen Kampf von Gut und Böse. Aber daraus nun den Schluß zu ziehen, den der Himmelsstürmer Yän-dschau, der spätere Fëng-hsüä, zog: also müsse man, um frei zu werden, der Dinglichkeit entfliehen an irgendeinen fernen Ort, ist ein schweres Mißverständnis. Wer entfliehen will, sieht nicht einmal, daß dies unmöglich ist; gehört er selber doch der Dinglichkeit mit Leib und Leben an. Aber mehr noch: er bemerkt nicht das höchst eigenartige Verhältnis dieser »wesenlosen«, »leeren«, »unentstandenen« Dinglichkeit zu jener offenen, leeren Weite, jenem unfaßbaren Höchsten, das er sucht. Die Dinglichkeit ist eben deshalb wesenlos und leer, weil sie in das unfaßbare Leere eingefaßt ist. In ihr allein, in unserem Alltag, nicht abgetrennt davon, begegnen wir der Wahrheit, wie sie ist, und werden frei, indem wir sie für unser Leben, Denken, Handeln anerkennen und annehmen.

Den Lehrern des Mahâyâna gilt dies als die höchste Stufe der Geduld, wie sie dem Buddha eigen ist. Sie nennen sie »Geduld zur unentstandenen Dinglichkeit«[4]. Es ist nicht nur Geduld mit diesem oder jenem Leiden, mit diesem oder jenem Quälgeist. Es ist die grundsätzliche Geduld auf Grund umwälzender Erkenntnis, ist darum erstens einmal Anerkennung. Sie erkennt es an und läßt es gelten, daß diese ganze Welt der Dinge mit ihrer Lust und ihrem unsagbaren Leid im Grunde leer ist, wesenlos. Und eben deshalb nimmt sie diesen ganzen, fest in sich geschlossenen Kausalkomplex ohne Fluchtversuch bereit und willig an, um an und in ihm sich in der Wahrheit zu bewähren. In China übersetzte man den Ausdruck für »Geduld« mit einem Schriftzeichen, welches auf das grundlegende Moment der Anerkennung Nachdruck legt. Wir geben deshalb den chinesischen Ausdruck etwas anders wieder als einfach mit »Geduld« und sagen dafür: »das geduldige Ja zur unentstandenen Dinglichkeit.«[5]

Wir verstehen nun wohl einigermaßen die Gedanken, welche Nan-yüan an jenem Morgen in den Klostergarten trieben. Es ist seit jener Stunde, als er Yän-dschau mit dem Stock aus seinem Zimmer jagte, noch eine Klärung fällig. Jetzt ist der Obergärtner dazu reif. Wieder hebt Nan-yüan den Stock. Denn der ist kein gemeiner Prügel. Er ist in der Hand des Meisters ein Symbol der höchsten Wahrheit, die sowohl das Hangen an der Dinglichkeit als auch den Stolz hochmütiger Weltverachtung mit gleicher Unerbittlichkeit zerschlägt. Dieser höchsten Wahrheit gegenüber gilt nichts als das »geduldige Ja zur unentstandenen Dinglichkeit« mit aller ihrer Not und ihrem unsagbaren Leid. Das ist es, was dem Schwärmer Yän-dschau bis dahin gefehlt hat. Und jetzt geht das ihm auf, die Widerstände fallen in ihr Nichts zusammen. Alles in ihm, um ihn ist nun offene Weite. Durch Nan-yüan's Beistand und Bestätigung trägt auch er das Geistessiegel Bodhidharma's.

Nach fünf Jahren Dienst im Südhof von Ju-dschou zieht er sich zwischen den Bergen vor der Stadt in das verlassene Kloster »zum Windloch«, Fëng-hsüä, zurück, um sich weitere sechs bis sieben Jahre in der Stille innerlich zu festigen. Aber bald beginnt die Kraft, die er gesammelt hat, sich auszuwirken. Es sammeln sich von nah und fern die Suchenden um ihn, Mönche sowohl wie Laien. Er muß den zum Teil zerfallenen Bau erneuern und erweitern. Der Name Fëng-hsüä beginnt im Reich zu klingen und bleibt ihm auf Lebenszeit. Was er spricht, das prägt sich dem Gedächtnis ein. Der »Bericht von der Weitergabe der Leuchte aus der Ära Djing-dö« (japanisch Keitoku-Dentô-roku) führt von ihm nicht weniger als fünfundsiebzig Aussprüche an, und Yüan-wu rühmt in der Erläuterung mit Nachdruck ihren »neuen Klang«, die auserlesene Sprache und die sichere Wirkung seiner Rede. Auch der Vogt von Judschou, Li Schï-djün, ehrte Fëng-hsüä als Meister und zog ihn im Jahr 937, wahrscheinlich nach Nan-yüan's Tod, an dessen Stelle wieder in den Südhof seiner Stadt Ju-dschou. In den zwölf Jahren, während deren Fëng-hsüä dort an Nan-yüan's Stelle saß, erreichte seine Wirksamkeit wohl ihren Höhepunkt.

Inzwischen hatte sich die Lage Chinas in den nördlichen Provinzen immer mehr verschlechtert. Die Generäle aus dem Tang-Reich, die sich auf dem Kaiserstuhl ablösten, konnten sich dem Druck des nördlichen Tungusenreichs Kitan nur noch durch Tributzahlungen erwehren. 946 hatte sich in Tschang-an ein neuer General zum Kaiser aufgeschwungen und die vierte »Dynastie« (mit Namen Han) begründet, während schon sein Feldmarschall nur darauf lauerte, ihn zu stürzen, was ihm nach vier Jahren auch gelang. In dieser Lage hielt der Vogt von Ju-dschou, Li Schï-djün, es für geraten, zeitig auszuweichen, gab 949 seine Stellung auf, zog südwärts nach Hupe, das mit dem südlichen Hunan zusammen

[1] Dinglichkeit: indisch dharma, was im allgemeinen »Gesetz« bedeutet, ontologisch aber im Sinne von »Bestimmtheit« auf die ganze Welt der Dinge zu beziehen ist. Chinesisch fa, japanisch hô.

[2] ohne Entstehung: anutpattika, chinesisch wu-schëng; japanisch mu-shô.

[3] ohne Vernichtung: aniruddha, chinesisch wu-miä, japanisch mu-metsu.

[4] Geduld zur unentstandenen Dinglichkeit: anutpattika-dharma-kshânti.

[5] Geduldiges Ja zur unentstandenen Dinglichkeit: chinesisch wu-schëng-fa-jën, abgekürzt wu-schëng-jën; japanisch mu-shô-bô-nin, mu-shô-nin.

Machtbereich des einstigen Tang-Generals Ma Yin geworden war (vgl. Band 1, S. 367) und jetzt von dessen jüngerem Bruder Ma Dsï-fu regiert wurde. Dieser nahm den Vogt von Ju-dschou gerne auf und übertrug ihm die bedeutende Vogtei von Ying-dschou am Yangtsekiang, die später Wu-tschang hieß und jetzt mit den am Nordufer gelegenen Städten Han-yang und Han-kou zusammen die zentrale Großstadt Wu-han bildet. Li Schï-djün bewog auch Fëng-hsüä, dorthin umzuziehen, und räumte ihm sogar den Sommer über einen Teil seiner Vogtei zur Wohnung ein.

Dort also, in China's Mittelpunkt, begab sich, was im Beispiel uns erzählt wird. Im Gesange Hsüä-dou's klingt noch etwas an von den Erinnerungen, welche das chinesische Gefühl bei Nennung dieses Orts bewegen. Die heutigen Provinzen Hunan und Hupe bildeten im Altertum den mächtigen Lehensstaat Tschu, der sich mit dem allmählichen Zerfall des altfeudalen Reiches Dschou selbständig machte und in der vielbesungenen »Zeit der streitenden Staaten« (481 bis 256 v. Chr. Geb.) durch heldenhafte Gegenwehr nach allen Seiten hohen Ruhm erwarb. Und ebenda, wo jetzt der Vogt von Hupe seinen Amtssitz hatte, stand einst die Königsburg von Tschu. Von hier sah man hinunter auf den mächtigen Strom, und gegenüber mündete in ihn sein stärkster Nebenfluß, der Han: es war ein Ort, an dem geschichtliche Erinnerung und stromdurchpulstes Landschaftsbild gepaart ein seltenes Gefühl der Größe weckten.

Übrigens war Fëng-hsüä's Aufenthalt am Ort der einstigen Königsburg von kurzer Dauer. Ein kaiserlicher Hofmeister in Ju-dschou, der Fëng-hsüä's Fortgehen bedauerte, vermachte ihm sein dortiges Anwesen zur Einrichtung eines ihm eigenen Klosters. So kehrte Fëng-hsüä schon im Herbst 949 nach Ju-dschou zurück, um dort noch über zwei Jahrzehnte lang zu wirken.

Zum Verständnis des Beispiels

Fëng-hsüä's Auftritt am Ort der Königsburg des alten Landes Tschu war für ihn selber etwas Neues. Er spricht nicht mehr vor den Mönchen seines eigenen Klosters. Er ist hier Gast, und vor ihm sitzt der Vogt mit seinem Stab; auch was sich sonst an interessierten Hörern eingefunden haben mag, sind Unbekannte. Was wird er wohl sagen? bemerkt Yüan-wu. Auf welchem Umweg wird er einer fremden Hörerschaft den großen Gegenstand, von dem er doch allein erfüllt ist, nahebringen?

Nun, an solchen Fragen hält ein Fëng-hsüä sich nicht lange auf. Er faßt den Stier gleich an den Hörnern und beginnt: »Das Geistessiegel unseres Patriarchen.« Darum und um nichts anderes geht es ihm. Dieses Siegel hat ihm Nan-yüan aufgedrückt; dieses Siegel andern aufzudrücken, dazu ist er da. Er ist ein Menschenfischer, wo immer er steht. Auch hier in der Vogtei von Ying-dschou wirft er seine Netze aus.

Und schon im ersten Satz hat er ein Gleichnis bei der Hand, ein Bild, das

seinen Hörern offenbar vertraut ist und das genau den Kern der Sache trifft: den Eisernen Stier von Schan-dschou. Dieses Fabeltier im Huang-ho oberhalb der Stadt, da, wo der Strom sich zwischen steilen Wänden durchzwängt, hat sich vom einen Rand der Schlucht bis nahe an den anderen schräg im Wasser aufgepflanzt, den Kopf am südlichen, den Schwanz am nördlichen Ufer weiter abwärts, und hält dem ungeheuren Druck der Strömung unbeweglich stand, so daß die Stadt vor der Vernichtung durch die Flut bewahrt bleibt. In der Blütezeit des Hauses Tang hat der Dichter Djia Dschï (718–773) diesen Eisernen Stier von Schan in einem Lied als Sinnbild unbeugsamer Festigkeit gerühmt und so in China allgemein bekanntgemacht. Noch ein Staatsmann in der Zeit der Mandschu-Dynastie führte seines standhaften Charakters wegen im Volksmund den Beinamen Tiä-niu, d. h. »Der Eiserne Stier«.
In weit tieferem Sinne aber bot sich dieses Bild den Zenbeflissenen als ein erwünschtes Gleichnis an. Denn was ist die eigentliche Leistung dieses Fabeltiers? Nicht nur steht es unerschütterlich an seiner Stelle; es bewirkt auch, daß der Strom an diesem Ort nicht weiterkommt; die wilden Wasser gleiten machtlos an ihm ab. Dies ist genau das, was der Buddha in Versenkung leistet: die Ströme der Gedanken und Gefühle gleiten an ihm ab; sie haben keine Macht mehr über ihn. Diese Siegesmacht des Geistes hat in China keiner so eindrücklich dargestellt wie Bodhidharma. Und eben dieses, die Befreiung von dem »Strom« der Mannigfaltigkeiten, ist der Sinn und Inhalt des geheimen »Siegels«, welches nach der Redeweise der Zenschulen vom Buddha weiter bis auf Bodhidharma, und von ihm auf seine Nachfolger gekommen ist. Darum redet Yüan-wu schon im Hinweis zu dem ersten Beispiel unserer Sammlung, das von Bodhidharma handelt, von der großen Freiheit dessen, der »den Strom der Mannigfaltigkeiten in sich abgeschnitten hat« (Band 1, S. 37).
Dieses für das Geistessiegel Bodhidharma's so anschauliche Gleichnisbild ist denn auch in den Zenschulen schon lange vor Fëng-hsüä aufgegriffen worden. Im Anschluß an das 42. Beispiel erfahren wir, daß schon der Meister Yau-schan We-yän (750–834) es kannte. Er gesteht dem Patriarchen Ma, der Meister Schï-tou habe ihm die heilsame Erkenntnis zwar schon angedeutet, er aber sei sich dabei vorgekommen wie ein winziger »Moskito, welcher an dem Eisernen Stier hinaufkriecht« (vgl. Kap. 42, Erkl. z. Text, S. 182).
Fëng-hsüä hat der Hörerschaft in der Vogtei das Gleichnis von dem Eisernen Stier gewiß ausführlicher gedeutet, als es in dem von Hsüä-dou redigierten Text berichtet wird. Für Hsüä-dou ist, wie dies auch sein Gesang bezeugt, die Rede Fëng-hsüä's nur ein Vorspiel; Hauptsache ist ihm das Verfahren dieses Meisters mit Lu Be. Daher die Kürze des Berichts, welche das Verständnis freilich sehr erschwert.
Der Eiserne Stier wird also im Berichte Hsüä-dou's nur ganz kurz berührt. Er ist das Gleichnis für die absolute Unverletzbarkeit des Geistessiegels; alle Ströme unterscheidender Gedanken und Gefühle gleiten an

ihm ab. In den Sätzen aber, die nun folgen, tritt im Gegenteil der Unterschied von Zeit und Umständen in den Gesichtskreis und führt zu der heiklen Frage, ob die Weitergabe dieses Siegels, die doch in der Zeit geschieht und an Unterschiede der Persönlichkeit und anderes gebunden ist, sich überhaupt vertreten läßt.

Fëng-hsüä's Redeweise ist in hohem Grad verfänglich; sie klingt wie von einem Taschenspieler. Siegel weg: Siegel bleibt! Siegel bleibt: Siegel zerbricht! Was geht bei dieser Siegelei nur vor?

Nehmen wir die Sache ganz konkret, im Sinn der Zen-Legende, wonach der Buddha einmal schweigend vor der Menge saß und sinnend eine Blume, die er in der Hand hielt, zwischen seinen Fingern drehte. Alles, was er je gedacht und je gelehrt, ging ihm durch die Seele. Und das war kein System von Dogmen, keine Menge von Gedanken. Es war ein einziges Unendliches und Unergründliches, mit keinem Worte auszusprechen und doch einzig klar und wahr. Die Menge sah auf ihn andächtig und gespannt, ob er wohl etwas dazu sagen würde. Nur einer seiner nächsten Jünger, Mahâ-Kâshyapa, zeigte keine Spannung mehr. Statt dessen glitt ein leises Lächeln über seine Züge. »Da sprach der Buddha: Ich habe das vollkommene, das allumfassende Erschauen der richtigen Wahrheit, den wunderbaren Geist des Nirvâna und die wunderbare Lehre der wahren Gestalt der gestaltlosen Gestalt. Dir vertraue ich dies alles an; bewahre es wohl! (Und er übergab ihm sein heiliges Gewand als Siegel des Buddhageistes.)«[1]

Das ist die »Überlieferung von Geist zu Geist« in der Legende, bildlich ausgedrückt das Geistessiegel (wobei wir von der Übergabe des Gewands absehen können, da diese für den Sinn der Sache nicht entscheidend ist). Von Kâshyapa kam es nach etwa tausend Jahren bis auf Bodhidharma, der es als »Erster Patriarch« nach China brachte, von diesem weiter auf Hui-nëng, den Sechsten, und über Huang-bo, Lin-dji, Nan-yüan schließlich auch auf Fëng-hsüä[2] und dies in jener Stunde, als ihm Nan-yüan sagte: »Unterm Stock kann es je nach dem inneren Triebwerk des Betroffenen geschehen, daß sein geduldiges Ja zur unentstandenen Dinglichkeit demjenigen des Meisters in nichts nachsteht.«

Im sogenannten Geistessiegel sind somit zwei ganz verschiedene Elemente eng verknüpft: ein Heilsgut, welches, alles Denken übersteigend, in Worte nicht zu fassen ist, und ein Vorgang zwischen zwei Personen irgendwann und irgendwo, bei welchem auf geheimnisvolle, innerliche Weise eben dieses aller Zeit enthobene Geheimnis von dem Geber auf den Empfänger übergeht, und zwar so, daß jener erstere den Vorgang mit verfolgt und ihn als echt, als gültig anerkennt, bestätigt. Jenes völlig

[1] Zitiert nach Ôhasama und Faust: Zen, der lebendige Buddhismus in Japan, 1925, S. 3.

[2] »Auch auf Fëng-hsüä«: man vergleiche in der Traditionstafel die Namen I 1–28, II 1–6a, III B 7–10a, 11a–13a, 14.

Unfaßbare, Überzeitliche also wird zum Ereignis in der Zeit, an einem Ort. Und da es in der Natur des Siegels liegt, daß der Empfänger es auch wieder weitergeben muß, so wiederholt sich dieser Vorgang ständig; es entsteht ein langes Stück geschichtlichen Zusammenhangs, die Kette von Nachfolgern, wie die Traditionstafel sie aufführt.

Wird damit aber nicht das Siegel selbst, das überzeitliche und transzendente, der Zeitlichkeit und ihren Wechselfällen ausgeliefert? Wohl hat Nan-yüan einst dem Fëng-hsüä das Geistessiegel aufgedrückt. Aber er ist nachher nicht mehr da, das Siegel blieb auf Fëng-hsüä. Dieser aber ist ein anderer als Nan-yüan, und wenn er nun sein Siegel andern aufzudrücken sich bemüht, muß er von Fall zu Fall sich nach der Eigenart der weiteren Empfänger richten. Sein Siegel, das doch ewig eines und dasselbe ist, bricht, wie es scheint, in Stücke. Wie stimmt das mit der Unerschütterlichkeit des »Eisernen Stiers«? Wo bleibt die diamantene Festigkeit des Geistessiegels?

Fëng-hsüä mit seiner ausgeprägten Individualität und Geistesschärfe hat das Wunder dieses Widerspruchs ohne Frage stark empfunden. Und das ganz gewiß als höchstes Glück. Zu den Wechselfällen der Vergänglichkeit und Wesenlosigkeit mit ihren Freuden und mit ihrem namenlosen Leid aus der Gewißheit »es ist alles, wie es ist« als freier Geist einfach ja sagen können: das war der schweigende Triumph des Geistes, der vom Buddha und dem Patriarchen bis auf ihn gekommen war. Der »Eiserne Stier« war ihm kein totes Felsgestein, er war von Lebenskraft durchpulst und nahm es auf mit jeder Stromeswelle, die ihn traf.

Hier die unveränderliche, ewig gleiche Festigkeit des Geistessiegels, und genau am selben Ort (nicht, wie man sonst sagt: »dort«) desselben Siegels höchst lebendige Beweglichkeit: diesen Knoten seiner Hörerschaft zur Lösung hinzuwerfen, das war so recht nach Fëng-hsüä's Sinn und innerstem Bedürfnis. Darin lag alles, was er bieten konnte, und alles, was den Hörern not tat. Absichtlich hart stößt er sie auf die Widersprüchlichkeit, die diesem Siegel anhaftet und fragt, ob unter diesen Umständen es überhaupt in Ordnung ist, das Siegel zu erteilen, ob es nicht besser wäre, darauf zu verzichten.

Er hält begierig Ausschau, ob sich wer zu einer Antwort meldet. Vielleicht ist unter den Anwesenden ein Ängstlicher, der schon bei manchen Meistern war, aber von den Antworten, welche sie ihm gaben, mehr verwirrt als klar geworden ist. Oder tritt vielleicht ein Feuergeist vor ihn, wie er selbst vor Jahren einer war? Er kann dem einen, wie Yüan-wu im Hinweis sagt, auf dem Wege der »Allmählichkeit« durch Anpassung an seine Fragen helfen, und hat das Zeug, im andern durch ein Wörtchen oder eine bloße Geste die schlummernde Erkenntnis plötzlich wachzurufen.

Statt dessen tritt vor ihn der Älteste Lu Be, also offenbar ein Mann von Jahren und in seinem Kreis geachtet, aber sichtlich irgendwie verdreht. Ihn hat das Gleichnis von dem Eisernen Stier so angesprochen, daß er

glaubt, darin sich selber zu erkennen. »Der hier vor Euch steht, besitzt die wirkende Kraft des Eisernen Stiers«, will sagen: er besitzt das Geistessiegel Bodhidharma's und bedarf von Fëng-hsüä weiter nichts. Man fragt sich: wenn er das schon hat, warum bleibt er dann nicht einfach still? Muß er es denn ausposaunen und sich gegen Fëng-hsüä wehren? Merkt er gar nicht, daß er sich mit seinem plumpen Einwurf selbst verrät? Im Grunde freilich ist es eben seine Unklarheit mit ihrer Not, die ihn treibt, sich zu eröffnen.
Fëng-hsüä sieht das auf den ersten Blick und weiß zu helfen. Der Einbildung gehört zunächst ein kräftiger Schlag aufs Dach. Was mir da entgegentritt, das gibt sich mächtig wie ein Walfisch; und ein solcher wäre mir ganz recht; denn Walfischfang ist mir das liebste Handwerk. Leider aber ist es nur ein Frosch; dem soll ich nun im Schlamm nachwaten! Er will den andern nicht beleidigen, er setzt ihm nur den Kopf zurecht. Und in der Tat, der Älteste Lu Be, der sich der Kraft des Eisernen Stiers rühmte, steht vor ihm stumm. Er fühlt es: das ist kein gemeiner Spott; das kommt aus echter Überlegenheit, nämlich, wie Hsüä-dou im Gesang es sagt, aus den »drei Tiefen«, welche Lin-dji seinen Schülern eingeprägt hat. Aus Fëng-hsüä's innerer Tiefe trifft etwas diesen alten Abt in seiner eigenen Tiefe; die Tiefe, die aus Fëng-hsüä's Rede spricht, verschließt ihm selbst den Mund; und die Tiefe, die sich im Gebaren Fëng-hsüä's ausdrückt, zerschlägt dem Ältesten die wirkende Kraft, die er sich eingebildet hat. Nun schilt ihn Fëng-hsüä für sein Schweigen. Aber wie Lu Be nun weiter überlegt, hilft er ihm ermunternd mit dem Jakschweif nach. Dann ruft er noch einmal den Tiefbetroffenen zur Rückbesinnung auf, der denn auch schon Miene macht, den Mund zu öffnen. Fëng-hsüä weiß bereits: der Älteste hat seinen Irrtum eingesehen und ist im Begriff, ihn zuzugeben. Begütigend streift er ihm noch einmal mit seinem Jakschweif über den Kopf und erspart ihm das Geständnis. Der Wirrwarr hat sich aufgelöst; der Alte ist in Ordnung.
Den Sinn des Vorgangs deutet Yüan-wu schon im Hinweis: »munterem Mann ein Wort; munterem Pferd ein Peitschenstreich.« An »Munterkeit« hat es dem Ältesten Lu Be ja nicht gefehlt; er hatte sich nur irgendwie verrannt. Eine Wolke hatte ihm den Sinn verdunkelt. Fëng-hsüä hat sie weggeblasen, und die Sonne scheint ihm neu.
Dem Auftritt mit Lu Be folgt noch ein Nachspiel. Hausherr war ja diesmal nicht der Meister selbst, sondern Li Schï-djün, der Vogt. Er verfolgte das Verfahren Fëng-hsüä's mit den Augen des Regierungssachverständigen und sah mit Bewunderung, wie der Meister mit dem störrischen Lu Be im Handumdrehen fertig wurde. Das dünkte ihm genau dieselbe wachsame Entschlossenheit, die auch in der Leitung eines Staates not tut. »Buddhagesetz und Königsgesetz sind beide von derselben Art«, bemerkt er. So steht es in vielen Sutren. Denn der Buddhismus war schon früh darauf bedacht, sich den Königen in Indien und nachher auch in Ostasien als die beste Stütze staatlicher Ordnung zu

empfehlen; und er hatte dafür gute Gründe. Aber auch nicht ohne Grund fragt Fëng-hsüä nun den Vogt, wie er seinen Ausspruch meine; und der sagt kurz und bündig: »wo Entscheidung not tut, nicht entscheiden, bringt erst recht die Sache in Verwirrung.« Ein ausgezeichneter Regierungsgrundsatz, aus alter konfuzianischer Weisheit! Er müßte jedem Amtsleiter ins Herz geschrieben sein.

Für Fëng-hsüä ist er selbstverständlich. Doch sagt er zu des Vogts Bemerkung weder ja noch nein. Denn Übereinstimmung in diesem einen Punkt besagt noch nicht, daß »Buddhagesetz und Königsgesetz« ein und dasselbe seien. Beide stimmen wohl in praktischen Fragen vielfach überein; im Ausgangspunkt und Endziel sind sie doch von sehr verschiedenem Horizont. »Ähnlich ist das schon«, sagt Yüan-wu, »aber auch ›richtig‹ ist noch nicht richtig.« Dies auszusprechen, fühlt sich Fëng-hsüä nicht bemüßigt. Er kennt den Vogt seit Jahren und kann ihn seiner eigenen Besinnung überlassen.

Ja, nicht einmal fällt es Fëng-hsüä ein, das Konzept, das ihm der täppische Lu Be verdorben hat, wieder aufzunehmen. Ohne noch ein Wort zu sagen, »steigt er vom Sitz herunter«. »Und damit«, bemerkt Yüan-wu, »ist für dieses Mal die Stunde der Belehrung aus.«

Das klingt fast wie Enttäuschung und Bedauern. Warum nimmt Fëng-hsüä nicht sein Thema wieder auf, in dem der alte Wirrkopf ihn gestört hat? Vom Geistessiegel Buddha's und der Väter hat er reden wollen. Jetzt, nachdem das Intermezzo abgeschlossen ist, tritt er ab, als wäre überhaupt nichts mehr zu sagen. Hier liegt für den Beobachter ein Anstoß, und Yüan-wu macht ihn seinen Hörern absichtlich bewußt. Er reizt sie an, sich zu besinnen, ob Fëng-hsüä es wirklich nötig hatte, nach seinem Auftritt mit Lu Be über das Thema des Geistessiegels überhaupt noch ein Wort zu verlieren. Diese Frage findet ihre Antwort bei Hsüä-dou im Gesang.

Zum Verständnis des Gesangs

Von dem Nachspiel zwischen Fëng-hsüä und dem Landvogt ist in Hsüä-dou's Versen überhaupt nicht mehr die Rede. Auch mit Fëng-hsüä's Einleitung zum Thema »Geistessiegel« befaßt sich Hsüä-dou nicht. Ihm ist nur eines groß und über alles rühmenswert: die Tat. Darauf bereitet uns auch Yüan-wu vor, wenn er am Schluß seiner Erläuterung zum Beispiel das prächtige Wort Hung-djiau's vom Löwen anführt, welcher, ob er einen Elefanten oder einen Hasen reißt, dieselbe ganze Kraft zusammennimmt, die keine andere ist, als die der Wahrheit ohne Falsch.

Während Fëng-hsüä vor der Hörerschaft vom Geistessiegel Bodhidharma's redet, hofft er im stillen, es tauche irgendwo ein »Walfisch« auf, und hält für ihn die ganze Kraft bereit. Statt dessen meldet sich aus einem Sumpf ein etwas aufgeblasener »Frosch«. Dem »im Schlamme nachzuwaten«, preßt ihm freilich Seufzer aus. Er zögert aber keinen Augenblick und setzt auch für den »Frosch« dieselbe ganze Kraft der Wahrheit ein, die er für den erhofften »Walfisch« aufgespart hat. Das gibt der Szene, wie sie Hsüä-dou darstellt, ihre Komik. Der Mann, der sich der Kraft des Eisernen Stiers rühmte, muß es sich gefallen lassen, daß ihn Fëng-hsüä hochhebt und eben diesem Riesentier, dem er sich gleichgestellt hat, auf den ungeheuren Rücken setzt. Die Komik rückt die Macht der Wahrheit, in der Fëng-hsüä handelt, nur um so deutlicher ins Licht. Das »Geistessiegel« triumphiert in einem Grade, wie es die schönste Rede über dieses Siegel nie vermag.

Davon erfüllt, erhebt nun Hsüä-dou mit den beiden letzten Versen des Gesangs die Wandlung, welche Fëng-hsüä's Machtwort an Lu Be bewirkt hat, in dichterischer Schau auf jene Ebene von luftigen Gebilden, wie sie im Gandavyûha (dem wichtigsten Teil des Blumenschmuck- oder Avatamsaka-Sûtra's) der jugendliche Pilger Sudhana unter Führung des Bodhisattva Manjushrî erschauen darf.

Von der alten Königsburg herab sieht man zunächst die Fluten des gewaltigen Stromes unaufhaltsam meerwärts eilen. Denn das Meer ist Ahnherr aller Wasser, ist die Heimat, nach der jeder Bach und jeder Fluß zurückströmt. Nun tritt aber in der Burg am Strom der Künder einer höheren Heimat auf, der Heimat aller Dinge, auch des Weltmeers. Es ist die letzte, höchste Wahrheit, durch welche alle Dinglichkeit erst möglich ist, in welcher alle Dinglichkeit sowohl besteht als auch sich auflöst. Ihr Künder kündet sie nicht nur, sie selbst ist in ihm gegenwärtig; sie ist es, die hier wirkt und alles Dingliche in eins zerfließen läßt. Es geschehen Wunder. Die Burg streift die solide Greifbarkeit von steinernem Gemäuer ab, schwebt wie ein Luftgebilde frei im Raum. Sie hat sich in den Sitz der unfaßbaren höchsten Wahrheit umgewandelt, in der kein Ich und Du, kein Ich und Gegenstand mehr gilt, nur noch die offene Weite. Zu dieser Heimat zieht es auch das Meer zurück. Die Wasser, die ihm eben noch zuströmten, kehren wieder um und sammeln sich rings um das Luftgebilde, in das Fëng-hsüä die Burg und die in ihr Vereinigten verwandelt hat. Hier ist in diesem Augenblick das Herz der Welt.

Im nächsten Augenblick zerfließt das Luftgebilde. Die ganze Dinglichkeit ist noch vorhanden, wie zuvor. Der Vogt gibt seine Staatsweisheit zum besten. Der Meister steigt vom Sitz herunter. »Und damit ist für dieses Mal die Stunde der Belehrung aus.«

Neununddreißigstes Beispiel

Yün-mën's Goldhaarlöwen

Hinweis

Wem mitten unterwegs das Nötige sich bietet, der gleicht dem Tiger, welcher seinen Hang erklettert[1]. Wer auf dem Boden der weltläufigen Wahrheit[2] steht, sitzt im Käfig wie ein gefangener Affe.

Wer den Sinn des Buddhawesens erkennen will, der muß auf Zeit und Stunde, Ursache und Anlaß achten. Wer hundertfach geläutertes, ganz reines Gold zu schmieden wünscht, der braucht dazu notwendig den Ofen und den Blasbalg eines Meisterschmieds.

Sagt mir einmal: Des Großen Wirkens gegenwärtige Erscheinung, wie kannst du die auf ihre Echtheit prüfen und erkennen?

Das Beispiel

Ein Mönch fragte Yün-mën: Was ist es um den klaren, reinen Wahrheitsleib [des Buddha]?

Yün-mën erwiderte: Ein rundes Beet von blühenden Päonien dicht beisammen.

Der Mönch fragte weiter: Gut also, und was dann?

Yün-mën sagte: Ein Goldhaarlöwe.[3]

Zwischenbemerkungen zum Beispiel

»Ein Mönch fragte Yün-mën: Was ist es um den klaren, reinen Wahrheitsleib [des Buddha]?« – Auf einem Schutt- und Kehrichthaufen oben siehst du ein goldnes Buddhabild von sechzehn Fuß. – [Ist doch alles] bunt und scheckig durcheinander! – Was wird es wohl sein?

»Yün-mën erwiderte: Ein rundes Beet von blühenden Päonien dicht beisammen.« – Entspricht die Frage nicht dem wahren Tatbestand, muß

[1] Vergleiche dazu den Hinweis zum 8. Beispiel, Band I, S. 183.

[2] Die weltläufige Wahrheit sieht, daß jedes einzelne Ding von jedem andern unterschieden ist. Die höhere, echte Wahrheit sieht die Nichtigkeit der Unterschiede und ihr Aufgehen in dem großen einzigen Einen.

[3] Goldhaarlöwe: ein Ausdruck der Bewunderung für den Buddha, vor dessen Rede man nur verstummen kann, wie die Tiere des Feldes vor dem Gebrüll des Löwen, dann auch für jeden, der des Buddha Art hat.

auch die Antwort, die herauskommt, ungenau und unklar sein. – Pufft du mich, stoß' ich dich. [Wie die Frage, so die Antwort. Besser konnte Yün-mën überhaupt nicht antworten.] – Krumm kann Gerade nicht verdecken. [Yün-mën's ungenaue Antwort verbirgt den wahren Tatbestand in keiner Weise.]

»Der Mönch fragte weiter: Gut also, und was dann?« – In seinem Wirrwarr schlingt er die Jujube[1] mit einem Schluck hinunter [anstatt sie so lange im Mund zu bewegen, bis ihre anfängliche Geschmacklosigkeit einem äußerst feinen und zarten Geschmacke weicht]. – Wie mutwillig und töricht!

»Yün-mën sagte: Ein Goldhaarlöwe.« – Sowohl gelobt als auch getadelt! – Beide trumpfen auf die gleiche Weise auf. – Ein Fehler zieht den andern nach sich. – Was geht (in diesen beiden) innerlich vor?

Erläuterung des Beispiels

Ihr alle, wißt ihr denn auch, wonach eigentlich dieser Mönch fragt, und was eigentlich Yün-mën ihm antwortet? Wenn ja, so wißt ihr auch, daß keiner von beiden im Mund noch eine Zunge hat [daß sie beide in Wirklichkeit überhaupt nichts zu sagen haben; der Gegenstand, von dem sie sprechen, liegt jenseits aller menschlichen Rede]. Wißt ihr es nicht, so werdet ihr unfehlbar [zu dem ganzen Dialog] ein großes Gesicht hinmachen. [Ein großes Gesicht macht man, wenn man etwas nicht versteht und es doch nicht zugeben will.]

Ein Mönch fragte Hsüan-scha[2]: Was ist es um den klaren, reinen Wahrheitsleib [des Buddha]? Hsüan-scha erwiderte: Triefender Eiter. Der hat das diamantene Auge! Ich bitte euch, versucht einmal, es deutlich zu sehen!

Yün-mën ist nun nicht wie jener andere [wie Hsüan-scha]. Er faßt dich [zwar] das eine Mal fest an und steht vor dir wie eine steile Wand, zehntausend Klafter hoch. Ein anderes Mal aber erschließt er dir den einzig richtigen Weg, stirbt mit dir und lebt mit dir zusammen. Yün-mën's »drei Zoll« [d. h. seine Zunge, die ihm eigene Art zu reden] sind in höchstem Grade fein und dicht gewirkt. Es gibt Leute, welche sagen, er verlasse sich beim Antwortgeben auf einen glücklichen Einfall und rede eben so darauf los. Wer dieser Meinung ist, der möge mir doch bitte einmal sagen: Was ist denn der Sinn, auf welchen es bei Yün-mën's Worten stets hinausläuft?

Hier geht es um eine ganz intime, innerliche Sache. Daran mit Gedanken, die auf Äußeres gerichtet sind, herumzuraten, geht nicht an. Darum sagt Bai-dschang[3]: Die ganze Fülle mannigfaltiger Erscheinungen und alle Worte, die gesprochen werden, es macht alles kehrt und kommt zuletzt nur auf dich selbst zurück. Laß es sich dir zudrehen und rollen, rollen! Aus quellender und sprühender Lebendigkeit heraus fällt hier ein Wort. Wer hier lange überlegt und nach Gedanken sucht, gerät am

Ende zwangsläufig herunter in die Redeweise zweiter Stufe. Yung-djia[4] sagt:

> Den Leib der Wahrheit wahrgenommen,
> Bleibt dir kein einziges Ding,
> Nur Urgrund, wie er in sich ist,
> Der Buddha himmelswahr.

Yün-mën prüft diesen Mönch. Dieser wiederum ist sein intimer Hausgenosse, hat in seiner Schule lange Zeit gelernt und weiß, was seinen Meister innerlich bewegt. So fährt er fort und fragt weiter: Gut also, und was dann? Und Yün-mën sagt: Goldhaarlöwen.

Sagt mir einmal: Bejaht er nun den Mönch oder bejaht er ihn nicht? Bedeuten diese Worte, daß er ihn lobt, oder liegt darin ein Tadel? Ein Wort von Yän-tou[5] lautet: Im Redestreit steht jeder einzelne auf seinem eigenen Drehpunkt. Jemand[6] hat auch gesagt: Er [der Fragende] sucht sein Heil bei einem Wort des Lebens, nicht bei einem toten. Streichst du dir den Gewinn von einem Wort des Lebens ein, so wirst du es in alle Ewigkeit nicht mehr vergessen. Streichst du dir den Gewinn von einem toten Worte ein, so wirst du dich damit nicht retten können. [Im Hintergrund steht der Gedanke, daß es vom Hörer selbst abhängt, ob er ein Wort lebendig auffaßt oder tot.]

Noch ein Beispiel! Ein Mönch fragte Yün-mën: Besteht die Redensart, das Buddhagesetz sei dem Spiegelbild des Monds im Wasser zu vergleichen, zu Recht oder zu Unrecht? Yün-mën antwortete: Reine Wellen lassen keinen Weg, um in sie einzudringen. Der Mönch forschte weiter: Ehrwürdiger, woher habt Ihr das? Yün-mën sagte: Und wiederum, woher kommt diese zweite Frage? Da sagte der Mönch: Und was

[1] Jujube, Zizyphus vulgaris. Trägt länglich-ovale rote Frucht mit dattelförmigem Kern; in Vorderasien heimisch, kommt auch in China vor.

[2] Hsüan-scha Schï-be (japanisch Gen-sha Shi-bi), Traditionstafel III A 13, wie Yün-mën ein Schüler Hsüä-fëng's. Vgl. die Beispiele 22 und 28.

[3] Bai-dschang Huai-hai (japanisch Hyaku-jô E-kai), Traditionstafel III B 9. Vgl. das 26. Beispiel. Den zitierten Ausspruch hat Yüan-wu schon bisher wiederholt angeführt; erstmals beim 2. Beispiel, Band I, S. 70.

[4] Yung-djia Hsüan-djiau (japanisch Yô-ka Gen-gaku), Traditionstafel II 7c, in seinem mehrfach zitierten »Gesang vom Erleben des WEGES«, vgl. Band I, Seite 202f. nebst Anm. 2; 502, 506, 511.

[5] Yän-tou Tjüan-huo (japanisch Gan-tô Zen-kwatsu), ein Schulgenosse des Meisters, von welchem Yün-mën und der oben erwähnte Hsüan-scha herkommen, nämlich Hsüä-fëng's. Traditionstafel III A 12 a; er half Hsüä-fëng zum Durchbruch, vgl. Band I, S. 386–388. Beider Meister war der berühmte Dö-schan Hsüan-djiän.

[6] Jemand: nämlich ein Schüler Yün-mën's namens Yüan-mi (japanisch Em-mitsu).

dann, wenn ich eben damit weitergehe? Yün-mën gab zur Antwort: Es führen viele Windungen zum Kaltenberg hinauf.
Diese Sache, müßt ihr wissen, besteht nicht in Worten oder Sätzen. Das ist, wie man aus einem Steine Feuer schlägt; das gleicht dem Zucken eines Blitzes. Gleichviel, ob einer es erfaßt hat oder nicht erfaßt hat, er wird [wenn er an solchen Worten hängenbleibt] dem nicht entgehen, Leib und Leben zu verlieren. Hsüä-dou, der ist auch einer von denen, die es verstehen. Darum trifft auch sein Gesang genau den Sinn der Sache.

Gesang

Päonienblüten dicht!«
Mach kein großes Gesicht!
Das Sternchen sitzt am Waagebalken,
Sitzt an der Schale nicht.
»Gut also, und was dann?«
Von Richtmaß keine Spur!
Die Sippe goldbehaarter Leu'n,
Die edle, seht sie nur!

Zwischenbemerkungen zum Gesang

»Päonienblüten dicht!« – Das Wort klingt uns noch in den Ohren [und klingt doch immer wieder neu und frisch. Trotzdem ist es nur ein Klang; auf die Päonien als solche kommt es gar nicht an].
»Mach kein großes Gesicht!« – Aber solche Leute gibt es viel wie Hanf- und Hirsekörner. – Immerhin auch ein paar andere [z. B. Hsüä-dou, auch den Mönch vom Berge hier, am Ende sogar einige unter euch?] – Aber die sollen sich nur selber [dieser Mahnung] stellen. [Verstehen denn wir selber, was darin alles liegt?]
»Das Sternchen sitzt am Waagebalken, sitzt an der Schale nicht[1].« – Ein schlimmes Rankengewirr! [Aber, will Yüan-wu sagen, es ist ganz gesund, sich dieses Gleichnis klarzumachen. Auf die Waagschale kann man die verschiedensten Gegenstände legen, schwere und leichte, schöne und häßliche. Auf diese kommt es hier nicht an; also nicht auf die Päonien. Hier geht es um den Buddhawahrheitsleib, die ewige und

[1] Schon in früheren Beispielen ist das Bild der chinesischen Laufgewichtswaage wiederholt verwendet worden. Am Waagebalken läuft das Laufgewicht, an dem einen seiner Enden hängt die Waageschale; was die Waage aber erst zur Waage macht, ist die Aufhängung, bezeichnet durch ein Sternchen. Vgl. Band 1, Seite 64, Anm. 3.

einzig allumfassende Wahrheit. Sie hält die Waage, gleicht dem Nullpunkt zwischen den Hebelarmen des Waagebalkens, den das Sternchen angibt, sie ist über allen Unterschieden, allen Gegensätzen.] – Sehe doch jeder von euch unter seinem Kleiderkästchen genau nach! [Bei der gemeinsamen Versenkungsübung in der dazu bestimmten Halle ist jedem Mönch auf dem großen, breiten Mattenboden eine bestimmte Fläche von sieben Fuß Länge zugewiesen, an deren Ende ein Kleiderkästchen steht. Beim Sitzen in Versenkung sind seine Augen auf die etwa 2 m entfernte Stelle am Boden gerichtet, auf der das Kleiderkästchen steht. Die Aufforderung, unterm Kleiderkästchen nachzusuchen, bedeutet also: um das Sternchen am Waagebalken in seiner wahren Bedeutung zu erfassen, helfen alle theoretischen Überlegungen nichts; das muß in der Andacht der Versenkung mit Ernst und Fleiß errungen werden.] – Er [Hsüä-dou, der Dichter] gerät unvermeidlich ins Predigen von Grundsätzen. [So könnte man ihn mißverstehen. Natürlich ist gerade dies die Klippe, die Hsüä-dou vermeiden will.]
»Gut also, und was dann!« – Er schlingt die Jujube mit einem Schluck hinunter!
»Von Richtmaß keine Spur!« – Stelle er [der Dichter, Hsüä-dou] sich doch selber seinem Richterspruch! – Ist ja klar! [Natürlich fehlt es hier an Richtmaß.] – Man sollte sich aber vor dem Mißverständnis hüten, etwa an jenem Yün-mën irgendwelchen Anstoß zu nehmen [als nehme er es mit der Voreiligkeit seines Schülers zu leicht].
»Die Sippe goldbehaarter Leu'n, die edle, seht sie nur!« – [Dazu gehören Yün-mën selbst und seine Schüler, ja schließlich jeder, der das Zeug zu einem Meister in sich hat. Sie bilden eine hochgeborene Familie.] – Einen oder anderthalb lassen wir auch dorthin frei. – Oder wird es ein Kläffer sein? – Dieser Yün-mën macht es auch wie die Leute von Pudschou, die Räuber ins Land hinausschicken. [Er lehrt seine Schüler seine eigene Kunst: den Menschen alles wegzunehmen, sie vor das Nichts zu stellen.]

Erläuterung des Gesangs

Hsüä-dou taktiert [wie man vergleichsweise zu sagen pflegt] im Blick auf seinen Chor. Während er die Saiten rührt, wechselt er mit seinen Melodien ab, indem er jeden Satz [des im Beispiel angeführten Gesprächs] vom andern unterscheidet und für sich behandelt. Darum ist sein Gesang genau nach dem Muster der Darbietungen von Gesprächen alter Meister [wie er selbst sie in den »Beispielen« bietet] aufgebaut.
»Päonienblüten dicht!« Darauf sagt er einfach: »Mach kein großes Gesicht!« Die Leute behaupten alle, Yün-mën verlasse sich, um eine Antwort zu geben, einfach auf seinen guten Witz. Sie können überhaupt ihn und seine Art nur verstehen, indem sie sich gefühlsmäßige Erklärungen zurechtmachen. Darum hält ihnen Hsüä-dou das Futtergras des

Eigentlichen [der wahren Erkenntnis, die auch in ihnen selbst schlummert] hin, indem er sagt: Mach kein großes Gesicht! Die Sache ist ja die, daß Yün-mën es überhaupt nicht auf das Beet von blühenden Päonien abgesehen hat. Darum fährt Hsüä-dou fort: »Das Sternchen sitzt am Waagebalken, sitzt an der Schale nicht.« Dieser Satz ist viel zu leck und locker [ist nicht klar und bündig genug]. Im Wasser ist streng genommen überhaupt kein Mond; der steht am blauen Himmel. So sitzt auch das Sternchen am Waagebalken und nicht an der Waagschale. Sagt mir doch einmal: Was ist denn der Waagebalken? Wenn ihr das klar unterscheidet und herausbringt, werdet ihr dem Hsüä-dou [seinen Gesang] nicht mit dem Undank mangelnden Verstehens lohnen.

Wenn sie auf diesen Punkt [an dem es um die befreiende Erkenntnis geht] zu sprechen kommen, da lassen diese Alten sich nicht hindern, barmherzig zu sein. Sie sagen es dir klar und deutlich: nicht hier ist es, sondern dort. Sagt mir einmal: Dort, wo ist denn das? Damit ist die erste Hälfte des Gesangs zu Ende.

Der zweite Teil des Gesangs bringt zunächst die Frage des Mönches: »Gut also, und was dann?« Dazu bemerkt Hsüä-dou: »Von Richtmaß keine Spur!« Sagt mir einmal: Kommt die Zustimmung des Mönchs [zu Yün-mën's Hinweis auf die blühenden Päonien] aus klarer Einsicht oder aus verdunkelter? Redet er so, weil er Yün-mën verstanden hat? Oder redet er so, weil er ihn nicht verstanden hat?

»Die Sippe goldbehaarter Leu'n, die edle, seht sie nur!« Seht denn ihr sie auch? Ihr Blinden!

Erklärungen zum Text

Dieses neununddreißigste Kapitel gehört zu den kürzesten unserer Sammlung und sticht schon dadurch von dem vorhergehenden auffallend ab. Auch unterscheidet sich die Erläuterung zum Beispiel von der zum vorigen durch die Einfachheit und Klarheit ihres Stils, der ganz den Stempel Yüan-wu's trägt. Darum wird sich unsere Erklärung auf wenige Hauptpunkte beschränken dürfen. Diese allerdings erfordern, daß wir gründlich auf sie eingehen.

Zu Yüan-wu's Hinweis

Den Kernsatz bildet das Zitat aus dem Nirvânasûtra, welches Yüan-wu schon mehrfach angeführt hat, zum erstenmal in seiner Erläuterung zum 14. Beispiel (Band I, S. 271): »Wer den Sinn der Buddhaschaft erkennen will, der muß auf Zeit und Stunde, Ursache und Anlaß achten.« Den Sinn der Buddhaschaft erkennen, das ist hier nur ein anderer Ausdruck für das, was seit dem ersten Patriarchen, Bodhidharma, das eigentliche Hauptanliegen aller Zen-Bemühung bildet, wie dies bereits im Anschluß an das erste Beispiel des Bi-yän-lu ausgesprochen ist (Band I, S. 40): »Er«, d. h. Bodhidharma, »richtet keinen Schriftbuchstaben auf; er weist mit ausgestrecktem Finger auf das Herz des Menschen, daß er im Anblick seiner innersten Natur zum Buddha werde.«

Die Buddhaschaft ist also etwas Innerliches, eines Menschen allerinnerste Natur. Sie ist die »Ur-Sache«, welche das Nirvânasûtra meint, der Same, der im Grund menschlichen Wesens vergraben liegt. Um aber aufzugehen, braucht der Same Regen, Sonnenschein und andere »Anlässe«, und alles dies zur rechten »Zeit und Stunde«. Wem es ernstlich um dieses Höchste zu tun ist, der richtet also die Gedanken zuallererst einmal auf die Ur-Sache selbst, die nirgendwo zu finden ist, als nur im inneren Grunde. Abkehr vom Äußeren und Einkehr bei sich selbst, das ist das Erste. Dann kann das Äußere, das ständig um uns ist, dem Achtsamen je nach der Zeit und Stunde zum Anlaß neuer Einsicht und Erkenntnis werden.

Unter diesen »Anlässen« nimmt eine Gruppe einen ganz besonderen Rang ein, die menschliche Gemeinschaft, und innerhalb derselben wiederum jene wenigen, in welchen der verborgene Same aufgegangen und zum Baum geworden ist, der selber Früchte trägt, die berufenen Seelenführer, die jene Ur-Sache, die Buddhaschaft, persönlich in sich selbst verkörpern. Solch einen Führer für den eigenen Weg zu finden, ist darum über alles wichtig. Wie er sein muß, sagt der Hinweis Yüan-wu's schon im ersten Satz: ein Tiger, überlegen, königlich und frei. Und nachher nennt er ihn den Meisterschmied, in dessen Ofen reinstes Gold geschmiedet wird. Solch einen soll sich, wem es Ernst mit seinem Streben ist, aussuchen. Und daß er aus den vielen, welche sich dafür anbieten, den sichersten und besten finde, nehme er sich einen aus der alten

Zeit zum Maßstab und messe daran jene, denen er auf seiner Wanderschaft durchs Land begegnen mag.
Als Maßstab solcher Art stellt Hsüä-dou nun im Beispiel den Meister Yün-mën hin, denselben, der bereits in vier Kapiteln aufgetreten ist, auch in manchen andern eine Rolle spielt, und dessen inhaltsschweres, kurzes Wort von Fall zu Fall mit einer Wucht und Wirkung ohnegleichen ins Innerste der Herzen trifft[1].

Zum Verständnis des Beispiels

Was hier zunächst Erklärung fordert, ist der Ausdruck »Wahrheitsleib des Buddha«. Ihn übernimmt der Mönch, der hier vor Yün-mën steht, aus der buddhistischen Überlieferung, die der Zen-Bewegung mehrere Jahrhunderte vorausgeht. Denn was man im besonderen Sinne der von Bodhidharma ausgegangenen Schulen Zen zu nennen pflegt, hat in der Geschichte des Buddhismus seinen genau bestimmten Ort. Dieses Zen erhebt zwar wohl den Anspruch, ganz ursprünglicher Buddhismus zu sein, von Buddha selbst und seinem ersten Jünger Kâshyapa auf innerlich geheime Weise überliefert. Es will nichts anderes als weitergeben, was dem Buddha aus dem Stamm der Shâkya in der Nacht unter dem Baum der Erleuchtung aufgegangen ist, weshalb es sich auch gerne die Religion des Buddhaherzens nennt. Mit diesem Anspruch aufgetreten aber ist es erst rund tausend Jahre später. In dieser Zwischenzeit hat der Buddhismus sich nicht nur räumlich ausgebreitet, sondern sich auch geistig ungemein entfaltet und verästelt, und einen kaum überschaubaren Reichtum an dogmatischen Systemen und Lehrbegriffen, an Riten und kultischem Gepränge hervorgebracht. Eben gegen dieses Übermaß an Lehren und an Formen, das notwendig zur Erstarrung führen mußte, ist die Zen-Bewegung aufgetreten mit dem Anspruch, zur eigentlichen Lebensquelle dieser alten Religion zurückzuführen. Sie konnte darum an dem in der Zwischenzeit erarbeiteten Gedankengut nicht einfach vorübergehen. Sie mußte es studieren und sich damit auseinandersetzen.
Unter den Lehrbegriffen der buddhistischen Scholastik nimmt die Formel von den drei Leibern oder dem dreifachen Leib des Buddha eine hervorragende Stelle ein, weil sich gerade in ihr besonders deutlich der Fortschritt buddhistischen Glaubens und Denkens abzeichnet, durch welchen das sogenannte »Große Fahrzeug« oder Mahâyâna über den Lehrgehalt der älteren buddhistischen Schulen hinausgeht. Die Besinnung über Buddha nahm hier ungefähr folgenden Weg: Der Mönch Gautama vom Stamm der Shâkya hat, nachdem er zur vollkommenen

[1] Yün-mën Wën-yän (japanisch Um-mon Bun-en), 864–949, Traditionstafel III A 13f. Vgl. die Kapitel 6, 14, 15, 27, dazu auch 8 und 22! Yün-mën ist direkter Vorfahre des Verfassers der Beispiele und Dichters der Gesänge, Hsüä-dou, wie sich in der Traditionskette an den Ziffern III A 13f, 14f, 15e und 16a verfolgen läßt.

Erkenntnis gelangt und Buddha, der »Erwachte«, geworden war, fünfzig Jahre lang den Dharma, das GESETZ der Wahrheit, verkündet, um darnach ins Nirvâna, die Vernichtung, einzugehen. Also existiert er nicht mehr. Dennoch ehren ihn die Seinen über alles. Was nun ist das, was sie ehren? Es ist nicht der Leib des Mönches Gautama, der zu Asche wurde. Ewig und anbetungswürdig ist allein der Dharma, welchen er als Mensch verkörpert hat, denn dieser ist die letzte, höchste WAHRHEIT, das eigentliche Wesen dieser Welt und aller Menschen; alles andere vergeht, ist leer und nichtig. Der Dharma also, die absolute Wahrheit, ist das eigentliche Wesen, die Essenz des Buddha, ist sein wahrer »Leib«, sein »Dharma-kâya«. Dieser Wahrheitsleib ruht in sich selbst, von nichts abhängig und an nichts gebunden, auch nicht an den Lehrer aus dem Stamm der Shâkya. Gautama Shâkyamuni ist nur eine Fleischwerdung des ewigen Buddha, eine Inkarnation oder, wie die Scholastik sagt, ein Umformungsleib, Nirmâna-kâya. Solche irdischen Buddhas sind schon in früheren Welten aufgetreten, sie werden auch in künftigen zum Heil der Menschheit erscheinen. So lehrte man zunächst zwei Buddhaleiber, den Dharma- oder Wahrheitsleib und den Umwandlungsleib.

Endlich führten die Visionserlebnisse noch zu einer Zwischenstufe zwischen irdischem und ewigem Buddhaleib. Es ist die geistige Essenz der Bodhisattvas, die sich dem Schauenden zu einer seligen Wesenheit verdichtet, wie Manjushrî auf goldenem Löwen, Samantabhadra auf dem weißen Elefanten, Avalokiteshvara im Zustand der Versenkung. Diese Art Erscheinung heißt sambhoga-kâya, der Genußleib, welcher die verdiente Seligkeit genießen darf, oder, wie es die Chinesen deuten, der Belohnungsleib, denn er entsteht als Frucht und Lohn der Tugenden des Bodhisattva, die er während seines Erdenlebens geübt hat.

Diese Lehre von den dreierlei Buddhaleibern war für die scholastische Spekulation ein überaus beliebter Gegenstand, sie erfuhr je nach der dogmatischen Richtung viele Variationen, sie beschäftigte die bildende Kunst und hob das Ansehen der gelehrten Mönche beim gemeinen Volk. Für dieses waren der Umwandlungsleib, in dem der Buddha einst auf Erden ging, und der Genußleib der im Tempel bildhaft dargestellten Bodhisattvas am begreiflichsten. Der Dharmaleib dagegen war sehr schwer zu fassen. Im sogenannten Vajrayâna, dem Diamantfahrzeug, erhielt er deshalb einen Namen: Mahâ-Vairocana Buddha, der Buddha des Großen, sieghaften Sonnenlichts, und wurde unter diesem Namen bildlich dargestellt. So konnte man zu ihm beten, wie Nichtbuddhisten zu dem höchsten Gott. Der eigentliche Sinn des Dharma-kâya, des Wahrheitsleibes Buddhas, wurde dadurch freilich nicht erhellt. Er blieb ein Rätsel, eingehüllt in einen rätselhaften Namen, ein Gegenstand, der nur Nachdenkliche beschäftigte, ihnen aber viele Mühe machte.

So ging es wohl auch jenem Schüler Yün-mën's. Er war, wie Yüan-wu ausdrücklich hervorhebt, einer aus dem engsten Kreis des Meisters, sein

»intimer Hausgenosse«, der den im Geheimnis völlig eingekehrten Meister im täglichen Umgang ständig beobachten und verstehen gelernt hatte. Ihm ist im allgemeinen klar, worum es geht: Einkehr in die eigene Brust, Erkenntnis der ursprünglichen Natur des rätselhaften Dings, das sich in meinem Innern »Ich« zu nennen wagt, und so die Buddhaschaft gewinnen – um dieses Eine kreist sein Denken und Bemühen bei Tag und Nacht.
Aber da stehen ihm aus ehrwürdiger Überlieferung noch Steine im Weg, unverdaute Formeln aus den Schriften alter Lehrer, und unter ihnen an der ersten Stelle der dogmatische Begriff vom Dharma-kâya, dem Wahrheitsleib des Buddha. Ihn bedenken die Scholastiker mit den höchsten Attributen. Und das Letzte, was sie von ihm sagen können, ist, daß er klar und völlig rein sei, wie ein Wasser ohne den geringsten fremden Bestandteil oder wie der völlig leere Himmelsraum. Mit diesem Gleichnis meinen sie, daß im Dharmaleib des Buddha nirgends eine Form bemerkbar ist, auch nicht die kleinste Linie, welche einen Teil von einem andern schiede, keine Grenze außen, innen nicht ein Pünktchen. Das Absolute also, ohne Form und Farbe, von dem sich gar nichts sagen läßt, als daß es das ist, was es ist, und einfach so ist, wie es ist.
Das klingt alles sehr gelehrt. Es ist ein philosophisches Problem, ganz dazu angetan, darüber mühsam nachzugrübeln. Mit ihm wird auch der Mönch sich lange Zeit beschäftigt haben, wahrscheinlich bis ihm eine Lösung dämmerte. Und dann ging er zum Meister, um sich Klarheit zu verschaffen.
Man wird kaum fehlgehen, wenn man annimmt, daß bei dieser Szene draußen vor dem offenen Fenster in dem Klostergarten eine Gruppe von Päonienbüschen blühte, die von einem langen Streifen Binsen- oder Bambusmatte fest umwunden war. »Wie der Tiger beim Erklettern seines Hangs mitten unterwegs« das Nötige erschnappt, so Yün-mën hier den Busch von blühenden Päonien. Und dies nicht etwa, wie ein Zweifler denken könnte, als Notbehelf in der Verlegenheit, sondern weil für ihn das, was die Formel Wahrheitsleib des Buddha meint, kein schwieriges Problem für systematische Denker war, sondern erlebte Wahrheit, und zwar die eine, einzige, die alles in sich schließt und darum überall und jederzeit zu greifen ist.
Daß es ihm dabei nicht um Päonien geht, sagt Yüan-wu deutlich. Die Blütenpracht hat nur die Eigenschaft, die Blicke anzuziehen und Gedanken anzuregen. Sie ist ein Bild der Flüchtigkeit des irdischen Lebens: es streicht ein Wind darüber hin, und sie ist weg. Und dennoch ist sie unbeschreiblich schön und wunderbar. Wer sich in sie versenkt, fühlt sich mit ihr im Innersten verwandt. Aber nicht umsonst führt Yüan-wu noch ein anderes Beispiel an, von Hsüan-scha, einem Schulgenossen Yün-mën's. Der gibt auf dieselbe Frage eine völlig andere Antwort. Vielleicht litt er zu dieser Zeit an einem eiternden Geschwür. Und wie ihn einer nach dem klaren, reinen Dharmaleib des Buddha fragt, da zeigt er ihm den triefenden Eiter. Auch hier geht es natürlich nicht um Eiter.

Es geht darum, daß alles so ist, wie es ist. »Laß dir alles geschehn, Schönheit und Schrecken. Man muß nur gehn« (R. M. Rilke). Und eben dies ist das Gesetz der Wahrheit, ist nach jener Vorstellung buddhistischer Scholastik der »Wahrheitsleib des Buddha«. Hsüan-scha zeigt ihn von der schauerlichen Seite: seine Antwort ist vernichtend. Sie treibt dem Frager erst einmal das Haften an Gefühlen aus. Yün-mën könnte das genauso streng. Aber er hat einen Schüler vor sich, den er kennt und dem er zutraut, daß er im entsagenden Verzicht geübt ist. Mit den Päonien weist er ihn auf dessen süße Frucht.

Unvermerkt vollzieht sich hier ein Kreislauf des buddhistischen Denkens und Erlebens. Mit inniger Versenkung in die Nichtigkeit des eigenen Ichs und seiner Umwelt fing es einstens an. Sie ging so weit in der Verleugnung und Verneinung, daß man sich schließlich fragte, was darnach überhaupt noch stehen und bestehen blieb. Die Antwort war nicht schwer zu finden: eben die befreiende Erkenntnis dieser Nichtigkeit, Erkenntnis, hier gefaßt als beides, als erkannte Wahrheit und als das Erkennende, als Ich[1]. Und weil nun dies das einzig Feste, Bleibende und Wahre ist, so nannten jene Alten es einen Leib, den Leib der diamantenen Wahrheit, den Wahrheitsleib des Buddha. Das klang wie etwas Objektives, das außerhalb des Menschen sich irgendwo befände. Bis Bodhidharma wieder neu den Finger auf das Herz des Menschen legte, bis es seinen Nachfolgern bei stiller Einkehr in sich selber aufging, daß diese höchste, einzige Wahrheit und Wirklichkeit durchaus nichts Fernes ist, vielmehr das Allernächste, mir näher als mein eigener Leib, als Kopf und Rumpf und Glieder; um nichts begreiflicher, gewiß, und dem Verstande ewig unerreichbar; daß aber eben da, wo dieser Leib, vom Mutterleibe ausgestoßen, sich eine Weile nährt und rührt in Freuden und in Schmerzen, um dann ins Grab zu sinken, daß eben da ein Ich ganz anderer Art als das auf dem Geburtsschein wahrhaft gegenwärtig ist. Dieser »Wahrheitsleib des Buddha« ist das einzig Wesenhafte in der Menge der Erscheinungen, spricht uns daher auch von außen her beständig an, sei es in der Blütenpracht des Frühlings oder in den Nöten dieses kurzen Lebens. »Alle Dinge machen kehrt und kommen auf dich selbst zurück«, lautet Bai-dschang's Weisheit; Yüan-wu kann sie nicht oft genug wiederholen.

Nun fällt es auf, wie leicht der Mönch die Antwort Yün-mën's, die doch wahrlich übervoll geladen ist mit Tiefe, Glück und Güte, aufnimmt. Anstatt sich bei ihr aufzuhalten, ihr Gewicht gebührend zu erwägen, »schluckt er die köstliche Jujube ungekaut hinunter« und will sofort die Konsequenzen wissen, die sich daraus ergeben, seien sie nun theoretisch oder praktisch. »Von Richtmaß keine Spur«, sagt Hsüä-dou tadelnd im

[1] Ähnlich sagt Augustin vom »Geist der Weisheit«, den »die heiligen Schriften nennen«: »Er hat vieles in sich; doch was er hat, das ist er selbst, und das alles ist Einer.«

Gesang, und Yüan-wu stimmt ihm zu. Um so erstaunlicher ist nun die Antwort Yün-mën's. Er scheint sich an der Voreiligkeit seines Hausgenossen nicht zu stoßen. Ja, es hat den Anschein, als sähe er über diesen einfach weg. Er sieht noch immer die Päonien blühen, steht eingehüllt im »Wahrheitsleib« des Buddha und ist von ihm durchdrungen. Auf des Mönches zweite Frage ist da nicht viel zu überlegen, es gibt da nur die eine Konsequenz: wer in der Wahrheit steht, der kann nicht anders, als von der Wahrheit zeugen. So ist einst der Edle aus dem Stamm der Shâkya vom Sitz unter dem Baum der Erleuchtung aufgestanden und vor die Menschen hingetreten mit der Botschaft der Erlösung. Als er den Mund auftat, da war es wie das Brüllen eines Löwen, das die Tiere ringsumher verstummen läßt. Keiner konnte ihm ein Wort erwidern. Jeder Wahrheitszeuge ist ein solcher goldhaariger Löwe; Yün-mën selbst vielleicht der erste seiner Zeit. Und sein ganzes Dasein auf dem Wolkentorberg, Yün-mën-schan, hat überhaupt nur Sinn, wenn wieder solche Goldhaarlöwen von dort ausgehen. Das hängt alles fest zusammen. Hier geht vom Urgrund der Erkenntnis her bis hin zum letzten Mönche der Gemeinde eine schnurgerade Linie.
Darum scheint es auch nur so, als rede Yün-mën über den Kopf des Mönches weg. In Wirklichkeit ist seine Antwort ebenso wie auf den »Wahrheitsleib«, d. h. die letzte, höchste Wahrheit, genau auf diesen seinen »Hausgenossen« abgestellt. Aber wie ist sie gemeint? Bedeutungsvoll fragt Yüan-wu seine Hörer: Tadelt oder lobt er ihn? Dann aber fügt er einige Erinnerungen an, aus denen zu entnehmen ist, wie er von Yün-mën denkt.
Zuerst der öfters schon zitierte Ausspruch Yän-tou's: Im Zwiegespräch steht jeder einzelne auf seinem eigenen Drehpunkt. Damit ist jedem volle Freiheit zugestanden, und so ist es im Sinne Yün-mën's. Wenn der Mönch den Hinweis auf die blühenden Päonien sich gierig als »ein Wort des Lebens einstreicht«, so ist das seine Sache und auf alle Fälle besser, als wenn er »ein großes Gesicht« dazu machen würde. Er ist ein junger Stürmer und wird deshalb vielleicht nachher noch lange brauchen, um die rasch verschlungene Frucht gebührend zu verdauen. Denn diese hat es wahrlich in sich. Das geht aus dem nächsten Dialog hervor, den Yüan-wu nun von Yün-mën anführt.
Ein Mönch fragt ihn, betroffen durch den viel gehörten Satz, das Buddhagesetz – gemeint ist hier dasselbe wie der Wahrheitsleib des Buddha – sei dem Bild des Monds im klaren Wasserspiegel zu vergleichen[1]. Der Anstoß für den Mönch ist: Warum nicht dem Monde selbst? Er hofft, der Meister wisse etwas Besseres. Der jedoch bestätigt das Gesagte, ja bekräftigt es auf seine eigene nüchterne Weise: In den klaren Wasserspiegel dringt der Mond nie ein. Das ist derselbe Yün-mën, der im Kreise Tsui-yän's (vgl. das 8. Beispiel, Band I, S. 184) den Gesprächen seiner Freunde Halt gebietet mit dem Ausruf »Sperre!« und bei Hsüäfëng, anstatt über die Schildkrötennasenschlange seine Meinung abzu-

geben, den Wanderstab vor den Meister hinwirft und eine schreckhafte Gebärde dazu macht (vgl. Band 1, 22. Beispiel, S. 385). Dem Mönche ist das völlig neu und überraschend. Er fragt den Meister, woher er das habe. Dieser fragt zurück, woher die Frage komme. Sie kommt gerade aus dem, was der Meister meint, aus der Unfähigkeit, die höchste Wahrheit jemals zu begreifen. Des Mönches Glück ist es, daß er die Unbegreiflichkeit begreift und, wie der Mönch des Beispiels, fragt: Und was, wenn ich nun damit weitergehe? Auch ihm könnte der Meister vielleicht sagen: Goldhaarlöwe. Statt dessen ruft er ihm den Kaltenberg (vgl. den Gesang zum 34. Beispiel und die Erläuterung dazu) ins Gedächtnis, auf dem der dichtende Einsiedler einst seinen »Ort des Seelenfriedens« gefunden hat. Er winkt ihm mit einem wunderbaren Ziel. Nur sind es viele Windungen, bis man hinaufgelangt.

Das ist die Schwierigkeit auch für die »Goldhaarlöwen«. Mit »Worten oder Sätzen« läßt sich hier nichts ausrichten. Das Letzte, Eigentliche bleibt auf immer unergreifbar und unsagbar. Und dennoch soll der Löwe brüllen. Das führt zu einer fortgesetzten Spannung: wissen, daß das Ziel nie zu erreichen st, und dennoch unermüdlich darauf losgehen. Das ergibt die »vielen Windungen«. Sie sind fortwährend von Gefahr umlauert. Niemand weiß das besser als die Vorangegangenen selbst, als Yün-mën, Hsüä-dou, Yüan-wu. Sie wissen es von sich selbst und kennen zudem ihre Hausgenossen durch und durch. Es geht auch in Klosterräumen menschlich zu. Was bleibt den Meistern, der Gefährdung zu begegnen? Gar nichts anderes, als das, wovon sie selber ausgegangen sind: die Wahrheit, die durch Irrung und Verfälschung ungetrübt hindurchleuchtet und das Nichtige zunichte macht. Und aus diesem unzerstörbaren Grund erstehen immer neu die »Goldhaarlöwen«, gegen welche keine andere Stimme aufkommt.

Also liegt in Yün-mën's Antwort »Goldhaarlöwe« beides, feste Zuversicht und ernst besorgte Frage. Und Hsüä-dou's Schlußvers von der »edlen Sippe« dieser Goldhaarlöwen lenkt noch deutlicher den Blick auf die konkrete Wirklichkeit, wie sie im Leben einer Bruderschaft zutage tritt. Ein Klang des Rühmens ist daraus zu hören, die Freude daran, daß es unter Menschen solchen Adel gibt. Aber auch ein Ton Sarkasmus, der die Warnung einschließt: Gebe jeder auf sich acht!

[1] Ein altes Bi-yän-lu-Exemplar, das sich im Besitz des 1341 in der Nähe von Kyôto gegründeten Zen-Klosters Tenryûji befindet, enthält an dieser Stelle eine von unbekannter Hand eingetragene Randnotiz. Sie lautet: Shrîmitra Tripitaka erklärte dem Mönch der Tangzeit Hsün-dsung (dieses Gleichnis vom Mond im Wasser) mit den Worten: Das Gesetz des Buddha ist zu sehen, aber nicht zu fassen. (Die geschichtliche Richtigkeit der Notiz können wir nicht nachprüfen. Von einem Shrîmitra aus der Tangzeit ist uns nichts bekannt, nur von einem solchen, der aus Kutscha in Ostturkestan stammte und ungefähr von 310 bis 340 im damaligen Nanking gewirkt hat. Dem Sinn nach jedenfalls paßt die Erwähnung gut an diese Stelle.)

Vierzigstes Beispiel

Nan-tjüan: Wie Träumende

Hinweis

In die Ruhe eingegangen sein, alles aufgegeben haben, ein Baum aus Eisen, welcher Blüten treibt – gibt es so was, gibt es das? Die Tüftler lassen sich Knotenpunkte entfallen. Und wenn sie siebenmal geradeaus und achtmal in die Quere gehen, sie können es doch nicht vermeiden, daß einer ihnen die Nüstern durchbohrt. Sagt mir einmal: Wo liegt der Sinn in diesem Kauderwelsch? Versuchen wir's mit einem Beispiel! Sehet her!

Das Beispiel

Wir legen vor:

Der Würdenträger Lu Gëng befand sich im Gespräch mit Nan-tjüan. Dabei sagte er: Bei Dschau, dem Lehrer des Gesetzes, stehen die Worte: ›Himmel und Erde haben mit mir eine und dieselbe Wurzel. Das ganze All mit mir zusammen bildet einen einzigen Leib.‹ Das ist doch im höchsten Grade wunderbar! Nan-tjüan wies auf den Blütenbusch im Vordergrund des Gartens, sprach den Würdenträger an und sagte: Die Menschen unserer Zeit betrachten diesen Blütenbusch wie Träumende.

Zwischenbemerkungen zum Beispiel

Im Lauf eines Gesprächs mit Nan-tjüan[1] bemerkte der Würdenträger Lu Gëng[2]: »Bei Dschau, dem Lehrer des Gesetzes, stehen die Worte: ›Himmel und Erde haben mit mir eine und dieselbe Wurzel. Das ganze All mit mir zusammen bildet einen einzigen Leib!‹ Das ist doch im höchsten Grade wunderbar!« – Er nährt sich von der Kost der Totengeister [denen man wohl Speise vorsetzt, die aber davon doch nicht satt werden]. – Gemalte Klöße stillen keinen Hunger. – Er sitzt bei dieser Unterredung eben auch »im Gras«.
»Nan-tjüan wies auf den Blütenbusch[3] im Vordergrund des Gartens« –

[1] Nan-tjüan Pu-yüan (japanisch Nan-sen Fu-gwan), Traditionstafel III B 9 b.

[2] Lu Gëng Dai-fu (japanisch Riku-kô Tai-fu), Traditionstafel III B 10 k.

[3] Mit »Blütenbusch« meint man in China stets Päonien.

Was wird er nun wohl sagen? – Ach was! [Schweige er lieber still! Sagen läßt sich hier überhaupt nichts.] – Zum Verständnis der Sutren hat man Sutrengelehrte; für die Traktate [wie Dschau sie geschrieben hat] gibt es Traktatgelehrte. Der Mönch vom Berg [ich, Yüan-wu] hat mit solchen nichts zu tun. – Nur weg damit! – Was ein rechter Mann ist, könnte in diesem Augenblick ein Wort der Wende sprechen, das nicht allein dem Nan-tjüan die Sprache verschlüge, sondern auch die Kuttenbrüder in aller Welt [vor Ergriffenheit] aushauchen ließe. [Aber Lu Gëng weiß auf Nan-tjüan's Hinweis nichts zu sagen.]

»Dann sprach er den Würdenträger an und sagte: Die Menschen unserer Zeit betrachten diesen Blütenbusch wie Träumende.« – »Wenn meine Stickerei von Mandarinenenten fertig ist, magst du sie gern betrachten; die goldene Nadel einem andern geben darf ich nicht.« [Nan-tjüan's Worte gleichen einer feinen Stickerei, zu der man eine goldene Nadel braucht. Lu Gëng kann sie zwar hören, wie man solch eine Stickerei betrachtet; aber die Erkenntnis, welcher jene Worte entspringen, kann auch Nan-tjüan seinem Gast sowenig mitteilen, wie die Stickerin ihre Nadel aus der Hand geben darf. Die muß in dem Würdenträger selbst aufbrechen. Dann erst wird er sehen, daß auch er die Blumen wie ein Träumender betrachtete, weil er sich selbst in seiner eigenen Wirklichkeit noch nicht gesehen hat.] – Lasse er es doch, im Schlaf zu reden! – Er »lockt den singenden Pirol vom Weidenzweig herunter[1].« [Nan-tjüan's Bemerkung ist wie der leise Pfiff des Vogelfreundes, um den Würdenträger Lu von dem Zweig, auf dem er sitzt, nämlich der Theorie des Dschau-Traktats, herunterzulocken.]

Erläuterung des Beispiels

Der Würdenträger Lu Gëng hat lange Zeit hindurch den geistigen Verkehr mit Nan-tjüan genossen. Und da er dabei meist in den Bereichen der Verständigkeit (der theoretischen Vernunft) befangen blieb, so schwamm und tauchte er mit Vorliebe in den Traktaten Dschau's[2] umher.

Eines Tags, als er mit Nan-tjüan zusammensaß, kam er schließlich auf diese beiden Sätze zu sprechen, welche ihm wunderbar schienen, und sagte also: »Bei Dschau, dem Dharmalehrer, stehen die Worte: ›Himmel und Erde haben mit mir eine und dieselbe Wurzel. Das ganze All mit mir zusammen bildet einen einzigen Leib.‹ Das ist doch im höchsten Grade wunderbar.«

Der Dharmalehrer Dschau ist ein hochbedeutender Mönch aus der Zeit der Djin-Dynastie [265–419], der mit Dau Schëng, Dau Yu und Dau Ying zusammen der Schule Kumârajîva's[3] angehörte. Man nannte ihn und diese drei zusammen die vier Weltweisen (aus Kumârajîva's Schule). In früheren Jahren waren Dschuang-dsï und Lau-dsï seine Lieblingslektüre gewesen. Später, während er das Vimalalîrti-sûtra abschrieb, ging ihm ein neues Licht auf, indem er erkannte, daß Dschuang und Lau das Gute noch nicht erschöpft hatten. So nahm er sich die vielen Sutren vor und schrieb darüber vier Traktate. Dschuang-dsï's und Laudsï's Meinung drückt sich in den Sätzen aus: Himmel und Erde sind groß von Gestalt; ich bin von derselben Gestalt; gleich wie jene lebe auch ich umgeben vom Leeren, Nichtvorhandenen. Dschuang-dsï's Grundgedanke ist einfach, daß er die Gleichheit der Dinge lehrt. Der Grundgedanke des edlen Dschau dagegen ist die Lehre, daß die Beschaffenheiten aller Dinge letztlich auf das eigene Ich zurückzuführen sind[4].

Seht, was er in seiner Abhandlung [»Von der Namenlosigkeit des Nirvâna«] sagt: »Der vollkommene Mensch nämlich ist leer, hohl, ohne Gestalt. Und es gibt unter all den unzähligen Dingen keines, das nicht ich selbst geschaffen hätte. Wer die Welt der Dinge so versteht, daß er in ihnen allen sich selbst erkennt, der allein dürfte wohl ein Heiliger sein.« Wohl gibt es also Götter, gibt es Menschen, gibt es Weise, gibt es Heilige, je nach ihrer besonderen Art; und doch haben sie [nach Sëng Dschau's Lehre] dieselbe Beschaffenheit, denselben »Leib« miteinander gemein.

Einer der Alten[5] hat gesagt: »Das ganze Weltall, die ganze große Erde,

[1] Der »singende Pirol«, oriolus indicus oder sinensis, schön gelb mit schwarzem Nacken, Schwanz und Schwingen, entzückt in Südchina am Abend durch seinen kräftigen heiteren Gesang. Yüan-wu zitiert den Schluß eines vierzeiligen Gedichts von Hu Ding-djiau, einem wenig bekannten Einsiedler der Tang-Zeit aus Pu-tiän in der Provinz Fukien.

[2] Von Sëng Dschau, dem Mönche Dschau (japanisch Sô Jô, 384–414) ist schon im 1. Band, S. 507, das Wichtigste mitgeteilt, dort auch einer seiner Aussprüche, den Yüan-wu seinem Hinweis zum 31. Beispiel voranstellt (S. 497). Einem andern, S. 287 zitierten Abschnitt seiner Traktate entnimmt Yüan-wu die Warnung vor »Wort und Fußspur«. Und die beiden hier von dem Würdenträger Lu Gëng erwähnten Sätze bilden in leicht veränderter Fassung bereits den Gegenstand eines Gesprächs zwischen Fa-yän und seinem damaligen Lehrer Di-tsang, Band 1, S. 175.

[3] Kumârajîva, der berühmte indische Mönch, der, 401 aus Kutscha kommend, bis 414 eine große Zahl von Sutren und Lehrtraktaten ins Chinesische übertragen hat, der fruchtbarste und beste Sutrenübersetzer.

[4] Beschaffenheit: chinesisch schëng (japanisch shô). Vielfach übersetzt man diesen Ausdruck mit »Natur«. Ihn wählten die chinesischen Buddhisten zur Übersetzung der Endsilbe -tâ in abstrakten Begriffen der Sanskritsprache wie buddhatâ, dharmatâ, tathâtâ, d. h. Buddhaschaft, Dharma-Eigenschaft, Sosein. Da sich dieses schëng (im Unterschied zu der indogermanischen Substantivendung) vom vorausgehenden Begriff ablösen läßt, so erhielten sie damit einen selbständigen Ausdruck für den Begriff »wahre, eigentliche Natur oder Beschaffenheit« des sogenannten Seienden und des Ich. So z. B. in dem Ausdruck djiän-schëng (japanisch ken-shô), Einsicht in die eigene ursprüngliche Natur, die wahre Beschaffenheit meiner selbst.

[5] Dö-schan Yüan-mi oder Yüan-ming, s. Band 1, S. 150, 342, 346.

ist nur ein einziges Ichselbst. Bei Kälte ist der ganze Himmel und die ganze Erde kalt; bei Hitze ist der ganze Himmel und die ganze Erde heiß. Im Dasein ist der ganze Himmel und die ganze Erde da; im Nichtsein ist der ganze Himmel und die ganze Erde nicht. Im Ja ist der ganze Himmel und die ganze Erde Ja, im Nein ist der ganze Himmel und die ganze Erde Nein.«

Fa-yän[1] sagt: »Dieser Kerl ist diesem Kerl sein Kerl, und ich bin meinem Ich sein Ich. Süd und Norden, Ost und West, das kannst du alles nach Belieben gelten lassen oder nicht. Nur das Ich allein hat keine Möglichkeit, sich etwa nicht gelten zu lassen.« Daher das Wort [des neugeborenen Buddhaknäbleins]: »Über dem Himmel und unter dem Himmel bin Ich allein erhaben[2].«

Beim Lesen der Dschau-Traktate ist Schï-tou[3] einst zum Verständnis dieses Punktes: »die Dinge alle bin ich selbst« gelangt, so daß ihm wie mit einem Schlag das große Licht aufging, und daraufhin hat er die Schrift »Ungleich und gleich im Bunde«[4] abgefaßt, welche sich durchaus im Rahmen dieser Gedanken [des Mönches Dschau] bewegt.

Seht, wie jener [Lu Gëng] sich an Nan-tjüan wendet [»das ist doch im höchsten Grade wunderbar«]! Saget mir einmal: Welche Wurzel ist es denn, die sie [nämlich Himmel und Erde mit mir] gemein haben? Und welchen Leib soll ich mit dem All zusammen bilden? Wenn man an diesen Punkt gelangt, da kann man allerdings nur sagen: im höchsten Grade wunderbar! Lu richtet mit dieser seiner Bemerkung an Nan-tjüan keineswegs eine gewöhnliche Frage, wie Menschen sie stellen mögen, die nicht wissen, wie hoch der Himmel und wie tief die Erde ist. Davon ist keine Rede! Das Wunderbare, das der Würdenträger anspricht, ist gewiß im höchsten Grade wunderbar.

Der Fehler ist nur der, daß er davon nicht loskommt, dies als eine Lehrmeinung aufzufassen. Wenn man Lehrmeinungen zur höchsten Norm erhebt, warum hat dann der Weltverehrte [Buddha] noch obendrein jene Blume in die Hand genommen? Wozu kam dann auch noch der Patriarch [Bodhidharma] vom Westen her zu uns herüber?

Nan-tjüan's Antwort hat die Wirkung, den Kuttenbruder [in diesem Fall den Würdenträger Lu] persönlich zu treffen. [So übersetzen wir einen nicht ganz deutlichen Ausdruck, der vielleicht bedeutet: an der Nase nehmen.] Er legt ihm seine wunde Stelle bloß, schlägt ihm das Loch, in das er sich verkrochen hat, in Stücke. Nachdem er auf den Blumenbusch im Garten draußen hingedeutet hat, spricht er den Würdenträger an und sagt: Die Menschen unserer Zeit betrachten diesen Blütenbusch wie Träumende.

Nan-tjüan nimmt einen gleichsam an der Hand, führt ihn bis zum Rande einer Felswand von zehntausend Klaftern und versetzt ihm einen Stoß, der ihm den Lebensfaden abreißt. Wenn dagegen ihr [in euren Streitgesprächen] einander immer nur auf ebenem Boden umwerft, so werdet ihr noch zu der Zeit, da einst Maitreya Buddha in die Welt herabgeboren

wird, es nicht verstehen, was es heißt, den Lebensfaden abzureißen, werdet immer noch so sein wie Träumende, die gern erwachen möchten, ohne zu erwachen, die sich dazu nur von andern aufrufen lassen.
Angenommen, Nan-tjüan hätte nicht den richtigen Blick gehabt, er hätte sich's gefallen lassen müssen, daß sein Partner ihn mit seinem Brei [seinen logischen Spitzfindigkeiten] beschmierte. Seht euch die Worte, die er redet, an! Die sind allerdings schwer zu verstehen. Wenn einer mit dem festen, in Bewegung lebensvollen Blick sie hört, so schmecken sie ihm köstlicher als alles, so wie Manda[5]. Hört sie aber einer von der toten Art, so werden sie ihm umgekehrt zur giftigen Arznei.
Einer der Alten sagt [zu Nan-tjüan's Worten]: Betrachtet man's im Hinblick auf den äußeren Gegenstand [hier also auf die Blumen], so sinkt man auf die Ebene gemeinen Fühlens und Empfindens ab, und rätselt man statt dessen an dem tieferen Sinn herum, so endet es damit, daß man im Finstern tastet, ohne ihn zu fassen.
Yän-tou[6] sagt dazu: Das ist das Lebenshandwerk derer, die überwärts gerichtet sind. Sie machen irgendeine Kleinigkeit, die sie vor Augen haben, einem andern sichtbar, so daß es diesen wie ein Blitz durchzuckt und alles in ihm ausfegt.
Von dieser Art ist Nan-tjüan's ganzer Sinn und Wille. Er hat in sich das Zeug, der Tigerin ihr Junges aus dem Nest zu rauben, und zu bestimmen, was ein Drache ist und was [nur] eine Schlange. An diesem Punkt bleibt dir nichts anderes übrig, als es von selber zu begreifen; so erst läßt es sich gewinnen. Seht ihr nicht, was gesagt ist: den einen Weg, der überwärts

[1] Fa-yän, der Meister des 7. Beispiels, Traditionstafel III A 15a. I. Band, S. 163ff.

[2] Vgl. den ersten Satz des Hinweises zum 7. Beispiel, Band I, S. 165 und die Erklärung dazu S. 173.

[3] Schï-tou Hsi-tjiän (japanisch Seki-tô Ki-sen), 700–790, Band I, S. 88, 227, 355, 389, 457; Traditionstafel III A 8.

[4] »Ungleich und gleich im Bunde«, chinesisch Tsën-tung-tji, japanisch San-dô-kai: ein Lehrgedicht aus 44 Sätzchen zu je fünf Schriftzeichen in (nicht immer reinen) Reimen. Es enthält ganz knapp die Grundgedanken des Mahâyâna und speziell des Zen. Ob den Titel Schï-tou selbst dem Buch gegeben hat oder Spätere, ist zweifelhaft. Ihn trug bereits ein weit älteres Buch des Dau-Heiligen We Bo-yang aus der späteren Han-Zeit (2. Jahrhundert n. Chr.), das die Grundgedanken des I-ging, des »Buchs der Wandlungen«, zusammenfaßt.

[5] Manda: Schon das Potthapâda-sûtra vergleicht den Besitz des gestaltlosen Selbst mit dem Feinsten vom Feinen, das aus der Milch gewonnen wird. Die Stufen sind: Milch, saure Sahne, Butter, zerlassene Butter und zuletzt der Schaum auf zerlassener Butter (Butteröl?), manda. Vgl. Band I, S. 68 und 69, Anm. 2.

[6] Yän-tou Tjüan-ho (japanisch Gantô Zen-kwatsu), 828–887, Traditionstafel III A 12 a, Band I, S. 374f., 386–388 u. a.

hinaufführt, den können alle tausend Heiligen dir nicht sagen. Und die Mühe der Gelehrten, ihn zu zeigen, wie er aussieht, gleicht dem Griff der Affen nach dem Spiegelbild des Monds im Wasser. Nun seht, wie Hsüä-dou im Gesang es rühmt!

Gesang

Was du hörend, sehend wahrnimmst, ist kein einziges Eines,
Berg und Strom in der Betrachtung keine Spiegelei.
Und wenn mitternachts der Mond sich neigt im Himmelsfrost,
Kalt aus stillem Teich sein Bild blickt, wer ist mit dabei?

Zwischenbemerkungen zum Gesang

»Was du hörend, sehend wahrnimmst, ist kein einziges Eines.« – Es gibt doch aber in der ganzen bunten Fülle der Erscheinungen keinen einzigen »Dharma« [kein einziges objektiv seiendes Ding, im Sinn des Ausspruchs von Pan-schan im 37. Beispiel]. – Sieben Blumen achtmal zerfetzt! [Bei dieser Auffassung, die nichts als lauter Einzeldinge sieht, fällt ja das ganze All in Stücke auseinander!] – Augen, Ohren, Nase, Zunge, Körper [als Gefühlsorgan verstanden] und wahrnehmendes Bewußtsein sind doch alle miteinander Hammerköpfe ohne Loch [unfaßbar, unerklärlich]!
»Berg und Strom in der Betrachtung keine Spiegelei.« – Bei mir hier drin ist davon nichts bekannt. – Langes ist von selber lang; Kurzes ist von selber kurz. – Blau ist blau und Gelb ist gelb. – In welcher Richtung siehst denn du es? [Siehst du Berg und Strom in dir drinnen, im Spiegel des Gesichtssinns und Bewußtseins, oder siehst du sie draußen außer dir?]
»Und wenn mitternachts der Mond sich neigt im Himmelsfrost.« – Jetzt hat er dich ins Gras hineingezogen! [Jetzt redet er mit dir ganz menschlich. Zwar ist es ein unheimlicher Ort, an den er dich führt; aber er meint es gut mit dir.] – Die weite Welt hält nie etwas verborgen. [Auch was gewöhnlich kein Mensch sieht, spielt sich in aller Öffentlichkeit ab.] – Daß du dich aber nur nicht in der Totenhöhle niedersetzest!
»Kalt aus stillem Teich sein Bild blickt, wer ist mit dabei?« – Gibt es welche, gibt es welche [die dabeisind, die sich dem vernichtenden Erlebnis stellen]? – Schliefe er [Hsüä-dou] mit ihm [Nan-tjüan] nicht unter einer Decke, so könnte er nicht wissen, welch zerrissenes Futter diese hat. [In der späteren Han-Zeit, zwischen 25 n. Chr. und 220, lebte ein gewisser Schan Gung mit seinem Vater und seinen vier Brüdern in bitterer Armut. Er ließ dem alten Vater die einzige gute Steppdecke des Hauses und schlief mit seinen Brüdern unter einer andern, deren Futter schon zerrissen war. Hsüä-dou versteht Nan-tjüan und was diesen seine Meisterschaft gekostet hat, so gut, wie Schan Gung's Brüder ihren

älteren Bruder und die gemeinsam erlittene Not.] – Wer Leid erfahren hat, soll andere, die Leid erfahren haben, nicht belehren wollen; sonst bringt er sie damit noch um.
[Yüan-wu selbst fühlt ganz mit Nan-tjüan und Hsüä-dou; ihr Leid ist das seine; darum hört er lieber nichts davon. Seine Abwehr ist nur Ausdruck innigsten Verstehens und bedeutet für den Dichter höchstes Lob.]

Erläuterung des Gesangs[1]

Nan-tjüan und Hsüä-dou, jeder von beiden, hält eine Rede im Schlaf, Nan-tjüan eine kleine, Hsüä-dou eine größere. Zwar leisten sie sich beide einen Traum; es ist jedoch ein guter Traum, den sie sich leisten. Nan-tjüan spricht von dem »einen Leib« [über den ihm der Würdenträger Lu Gëng ein Zitat aus den Traktaten Dschau's vorgetragen hat], Hsüä-dou von der Ungleichheit darin.
»Was du hörend, sehend wahrnimmst, ist kein einziges Eines, Berg und Strom in der Betrachtung keine Spiegelei.«
Wenn man behauptet, Berg und Strom erblicke man zunächst nur im Spiegel des eigenen Herzens [der Sinne], und erst danach werde man sie gewahr, so kämen sie vom Ort des Spiegels überhaupt nicht los. Berg und Strom, die ganze große Erde, Gras und Bäume samt den Wäldern darf man nicht als Spiegelbild betrachten. Tut man es dennoch, so ergibt sich eine Doppelstufe. Man kann nur sagen: Berg ist Berg und Wasser Wasser. Jedes Ding hat seinen eigenen Sitz, die Erscheinungsform der Welt bleibt stets dieselbe. »Berge, Ströme, sie beschaust du nicht im Spiegel drin.« [So lautet der zweite Vers in wörtlicher Übertragung.] Sagt mir einmal: In welcher Richtung soll man sie nun sehen?
Versteht ihr es denn auch? Wenn du auf diese Frage stößt, dann wende dich dahin, wo »mitternachts der Mond sich neigt im Himmelsfrost«! Bis zu dieser Stelle hat er [Hsüä-dou] dich begleitet. Da [wo du nun hinkommst] mußt du selbst mit dir zu Rate gehen. Merkt ihr es denn auch, wie Hsüä-dou hier dem andern damit hilft, daß er ihn vor die Tatsache seines Eigentlichen stellt?
»Wenn [nun also der Mond um Mitternacht sich neigt, und] kalt aus stillem Teich sein Bild blickt, wer ist mit dabei?« Soll das nun heißen, daß der Mond sich einfach von Natur, von selber spiegelt? Oder soll es heißen, daß er sich spiegelt, wenn jemand dabei ist?
Hier hilft nichts, als sich vom eigenen inneren Triebwerk abzulösen und auf verstehende Erklärung zu verzichten. Und jetzt, in diesem Augenblick, wird dir der stille Teich entbehrlich, du brauchst auf keinen frostigen Himmel mehr und keinen Monduntergang zu warten. In diesem Augenblick, wie mag das sein?

[1] Ob diese Erläuterung von Yüan-wu stammt, kann man bezweifeln. Vgl. die »Erklärungen zum Text«, S. 9.

Erklärungen zum Text

Nan-tjüan und Lu Gëng

Die zwei Personen, die in diesem Beispiel auftreten, sind uns schon vom ersten Bande her bekannt. Nan-tjüan Pu-yüan (749–835) ist nächst Bai-dschang Huai-hai der bedeutendste Schüler des Patriarchen Ma und seinerseits Meister des schon in drei Beispielen aufgetretenen steinalten Dschau-dschou, gehört also noch ganz der schöpferischen Zeit der Zen-Bewegung an, zu welcher sich die Schulgebräuche erst langsam zu verfestigen begannen.

Von dem, was ihn erfüllte, gibt das 28. Beispiel eine Andeutung. Dort besucht er, wohl noch jung, einen Meister auf dem Bai-dschang-Berge, der ihn mit der Frage prüft, ob die vorangegangenen Meister wohl irgendeine Wahrheit besessen haben mögen, die sie anderen nicht mitteilten. Gewiß, bestätigt Nan-tjüan und läßt sich von dem Älteren verführen, dieses Ungesagte auszusprechen: »Es ist nicht Geist, es ist nicht Buddha, es ist gar nichts.« (Vgl. Band 1, S. 463 und 476.) Auch für das Verständnis unseres Beispiels wird es gut sein, die Erinnerung an jenes Wort des jungen Nan-tjüan festzuhalten. Ebendort ist auch von seiner Schweigsamkeit die Rede, die er nur selten durch ganz kurze Worte unterbrach (S. 472), sowie von seinem langen Aufenthalt im stillen Waldtal am Südquellberg, dem Nan-tjüan-schan bei Tschï-dschou am Yangtsekiang, an dessen Fuß er sich dann erst mit 73 Jahren ein Kloster baute, um hier noch weitere acht Jahre einen größeren Schülerkreis zu leiten.

Hier war es, daß der Würdenträger Lu Gëng, Regierungspräsident im südöstlichen Teil der Provinz Anhui, mit ihm verkehrte. Sein Amtssitz Hsüan-dschou, später Ning-guo genannt, lag von Tschï-dschou und dem Südquellberg gut 140 km weit entfernt im Osten. Aber seine Dienstreisen führten ihn wohl häufig an den Yangtse, und der angesehene Zen-Meister mit der großen Schülerschaft besaß für ihn noch mehr als nur politische Bedeutung. Als Staatsbeamter hatte Lu zwar ohne Frage den vorgeschriebenen Bildungsgang in konfuzianischer Weltanschauung und Staatsmoral durchlaufen, später aber sich, vielleicht durch mancherlei Enttäuschung nachdenklich geworden, den Lehren des Buddhismus zugewandt, und dies auf eigene Art, wie es einem Mann von Bildung ziemte.

Anstatt wie andere Gläubige aus dem Volk die indischen Sutrenschriften in chinesischer Übersetzung vorzunehmen und, verstanden oder unverstanden, andächtig herunterzuleiern, suchte er sich einen Landsmann aus, der vom Erbe echt chinesischer Geistigkeit ausgegangen und von der Überlegenheit buddhistischer Erkenntnis ergriffen, diese dann auf gut Chinesisch in vielgelesenen Abhandlungen zu deuten unternommen hatte: den 414 jung verstorbenen Mönch und Gelehrten Dschau. Den also las er und knüpfte auch in den Gesprächen mit Nan-tjüan gerne an ihn an. Da aber Dschau ursprünglich sich an Lau-dsï und Dschuang-dsï gebildet hatte, so eröffnet sich damit der Blick auf eine lange Strecke der Entwicklung des chinesischen Geisteslebens, und Yüan-wu weist in der Erläuterung zum Beispiel auf diese weitreichenden Zusammenhänge eigens hin. Ihm folgend greifen wir zunächst zurück in das chinesische Altertum, freilich nicht in seine Blütezeit, auch nicht auf Kung-dsï (Konfuzius), sondern in die Zeit etwa zweihundert Jahre später, während welcher sich das alte Dschou-Reich schon in Auflösung befand.

Lau-dsï und Dschuang-dsï

Diese Reihenfolge galt bis in die jüngste Zeit: Lau-dsï war der »große Alte«, Dschuang-dsï hieß sein größter Nachfolger. Heute ist die kritische Forschung bereits soweit, die Frage aufzuwerfen, ob das geschichtliche Verhältnis zwischen beiden nicht eher umgekehrt sein dürfte, ob das Dau-dö-djing (Tao-tê-king), das den Namen jenes »Alten« trägt, zeitlich nicht vielmehr der »Lehrschrift von der Blüte des Südens« nachfolgt, deren Verfasser Dschuang-dsï nach glaubhafter Überlieferung um 275 v. Chr. Geb. gestorben ist. Für die Leser dieser Werke freilich spielten solche Fragen keine Rolle. Und wenn man darüber streiten kann, ob und inwieweit Dschuang-dsï mit Lau-dsï übereinstimmt, ja ob er nicht, wenn auch in ironischer Verkleidung, im Grunde eher seinem Zeitgenossen Mëng-dsï (Menzius) nahesteht, so ist auch diese Frage für die chinesischen Buddhisten ohne tieferes Interesse. Denn sie betrifft nur Unterscheidungen und Gegensätze, die unterhalb der Sphäre liegen, in welcher der Buddhismus heimisch ist. Geht es diesem doch um anderes, um die Erhebung eben über diese Gegensätze, um, wie es im Udâna des Khuddakanikâya heißt, »ein Nichtgeborenes, Nichtgewordenes, Nichtgeschaffenes, Nichtaufgebautes«. Und weil dieses Ewige und Übergegensätzliche sowohl bei Lau-dsï als bei Dschuang-dsï im Mittelpunkt ihres Denkens steht, deshalb sehen die chinesischen Buddhisten in ihnen mit vollem Recht Vorläufer und Wegbereiter dessen, was ihnen einige Jahrhunderte später indische Mönche an tieferer Erkenntnis brachten.

In diesem Sinn macht Yüan-wu in der Erläuterung des Beispiels seine Schüler auf die Lehre jener beiden Alten aufmerksam. Er behandelt sie etwas summarisch, deutet nur mit knappen Worten an; aber seine Schüler werden sich der Sätze, die er meint, erinnern. Die von Lau-dsï stehen im 25. Kapitel seines Dau-dö-djing (Tao-tê-king) und lauten[1]:

[1] Wir geben die Verse in gelegentlich freier Anlehnung an die neue, überaus sorgfältige Übertragung von Günther Debon in dem Reclambändchen »Lao-tse, Tao-tê-king, das heilige Buch vom Weg und von der Tugend« (Philipp Reclam Jr., Stuttgart).

Ein Wesen gibt es, chaotischer Art[1],
Das noch vor Himmel und Erde ward,
Auf sich nur gestellt, und ändert sich nicht,
Kreist rings umher, es droht ihm nichts.
Du kannst es nennen die Mutter der Welt.
Ich kenne nicht seinen Namen.
Ich schreibe und lese es DAU, der WEG,
Und soll ich's benennen, so sage ich: Groß.
Großsein heißt weitergehn;
Weitergehn heißt in die Ferne gehn;
In die Ferne gehn heißt gegenläufig gehn.
Darum ist
Groß der WEG, groß der Himmel,
Groß die Erde, groß der König.
Vier Große gibt's in den Grenzen des Alls;
Der Mensch ist einer von ihnen.
Der Mensch nimmt zum Gesetz die Erde;
Die Erde zum Gesetz den Himmel;
Der Himmel zum Gesetz den WEG;
Der WEG nimmt zum Gesetz das eigene Weben.

Auch Dschuang-dsï's Grundgedanken deutet Yüan-wu nur flüchtig an. Er denkt dabei an das berühmte zweite Kapitel des »Buchs von der Blüte des Südens«, das überschrieben ist: »Ausgleich der Theorien von den Dingen.«[2] Dschuang-dsï hält dem Streit der mannigfachen Weltanschauungen seiner Zeit entgegen, daß vom Ganzen her gesehen alle Unterschiede relativ sind, daß je nachdem groß klein sein kann und winzig riesengroß.

»Im WEG (DAU), sagt er, sind diese Gegensätze aufgehoben in der Einheit. In ihrer Geschiedenheit haben sie ihr Bestehen; durch ihr Bestehen kommen sie zum Vergehen. Alle Dinge, die jenseits von Bestehen und Vergehen sind, kehren zurück zur Aufhebung in der Einheit.«

So ist auch zwischen mir und anderen kein Unterschied.

»Der Zustand, wo dieser hier und jener dort sich nicht mehr gegenüberstehen können, heißt bei uns der Angelpunkt des WEGS.« So gesehen, wandelt sich auch das Verständnis der Wirklichkeit und rückt vom naiven Realismus ins Geheimnisvolle:

»Dschuang Dschou, erzählt er von sich selbst, träumte einmal, er sei ein Schmetterling und flattere umher. Er fühlte sich beglückt und wußte nichts von Dschou. Plötzlich erwachte er und war nun richtig wieder Dschou. Hat es nun Dschuang Dschou geträumt, er sei ein Schmetterling, oder träumt es jetzt dem Schmetterling, er sei Dschuang Dschou? Und doch ist zwischen Dschou und einem Schmetterling gewiß ein Unterschied. Das heißt Verwandlung der Dinge.«

Diese Proben mögen zeigen, wie früh sich schon in China auf ganz eigene Art Erkenntnisse anmeldeten, die in dieselbe Richtung deuten, wie der indische Geist sie seit weit älterer Zeit verfolgt hat. Ebenso spürt man ihnen auch an, daß von diesen tiefsinnigen Chinesen zu dem gewaltigen Erlebnis eines Buddha, zur Tiefe, Fülle, Folgerichtigkeit buddhistischer Erkenntnis immer noch ein weiter Schritt ist. Diese Einsicht ist in China erst allmählich aufgebrochen.

Der Mönch Dschau

Es war ein großer Fortschritt, als im Jahr 401 der gelehrte Mönch Kumârajîva von Kutscha her nach Tschang-an kam, um unter der Protektion des damaligen Machthabers ein großes Institut für die Übersetzung der bedeutendsten Sutren des Mahâyâna-Buddhismus einzurichten. Zu seinen Schülern und Gehilfen gehörte auch der junge, aber hochbegabte Dschau, der als Sohn ganz armer Eltern sich von klein auf durch Bücherabschreiben ernährt und dabei sämtliche Klassiker, Philosophen und Geschichtsschreiber Altchinas, mit besonderer Liebe aber Dschuang-dsï und Lau-dsï in sich aufgenommen hatte, dann aber beim Abschreiben des Vimalakîrti-sûtra von der überlegenen Größe des Mahâyâna ergriffen, sich mit gleichem Eifer und Verständnis in dieses ihm ganz neue Schrifttum vertieft hatte. Er wurde Mönch und hat im Dienst Kumârajîva's nicht nur bei der Übersetzungsarbeit fleißig mitgeholfen, sondern auch zu vielen dieser Sutren eigene Einleitungen geschrieben und selbständige Abhandlungen verfaßt, von denen vier unter dem Titel Dschau-Traktate noch in späteren Zeiten viel gelesen wurden. Ihr Reiz für den chinesischen Leser beruhte darauf, daß sie nicht einfach fremde, indische Gedankengänge wiederholten, sondern an das überkommene heimische Geisteserbe, vor allem eben an Dschuang-dsï und Lau-dsï, anknüpften und die Lehre Buddhas als die Erfüllung dessen darstellten, was die Weisesten des eigenen Altertums bereits geahnt hatten. Auf diese Weise fanden im chinesischen Buddhismus auch Begriffe und Gedankengänge aus den alten Lehren vom DAU (Tao), dem WEG, Eingang und Heimatrecht, und damit hängt es ohne Frage zusammen, daß gerade in der Denk- und Ausdrucksweise der Zenmeister des achten Jahrhunderts und später manches ebenso an altchinesische Vorbilder erinnert wie an indische.

Dschau's Fortschritt über die chinesischen Weisen des Altertums besteht einfach darin, daß er, durch Kumârajîva und die Sutrenschriften über-

[1] Chaotisch: ungefähr im Sinn des Chaos der vorsokratischen Philosophie: nicht ein wirres Durcheinander unterschiedlicher Dinge, sondern ein Zustand, in welchem Unterschiede überhaupt nicht existieren.

[2] Tji-wu-lun (japanisch Sei-butsu-ron). Vgl. Dschuang-dsï, das Wahre Buch vom Südlichen Blütenland, übersetzt von Richard Wilhelm. Eugen Diederichs Verlag, Düsseldorf/Köln.

zeugt, in die Geheimnisse des DAU weit konsequenter eingedrungen ist und sie mit dem, was jedermann sein Ich, sein Eigenstes zu nennen pflegt, weit strenger, unausweichlicher verknüpft. So schreibt er in seiner Abhandlung von der »Namenlosigkeit des Nirvâna«: »Der vollkommene Mensch ist in sich leer, hohl, ohne Gestalt. Und es gibt unter all den unzähligen Dingen keines, das nicht meine eigene Schöpfung wäre (was wohl heißen wird: was nicht ich selbst zum »Ding« gemacht hätte). Wer die Welt der Dinge so versteht, daß er in ihnen allen sich selbst erkennt, der allein dürfte wohl den Namen eines Heiligen verdienen.« Damit spricht er dasselbe aus, was das Shûramgama-sûtra[1] mit folgenden Worten ausdrückt: »Alle Lebenden sind seit anfanglosen Zeiten im Irrtum des Ich-selbst befangen und machen es zu einer Sache, einem Ding, verlieren so ihr eigentliches Herz (oder: ihren eigentlichen Geist) und lassen sich nun von den Dingen drehen. Wenn sie die Dinge drehen könnten, wären sie dem Buddha gleich.«

Dschau's Einfluß auf Schï-tou Hsi-tjiän

Welche Wirkung der Mönch Dschau gerade auch auf die Zen-Bewegung ausgeübt hat, zeigt Yüan-wu mit dem Hinweis auf den Meister Schï-tou Hsi-tjiän. Obwohl dieser Zeitgenosse des Patriarchen Ma in keinem Beispiel des Bi-yän-lu redend oder handelnd auftritt, wird er doch von Yüan-wu wiederholt und stets verehrungsvoll erwähnt. Er hatte als kleiner Novize noch den Sechsten Patriarchen Hui-nëng in der berühmten Tsau-Schlucht im Norden der Kantonprovinz erlebt, war dreizehn Jahre alt, als dieser »in die Stille einging«, kam nach langen Wanderjahren später wieder in die Tsau-Schlucht, wo nun Hui-nëng's erster Schüler Tjing-yüan (japanisch Sei-gen) wirkte, erhielt von ihm das Siegel der Bestätigung und suchte sich dann zweiundvierzigjährig etwas weiter nördlich, im Süden der Provinz Hunan, eine eigene Wirkungsstätte im Gebirge Hëng-schan, wo er auf einer abgelegenen steinernen Platte, dem Steinkopf oder Schï-tou, eine Klause baute und Schüler um sich sammelte. Er und der Großmeister Ma galten seit der Mitte des achten Jahrhunderts als die beiden echtesten Enkelschüler des Sechsten Patriarchen, die jeder Zenbeflissene besucht haben mußte. Von diesen beiden ist denn auch die weitere Entfaltung der Zen-Schulen ausgegangen[2]. An Schï-tou fällt besonders die starke innerliche Sammlung auf, die ihn befähigte, einen Fragenden mit nur ein paar Worten zu erwecken, ähnlich wie fünf Generationen später Yün-mën, der selbst aus Schï-tou's Stamm hervorgegangen ist[3].

Den entscheidenden Anstoß aber zu seiner eigenen Erkenntnis (sieht man von der Jugenderinnerung an Hui-nëng und den Umgang mit Tjing-yüan ab) hat Schï-tou bei der Lektüre einer Schrift des Mönches Dschau empfangen. Einst las er dessen Abhandlung »Von der Namenlosigkeit des Nirvâna« und kam an die im Text erwähnte Stelle, wo es heißt: »Wer die Welt der Dinge so versteht, daß er in diesen allen stets sich selber sieht, der allein dürfte wohl ein Heiliger sein.« Da durchfuhr es ihn, daß er auf den Tisch schlug und sagte: Der Heilige besitzt kein eigenes Selbst, weil alles eigenes Selbst ist; wer will da noch von Ich und Du, von eigenem Selbst und einem Andern reden! Und darauf schrieb er die Erkenntnis, die ihn erfüllte, in vierundvierzig Sätzchen zu je fünf Wortzeichen nieder, die unter dem Titel »Ungleich und gleich im Bunde« bei den Zen-Schulen, vor allem bei der Sôtô-Sekte, bis heute in Ansehen stehen.

Wie Schï-tou diese seine Einheitserkenntnis verstanden wissen wollte, darüber hat er sich vor seiner Hörerschaft mit folgenden Worten ausgesprochen[4]: »Meine Lehre vom GESETZ, die ich von früheren Buddhas überkommen habe, handelt nicht von heldenhaftem Fortschritt in Zuständen der Versenkung, sondern will nichts weiter erreichen als das Wissen und die Schau eines Buddha. Sie spricht sich in dem Satz aus: Eben da, wo Herz (Bewußtsein, Geist) ist, eben da ist Buddha[5]. Herz, Geist, Buddha, irrende Lebewesen, erlösende Erkenntnis, Verblendung, das alles ist, wenn auch dem Namen nach verschieden, dem Wesen nach doch eines. Es gilt für euch, das eigene Herz zu erkennen, sich von dem Glauben an die Dauerhaftigkeit der Dinge ebenso fernzuhalten wie von dem ans Nichts. Die Grundnatur ist weder rein noch unrein; taufrisch ist sie, rund und voll. Gemein und heilig stehen sich gleich, ihre Verwendung in der Praxis ist an keine Richtlinie gebunden. Alle drei Welten und die sechs Wege des Kreislaufs von Geburt und Tod (nämlich die der Höllenwesen, der hungernden Gespenster, Tiere, streitenden Geister, Menschen, Himmelswesen) treten alle aus dem Herzen her in die Erscheinung. Wenn ihr dies richtig begriffen habt, so wird es euch an nichts gebrechen. Mein einziges Bestreben ist, es so weit zu bringen, daß die urgründige Stille des Wahrheitsleibes bei euch in Herz und Sinnen Eingang finde.«

Dazu zwei Beispiele aus Schï-tou's Wirken:

Einst fragte ihn ein Mönch nach der Erlösung. Schï-tou fragte zurück: Wer kann dich denn gefangenhalten?

1 Der volle Titel heißt: Shûramgama-samâdhi-sûtra (japanisch Shuryôgon-zammai-kyô). Zitat nach Katô Totsudô.

2 Man vergleiche dazu auf der Traditionstafel die beiden Hauptzweiglinien III, A und B.

3 Zu Schï-tou (Shih-t'ou) vergleiche D. T. Suzuki. Essays on Zen Buddhism, second series S. 73, 74, 75, 214, 282, third series S. 22, 44f., 56, 110.

4 Vgl. den Bericht von der Weitergabe der Leuchte aus der Ära Djing-dö (Djing-dö Tschuan-dëng-lu) (japanisch Keitoku Dentô-roku), Band 14.

5 Chinesisch Dji hsin, dji Fo (japanisch Soku shin, soku Butsu). Dies ist fast wörtlich dieselbe Formel, die Schï-tou's Zeitgenosse Ma zu verkünden pflegte: Dji hsin, schï Fo (Soku shin ze Butsu).

Ein anderer fragte nach dem »Reinen Land« (dem Paradies des Buddhas Amitâbha). Er antwortete: Wer kann dich denn beschmutzen?

Nan-tjüan's Bescheid an Lu Gëng

Schï-tou und der Großmeister Ma sind die beiden stärksten Übermittler der Geistesart des Sechsten Patriarchen an die folgenden Geschlechter. Ein Enkelschüler Ma's ist Nan-tjüan, der Meister unseres Beispiels; er ist also mit Schï-tou nah verwandt. Und so wie Schï-tou den Mönch Dschau und seine Abhandlungen versteht, so versteht diesen auch Nan-tjüan. Wenn nun der Würdenträger Lu ihm voll Bewunderung erzählt, was er bei Dschau gelesen hat vom »einen Leib, den das gesamte All mit ihm zusammen bildet«, so ist Nan-tjüan von vornherein im Bilde. Er steht mit Leib und Seele selbst darin, vom eigenen Ich und von der Mannigfaltigkeit der Dinge abgelöst und in den Grund versenkt, von dem aus jenes Ich und jene Dinge nichts bedeuten als ein Gewoge auf der Oberfläche, das ewig steigt und sinkt, ein steter Wechsel von Entstehen und Vergehen. Dies ist, nach einem Wort des Lotos-Sutra, die »Erscheinungsform der Welt«, und sie »bleibt stets dieselbe«. Und die Einheit, die den Würdenträger Lu begeistert, besteht zunächst gerade darin, daß wir mit der ganzen Welt der Dinge einem und demselben unerbittlichen Gesetz des Werdens und Vergehens unterworfen sind. Denn aus der Welt sind wir emporgetaucht, und in sie sinken wir zurück. Keine schönere Antwort läßt sich denken, als Nan-tjüan's stiller Hinweis auf die blühenden Päonien. Es braucht in der Tat nichts weiter, als sich eine solche Blume richtig anzusehen. Im reinen Sehen ist bereits die Reflexion auf mich, den Sehenden, und auf die Blume, das Gesehene, ausgeschaltet. Und wenn nach der Versenkung in die Blume, in das Wasser, in die Berge, in den Mond Blick und Gedanken sich nunmehr dem eigenen Ich zuwenden, so kommt es zum Erschauern. Und im Erschauern zum Verstummen. Und im Verstummen öffnet sich der Abgrund ewiger Stille.

Nan-tjüan hat also das Vertrauen, daß Lu Gëng nichts weiter nötig hat, als echtes, waches Sehen ohne Träumerei. Hsüä-dou im Gesang hilft ihm ein wenig nach, indem er darauf hinweist, daß die Unterschiede in der Welt der Dinge, die »Wellen auf der Wasserfläche«, durch die Einheit nicht beseitigt sind. Diese Tatsache, die freilich unbegreiflich, aber wahr ist, hat Lu Gëng in der Begeisterung wohl übersehen; das ist seine Träumerei, aus welcher Nan-tjüan ihn erwecken möchte. Und hier liegt in der Tat das eigentlich Entscheidende. Denn schließlich konzentriert sich auf dem Weg solcher Betrachtung alles auf das eigene Ich, das nun inmitten dieser fremden Einzeldinge, mit denen es doch auch dem unerbittlichen Gesetze unterworfen ist, verlassen dasteht und den Boden unter sich versinken fühlt. Hsüä-dou führt in seinem zweiten Doppelvers an diesen Abgrund gefährlich nah heran. Und Yüan-wu lobt ihn

mit seinen Zwischenbemerkungen für sein inniges Verständnis dessen, was Nan-tjüan mit dem Würdenträger Lu im Sinn hat.
Ob auch die Erläuterung zum Gesang von Yüan-wu selbst geschrieben ist, kann man mit Grund bezweifeln[1]. Aber auch ihr Verfasser ist derselben Meinung wie Nan-tjüan und Hsüä-dou, er drückt sich nur ein wenig anders aus. Er sagt ganz harmlos: Auch Nan-tjüan und Hsüä-dou träumen; beide reden auch im Schlaf. Feinsinnig spielt er auf den Traum Dschuang-dsï's vom Schmetterling an. Es ist ein kleines Stück ironischer Apologetik, wie sie dem schon in sich ironischen Geist des Zen entspricht[2]. Natürlich kann der Zweifler einwenden: Ihr träumt ja auch; ihr wollt Schmetterlinge sein und seid nur der leibhaftige Dschuang Dschou. Gut, sagt der Zenmann, lassen wir es gelten! Er überläßt dem Partner großmütig ein Feld auf dem Go-Brett. Aber, sagt er weiter, ist's ein Traum, so ist es doch ein guter Traum und besser als der eure. Man kann es ja damit versuchen, ihn zu träumen.
Ein japanischer Dichter des neunten Jahrhunderts, wahrscheinlich der vom Tiän-tai-schan in China ausgegangenen Tendai-Schule angehörig, hat das Geheimnis, um welches sich das Zwiegespräch zwischen Nan-tjüan und dem Würdenträger Lu Gëng bewegt, in einem klassischen Fünfzeiler (Uta oder Waka) formuliert. Formulierung war die Kunst der Tiän-tai-Meister; den Zen-Meistern steht im Vordergrund das persönliche Eingehen ins Geheimnis ohne Worte. Auch dieser Unterschied steht unter dem Gedanken Schï-tou's: Ungleich und gleich im Bunde.
Das Waka lautet:

Ist die Welt ein Traum?
Ist sie wesenhaft? Sage! –
Weder wesenhaft,
noch auch Traum, daß ich wüßte:
ein Etwas, ein Nichts in einem.

[1] Die Erläuterung zum Gesang enthält einige sprachliche Eigentümlichkeiten, die sich bei Yüan-wu sonst nicht finden; auch lassen sie auf einen milderen Charakter schließen, als wir ihn bei Yüan-wu sonst gewohnt sind.

[2] Ironisch: denn wer im Sinn des Zen erwacht ist, nimmt die Dinge und Gedanken dieser Welt nicht weniger ernst als andere, und dennoch sind sie ihm im Grunde Schaum.

Dschau-dschou fragt nach Leben aus dem großen Tod

Hinweis

Wo Ja und Nein in eins verschlungen sind, ist auch kein Heiliger imstand, sich durchzufinden. Wenn Gegenstoß und Gleichlauf hin und her sich kreuzen, kann auch ein Buddha sie nicht deutlich unterscheiden.

Ein Mann, vom Weltgetriebe losgelöst und über Standesbindungen erhaben, legt Fähigkeiten eines Helden an den Tag, mit denen er die große Menge überragt. Solche gehen über Eis und laufen über eines Schwertes Schneide. Sie sind dem Horn am Kopfe eines Einhorns[1] zu vergleichen, sind wie eine Lotosblüte mitten im Feuer.

Wenn solche [gegenseitig] sich bescheiden, die Überlegenheit des anderen zu sehen, dann erst erkennen beide sich als Weggenossen. Wer sind wohl die mit der gewandten Hand? Versuchen wir's mit einem Beispiel! Sehet her!

Das Beispiel

Wir legen vor:

Dschau-dschou fragte Tou-dsï: Wie ist das eigentlich dann, wenn einer, der den großen Tod gestorben ist, nun im Gegenteil lebendig wird?

Tou-dsï erwiderte: Nächtliche Gänge lasse ich nicht zu. Man muß es mit der Tageshelle halten, um hinzukommen.

Zwischenbemerkungen zum Beispiel

»Dschau-dschou fragte Tou-dsï: Wie ist das eigentlich dann, wenn einer, der den großen Tod gestorben ist, nun im Gegenteil lebendig wird?« – So etwas gibt es nämlich. – Diebe brechen nicht bei armen Leuten ein [sondern da, wo sie wissen, daß etwas zu holen ist; Dschau-dschou weiß

[1] Der Historiker Li Yän-schou, Verfasser der 659 abgeschlossenen großen Geschichte der dem Tang-Reich vorausgegangenen Teilstaaten, schreibt von der Seltenheit eines großen Mannes: Gelehrte gibt es wohl soviel wie Haare auf einem Büffel; doch einige wenige sind wie das Horn des Einhorns, wie eine Lotosblüte im Feuer.

von vornherein, daß Tou-dsï einer schweren Frage würdig ist]. – Wer früher oftmals Gast bei andern war, der hat für seinen Gast ein Mitgefühl. [Dschau-dschou hat das, wovon er spricht, selbst durchgemacht und dabei auch den Beistand erfahrener Lehrer angenommen.]
»Tou-dsï erwiderte: Nächtliche Gänge lasse ich nicht zu. Man muß es mit der Tageshelle halten, um hinzukommen.« – Den Saatkorb sehen und zertreten, ist bei ihm eines. [Zum Säen schüttet man den Samen in einen locker geflochtenen Korb, der, vom Stier gezogen, die Saatkörner in geeigneter Menge durchläßt. Es kommt aber leicht vor, daß der Stier den Korb beim ersten Anblick zertritt. So verfährt auch Tou-dsï mit der Frage Dschau-dschou's.] – Dieb und Dieb verstehen einander. [Sie können miteinander Reden führen, die ganz was anderes bedeuten, als der Wortlaut vermuten läßt.] – Hätten sie nicht unter derselben Decke geschlafen, so wüßten sie nicht, welch zerrissenes Futter sie hat. [Vgl. dieselbe Redensart in den Zwischenbemerkungen zum Gesang des vorigen Beispiels!]

Erläuterung des Beispiels

Dschau-dschou fragte Tou-dsï: Wie ist das eigentlich dann, wenn einer, der den großen Tod gestorben ist, nun im Gegenteil lebendig wird? Und Tou-dsï erwiderte ihm mit den Worten: Nächtliche Gänge lasse ich nicht zu; man muß es mit der Tageshelle halten, um hinzukommen. Sagt mir einmal: Was für Zeitpunkte sind denn das [der in der Frage Dschau-dschou's und der in der Antwort Tou-dsï's]? Eine Flöte ohne Löcher [ist der eine], Klapphölzer in Filz gewickelt [der andere Zeitpunkt].
Man nennt das [die Frage Dschau-dschou's] eine »Frage zur Prüfung des Hauswirts« (wie sie in der Regel ein Besucher dem Meister stellt) oder auch eine »Herzensvorgang-Frage« [in welcher der Frager von einer eigenen Erfahrung ausgeht, um zu erkunden, ob sie der andere auch gemacht hat]. Die Gespräche, welche Dschau-dschou und Tou-dsï miteinander geführt haben, werden als hervorragende Muster geistvoller Auseinandersetzung allgemein gerühmt. Wohl kommen beide von verschiedenen Meisterstämmen her[1]. Aber seht, wie sie die Klingen ihres Geistes kreuzen: es ist genau dieselbe Art.
Eines Tages hatte Tou-dsï für Dschau-dschou die Teematte auf dem Boden ausgebreitet und setzte sich ihm gegenüber. Persönlich reichte er dem Gast gedämpfte Klöße hinüber, ohne daß Dschau-dschou es auch nur beachtete. Nun ließ Tou-dsï durch seinen Diener runde Weizenkuchen anbieten. Da bedankte sich Dschau-dschou beim Diener mit dreimaliger Verbeugung [und nahm an]. Sagt mir einmal: wie hat er das gemeint? Seht, dieser Mann ist schlechthin auf den wesentlichen Grund gerichtet und leistet andern dadurch einen Dienst, daß er ihnen eben dies ihr eigentliches Teil vor Augen stellt.
Ein Mönch fragte[2]: Was ist der WEG? Antwort: Der WEG. Was ist

Buddha? Antwort: Der Buddha. Ein anderer fragte: Wie ist es, wenn die goldene Kette[3] noch nicht aufgesprungen ist? Antwort: Sie ist offen. Wie aber, wenn der goldene Hahn noch nicht gekräht hat[4]? Antwort: Solch einen Ton gibt es nicht. Frage: Und wie nachher, wenn er gekräht hat? Antwort: Jeder weiß die Zeit von selbst. Dies war ganz allgemein die Art, wie Tou-dsï Fragen zu beantworten pflegte.
Seht es euch an, wie Dschau-dschou fragt: Was ist das eigentlich dann, wenn einer, der den großen Tod gestorben ist, nun im Gegenteil lebendig wird? und jener [Tou-dsï] gleich darauf erwidert: Nächtliche Gänge lasse ich nicht zu; man muß es mit der Tageshelle halten, um hinzukommen! Schlagartig, wie man aus dem Steine Feuer schlägt, wie das Zucken eines Blitzes! So etwas gibt es erst bei Menschen, die die Richtung überwärts verfolgen. Für solche, die den großen Tod gestorben sind, gibt es nichts derart wie Lehren oder Grundsätze des Buddhismus, wie Geheimnisse und Wunder, wie die Gegensätze von Gewinn und Schaden, richtig und unrichtig, Vorzügen und Nachteilen. Hier ist das alles einfach so, wie es ist, zur Ruhe eingegangen [sie sind allem abgestorben]. Einer unsrer Alten [nämlich Yün-mën] beschreibt das [gleichnisartig] mit den Worten: »Auf weitem Schlachtfeld Tote ohne Zahl; ein Hexenmeister, wer es fertig bringt, durch das Gestrüpp von Dornen sich hindurchzuretten.« Durch ein Gelände dieser Art muß einer in der Tat hindurchgedrungen sein; dann erst erlangt er es. So steht die Sache allerdings. Aber heutzutage kommen die Menschen schon in diesem Todesgelände nicht voran [sie bringen es überhaupt nicht zum Sterben]. Die einen klammern sich an Stützen an (an Zen-Übungen,

1 Dschau-dschou Tsung-schën (japanisch Jô-shû Jû-shin, 778–897), Traditionstafel III B 10 i, ist Schüler Nan-tjüan's (vgl. das vorhergehende Beispiel, besonders S. 150), kommt also vom Sechsten Patriarchen über dessen Schüler Nan-yüä und Enkelschüler Ma her. Tou-dsï Da-tung (japanisch Tô-shi Dai-dô, 819–914), Traditionstafel III A 11 b, ist Schüler von Tsui-we Wu-hsiä und Enkelschüler von Dan-hsia Tiän-jan kommt also vom Sechsten Patriarchen über die Meister Tjing-yüan und Schï-tou.

2 Hier folgt ein etwas nachlässig eingeschobener Abschnitt, der aus irgendeiner Überlieferung Antworten Tou-dsï's auf einige Fragen zusammenstellt, wobei erst am Schluß zu ersehen ist, daß hier nicht Dschau-dschou redet, sondern Tou-dsï.

3 Eine Redensart besagt, es gebe zweierlei Ketten, welche den Menschen in Gefangenschaft halten: die eiserne Kette der Verblendung, des Irrwahns, und die goldene Kette der Erkenntnis, der Erleuchtung. In der Qualität besteht zwar zwischen beiden ein gewaltiger Unterschied, aber in der Wirkung sind sich beide gleich.

4 Im chinesischen, besonders dem dauistischen (taoistischen) Mythus leitet das Krähen des goldenen Hahns das Hervorgehen der Welt aus dem unterschiedslosen Chaos ein. Hier bedeutet es wohl eher den Übergang aus dem Chaos des Irrwahns in die Klarheit der Erkenntnis.

an Buddhaglauben und dergleichen), die andern an verstandesmäßige Erklärungen. Und so geht ihnen der Zusammenhang mit dem, worauf es ankommt, zwangsläufig verloren.
Der ehrwürdige Dschö[1] sagte von Menschen dieser Art: »Ihre Sicht ist nicht klar, nicht fleckenlos rein.« Und mein einstiger Lehrer vom Berg des Fünften Patriarchen[2] hatte dazu die Redensart: »Ihre Lebenswurzel ist nicht abgeschnitten.« Es muß unbedingt der große Tod einmal gestorben sein, und erst, wenn der in Leben umgeschlagen ist, erlangt man es.
Der ehrwürdige Yung-guang[3] aus Mittel-Tschekiang sagt: »Wenn die Speerspitze eines Wortes schief geht, so kann sich ihr Stoß von der Sperre (die er einstoßen sollte) um zehntausend Meilen entfernen. Gerade dann, wenn du nur noch an der Kante einer Felswand hängst, mußt du die Hände zurückziehen, aus innerstem Entschluß einwilligen und die Folgen auf dich nehmen. Wacht einer nach dem Trennungsschnitt ein zweites Mal zum Leben auf, so kann sich künftighin kein Mann von Ehre jemals in ihm täuschen. Wie sollte einer je solch ungewöhnliche Gesinnung vor andern verbergen können?«
Von dieser Art ist Dschau-dschou's Frage. Und Tou-dsï, selbst ein Meister seiner Kunst, ist weit entfernt davon, jenem seine Frage mit Unverständnis zu vergelten. Nur daß er jede Spur von gedanken- und gefühlsmäßiger Rücksichtnahme restlos verwischt. Das ist freilich nicht leicht zu verstehen. Er deckt nur eine Kleinigkeit auf, die vor Augen liegt. [Daß man es mit der Tageshelle halten muß, um hinzugelangen, weiß Dschau-dschou selbst schon lange; und Tou-dsï weiß, daß er es weiß.]
Darum sagt einer der Alten[4]: »Wenn du willst, daß dein Meister sorgsam auf dich eingehen soll, dann komme ihm beim Fragen nicht mit Fragen! Die Frage steckt in der Antwort; die Antwort steckt in der Frage.« Hätte ein anderer als gerade Tou-dsï Dschau-dschou's Frage vorgelegt bekommen, es wäre ihm gewaltig schwergefallen, sie gebührend zu beantworten. Nur weil jener eben ein Chinese von Geist ist, erkennt er auf den ersten Anruf gleich den Punkt, auf den es hinausläuft. Nun der Gesang!

Gesang

LEBENDIG, hellen Auges stellt er wieder sich Sterbenden gleich.
Was braucht er denn verbotene Kost, zu prüfen so hohen Verstand?
Die Alten, die Buddhas, sage ich's nur, kamen so weit noch nicht,
Und wer wohl hätte in nichts zerstreut die Streu von Staub und Sand?

Zwischenbemerkungen zum Gesang

»Lebendig, hellen Auges stellt er wieder den Toten sich gleich.« – Dabei weiß er weder von dem einen noch vom andern [weder von Leben noch von Tod]. – Im Kommen dreht er's um, im Gehen stellt er's auf den Kopf. – Besäße er nicht einen tiefen Fonds an geläuterter Erfahrung, wie wäre er [Dschau-dschou] imstande, an dem Chinesen, den er vor sich hat, das Seidenschwarz [gediegener Erkenntnis] vom rohen Weiß [der Ahnungslosigkeit] genau zu unterscheiden?
»Was braucht er denn verbotene Kost, zu prüfen so hohen Verstand?« – Aber wenn er ihn damit nicht geprüft hätte, wie hätte er genau erkennen können, wie er es meint? – Trifft man zusammen, steht dem ja nichts entgegen, daß man auf den andern einmal einen Blick zur Prüfung wirft. – Auch ich hätte gerne etwas gefragt.
»Die Alten, die Buddhas, sage ich's nur, kamen so weit noch nicht.« – Sei er [Tou-dsï, weiterhin auch Dschau-dschou] froh und dankbar, daß er sie zu Gefährten hat! – Die tausend Heiligen haben es ja auch nicht überliefert [weil es etwas ist, was man überhaupt nicht überliefern kann; es steckt in jedem Menschen schon von Anbeginn]. – Auch der Mönch vom Berge [ich, Yüan-wu] weiß davon nichts.
»Und wer wohl hätte in nichts zerstreut die Streu von Staub und Sand?« – Das gibt es auch gerade hier und jetzt nicht wenig! [Auch Hsüä-dou selbst mit dem Gesang streut Staub und Sand den Menschen in die Augen.] – Es hängt sich über offene Augen und hängt sich über verschlossene Augen. – So also legt es der Acârya [Hsüä-dou] vor. Worauf läuft es hinaus?

Erläuterung des Gesangs

»Lebendig, hellen Auges stellt er wieder den Toten sich gleich.« Hsüä-dou ist ein Mann, der weiß, daß es das gibt. Darum wagt er sich an den Gesang. Wie einer der Alten[5] es ausgedrückt hat, »hält er sich an leben-

[1] Dschö: genauer Mu-dschö (japanisch Mo-tetsu), Meister der Lin-dji-Schule, Enkelschüler von Schï-schuang (Traditionstafel III B 17 a), gehört also in die Reihe III B 19 und zeitlich ins 11. Jahrhundert. Erwähnt in der Erläuterung zu Beispiel XX, Band I, S. 353.

[2] Wu-dsu Fa-yän (japanisch Go-so Hô-en, 1024–1104), Traditionstafel IV B 20; als Lehrer Yüan-wu's von diesem oft erwähnt.

[3] Der Zen-Meister Dschën (japanisch: Shin) vom Yung-guang-Kloster in Su-dschou, ein Schüler des Yün-djü Dau-ying (Traditionstafel III A 12 k), sonst wenig bekannt.

[4] Der Meister Schou-schan Schëng-niän, Traditionstafel III B 15. Denselben Ausspruch erwähnt Yüan-wu schon in der Erläuterung zum 27. Beispiel, Band I, S. 454.

[5] Dö-schan Yüan-mi (oder Yüan-ming), Schüler von Yün-mën Wën-yän.

dige Worte, nicht an tote«. Hsüä-dou sagt also: Während er lebendig ist und helle Augen hat, kehrt er wieder um und tut so, als habe er sich einem toten Chinesen gleichgestellt. Aber was wäre er denn gestorben! Mitten im Tod hat er doch Augen, ist gleich wie ein Lebender. Einer der Alten [Yün-mën Wën-yän] hat gesagt: »Erst wenn der Tote in dir ganz und gar getötet ist, erblickst du dich als Lebenden; und erst, wenn der Lebende in dir ganz und gar lebendig ist, erblickst du dich als Toten.«

Dschau-dschou ist ein Mensch, der Leben hat; darum stellt er diese tote Frage, um Tou-dsï daran zu prüfen. Das ist ähnlich, wie wenn er zur Prüfung absichtlich eine Speise, welche der Arzneinatur zuwider ist, daherbrächte. Darum sagt Hsüä-dou: »Was braucht er denn verbotene Kost, zu prüfen so hohen Verstand[1]?«

Damit hat Hsüä-dou die Frage Dschau-dschou's im Gesang gerühmt; in den zwei letzten Versen besingt er Tou-dsï.

»Die Alten, die Buddhas, sage ich's nur, kamen so weit noch nicht.« Eben dies, daß Menschen, die den großen Tod gestorben sind, im Gegenteil zum Leben kommen, ist der Ort, bis zu dem »die Alten, die Buddhas« seinerzeit noch nicht gekommen sind. Auch die altehrwürdigen Mönche unseres Reiches [Chinas] sind so weit nicht gekommen. Selbst der alte Meister aus dem Shâkya-Stamme, ja selbst der Mönch aus Indien mit den blauen Augen [der Patriarch Bodhidharma] müßten noch einmal mit sich zu Rate gehen; dann erst würden sie es erlangen. Darum sage ich: »Wir erlauben das Wissen des alten Inders; aber das Verstehen des alten Inders erlauben wir nicht[2].«

Hsüä-dou sagt: »Und wer wohl hätte in nichts zerstreut die Streu von Staub und Sand.« Seht einmal her! Ein Mönch fragte Tschang-tjing[3]: Was ist ein echter Freund und Segensmann [indisch ein kalyamitra]? Tschang-tjing erwiderte: Einer, der sich selbst gelobt hat, keinen Sand zu streuen. Und Bau-fu[4] hat gesagt: Man sollte überhaupt keinen Sand

[1] Der Ausdruck »verbotene Kost« steht für einen noch genaueren Fachbegriff der damaligen chinesischen Medizin (yau-dji), den man wörtlich etwa mit Arznei-Tabu übersetzen könnte, oder »etwas von Arznei Verpöntes«, also eine bei Verwendung bestimmter Arzneimittel kontraindizierte Speise.

[2] Vergleiche den Schlußsatz Yüan-wu's am Ende des 1. Kapitels, Band I, S. 49. Dort erschien der Ausspruch allzu rätselhaft. Hier wird erst deutlich, wie er gemeint ist. Es handelt sich nicht darum, wie wir Bodhidharma verstehen, sondern darum, wie dieser selbst sein eigenes Wissen verstanden hat.

[3] Tschang-tjing Hui-lëng (japanisch Chô-kei E-ryô, 854–932), Traditionstafel III A 13 c, häufig genannter Schulgenosse Yün-men's.

[4] Bau-fu Tsung-dschan (japanisch Ho-fuku Jû-ten, gest. 928), Traditionstafel III A 13 d, Schulgenosse und Freund Tschang-tjing's, oft mit diesem zusammen erwähnt.

streuen! Wenn nun aber ehrwürdige alte Mönche im chinesischen Reiche auf dem Stuhl mit krummer Lehne oder auf dem breiten Sessel sitzend ihren Stock gebrauchen, ihren Scheltruf Ho' ausstoßen, ihren Jakschweif aufrecht halten, auf das Sitzbrett schlagen, Zauberkräfte ausüben und in Machtvollkommenheit gebieten, so ist das alles samt und sonders Sand gestreut. Sagt mir einmal: Wie kann man das vermeiden?

Erklärungen zum Text

Dschau-dschou und Tou-dsï

Von den zwei Meistern, welche sich in diesem Beispiel begegnen, steht die Gestalt Dschau-dschou's den Lesern der bisherigen Kapitel bereits klar vor Augen. Es lohnt sich, noch einmal an das zweite Beispiel zu erinnern, wo er den Vers behandelt: »Der höchste Weg ist gar nicht schwer, nur abhold wählerischer Wahl«, um dann vor seinen Hörern zu bekennen, daß er selbst in dieser »wolkenlosen Klarheit« gar nicht stehe. Wie ein Schüler in ihn dringt, was es dann überhaupt hochzuhalten gebe, läßt er die Arme hängen und sagt: Ich weiß auch nicht. Er verzichtet ruhig auf jedes Argument. Yüan-wu sagt von ihm: »Hier ist ein Meister unsrer Schule von großer Hand. Er führt dir keine Reden über das Geheimnisvolle, Wunderbare. Er nimmt sich der Menschen einfach dadurch an, daß er sie vor ihr Eigentliches stellt.« Und Hsüä-dou schildert im Gesang schon dort ihn als Gestorbenen, aus dem das Leben spricht. »Im morschen Baum ein Drachengesang: noch ist er nicht verdorrt.« Im neunten Beispiel gibt er einem, der ihn nach Dschau-dschou fragt, im dreißigsten einem, der auf anderem Weg hinter sein Geheimnis kommen möchte, auf seine unnachahmlich trockene Art Bescheid.

Hier nun treffen wir ihn nicht in Dschau-dschou, sondern zu einer früheren Zeit, als er noch einfach seinen Mönchsnamen Tsung-schën (Gehorsam dem mahnenden Zuspruch) führte. Die Überlieferung berichtet, daß er sich erst mit achtzig Jahren in Dschau-dschou niedergelassen habe und vorher etwa zwanzig Jahre lang gewandert sei, um alle bedeutenden Meister im damaligen Tangreich kennenzulernen. Dieser Wanderzeit soll ein vierzigjähriger Aufenthalt bei Nan-tjüan vorausgegangen sein. Nach bisher geltender Tradition wäre er 778 geboren, mit ungefähr zwanzig Jahren zu Nan-tjüan gekommen und bis zu dessen Tod im Jahr 835 bei ihm geblieben, habe sich dann nach einigen Jahren auf die große, ungefähr zwanzigjährige Wanderschaft begeben und von etwa 858 an noch vierzig Jahre lang in Dschau-dschou gewirkt.

(Alle diese Lebensdaten beruhen auf der Jahreszahl, welche der Bericht von der Weitergabe der Leuchte aus der Ära Djing-dö [japanisch Keitoku Dentô-roku] für Dschau-dschou's Tod angibt, nämlich das 4. Jahr der Ära Tjiän-ning, nach unserer Zeitrechnung 897. Nun weist allerdings der Zenhistoriker Ui Hakuju darauf hin, daß ein noch älterer Bericht über Dschau-dschou's Leben für dessen Todesjahr zwei Schriftzeichen aus dem Sechzigerzyklus gebe, welche entweder auf 868 oder 928 deuten[1]. Die Zahlen für das Geburtsjahr wären dementsprechend 749 oder 809. Nimmt man 749 als Geburtsjahr des Meisters an, so ergeben sich Unmöglichkeiten. Aber auch wenn man seine Lebenszeit auf 809 bis 928 ansetzt, fügen sich die Begegnungen mit andern Meistern in dieses Schema schlecht, so daß wir bis auf weiteres doch eher dem

Bericht von der Weitergabe der Leuchte aus der Ära Djing-dö recht geben möchten.)
Auf der zwanzigjährigen Wanderschaft also, die seiner Wirksamkeit in Dschau-dschou, der Bezirksstadt weit im Norden, vorausgeht, hat der schon alte, ausgereifte Mönch in der Provinz Anhui, nicht weit vom Yangtsekiang, den Würfelberg, den Tou-dsï-schan nördlich von An-tjing, aufgesucht, um sich bei dem bereits bekanntgewordenen Mönche Da-tung aufzuhalten, der mit der Zeit als Meister Tou-dsï zu hohem Ansehen gelangen sollte[2].
Von diesem wissen wir aus früheren Kapiteln, daß er von dem nachmaligen Meister Hsüä-fëng dreimal besucht worden ist[3], und daß er den Mönch, der einst im Schrecken über Da-sui's Wort von der vernichtenden Wirkung des Äonenfeuers zu ihm kam, an diesen gleich wieder zurückverwiesen hat[4]. Hier dagegen tritt Tou-dsï zum erstenmal im Beispiel selbst redend auf, wie nachher noch in drei weiteren, nämlich Kap. 79, 80 und 91.
Die Gegend, in welcher er als Meister wirkte, war auch seine Heimat. Er ist in der Bezirksstadt An-tjing oder deren Umgebung geboren, wandte sich schon früh dem Mönchtum zu, kam nach Lo-yang, der östlichen Hauptstadt des Tangreichs, und lernte bei einem dortigen Zenmeister zunächst die Anfangsübung stiller Versenkung (ânâpâna-smṛti genannt, chinesisch schu-hsi-guan, japanisch su-soku-kwan, d. h. Atemzählbetrachtung), bei welcher man sich ganz auf ruhiges, regelmäßiges Ein- und Ausatmen konzentriert. Später warf er sich auf das Studium der Blumenschmuck- oder Avatamsaka-Sutren, wobei er sich besonders in die Unergründlichkeit der Buddhanatur vertiefte. Endlich kam er nach der Westhauptstadt Tschang-an (heute Si-an) und suchte dort am Rand der Berge, die von Süden heranreichen, den Meister Tsui-we auf, denselben, von dem das 20. Beispiel erzählt, wie er dem zweifelnden Lung-ya die Frage nach dem Sinn der Sendung Bodhidharmas damit beantwortete, daß er mit seinem Stützbrett nach ihm schlug[5].
Tsui-we, ein Enkelschüler des in der Erläuterung zum 40. Beispiel erwähnten Meisters Schï-tou Hsi-tjiän[6], hatte schon von seinem eigenen

[1] Ui Hakuju, Zenshû-shi Kenkyû, Band III, S. 193.

[2] Tou-dsï Da-tung (japanisch Tô-shi Dai-dô, 819–914), Traditionstafel III A 11 b.

[3] Band I, S. 132.

[4] Band I, S. 481. Vgl. ferner Tou-dsï's Ausspruch in der Erläuterung zum 21. Beispiel, Band I, S. 372.

[5] Tsui-we Wuhsiä, japanisch Sui-bi Mu-gaku, Traditionstafel III A 10 c.

[6] Schï-tou Hsi-tjiän vom Schï-tou oder Steinkopf, Verfasser des Lehrgedichts »Ungleich und gleich im Bunde«, vgl. S. 147.

Meister Dan-hsia[1] gelernt, daß man sich die unnötigen Fragen nach Stützen und Anhaltspunkten für die eigene Überzeugung abgewöhnen muß. Sein Schüler Da-tung aber, der nachmalige Tou-dsï, stellte ihm gerade eine solche Frage. Ihn störte es, daß in dem Bericht über die entscheidende Begegnung des Zweiten Patriarchen Hui-ko (japanisch E-ka) mit dem Ersten, Bodhidharma, so gut wie nichts von irgendeiner Art Belehrung festgehalten ist. Deshalb fragte er: Was hat der Zweite Patriarch, als er zum erstenmal vor Bodhidharma stand, von diesem eigentlich bekommen? Die Antwort, die Tsui-we ihm gab, beleuchtet blitzartig den lauteren Wahrheitsernst des Zen und seiner echten Meister. Er sagte einfach: Und was hast du davon, wenn jetzt du mich ansiehst?

Solch einen Meister hatte Da-tung bisher nicht erlebt; etwas Neues brach da in ihm auf. Aber noch war er sich nicht ganz im klaren.

Eines Tages, als der Meister in der großen Halle hin und her ging, trat er auf ihn zu und fragte: Den geheimen Sinn, in und mit dem der Patriarch vom Westen hergekommen ist, wie macht Ihr den, Ehrwürdiger, den Menschen deutlich? Tsui-we blieb stehen und blickte seinem Schüler fest und eindringlich in die Augen. Aber wieder flehte Da-tung: Ehrwürdiger, ich bitte Euch, belehret mich! Da fuhr Tsui-we ihn an: Was brauchst du aus dem Bach ein zweites Mal zu schöpfen? Das gibt nur schlechtes Wasser! Da fiel es ihm wie Schuppen von den Augen, und Dankes voll warf er sich ehrerbietig vor dem Meister nieder.

Er blieb nun lange Zeit im Tsui-we-Kloster, bis seine Zeit gekommen war, Tschang-scha zu verlassen und sich auf eine lange Wanderung zu begeben, welche ihn zuletzt in seine engere Heimat führte, wo er sich in der Einsamkeit des Würfelbergs, des Tou-dsï-schan, eine Binsenhütte baute, um zunächst als Einsiedler zu leben. Aber bald verbreitete sich der Ruf seiner Heiligkeit, und mehr und mehr suchten ihn fahrende Mönche auf.

Eines Tages, als er gerade den Berg hinab nach dem nächsten Dorf ging, um wieder Öl einzukaufen, kam ihm ein sehr alter Mönch entgegen und fragte ehrerbietig, ob er nicht Tou-dsï, der Einsiedler vom Würfelberg, sei. Statt einer Antwort aber bat Tou-dsï ihn um einen Heller, Tee und Salz zu kaufen. Der alte Mönch ging seines Weges weiter, bis er die Hütte oben fand, und setzte sich darein. Endlich kam Tou-dsï, einen Ölkrug in der Hand, zurück. Der greise Wanderer rief ihm entgegen: »Längst schon höre ich von Tou-dsï, und wie ich nun hier bin, ist da nur ein alter Mann, der Öl kauft.« »Dann siehst du eben«, war die Antwort, »einen alten Mann, der Öl kauft, und weißt von Tou-dsï nichts.« »Was ist es denn mit Tou-dsï«, fragte nun der fremde Gast. Da streckte Tou-dsï seinen Ölkrug in die Höhe: »Öl kauft er, Öl! Braucht man das etwa nicht?« Dies war des nachmaligen Meisters Dschau-dschou, des über achtzigjährigen Mönches Tsung-schën, erste Begegnung mit dem Einsiedler auf dem Würfelberg.

Offenbar hat Dschau-dschou sich dort lange aufgehalten. Wahrscheinlich hatte Tou-dsï damals auch schon Schüler, welche aufmerksam verfolgten, was die beiden miteinander sprachen. Sonst könnte Yüan-wu schwerlich davon reden, daß die Gespräche zwischen beiden später eifrig weitererzählt worden seien. Besonders wichtig ist ihm aber, darauf hinzuweisen, daß aus der Begegnung zwischen diesen Meistern die tiefe innere Verwandtschaft zwischen den zwei Linien, in welche sich die Tradition des Sechsten Patriarchen Hui-nëng nach dessen Tod verzweigt hat, überzeugend hervorgeht. Ein Blick auf die Traditionstafel am Ende des ersten Bandes (S. 564–568) zeigt die beiden Linien III A und B. Aus Linie A sind Männer wie Dö-schan, Hsüä-fëng, Tschang-tjing, Yün-mën und Hsüä-dou, der Sammler unsrer hundert Beispiele und Dichter der Gesänge hervorgegangen, und die Tsau-dung-Schule, deren Vater Dung-schan ist, blüht als Sôtô-Schule heute noch in Japan. Der Linie B entstammen Meister wie Ma-dsu, Bai-dschang, Nan-tjüan, We-schan und Yang-schan, Huang-bo und Lin-dji, dessen Schule ebenfalls in Japan lebt (die Rinzai-Schule), zu ihr gehört auch Yüan-wu, der Herausgeber und kraftvolle Erläuterer der Beispiele und Gesänge Hsüä-dou's, der eigentliche Schöpfer des Bi-yän-lu. Daß zwischen so verschiedenen Geistern Spannungen nicht zu vermeiden waren, und dies um so weniger, je länger jede Sekte ihre Sonderheiten pflegte, ist nur natürlich. Aber eben dieses unser Beispiel zeigt, wie alles, was die einzelnen Schulen und Sekten etwa trennen mag, an das Eine, Große, das ihnen gemeinsam ist, entfernt nicht heranreicht.

Zum Verständnis des Beispiels und des Gesangs

Hinweis, Beispiel, Gesang, Erläuterungen, alles ist in diesem Kapitel so innig miteinander verflochten und so klar beleuchtet, daß zum Verständnis kaum noch viel zu sagen ist. Am wenigsten zu dem Kern, um den sich alles dreht. Denn das wird auch der oberflächlichste Leser begreifen, daß es sich im ganzen Stück nur um eines handelt, um den »großen Tod«, den jeder, der zu wahrem Leben und zur Freiheit kommen will, einmal gestorben sein muß. Ein kühler Kritiker kann in diesem Ausdruck freilich eine Übertreibung finden und nüchtern feststellen: Dabei stirbt ja niemand. Es gibt nun aber einmal Menschen, und nicht nur auf dem Boden des Buddhismus, denen alles, was sie sind und haben, eines Tages so zerbricht, daß es ihnen wie ein Sterben ist. Und wenn sie nun, statt sich zu sträuben, diesen Tod aus innerstem Gefühl bejahen, weil sie von ihrer eigenen Einsicht in die Nichtigkeit des Daseins übermannt sind, so ist dies kein unverstandenes, gefürchtetes, gehaßtes, kleines Sterben, sondern etwas Großes. Die Philosophie spricht

[1] Dan-hsia Tiän-jan, japanisch Tan-ka Ten-nen, 739–824, Traditionstafel III A 9 c. Zu seinen Schülern gehört neben Tou-dsï auch Djia-schan Schan-hul (japanisch Kas-san Zene, 805–881), der Dichter jenes Liedes von der smaragdenen Felswand, nach welcher unsere Niederschrift ihren Namen hat; vgl. Band I, S. 23.

von der absoluten Resignation. Das läßt sich hören, ohne daß es direkt wehtut. Den Zen-Leuten war es natürlich, das, was sie erlebten, konkret auszusprechen. So hat auch ein Paulus es gehalten. Er konnte sagen: Ich bin mit Christus gekreuzigt; ich sterbe täglich. Und soviel man auch zwischen Christentum und Buddhismus unübersteigbare Mauern aufrichten zu müssen glaubt, so wäre doch zu überlegen, wer in Hinsicht auf sein menschliches Erleben und Verhalten zu diesem eigentlichen Christentum den weiteren Weg hat, solche, die im Sinne Dschau-dschou's den »großen Tod« gestorben sind, oder Christen, denen jene Worte leerer Klang sind.

Festzuhalten also ist zuallererst, daß es sich in der Unterredung zwischen Dschau-dschou und Tou-dsï, und ebenso in dem Gesange Hsüä-dou's um gar nichts anderes handelt als um diese große Sache, den »großen Tod«, und dieses in dem Sinn, daß eben der das Tor zu wahrem Leben, wahrer Freiheit sei. Wobei uns in den Ohren klingen mag: Und solang du das nicht hast, dieses: Stirb und werde! bist du nur ein trüber Gast auf der dunklen Erde.

Aber nun ist zu beachten: Dieses unverbrüchliche Gesetz ist nur der Ausgangspunkt der Unterredung. Oder besser gesagt: Es tritt nicht in den Vordergrund; vielmehr liegt die Übereinstimmung der beiden Redenden gerade darin, daß sie gemeinsam darauf bedacht sind, es im Hintergrund zu halten; denn nur von dort entfaltet es reale Kraft. Zieht man es in den Vordergrund durch Reden in Begriffen, so reißt man auseinander, was in Wahrheit Eines ist. Am schönsten spricht dies Yün-mën aus, den Yüan-wu in der Erläuterung zum Gesang anführt: »Erst wenn der Tote in dir ganz und gar getötet ist, erblickst du dich als Lebenden; und erst, wenn der Lebende in dir ganz und gar lebendig ist, erblickst du dich als Toten.« Hier handelt es sich also um Vorgänge, die eines jeden eigenes Geheimnis sind, in die kein Mensch dem anderen hineinreden kann. Und so gesehen, ist bereits die Redensart vom großen Tod, aus welchem neues Leben komme, etwas wie ein Unfug, und dies besonders im persönlichen Gespräch. Einem Menschen in der Krisis kann man damit schaden. Es ist, wie wenn man einem Kranken Speisen bietet, die nicht für seinen Zustand passen, die sich nicht mit den Arzneien, die er nehmen muß, vertragen.

Nun sagt Hsüä-dou im Gesang: Eben diesen Unfug leistet Dschau-dschou sich mit Tou-dsï. Absichtlich bietet er dem Jüngeren verbotene Kost. Und Hsüä-dou fragt: Warum braucht er denn diese, um einen solch erfahrenen und kundigen Meister zu prüfen? Nun, Dschau-dschou traut von vornherein dem Tou-dsï zu, daß er die Krisis überstanden hat und sich den Magen nicht verderben wird. Daß er »den großen Tod« gestorben ist, läßt sich an seiner ganzen Lebensweise sehen. Und Dschau-dschou weiß es von sich selbst, welche Leiden und Entbehrungen das in sich schließt. Mit der Frage zeigt er sein Verständnis und sein Mitgefühl. Er stellt sich dem Sterbenden oder dem Gestorbenen gleich. Aber

nun möchte er sich dessen vergewissern, ob sein Gastgeber in diesem Sterben wirklich auch die große Freiheit eines neuen Lebens gefunden hat, oder ob er noch zu den vielen gehört, die sich in der Abgestorbenheit verbeißen und im Tode hängenbleiben.
Das bringt er am besten dann heraus, wenn er sich selbst solchen Erstorbenen gleichstellt und tut, als wüßte er von einem neuen Leben nach dem Sterben nur vom Hörensagen. Wie ist das eigentlich im Zeitpunkt jenes vielbesprochenen Übergangs vom Tod zum Leben? fragt er dumm und plump, wohl wissend, daß auf so etwas nur einer, der von alledem keine Ahnung hat, hereinfällt.
Tou-dsï durchschaut die Frage Dschau-dschou's auf den ersten Blick. Ohne auf den Wortlaut auch nur einzugehen, deckt er ihren hinterhältigen Charakter auf, nennt sie eine Einladung zu trübem Gang in finsterer Nacht und lobt dafür die Tageshelle, die allein den Weg beleuchtet. Dschau-dschou weiß nun, was er wissen wollte. Jeder sieht von seiner Seite, daß der andere ihm in irgend etwas überlegen ist. Und so »erkennen beide sich als Weggenossen«. Sie finden sich in einem und demselben Hintergrund. Darum ist auch ihr Redestreit nur Spiegelfechterei. Ja und Nein verschlingen sich in eins. Gegenstoß und Gleichlauf gehen durcheinander, wie Yüan-wu schon im Hinweis sagt.
Der »große Tod« ist demnach nicht nur ein Verzicht auf dies und das. Er ist Verzicht auf alles Greifbare, ein Sprung ins Leere. In Yung-guang's Worten, welche Yüan-wu anführt, kommt dies klar zum Ausdruck. Und eben deshalb führt er in ein neues Leben, jenseits des Gegensatzes von Leben und Sterben. Hsüä-dou bringt unverblümt das neue Hochgefühl zum Ausdruck, das die Nachfolger des Sechsten Patriarchen erfüllt. Wohl bekannten sie sich auch zu Buddha, ehrten ihn und seine Lehre. Das Nein, das er zum eigenen Ich und zu der Welt gesprochen hatte, war auch für sie der Ausgangspunkt. Aber sie hatten das Gefühl, aus diesem Nein heraus zu einem helleren Ja gelangt zu sein, aus der strengen Bindung ans Gebot zu einer lichteren Freiheit, als sie es an ihren Vorgängern bemerkten. Sie brauchten keine Stützen mehr, keine Bücher, keine Lehren, keine Bilder. Sie hatten es erfahren, daß im Nichts auf wunderbare Weise das eigentliche Höchste gegenwärtig ist. Bemühen nach greifbarem Halt, nach tragenden Stützen und alles Hantieren damit heißt Staub und Sand aufwirbeln. Schon Dschau-dschou, so meint Hsüä-dou im Gesang, hat mit seiner plumpen Frage Staub und Sand gestreut. Und Yüan-wu deutet es noch weiter aus. Der ganze Lehrbetrieb der Meister, das ganze hochentwickelte System von Ordnungen, von Zeremoniell, es ist alles »samt und sonders Sand gestreut«. Wie kann man das vermeiden? fragt Yüan-wu zum Beschluß. In diesem dauernden Selbstwiderspruch liegt die eigentliche Kraft des Zen. Es pflanzt sich dadurch fort, daß es sich immer wieder aufhebt. Und jeder einzelne erhält sein Leben dadurch frisch, daß er es täglich in den Tod gibt.

Zweiundvierzigstes Beispiel

Pang's, des Privatstudierten, schöne Schneeflocken

Hinweis

SCHLICHT und einfach trägt er's vor, spielt allein auf sich gestellt sein Spiel. Er geht ins Wasser bis an den Gürtel, schleppt sein Netz durch Schmutz und Schlamm.
Aufschlag und Gegenklang im selben Augenblick; Silberbergwerk, Erzgesteinwand.
Wer da lange überlegt, erblickt vor seinem Totenkopf Gespenster; wer forscht und sinnt, der findet sich am Fuß der Schwarzen Berge hingehockt [am Ort der Unterwelt].
Hell und heller leuchtende Sonne strahlt am Himmel.
Säuselnder, sausender reiner Wind umkreist die Erde.
Saget mir einmal: haben unsere Alten doch am Ende etwas Wirres, Kauderwelsches [in der Art und Weise, wie sie reden]?
Versuchen wir's mit einem Beispiel! Sehet her!

Das Beispiel

DER Privatstudierte Pang hatte sich von Yau-schan verabschiedet.
Yau-schan beorderte zehn seiner Zengäste, ihn bis vorne an das Hoftor zu begleiten.
Der Privatstudierte wies mit dem Finger auf das Schneegestöber in der Luft und sagte: Schön, wie alle die zerstreuten Flocken doch nicht auf getrennte Orte fallen!
Nun war da der Zengast Tjüan, der sagte: Wo fallen sie denn hin?
Der Privatstudierte versetzte ihm einen Schlag mit der flachen Hand.
Tjüan sagte: Auch ein Privatstudierter sollte sich nicht gehen lassen!
Der Privatstudierte sagte: Du nennst Dich also einen Zengast? Dich hat der alte Yama[1] noch nicht freigelassen.
Tjüan sagte: Und wie steht es mit dem Herrn Privatstudierten?
Der Privatstudierte versetzte ihm abermals einen Schlag mit der

[1] Yama, König der Unterwelt in der indischen Mythologie; chinesisch Yän-mo, japanisch Em-ma.

Hand und sagte: Die Augen sehen es und sind wie blind; der Mund spricht davon und ist wie stumm.
Hsüä-dou seinerseits bemerkt hierzu: »Gleich am Ort der ersten Frage einfach eine Handvoll Schnee geballt und ihn damit geworfen![1]«

Zwischenbemerkungen zum Beispiel

»Der Privatstudierte Pang hatte sich von Yau-schan verabschiedet.« – Dieser alte Chinese ist von selsamem Benehmen.
»Yau-schan beorderte zehn seiner Zengäste, ihn bis vorne an das Hoftor zu begleiten.« – Auch einen Privatstudierten behandelt Yau-schan keineswegs geringschätzig. – Aus welcher Einstellung heraus vermag er das? – Um das zu können, braucht es schon einen Kuttenmönch, welcher die Zusammenhänge von dem einen Ende bis zum andern überblickt; dann erst vermag er das.
»Der Privatstudierte wies mit dem Finger auf das Schneegestöber in der Luft und sagte: Schön, wie alle die zerstreuten Flocken doch nicht auf getrennte Orte fallen!« – Ohne daß ein Wind weht, regt er Wellen auf. – Er hat ein Auge an der Fingerspitze. – In den Worten dieses alten Chinesen klingt etwas.
»Nun war da der Zengast Tjüan; der sagte: Wo fallen sie denn hin?« – Da, ein Treffer! – Er läuft aber nur hinterdrein! – Er ist ihm richtig an die Angel gegangen.
»Der Privatstudierte versetzte ihm einen Schlag mit der flachen Hand.« – Der sitzt. – Läßt man sich mit Schurken ein, richtet man sein eigenes Haus zugrunde.
»Tjüan sagte: Auch ein Privatstudierter sollte sich nicht gehen lassen!« – Er schaut aus seinem Totensarg mit Glotzaugen heraus.
»Der Privatstudierte sagte: Du nennst dich also einen Zengast? Dich hat der alte Yama noch nicht freigelassen.« – Nun übergießt er jenen noch mit schlechterem Wasser, wie es herauskommt, wenn man zum zweitenmal schöpft. [Schöpft man zum zweitenmal aus einem Bach, so ist das Wasser schon nicht mehr ganz rein. Pang's Schelte ist schon nicht mehr so frei und echt, wie vorher sein Backenstreich.] – Wieso denn nur der alte Yama? Auch der Mönch vom Berge hier [d. h. ich, Yüan-wu] gibt ihn nicht frei.
»Tjüan sagte: Und wie steht es mit dem Herrn Privatstudierten?« – Sein zerfahrener Sinn ist unverbesserlich. – Er möchte gerne noch einmal gehauen sein. – Dieser Mönch da ist vom Kopf bis zu den Füßen ungefüge.
»Der Privatstudierte versetzte ihm abermals einen Schlag mit der Hand . . .« – Habe mir's doch gedacht! – Auf Schnee noch Reif gehäuft! – Hat man einem den Stock zu fühlen gegeben, so sage man ihm auch die Meinung dazu!

».. . und sagte: Die Augen sehen es und sind wie blind; der Mund spricht davon, und ist wie stumm.« – Nun hat er für ihn auch noch ein Wort zur Beilegung des Streites. [Er gibt auf die Frage, wie es mit ihm stehe, in aller Unschuld eine Antwort, die das Unbegreifliche, Geheimnisvolle seiner Schau und seiner Redeweise offen ausspricht.] – Er verliest ihm damit aber auch zugleich den Urteilsspruch. [Denn Tjüan hat für »sehende Blindheit« und »redende Stummheit« keinen Sinn.]
»Hsüä-dou seinerseits bemerkt hierzu: ›[Ich hätte] gleich am Ort der ersten Frage einfach eine Handvoll Schnee geballt und ihn damit geworfen.‹« – Das ist schon richtig. – Aber Hsüä-dou spannt den Bogen erst, nachdem der Dieb schon weg ist. – Es wäre auch nicht wenig leck und locker. [Es fiele so nicht Schlag auf Schlag; es verginge mit Schneeballen zuviel Zeit.] – Aber, wenn wir dies auch einzuwenden haben, so hätten wir es doch gerne mit angesehen, wie dann Pfeil und Lanzenspitze haarscharf aufeinandergeprallt wären[2]. – Aber so endet es nun eben mit einem Absturz in die Totenhöhle.

Erläuterung des Beispiels

Der Privatstudierte Pang hat sowohl den Patriarchen Ma als auch den Meister Schï-tou aufgesucht und auf diese Begegnungen hin Gedichte verfaßt. Zuerst besuchte er Schï-tou[3]. Ihm legte er die Frage vor: Einer,

[1] Hsüä-dou's Ausdrucksweise ist so knapp, daß man beim ersten Lesen fragen könnte: wer hätte nun wem den Schneeball aufknallen sollen, der Zengast Tjüan dem Privatstudierten Pang, oder umgekehrt Pang dem Tjüan? Wer weiter liest und namentlich beachtet, wie Hsüä-dou diese seine eigene Bemerkung im Gesang ausdeutet, dem ist es selbstverständlich, daß der Schneeball dem Privatstudierten gilt und nicht dem Zengast Tjüan. Und weil ihm dies noch viel selbstverständlicher war, deshalb konnte er sich so knapp und nachlässig ausdrücken. »Am Ort der ersten Frage« heißt dann wohl: »Gleich auf die erste Bemerkung des Privatstudierten hin«, also auf seine Worte: »Schön, wie die zerstreuten Flocken doch nicht auf getrennte Orte fallen.« Dies ist allerdings nicht förmlich eine Frage. Aber immerhin erwartet Pang darauf ein Wort der Zustimmung, will einen Dialog einleiten.
Die erste förmliche Frage freilich ist die des Zengastes Tjüan: »Wo fallen sie denn hin?« Geht man von dieser Deutung aus, dann hätte der Ausdruck »am Ort der ersten Frage« den negativen Sinn: »an Stelle der Frage Tjüan's«. Doch ist es fraglich, ob der Sprachgebrauch der Tang- und Sung-Zeit diese letztere Deutung zuläßt.

[2] »Wie Pfeil und Lanzenspitze«: Die Redensart stammt aus dem berühmten Lehrgedicht des gleich nachher genannten Meisters Schï-tou mit dem Titel: Tsan-tung-tji, japanisch San-dô-kei. Wenn beide Partner im Gespräch einander ebenbürtig sind, heben Rede und Gegenrede sich gegenseitig auf, und beide finden sich zusammen in der höheren Wahrheit.

[3] Schï-tou Hsi-tjiän, japanisch Seki-tô Ki-sen, 700–790. Traditionstafel III A 8.

der mit den Zehntausenden von »Gesetzen« [d. h. mit der Welt der Dinglichkeiten] nicht zusammengeht, was für ein Mensch ist der? Noch bevor er ausgeredet hatte, geschah es, daß Schï-tou ihm den Mund zuhielt. Das weckte in ihm eine Einsicht, und er dichtete:

Die täglichen Geschäfte sind sich gleich.
Sie kommen eben, und ich mache mit.
Eins um das andere, ohne Federlesen,
Von Fall zu Fall, gerade oder krumm.
Zinnober, Purpur[1] – wer schuf Stand und Ränge?
Die blauen Berge, die sind makelfrei.
Wo Geist hindurchdringt[2], gibt es Wunderwirkung:
Ich trage Wasser, schleppe Brennholz her.

Danach suchte er den Patriarchen Ma[3] auf. Wieder stellte er die Frage: Einer, der mit den Zehntausenden von »Gesetzen« nicht zusammengeht, was für ein Mensch ist der? Der Patriarch erwiderte: Da warte ich, bis du das Wasser aus dem Langen Strom von Westen [aus dem Yangtsekiang] an einem einzigen Tage ausgetrunken hast; dann will ich auf der Stelle mit dir reden. Da ging dem Privatstudierten der innere Sinn weit auf, er erwachte zu der großen Einsicht und verfaßte ein Gedicht, das lautet:

Das große All, es sammelt sich in Eines.
Das Einzelne lernt, ungewollt[4] zu sein.
Dies ist des hehren Buddha Übungsstätte.
Das Herz ist leer; die Heimkehr ist erreicht.

Wegen seiner Meisterschaft [im Zengespräch] hat späterhin ein Kloster um das andere nach ihm ausgeschaut, und um die Wette rühmte man ihn überall. So kam er auch auf den Arzneienberg [den Yau-schan] und hatte sich dort lange aufgehalten, bis er von Yau-schan schließlich Abschied nahm. Dieser, da er ihn aufs höchste schätzte, beorderte zehn seiner Zengäste [d. h. Mönche seiner Bruderschaft], ihm das Geleit zu geben. Dabei gerieten sie in ein Schneetreiben. Der Privatstudierte deutete darauf und sagte: Schön, wie alle die zerstreuten Flocken doch nicht auf getrennte Orte fallen!
Der Zengast Tjüan aber fragte: Wo fallen sie denn hin? Und der Privatstudierte schlug ihn einmal mit der flachen Hand. Der Zengast Tjüan war der Befehlsgewalt[5] von vornherein nicht mächtig. Der Privatstudierte übt sie zwar aus, aber nur zur Hälfte. Denn, wenn er sie auch ausübt, vermag ihm doch der Zengast Tjüan auf die besagte Weise zu erwidern. Auch bei diesem letzteren ist es nicht an dem, daß er den Punkt nicht wüßte, auf welchen es hinausläuft. Jeder von den beiden hat in seinem inneren Getriebe eine Stoßkraft. Die eine rollt zusammen, die andere rollt ab [Pang faßt in eins zusammen; Tjüan zergliedert][6]; darin sind sie sich ungleich. Aber dem letzteren fehlt irgend etwas, um

an den Privatstudierten hinzureichen. Darum fällt er von der Bühne [welche der Privatstudierte aufgeschlagen hat] herunter und hat es schwer, aus seinen Eierschalen auszuschlüpfen.
Nachdem ihm der Privatstudierte einen [zweiten] Streich mit der Hand versetzt hat, gibt er ihm dazu auch noch den sinngemäßen Grund: »Die Augen sehen es und sind wie blind; der Mund spricht davon und ist wie stumm.«
Hsüä-dou hat seinerseits im voraus etwas zu bemerken: »Ich hätte gleich am Ort der ersten Frage ihm einfach einen Schneeball aufgeknallt.« Auf diese Weise wäre er dem eigentlichen Sinn, der in der Frage des Privatstudierten lag, gerne ebenbürtig entgegengekommen. Nur würde dieser Vorgang allzu langsam ablaufen. Der Abt des Tjing-tsang-Klosters[7] hat hierzu bemerkt: »Das innere Getriebe des Privatstudierten ist, als schleuderte es Blitze. Während du den Schnee noch ballst, vergeht ein Stückchen Zeit. Gleich aufs Wort sofort erwidern, das erst macht [dem Dialog] den Garaus.«
Hsüä-dou seinerseits preist im Gesang natürlich seinen eigenen Vorschlag eines Schneeballwurfs.

[1] Zinnoberrot und Purpur waren für die Hofkleidung der höchsten Würdenträger vorbehalten.

[2] »Wo Geist hindurchdringt«: chinesisch schën-tung, japanisch jin-tsû, der übliche Ausdruck für Zauberei.

[3] Ma-dsu Dau-i, japanisch Ba-so Dô-itsu, 709–788, Traditionstafel III B 8.

[4] »Ungewollt«: So übersetzen wir das allbekannte Doppelwort *wu-we*, japanisch mu-i, für welches man gewöhnlich »Nichttun«, »ohne Tun« u. ä. sagt. »We« bedeutet jedoch »tun« nur im betonten Sinn, im Sinn des Drangs »es muß etwas getan sein«, also ein absichtliches, auf Zweck und Ziel gerichtetes, gezwungenes Tun. Mit *wu-we* verträgt sich gar nicht schlecht der Liedervers von Philipp Spitta: »Man wirkt in stiller Tätigkeit und handelt ungesucht, gleichwie ein Baum zu seiner Zeit von selbst bringt Blüt' und Frucht.«

[5] Befehlsgewalt ausüben (chinesisch hsing-ling, japanisch rei wo gyô-su) bedeutet: So reden können, daß der andere nichts mehr zu erwidern weiß. Man denke an die Situation Matth. 22, 46: »Und niemand konnte ihm ein Wort antworten.« Der Ausdruck entspricht dem griechischen »exusía«.

[6] »Zusammenrollen« entspricht dem, was im Zen sonst ›festhalten‹ genannt wird; ebenso steht »abrollen« für das übliche ›loslassen‹.

[7] Der Abt des Tjing-tsang-Klosters (japanisch Kei-zô): sonst unbekannt.

Gesang

Träf' er ihn mit einem Schneeball!
Träf' er ihn mit einem Schneeball!
Dem alten Pang und seinem Schlagwerk
fehlte dann der Ansatz.
Kein Himmlischer, kein Erdenmensch
ist selber sich bewußt,
Wenn, was er hat in Aug' und Ohr,
zergeht in Ätherreine.
Und Ätherreine zergeht!
Kaum wird der fremde Mönch mit blauen Augen sie gewahr.

Zwischenbemerkungen zum Gesang

»Träf' er ihn mit einem Schneeball! Träf' er ihn mit einem Schneeball!« – Was soll man da nur machen? Er ist ja ganz in das Getriebe zweiter Ordnung abgeglitten! [Wo es um zarteste und höchste Dinge geht, schlägt dieser Hsüä-dou eine Schneeballschlacht vor!] – Mache er sich doch mit der Behandlung dieses Themas keine weitere Mühe! – Ist doch schon alles über unseren Häupten übervoll davon und übervoll zu unseren Füßen! [Es ist ringsum nichts als Schnee, als lauteres blendendes Weiß; wozu da noch den Schneeballwurf?]
»Dem alten Pang und seinem Schlagwerk fehlte dann der Ansatz.« – Aber es gibt [je nach den inneren Kräften des Betreffenden] immer auch Mittel und Wege, die sonst keiner kennt. – Ich fürchte nur, es könnte auch anders gehen [als Hsüä-dou meint].
»Kein Himmlischer, kein Erdenmensch ist selber sich bewußt ...« – Was kommt denn da für eine Kunde? – Weiß denn Hsüä-dou etwas davon?
»Wenn, was er hat in Aug' und Ohr, zergeht in Ätherreine.« – Pfeil und Lanzenspitze prallen aufeinander! [Mit diesen Worten begegnet Hsüä-dou haarscharf der Bemerkung des Privatstudierten Pang von den »Schneeflocken, die doch nicht auf getrennte Orte fallen«.] – »Die Augen sehen es und sind wie blind; der Mund spricht davon und ist wie stumm.«
»Und Ätherreine zergeht!« – Wie? Was? – In welcher Richtung seht ihr nun den alten Pang und Hsüä-dou? [Stehen sie nun in der äthergleichen Reinheit, oder aber nicht? Man denke an die Worte Dschau-dschou's im zweiten Beispiel: der alte Mönch hier steht nicht in der wolkenlosen Klarheit.]
»Kaum wird der fremde Mönch mit blauen Augen sie gewahr.« – Käme

Bodhidharma jetzt daher, was würde er wohl zu dir [Hsüä-dou] sagen? – Er schlüge dich und sagte: Cârya, was sind das für Reden? – Begraben wir sie alle in einer und derselben Grube!

Erläuterung des Gesangs

»Träf' er ihn mit einem Schneeball! Träf' er ihn mit einem Schneeball! Dem alten Pang und seinem Schlagwerk fehlte dann der Ansatz.« Hsüä-dou möchte es dem Privatstudierten Pang gerne auf den Kopf geben. Den Alten diente der Schnee zur Veranschaulichung der Erlebnisse in der Gegend der Einfarbigkeit[1]. Hsüä-dou will sagen: Wenn der Zengast Tjüan damals einen Schneeball geballt und den Privatstudierten damit getroffen hätte, so wäre es diesem bei aller geistigen Beweglichkeit doch schwergefallen, mit ihm fertig zu werden. Hsüä-dou rühmt sich dieses seines Gedankens mit dem Schneeballtreffer. Er merkt durchaus nicht, daß er sich damit um den Reingewinn aus seinem Geschäft bringt. [Aber, meint Yüan-wu unausgesprochen, der Gedanke ist ihm nun einmal wichtig, und das nicht mit Unrecht.]
»Kein Himmlischer, kein Erdenmensch ist selber sich bewußt, wenn, was er hat in Aug' und Ohr, zergeht in Ätherreine.« Schnee in den Augen, Schnee in den Ohren: genauso ist es, wenn sich einer in der Gegend der Einfarbigkeit aufhält. Man hat dafür auch den Ausdruck: der Bereich Samantabhadra's[2], die Erlebnisse in der Gegend der Einfarbigkeit. Auch sagt man dazu: Klappe es in einem Blatt zusammen!
Yün-mën sagt: »Selbst dann, wenn einer auf der Stelle es erlangt, daß er im ganzen großen All auch nicht ein Härchen Falsches oder Krankes sieht, so ist auch dies doch immer noch ein Wendesatz [der seinem Wesen nach ins Gegenteil umschlagen muß]. Seht ihr denn nicht, daß die Einfarbigkeit nur erst die halbe Darbietung [der ganzen Wahrheit] ist? Willst du das Ganze bieten, mußt du wissen, daß es einen Weg, der überwärts hinaufführt, gibt; so erst wirst du es erlangen.« Bei dem, der diesen Ort erreicht hat, tritt dann notwendig auch das Große Wirken in Erscheinung; da dringt der feinste Nadelstich nicht ein, da hört man nicht auf anderer Leute Meinung. Darum heißt es: er halte sich an Lebensworte, nicht an tote!

[1] Die Gegend der Einfarbigkeit (chinesisch i-sö-biän, japanisch isshiki-hen): Wenn der Geist die Wahrheit »es ist alles leer« im Innersten erfährt, verblassen alle Unterscheidungen der Form und Farbe, er sieht nur *eine* Farbe, welche nichts als Licht ist.

[2] Samantabhadra (chinesisch Fu-hsiän, japanisch Fu-ken): Der Bodhisattva, der in dem Gaṇḍavyûha (Girlandendekoration) genannten Teil des Avatamsaka- oder Blumenschmucksutras den von Manjushrî geführten Pilger Sudhana empfängt und in die Schau der »einfarbigen« Wunderwelt einweiht.

Einer von den Alten[1] sagt: »Ein Einzelsatz, zum Losungswort erhoben, wird dir zum Eselspflock auf zehntausend Äonen; was hast du davon denn für einen Nutzen?«
Hiermit [mit diesen obigen Versen] hat Hsüä-dou seinen Gesang [zunächst einmal] zu Ende gebracht.
Nun aber dreht er sein inneres Getriebe weiter um und sagt: Nur daß eben diese äthergleiche Reinheit auch zergeht und nicht einmal der fremde Mönch mit blauen Augen sie deutlich unterscheiden kann. – Wenn aber selbst der Mönch mit blauen Augen und aus fremdem Stamm es nicht recht unterscheiden kann, was soll dann gar der Mönch vom Berge hier (d. h. ich, Yüan-wu) euch groß davon erzählen.

[1] Einer der Alten: Tschuan-dsï (d. h. Bootsmann) Dö-tschëng, japanisch Sen-su Toku-jô, Traditionstafel III A 10 e (der dortigen Lesart Sen-shi ist Sen-su als Sonderlesart vorzuziehen), hatte dreißig Jahre lang bei Yau-schan gedient und sollte neben Dau-wu und Yün-yän einer seiner Nachfolger werden, hielt sich jedoch für ungeeignet und bat nur jene zwei Genossen, ihm gelegentlich einmal einen Schüler zuzuschicken, den er dann prüfen und bestätigen würde, um doch des Meisters Auftrag zu erfüllen. So kam eines Tages, von Dau-wu hergewiesen, der spätere Meister Djia-schan Schan-hui (Traditionstafel III A 11 e) zu ihm, und diesem wies er durch die oben angeführten Worte den Weg zur Freiheit. (Schan-hui ist der Dichter des Band I, S. 23 angeführten Liedes von der smaragdenen Felswand.) Im übrigen fuhr der ganz der Betrachtung hingegebene stille Mann mit seinem Wohnboot auf den Wasserwegen südlich von Su-dschou hin und her, bediente Fahrgäste, redete mit ihnen und genoß die Landschaftsbilder. Beim Volk hieß er darum der Bootsmann und wurde unter diesem Namen hoch verehrt.

Erklärungen zum Text

Yau-schan We-yän, ein Nachfolger von Schï-tou

Hatten wir es im vorigen Kapitel mit einem Urenkelschüler des Meisters Schï-tou oder Steinkopf (8. Generation), nämlich mit Tou-dsï, zu tun, so führt uns dieses neue Beispiel nun in den Kreis eines direkten Schülers eben jenes Schï-tou, nämlich des Meisters We-yän, der nach dem »Arzneienberg«, auf dem er wirkte, in der Überlieferung den Namen Yauschan[1] führt. Wenngleich er hier nur in der Einleitung erwähnt wird, lohnt es sich doch, daß wir uns kurz mit ihm beschäftigen.

Mit sechzehn Jahren in ein Kloster der dem Meere nahen Flußstadt Tschau-dschou im Osten der Kantonprovinz eingetreten, soll er etwas später nach der Provinz Hunan gewandert sein, um dort in dem Gebirge Hëng-schan bei einem Meister der mönchischen Disziplin das Mönchsgelübde abzulegen und sich mit großem Ernst und Eifer den Studien der Sutren und vor allem peinlich strenger Übung in der Ordensregel hinzugeben. Eines Tages aber habe etwas Neues sich in ihm geregt. Ein rechter Kerl, sprach er zu sich, muß ohne Satzung und Gebote frei in sich selber rein und lauter sein; wie kann man auch aus der Befolgung minutiöser Einzelregeln so viel Wesens machen! Lehrte nicht ganz in der Nähe auf der Steinkopfplatte (Schï-tou) des Gebirges Hëng-schan der Meister Schï-tou Hsi-tjiän einen Weg, der über diese peinliche Gesetzlichkeit hinauszuführen schien? Kurz entschlossen machte er sich auf und trat vor Schï-tou mit der Frage: »Ich habe zwar die Lehre der drei Fahrzeuge und die zwölf Gattungen von Texten ein wenig kennengelernt; aber nun habe ich gehört, daß man im Süden[2] davon rede, man müsse direkt auf das Herz des Menschen deuten, daß er im Anblick seiner innersten Natur zum Buddha werde. Ich muß gestehen, daß mir dies noch völlig unklar ist, und bitte Euch, Ehrwürdiger, untertänigst: Habt mit mir Erbarmen und belehret mich!«

Schï-tou erwiderte: »So etwas bekommt man weder, wenn es so ist, wie du es gehört hast, noch auch, wenn es nicht so ist. Wie stehst du dazu, wenn es sowohl so ist, als auch nicht so ist?« We-yän war so verblüfft, daß er kein Wort herausbrachte. Und Schï-tou sagte: »Hier ist für dich nicht der rechte Ort; geh lieber einmal zum Großmeister Ma!« So wanderte We-yän ostwärts nach der Provinz Kiangsi, kam nach Nan-tschang zu Ma und legte ihm dieselbe Frage vor, die Schï-tou ihm so rätselhaft beantwortet hatte. Aber Ma's Bescheid war nicht viel deut-

[1] Yau-schan We-yän, japanisch Yaku-san I-gen, 750–834. Traditionstafel III A 9 d.

[2] Süden: gemeint ist der einstige Sitz Hui-nëng's, des »Sechsten Patriarchen«, in der Tsau-Schlucht im Norden der Provinz Kwang-tung als Ausgangspunkt der sog. südlichen Zenbewegung. Vgl. Band I Register, Art. Tsau-tji.

licher. Er sagte: »Ich lasse die Leute das eine Mal die Augenbrauen hochziehen und es anzwinkern; ein anderes Mal lasse ich sie nicht die Augenbrauen hochziehen und es anzwinkern. Manchmal ist einer, der die Augenbrauen hochzieht und es anzwinkert, in Ordnung, und manchmal ist einer, der die Augenbrauen hochzieht und es anzwinkert, nicht in Ordnung. Wie steht es nun mit dir?« Das ging We-yän ein, so wie es Wort für Wort gesprochen war; er hatte begriffen und verneigte sich andächtig vor dem Meister. Dieser fragte: »Was siehst du denn für einen Grund und Anlaß, um mir so zu danken?« We-yän erwiderte: »Daß ich bei Schï-tou war wie ein Moskito, der an dem Eisernen Stier[1] hinaufkriecht.« Der Großmeister sagte: »Nun bist du schon soweit; hab acht auf dich und halte, was du hast!« Er wies ihn darauf hin, daß er als seinen eigentlichen Meister Schï-tou zu betrachten habe, ließ ihn aber doch drei Jahre lang bei sich.
Dann kehrte We-yän nach Hunan zu Schï-tou zurück, und die Zwiegespräche, welche von den beiden überliefert sind, zeigen, wie Meister und Schüler sich immer näherkamen und zuletzt in innigstem Einverständnis miteinander standen. Schließlich unternahm We-yän noch eine weite Reise, welche ihn im Norden bis ins Tal der Reinen Kühle zwischen den Fünftafelbergen (Wu-tai-schan) und südwärts in die Lofou-Berge der Kantonprovinz führte, um dann wieder nach Hunan zurückzukehren, wo er sich am Westende des großen Dungtingsees auf dem Arzneienberg, dem Yau-schan, als Meister niederließ. Es war im Bezirk derselben Kreisstadt Li, in welchem auch der Djia-schan sich erhebt, in dessen Kloster rund dreihundert Jahre später der Meister Yüan-wu die hundert Beispiele mit Gesängen Hsüä-dou's seinen Hörern auslegte und im Bi-yän-lu niederschrieb. Viele Schüler scharten sich um Yau-schan; er führte, wie es heißt, ein strenges Regiment. Die Sutrastudien seiner Jugend setzte er als Meister fort, erlaubte sie jedoch den Schülern nur, wenn er bei einem das Zutrauen hatte, daß er imstande sei, »dem Ochsen durch die Haut zu sehen«. Für die Zen-Geschichte hat er nicht nur durch seine beiden Schüler Dau-wu und Yün-yän Bedeutung, sondern auch durch deren weitere Nachfolger, besonders durch Dung-schan Liang-djiä (japanisch Tôzan Ryôkei), den Vater der noch heute blühenden Tsau-dung- oder Sôtô-Schule. Auch der originelle Tschuan-dsï oder Bootsmann Dö-tschëng, den Yüan-wu in der Erläuterung zum Gesang zitiert, ist aus Yau-schan's Schule hervorgegangen.

Der »Privatstudierte« Pang

Diesen Meister also suchte eines Tages ein merkwürdiger Mann auf. Merkwürdig ist schon der Titel Djü-schï (japanisch Ko-ji), mit dem er

[1] Der »Eiserne Stier« von Schan: vgl. das 38. Beispiel, S. 99.

in den Zen-Schulen geehrt wird. So hatte man in China schon vor den Zeiten des Buddhismus geistig interessierte und gebildete Männer aus dem Volk betitelt, die aus reiner Liebe zur Sache sich denselben literarischen Studien widmeten, wie sie pflichtgemäß der höheren Beamtenschaft oblagen, ohne daß sie doch nach Amt und Würden strebten. Auf buddhistischem Boden gab es schon in Indien eine ähnliche Erscheinung, nämlich Vaishyas, d. h. Angehörige der dritten Kaste, Bauern und Grundbesitzer, welche nicht, wie die Mönche, Haus und Hof verließen, aber doch als Laien den Buddha verehrten und ein buddhistisch frommes Leben führten. Sie hießen bei den Mönchen einfach Gṛhapati, d. h. Hausväter, aber mit dem Nebensinn, daß sie der Lehre Buddha's zugetan waren, Wohltätigkeit übten und die Klöster durch ihre Spenden unterstützten. Unter ihnen gab es reiche Gönner, die in der Geschichte des Buddhismus berühmt geworden sind. Das Idealbild eines solchen »Hausvaters« im Sinne nicht nur eines reichen Gönners, sondern auch des Weisen ist der kranke, aber hochbegüterte Vimalakîrti, der im Sutra gleichen Namens an Geisteskraft und Tiefe der Erkenntnis den größten Bodhisattvas gleichgestellt erscheint, ja ihnen im gewissen Sinn sogar überlegen ist. Als dann im chinesischen Buddhismus ähnliche »Hausväter« auftraten, übertrug man auf sie den heimischen Ausdruck Djüschï (Privatstudierter), und zwar je nachdem im Sinn des Laienfrommen, Laienweisen oder aber auch in dem des hohen Gönners, wie denn später im buddhistischen Japan Machthaber sich den Titel Koji beizulegen liebten.

In unserem Fall nun handelt es sich nicht so sehr um einen reichen Gönner, als vielmehr um einen tief in den Buddhismus eingedrungenen und ganz dem Geist des Zen ergebenen Laien aus dem Volk. Pang Wën, ein Sohn des Ortsvorstehers Pang der Kreisstadt Hëng-yang oder Hëngdschou im südlichen Hunan, war schon als Kind von eingekehrtem Wesen, lernte fleißig und wußte bald in konfuzianischen und anderen Klassikern Bescheid. Um ungestört zu sein, richtete er sich im väterlichen Haus eine eigene Zelle ein, hielt Leib und Geist in strenger Zucht und erwarb sich so schon früh Selbständigkeit im Denken und im Tun. Dann fing er an, sich mit der Buddhalehre zu beschäftigen. Es war die Zeit, wo die noch junge Zenbewegung erst begann, sich weiter auszubreiten, und zwar durch die zwei großen Meister aus der achten Generation, den Patriarchen Ma in Kiangsi und in Hunan durch Schï-tou, den Meister auf der Steinkopfplatte im Gebirge Hëng-schan, an dessen Ausläufern die Kreisstadt Hëng-yang, seine Heimat, lag. So war es das Gegebene, zuerst den Letztgenannten aufzusuchen.

Die Frage, welche er dem Meister Schï-tou vortrug, zeigt, daß er im geistigen Streben schon sehr weit vorangekommen war. Ihm ging es um die Buddhaschaft und um den Frieden des Nirvâna. Und je inniger er diesen Frieden suchte, um so schwerer litt er unter dem gemeinen Alltag, den das »Dingliche« beherrscht mit den ihm innewohnenden Gesetzen. Sein Geständnis zeigt, daß er den Gegenstand, an dem er Anstoß nahm, gründlich durchdacht hatte. Es war nicht dieses Leiden oder jenes, nicht irgendein besonderer Übelstand. Er wußte sich ganz klar im Widerspruch mit dem gesamten Weltgeschehen, mit den »Bestimmtheiten«, den »Dinglichkeiten« überhaupt. Und während er dagegen sich auflehnte, empfand er doch gerade diese Auflehnung als seine eigentliche Not, die Quelle seines Unfriedens. Sonst hätte es ihn ja auch nicht zu Schï-tou getrieben. Und eben, weil er diese Not so scharf empfand, hat die erschrockene Geste, mit der ihm Schï-tou schlagartig den Mund zuhielt, ihn selbst im Innersten erschreckt und mächtiger getroffen, als irgend Worte es vermocht hätten. Die ganze, volle Wahrheit, die das ewig Eine und die Gegensätzlichkeit des Dinglichen in einer und derselben Schau umfaßt, blitzte erstmals in ihm auf. Er erkannte, daß die Wunderwelt des Buddha nirgendwo zu finden ist, als eben in dem Alltag, dem er gern entflohen wäre. Der Friede des Nirvâna kann das Irdische verzaubern, und das nicht nur dort, wo es schön und lieblich dünkt, sondern auch da, wo es Mühe macht und schmerzt: »Ich trage Wasser, schleppe Brennholz her.«[1]

Nun war es ihm Bedürfnis, für das neue Licht, das in ihm aufgegangen war, auch anderwärts Bestätigung zu finden. In Nan-tschang, der Provinzhauptstadt von Kiangsi, wirkte der Großmeister Ma, von des Sechsten Patriarchen Enkelschülern anerkanntermaßen der bedeutendste. Dort ging er hin und legte ihm dieselbe Frage vor, für welche ihm Schï-tou den Mund verschlossen hatte. Ma erwiderte: »Da warte ich, bis du an *einem* Tag das Wasser aus dem Langen Strom (dem Yangtsekiang) ganz ausgetrunken hast.« Es war dieselbe Antwort, wie bei Schï-tou: du verlangst Unmögliches; dich sticht der Größenwahn. Aber vielleicht meinte Ma es wirklich, wie er sagte, nur in einem höheren, umfassenderen Sinn: du mußt auf einmal, ein für allemal, das Ganze schlucken. Das ist das Gegenstück zum Größenwahn; es ist Auslieferung des eigenen Ichs, mit dem Erfolg, daß etwas unbegreiflich Höheres vom Ausgelieferten Besitz ergreift. Nun war alles klar. Zwischen ihm und seiner Außenwelt bestand kein Zwiespalt mehr. Er wußte: wo er ging und stand, befand er sich im Buddhaheiligtum. »Das Herz war leer, die Heimkehr war erreicht.«

In Ma verehrte er seitdem seinen geistlichen Vater. Zwei Jahre blieb er noch bei ihm, pflog später auch mit vielen anderen Meistern Umgang und war von diesen, wie Yüan-wu versichert, hoch geschätzt. Schließlich lud er seinen ganzen Hausrat auf ein Boot, fuhr damit von dem Gebiet des Hëng-schan flußabwärts in den großen Dungtingsee und versenkte darin seine Habe. An Stelle seines alten Hauses baute er dann ein bescheidenes Buddhaheiligtum und lebte darin mit den Seinen, indem er Bambuslöffel schnitzte und verkaufte. In seiner Hausgemeinschaft mischten sich die täglichen Geschäfte mit Gesprächen über höchste Dinge. Ließ er irgendein Wort fallen, gaben Frau und Tochter ihm mit eigenen Einfällen schlagfertig Bescheid. Ihr trivialer Alltag war von einem stillen Glanz durchleuchtet. Schon in der Tangzeit ist die Lebensgeschichte des Privatstudierten Pang nebst Reden und Gedichten aufgezeichnet worden, und zu Ende der Mingzeit, 1637, hat ein Gouverneur der Gegend diese Papiere in drei Bändchen herausgegeben.[2]

Zum Verständnis des Beispiels

Wenn Pang auf seinen Wanderungen zu so manchen Meistern auch den Arzneienberg im Norden seiner engeren Heimat aufsuchte, so war das ohne Frage für ihn ein besonderes Erlebnis. Kam doch der Meister Yau-schan aus der Schule eben jenes Schï-tou Hsi-tjiän, der ihm selbst vor Jahren erste Hilfe auf dem Weg in neues Licht geleistet hatte. Yau-schan seinerseits wird ebenso mit Spannung den Besuch empfangen haben. Es gab gemeinsame Erinnerungen aufzufrischen, seitherige Erfahrungen auszutauschen. Man kann sich leicht vorstellen, wie gut die beiden sich verstanden, und ermißt sehr wohl den Sinn der Ehrung, die Yau-schan dem Gast erwies, indem er ihm zehn Angehörige seiner Bruderschaft zum Geleit bis an das Klosterhoftor mitgab.

Der Privatstudierte seinerseits war ohne Zweifel noch erfüllt von dem, was er bei Yau-schan innerlich empfunden hatte. Und als er nun hinaustrat in das Schneegestöber, da war ihm das wie eine Sichtbarmachung seiner eigensten Gedanken. Wie von selbst ging ihm der Mund davon über. »Schlicht und einfach legt er's vor, spielt allein auf sich gestellt sein Spiel«, sagt Yüan-wu schon im Hinweis. Und wie er mit Yau-schan sich verstand, so, denkt er, wird er es wohl auch bei dessen Schülern finden, denn auch um diese ist es ihm zu tun. Yüan-wu erinnert an das Bild des Fischers in den Reisfeldern, der »ins Wasser geht und sein Netz durch Schmutz und Schlamm zieht«. Stimmt dann der Angesprochene ein, entsteht ein einziger Zusammenklang, wie wenn der Bergmann mit dem Hammer aufs Gestein schlägt: »Silberbergwerk, Erzgesteinwand«. So war es wohl, als er im Kloster drinnen bei dem Meister saß; so, dachte er, wird es bei seinen Schülern auch sein. Einer aber unter diesen mußte ihn enttäuschen.

Der junge Tjüan verblüfft den hochgeehrten Gast des Meisters, indem er kurz und spitzig eine Frage einwirft: »Wohin fallen sie denn?« Darin liegt ein Klang von Überheblichkeit, der hier keineswegs am Platze war. Er hätte seinen Einwand wohl auch in geziemenderem Ton vorbringen, hätte sagen können: hat die Sache nicht auch eine andere Seite? Und der Privatstudierte, der ja diese »andere Seite«, wie wir sahen, schon bei Schï-tou und dem Patriarchen Ma zu würdigen gelernt hat (»Ich trage Wasser, schleppe Brennholz her«, vgl. S. 176), hätte sich auf solchen

[1] Vgl. auch D. T. Suzuki: Essays in Zen Buddhism, 2d series, p. 83.

[2] Der Titel heißt: Pang Djü-schï Yü-lu, japanisch Hô Koji Goroku.

Einwurf sicher gütlich eingelassen. Aber nun weckt die beleidigende Frage auch in ihm, dem Älteren, den Affekt. Er hält sich dazu für berechtigt, den jungen Mann zu schlagen, und als der ihm Unbeherrschtheit vorwirft, macht der Affekt sich auch in Worten Luft. Um so kecker kann der Jüngere zum Gegenangriff ausholen: »Und wie steht es mit dem Herrn Privatstudierten?« Wieder eine Unverschämtheit, wiederum ein Schlag, doch diesmal wohl ein leichterer. Denn, was der Privatstudierte dazu sagt, ist nicht mehr von Affekt begleitet, höchstens noch von dem des Mitleids: du siehst es doch mit Augen und siehst es trotzdem nicht; ich rede doch davon mit meinem Munde, und für dich bin ich stumm! Wie schade!

Das ist kein befriedigender Ausgang der Begegnung. Der Zengast Tjüan beharrt auf seinem Standpunkt und hat dafür Gründe. Der Privatstudierte Pang dagegen ist in seine sicher hohe, wahre Schau gefühlsmäßig zu sehr verliebt, als daß er Tjüan in voller, objektiver Freiheit nehmen und so mit ihm einig werden könnte.

Darin liegt denn auch der Mangel der Geschichte, wie ihn Hsüä-dou schon zuallererst empfand, als er in älteren Berichten nach »Beispielen«, bzw. Vorbildern, »der Alten« suchte, um sie in eine Sammlung aufzunehmen und jedes durch ein eigenes Gedicht rühmend zu deuten. Was ihn an der Szene anzog, war ohne Frage das schöne Bild des Schneegestöbers und des Privatstudierten innige Besinnlichkeit, mit der er bei dem Flockenfall das Eingehen der Dinglichkeiten in das einzig Eine beinahe schwärmerisch empfand. Auch daß dem Begeisterten in dem Begleiter Tjüan ein harter Realist entgegentrat, paßte ihm sehr gut in sein Konzept. Der Verlauf des Dialogs jedoch befriedigte ihn nicht. Um die Begebenheit als »öffentlichen Aushang« (gung-an, kô-an) verwerten zu können, mußte er ihr eine andere Wendung geben. Es galt, den ärgerlichen Streit, der zwischen dem Privatstudierten und dem jungen Zengast ausgebrochen war, auf einer höheren Ebene zu versöhnen. Darum fügt er schon dem Bericht, den er der Tradition entnommen hat, seine eigene kritische Bemerkung an und wiederholt dieselbe im Gesang.

Erst Hsüä-dou macht aus der Schneeflockenanekdote ein »Beispiel«, wie es dem Zwecke seines Buches, nämlich durchdringender Besinnung, wirklich dienen kann. Und wenn Yüan-wu mit gewohnter Ironie darüber spottet, wie sehr sich Hsüä-dou wichtig nehme, indem er seine eigene Weisheit noch besinge, so will er seine Hörer nur darauf hinweisen, daß es im Grunde gar nicht um Personen geht, nicht um den Privatstudierten Pang und noch viel weniger um dessen Gegenspieler Tjüan, sondern um das Geheimnis einer Sache, die man hat und doch nicht hat, über die man nicht verfügt, die vielmehr völlig über uns verfügt. Nur die höchste Wahrheit ist den Gegensätzen überlegen, nur sie gibt darum auch, wie Yüan-wu sagt, »Befehlsgewalt«, d. h. eine Autorität, gegen die kein Widerspruch mehr aufkommt. Der Zengast Tjüan besitzt sie nicht, sagt Yüan-wu, der Privatstudierte Pang zur Hälfte. Es kommt in diesem Beispiel auf die Personen wenig an; »begraben wir sie alle in derselben Grube«! Das gilt zuletzt sogar für Hsüä-dou. Immerhin ist er es, der dem Beispiel erst die rechte Ausrichtung gegeben hat, erstens durch den Zusatz, den er ihm anfügte, und dann durch den Gesang, in dem er diesen seinen Zusatz deutet.

Zu Hsüä-dou's Schlußbemerkung und Gesang

»Gleich am Ort der ersten Frage einfach eine Handvoll Schnee geballt und ihn damit geworfen.« Das klingt fast wie ein Scherz, beinahe bengelhaft. Nach Hsüä-dou's eigener Meinung ist es höchster Ernst. Ihm geht es darum, die anmutige Bemerkung des Privatstudierten von den zerstreuten Schneeflocken und dem einen reinen Weiß aus dem Bereich andächtig schwärmender Betrachtung in den der nüchternen Realität zurückzuführen. Es ist dieselbe Strenge, wie sie sein geistiger Vorfahre Yün-mën übte, als er seinen Freunden kluge Reden über das Geheimnis mit dem Wörtchen »Sperre« abschnitt (vgl. das VIII. Beispiel, Band 1).

Um dieses höchsten Anliegens willen nimmt Hsüä-dou diese seine Schlußbemerkung so wichtig, daß er eben sie und nicht die Worte des Privatstudierten Pang zum Gegenstand seines Gesanges macht. Und die Spöttelei, mit welcher Yüan-wu dieses »Wichtigtun« begleitet, hat nur den Zweck, die Hörer stutzig zu machen, bis ihnen die Bedeutung dessen klar wird, was Hsüä-dou zu der Haltung des Privatstudierten Pang noch anzumerken hat.

In Pang's Augen war der Anblick jenes Schneegestöbers das denkbar schönste Sinnbild für das, was ihm schon längst die Seligkeit bedeutete, und was gewiß auch bei den Unterredungen mit Yau-schan im Mittelpunkt gestanden hatte: für das beglückende Verschwinden aller Grenzen, Unterschiede, Gegensätze, das Aufgehen und Zergehen all der ungezählten Einzeldinge in das in sich gleiche reine Eine, das unfaßbare Leere, also das, was Hsüä-dou im Gesang die »äthergleiche Reinheit« oder »Ätherreine« nennt.

Dies ist auch in der Tat das Herzstück und der Mittelpunkt, um welchen sich beim Zen das ganze Ringen und Bemühen dreht. Dennoch setzt gerade an diesem Punkte Yüan-wu in der »Erläuterung zum Gesang« mit einer sehr bemerkenswerten Warnung ein. Er führt die Worte Yün-mën's an, wonach auch die Erkenntnis dieser absoluten Reinheit ohne irgend etwas Falsches oder Krankes immer noch ein »Wendesatz« sei, d. h. nur »die halbe Darbietung« der ganzen Wahrheit. Zur ganzen Wahrheit, das ist Yün-mën's Meinung, gehöre auch das Gegenteil, die Dinglichkeit, die Welt mit ihren Gegensätzen, ihrem unsagbaren Jammer. Es gebe einen »Weg, der überwärts hinaufführt«, und das eben nicht im Sinne des Verweilens in weltabgewandter Himmelsfreude, sondern ein Weg geduldigen Jasagens zu eben dieser Dinglichkeit, also die Übung in der Kunst, gerade in der Flüchtigkeit und Nichtigkeit des

Alltags die äthergleiche Reinheit zu erleben. Es gilt, zwei scheinbar völlig gegensätzliche Pole festzuhalten, bzw. sich dauernd zwischen beiden hin- und herzubewegen, und eben dies ist der Sinn des Lebens, ist selbst das, was wir Leben nennen. Auf einem der zwei Pole sitzenbleiben, führt zu geistigem Tod. Darum konnte jener Bootsmann, den Yüan-wu erwähnt, sagen: »Ein Einzelsatz, zum Losungswort erhoben, wird dir zum Eselspflock auf zehntausend Äonen; was hast du davon denn für einen Nutzen?«

Yüan-wu, als guter Lehrer, erinnert seine Hörer auch daran, daß diese geistige Haltung Pang's innerhalb der Zen-Gemeinschaft keinen Einzelfall darstellt, sondern eine häufige Erscheinung ist, die ihre eigene Geschichte hat. Er hat für das, was Hsüä-dou im Gesang die »Ätherreine« nennt, den im Zen sonst üblichen Ausdruck »Gegend der Einfarbigkeit«, der wohl gerade von dem Bild der reinen Schneefläche hergenommen ist. Und er nennt weiter auch die indische Sutrenschrift, die diese »Gegend der Einfarbigkeit« beschreibt: jenen Teil der Blumenschmuck- oder Avatamsaka-Sutren, der im Indischen den Titel Gaṇḍavyûha, d. h. »Girlandengewinde« trägt. Hier wird beschrieben, wie der Bodhisattva Manjushrî den heilsbegierigen Jüngling Sudhana in den Bereich des Bodhisattva's der »Allseligkeit«, Samantabhadra, einführt und eine lange Reihe von Visionen schauen läßt, bis er zuletzt dem Bodhisattva der Allseligkeit persönlich begegnet und das Geheimnis der Einfarbigkeit erlebt. Es haben sich mit diesem Sutra auch viele Zenmeister sehr eingehend beschäftigt. Nur fragten diese nicht in erster Linie nach der philosophischen Tiefe der darin enthaltenen Gedanken. Sie sind nicht bloß andächtige Betrachter, sondern Realisten, welche die Wirklichkeit dieser Ätherreine erleben, fühlen, schmecken wollen.

Was aber ist nun dieses Wirkliche in jener »Gegend der Einfarbigkeit«? Darauf gibt Hsüä-dou im Gesang die Antwort. Die »Gegend der Einfarbigkeit« ist keineswegs so schön und lieblich anzusehen, wie der Privatstudierte Pang zu glauben scheint. Er sieht mit Wohlgefallen auf das weiße Schneefeld, das aus Millionen Flocken eine einzige Einheit macht. Aber er steht außerhalb derselben, er betrachtet sie. Die volle Einheit ist erst da, wo man selber in die Einheit eingeht. Daran soll ihn der Schneeball mahnen: »Schnee in den Augen, Schnee in den Ohren«. Man kann sich auch zuschneien lassen; und wer lange darin bleibt, erfriert. In der »Gegend der Einfarbigkeit« findet alles Einzelne sein Ende, auch das Ich und alles Meinige.

Hsüä-dou fährt fort: »Kein Himmlischer, kein Erdenmensch ist selber sich bewußt, wenn, was er hat in Aug' und Ohr, zergeht in Ätherreine.« »Auge und Ohr« steht hier für alle unsere Sinne überhaupt mitsamt dem sie begleitenden Bewußtsein. »Was er hat in Aug' und Ohr«, das heißt also die ganze Welt, mich selber eingeschlossen. Wenn alles dies zergeht, die ganze Welt mitsamt mir selbst, dann erst ist »äthergleiche Reinheit«. Das läßt sich rein gedanklich ohne weiteres erschließen. Bewußt erleben

kann es keiner. »Kaum wird der fremde Mönch mit blauen Augen«, Bodhidharma, unser erster Meister, »sie gewahr«.
Man kann dabei an Paulus denken, wenn er sagt: »Wir wandeln im Glauben und nicht im Schauen« (2. Korinther 5,7). Aber auch er berichtet, daß er einmal »entrückt bis an den dritten Himmel« gewesen sei, wobei er selbst nicht wußte, ob er in dem Leibe war oder außer dem Leibe (2. Korinther 12,2). Auch die Zen-Übung, das Sitzen in Versenkung, wird den meisten doch nur einen Vorgeschmack von dieser Ätherreinheit geben. Und wenn einer selbst mit allen Sinnen doch in ihr »zergeht«, so währt auch dies nur einen Augenblick. Dann kann er sich dem »Staub-und-Staub-Samâdhi«[1] widmen, dem »willigen Ja zur nichtigen Dinglichkeit«[2], die nur der äthergleichen Reinheit anderes Gesicht ist. So kann der Willige in Freude wie in Leid doch einen Vorgeschmack der äthergleichen Reinheit haben. Wir mögen dabei an den Vers von Hermann Hesse denken:

Ob mich Gott durch Höllenschrei,
ob durch Sonnenhimmel führe:
beides gilt mir einerlei,
wenn ich Seine Hand nur spüre.

1 Staub-und-Staub-Samâdhi: vgl. das 50. Beispiel samt Erklärungen.

2 Ja zur nichtigen (wörtlich: unerschaffenen oder ungeborenen) Dinglichkeit: vgl. das 38. Beispiel, S. 121, Fußnote 5.

Dreiundvierzigstes Beispiel

Dung-schan's Ausweg aus Kälte und Hitze

Hinweis

Ein Spruch, der Himmel und Erde bestimmt – nach solchem richten sich Zehntausende Geschlechter.
Die blitzartigen Bewegungen im Geiste dessen, der Tiger oder Nashorn[1] fängt, zu unterscheiden, sind nicht einmal die tausend Heiligen imstande.
Unmittelbar und ohne nur ein Fäserchen von Trübung tritt sein ganzes inneres Triebwerk, wo es immer sein mag, klar und deutlich an den Tag.
Wer die Zange und den Hammer für die [Schulung in der] Richtung überwärts gerne [schmieden] lernen möchte, dem empfehlen wir den Schmelzofen und den Blasbalg eines Meisterschmieds.
Sagt mir einmal: Hat es seit alten Zeiten solchen Hausbrauch je gegeben, oder nicht? Versuchen wir's mit einem Beispiel! Sehet her!

Das Beispiel

Ein Mönch fragte Dung-schan[2]: Wenn Kälte oder Hitze kommt, wie weicht man ihnen aus?
Dung-schan erwiderte: Warum wendest du dich nicht einem Orte zu, an dem es keine Kälte oder Hitze gibt?
Der Mönch fragte: Was ist das für ein Ort, an dem es keine Kälte oder Hitze gibt?
Dung-schan antwortete: Das ist der Ort, wo, wenn es kalt ist, den Cârya[3] die Kälte umbringt, und wo, wenn es warm ist, den Cârya die Hitze umbringt.

[1] Das Schriftzeichen für Nashorn (sï) ist demjenigen für Kindchen oder Junges so ähnlich, daß es leicht verwechselt wird. Statt »Tiger und Nashorn« könnte darum auch »Tigerjunges« gemeint sein. Die japanischen Erklärer fassen den Ausdruck in diesem letzteren Sinn.

[2] Dung-schan Liang-djiä (807–869; japanisch Tôzan Ryôkai), Patriarch der Tsau-dung-Schule (japanisch Sôtô-shû). Traditionstafel III A II f.

[3] Lies: Tschârya.

Zwischenbemerkungen zum Beispiel

»Ein Mönch fragte Dung-schan: Wenn Kälte oder Hitze kommt, wie weicht man ihnen aus?« – Jetzt ist doch nicht die Zeit, so zu fragen! – So einfach auf den Kopf zu, so einfach ins Gesicht hinein! – Wo sind denn die [die Kälte und die Hitze]?
»Dung-schan erwiderte: Warum wendest du dich nicht einem Orte zu, wo es keine Kälte oder Hitze gibt?« – Den suchen alle Menschen unter dem Himmel und finden ihn nicht. – Er hält die Sache selbst verborgen und zeigt nur ihren Schatten. [Wörtlich: er verbirgt den Leib und zeigt den Schatten.] – Hsiä Ho verkauft ihm sein vorgetäuschtes Silberschloß. [Von Hsiä Ho, dem Kanzler des ersten Han-Kaisers (gest. 193 v. Chr. Geb.), wird erzählt, daß er einen Hunnenfürsten durch Vorspiegelung eines silbernen Schlosses in die Falle gelockt habe.]
»Der Mönch fragte: Was ist das für ein Ort, an dem es keine Kälte oder Hitze gibt?« – Er verrät die ganze Schiffsmannschaft [die ganze Bruderschaft; denn sehr wahrscheinlich wären alle genauso gerne wie er an solch angenehmem Ort]. – Er läßt sich von ihm [Dung-schan] hin- und herdrehen [anstatt selbständig nachzudenken]. – Auch einer, der beim ersten Angelwurf gleich [anbeißt und] heraufkommt.
»Dung-schan antwortete: Das ist der Ort, wo, wenn es kalt ist, den Cârya [= dich] die Kälte umbringt, und wenn es heiß ist, den Cârya die Hitze umbringt.« – Wahr verbirgt das Falsche nicht, krumm nicht das Gerade. – Überm Abgrund stehend siehst du [unten] Tiger und Nashorn. – Ein Kummer in ganz eigener Lage! – Er schüttet das Weltmeer aus! Er stößt den Berg Sumeru [den Weltenberg] an und stellt ihn auf den Kopf! – Sagt mir einmal: Wo steht nun Dung-schan?

Erläuterung des Beispiels

Der Ehrwürdige Hsin vom Berg zum Gelben Drachen (Huang-lung)[1] hat dieses Beispiel behandelt und dazu bemerkt: Dung-schan trägt lange, enge Manschettenärmel, geht in hohem Halskragen und hat unter den Achselhöhlen die Säume ausgeschnitten [d. h. er nimmt es peinlich genau, er redet straff und streng]. Kein Wunder, wenn dem Mönche sein Bescheid nicht eben süß eingeht. Angenommen, es trete jetzt einer von euch heraus und richtete dieselbe Frage [jenes Mönches] hier an den Gelben Drachen [an mich, Huang-lung Sï-hsin], sagt mir einmal: Wie würde ich ihn wohl abfertigen? Er hielt eine gute Weile inne. Dann sagte er:

»Versenkung braucht nicht unbedingt der Berge und Gewässer.
Sind Herz und Sinne ausgelöscht, ist Feuer an sich kühl[2].«
[Soweit Huang-lung. Nun spricht wieder Yüan-wu.]

Ihr, meine Hörer, sagt mir einmal: Worauf will Dung-schan denn mit seinem Einkreisungsplan hinaus? Wenn ihr das klar begriffen habt, dann werdet ihr zum erstenmal verstehen, daß Dung-schan's und seiner Schule Lehre von den »fünf Standorten«, von der »Rückkehr des Richtigen und des Einseitigen zueinander« und seine [darauf beruhende Methode der] Menschenführung schon etwas ganz Besonderes und Wunderbares ist. Erst wenn einer einmal bis in diese Gegend überwärtiger Richtung vordringt, wird er soweit sein, daß er auf die [von Dung-schan aufgestellte] Reihenfolge auch verzichten kann und von selber in Ordnung kommt.

[Dung-schan's Fünf Standorte[3] und die Verse zur Erläuterung eines jeden[4]] lauten also wie folgt:

[1.] Das Einseitige mitten im Richtigen:
Nach tiefer Mitternacht, bevor der Mond das Dunkel hellt,
Laß dich's nicht wundern, wenn du nicht, was dir begegnet, kennst!
Noch sitzt der Widerwille dir im Herzen vom alten Tag.

[2.] Das Richtige mitten im Einseitigen:
Das Morgenrot schwand; der Greisin kommt der alte Spiegel zur Hand.
Prüfend sieht sie sich ins Gesicht: Das ist ja gar nicht wahr!
Laß ab vom Zweifel am eigenen Kopf, statt in den Spiegel zu sehn!

[3.] Mitten aus dem Richtigen herkommend:
Mitten im Nichts drin führt ein Pfad ferne von Unrat und Staub,
Ohne doch, daß du der Majestät verbotenen Namen entweihst.
Das schlägt den Beredtesten früherer Zeit, der jedem die Rede verschlug.

[4.] Bis mitten ins Einseitige hineingegangen:
Sollen zwei Klingen die Spitzen kreuzen, tut auszuweichen nicht not.
Ein tüchtiger Fechter steht im Streit wie die Lotosblüte im Feuer,
Man merkt es ihm an, er hat einen Geist, der stößt in den Himmel hinein.

[5.] In der Verbindung beider angelangt:
Sowenig dem Sein wie dem Nichtsein verfallen: wer stimmt es zu reinem Akkord?
Die Menschen begehren nur alle hinaus aus dem gewöhnlichen Lauf
Und kommen am Ende doch wieder zurück und sitzen in den Kohlen.

[1] Huang-lung Sï-hsin (d. h. erstorbenes Herz), japanisch Oo-ryû Shi-shin, gest. 1139, Schüler des Traditionstafel III B 19 b genannten Hui-tang Dsu hsin. Posthumer Name Wu-hsin (Erkenntnis neu); daher hier kurz Hsin (Neu) genannt. Yüan-wu selbst, 1135 gestorben, kann ihn so nicht genannt haben, die posthume Benennung muß von späterer Hand stammen.

[2] Huang-lung zitiert die Schlußverse eines Gedichtes von Du Hsün-hau, einem Dichter der ausgehenden Tangzeit, gest. 907. Näheres s. S. 215.

[3] Für Standorte kann man auch Stufen sagen. Näheres S. 206ff.

[4] Nach neueren Forschungen stammen diese Verse mit ziemlicher Sicherheit nicht von Dung-schan selbst, sondern von seinem Schüler Tsau-schan. Vgl. unten S. 207ff.

Der Staatssekretär Yüan auf dem Fou-schan[1] hat diesen öffentlichen Aushang nach dem Schema der fünf Standorte behandelt und dazu bemerkt: Wenn man nur eine dieser Regeln begriffen hat, so kann man die vier übrigen ganz von selbst ohne Schwierigkeit verstehen.

Yän-tou[2] hat gesagt: Es ist das wie bei einem Flaschenkürbis auf dem Wasser. Drückst du ihn mit der Hand, dreht er sich einfach um; es kostet ihn nicht die geringste Kraftanstrengung.

Einmal war da ein Mönch, der fragte Dung-schan[3]: Wie wird es sein, wenn Manjushrî und Samantabhadra [die großen Bodhisattvas] kommen? Dung-schan antwortete: Dann jage sie in die nächste Wasserbüffelherde! Der Mönch warf ein: Ehrwürdiger, dann werde ich wie ein Pfeil in die Hölle fliegen. Dung-schan erwiderte: Ganz und gar mit ihrem Beistand.

Dung-schan [Liang-djiä] also sagt: Warum wendest du dich nicht einem Orte zu, an dem es keine Kälte oder Hitze gibt? Damit meint er den Standort, wo man mitten im Einseitigen das Rechte hat.

Der Mönch fragt weiter: »Was ist das für ein Ort, an dem es keine Kälte oder Hitze gibt?« Und Dung-schan sagt: »Das ist der Ort, wo, wenn es kalt ist, den Cârya die Kälte umbringt, und wenn es heiß ist, den Cârya die Hitze umbringt.« Das ist der Standort, wo man mitten im Richtigen drin das Einseitige hat.

Obwohl also [das Richtige] richtig ist, so ist es doch einseitig. Und obwohl [das Einseitige] einseitig ist, so ist es dennoch rundvollkommen. In den Schriften der Tsau-Dung-Schule[4] steht dies alles bis ins einzelne ausführlich dargestellt zu lesen.

In der Lin-dji-Schule macht man aus dieser Sache nicht so viel Wesens. Da nimmt man einen öffentlichen Aushang dieser Art einfach, wie er lautet, auf und versteht ihn dann auch.[5]

Manche Leute sagen: Sehr schön, ein Ort, an dem es keine Kälte oder Hitze gibt! Aber wo ist denn die Nase, an welcher man das fassen kann? [Gemeint ist wohl: Wie soll es da, wo einen Kälte oder Hitze umbringt, keine Kälte oder Hitze geben?]

Einer der Alten sagt [als Antwort auf die Zweifelsfrage]: Läuft man drauflos und nimmt es auf des Schwertes Schneide, geht es [mit dem Begreifen] rasch; betrachtet man es mit gefühlsbefangenem Verständnis, geht es langsam.

Seht einmal her! Ein Mönch[6] fragte Tsui-we[7]: Was ist der Sinn des Kommens unseres Patriarchen aus dem Westen? [Das heißt, wie immer: Was ist der besondere Sinn des Zen, das Bodhidharma uns nach China brachte?] Tsui-we erwiderte: Komm ein andermal, wenn niemand da ist; dann werde ich mit dir reden. Nachher traten sie zusammen in den Garten. Dort sagte der Mönch: Hier ist niemand; darf ich den Ehrwürdigen bitten, nun zu reden? Da deutete Tsui-we auf das Bambusgebüsch und sagte: Da, von diesem Bambus hier bekommen wir eine Stange von solcher Länge, von jenem Bambus dort eine von solcher Kürze. Diesem Mönche ging mit einem Schlag die große Einsicht auf.

Wiederum hat Tsau-schan[8] einmal einen Mönch gefragt: Wohin willst du bei dieser Hitze gehen, um ihr auszuweichen? worauf der Mönch antwortete: Da weiche ich ins Kohlenfeuer unter dem kochenden Wasserkessel aus. Tsau-schan fragte weiter: Und wie willst du im Kohlenfeuer unter dem kochenden Wasserkessel der Hitze ausweichen? Da erwiderte der Mönch: Dorthin kann von allen Leiden keines kommen. Da seht ihr einen Hausgenossen dieser Meister. Dem ist es natürlich, zu verstehen, was ein Hausgenosse redet. Hsüä-dou macht sich die Gegenstände dieses Hauses nun für seinen Gesang zunutze.

Gesang

Die Hand gereicht ist gleich dem Stand auf himmelhoher Wand.
Muß Richtig und Einseitig denn nur immer schön gereiht sein?
Uralten Glaspalast bestrahlt mit hellem Licht der Mond.
Und, bleibet ernst: dem nach jagt toll der Wolfshund Han treppauf.

[1] Von diesem Yüan ist sonst nichts Näheres bekannt. Wahrscheinlich hat er sich im Zuge der Parteikämpfe des ausgehenden 11. Jahrhunderts in das Kloster auf dem »Schwebeberg«, Fou-schan, in der Provinz Anhui nördlich des Yangtsekiang und der Stadt Tschï-dschou zurückgezogen.

[2] Yän-tou Tjüan-huo, 828–887, Traditionstafel III A 12 a; Band I, S. 386–388.

[3] Dies ist nicht der Dung-schan des Beispiels, sondern Dung-schan Schou-tschu, der drei Generationen nach Liang-djiä auf dem Grottenberg lehrte. Traditionstafel III A 14 h; Band I, 12. Beispiel (Drei Pfund Hanf). Was hier von ihm erzählt ist, scheint in diesem Zusammenhang wenig sinnvoll und dürfte aus Versehen eingeschaltet sein.

[4] Chinesisch: Tsau-Dung-Lu (japanisch Sôtô-roku). Wahrscheinlich ist damit kein bestimmter Titel gemeint; denn die Darstellungen der Lehre von den »fünf Standorten« oder Stufen findet sich zunächst in der »Aufzeichnung von Reden des Zenmeisters Tsau-schan«. Eine Schrift unter dem Titel Sôtô-roku, genauer Sôtô ni-shi-roku, wurde erst in Japan im 17. Jahrhundert zusammengestellt.

[5] Sätze dieser Art sind bestimmt nicht von Yüan-wu. Sie entstammen einer Zeit engherzigen Sektengeistes.

[6] Tjing-ping Ling-dsun, japanisch Seihei Reijun, 855–924; Nachfolger des Tsui-we.

[7] Tsui-we Wu-hsiä, Traditionstafel III A 10 c; vgl. Band I, 20. Beispiel, S. 351 ff.

[8] Hier ist ein anderer Meister, der auf dem Tsau-schan wirkte, gemeint, nämlich Tsau-schan Hui-hsia (Gnaden-Himmelsrot), japanisch Sôzan, Eka, ein Schüler von Tsau-schan Ben-dji (japanisch Sôzan Honjaku, 839–901, Traditionstafel III A 12 i).

Zwischenbemerkungen zum Gesang

»Die Hand gereicht ist gleich dem Stand auf himmelhoher Wand.« – Wer, wenn er nicht ein Kenner ist, vermöchte dies zu unterscheiden? [Aber Hsüä-dou hat den Blick dafür, in Dung-schan's Antwort an den Mönch beides klar zu sehen: die hilfreiche Herablassung und seine unmeßbare Höhe.] – [Aber] wo löste sich je etwas nicht in rundvollkommener Einheit auf? [Dung-schan's ganzes Wirken steht im Dienste dieser rundvollkommenen Verschmelzung.] – Er hat das rechtmäßige Gebot des Königs ausgeführt, und sein Gefolge macht dafür die Straße frei.
»Muß Richtig und Einseitig denn nur immer schön gereiht sein?« – Reihst du [nur immer] eins ans andere, wo wirst du dann ein Heute haben? – Wie greift ihr es aber an, wenn man nicht durch beide, eines um das andere, hindurchwaten soll? – Weht ein Wind, lehnt sich das Gras zurück; kommt Wasser, bildet sich ein Rinnsal. [Die Natur selbst gibt das Vorbild, wie aus entgegengesetzten Kräften eine Resultante entsteht, welche beide in einer einzigen Form darstellt.]
»Uralten Glaspalast bestrahlt mit hellem Licht der Mond.« – Rundvollkommen, fleckenlos! [Von dieser Art ist Dung-schan's erste Antwort an den Mönch von dem Ort, an dem es weder Kälte noch Hitze gibt. In ihr ist das Richtige mit dem Einseitigen in eins verschmolzen.] – Aber nur ja nicht den Schatten für das Wesen nehmen! – Laßt einmal davon ab, mit dem Kopf daran zu stoßen! »Und bleibet ernst[1]: dem nach jagt toll der Wolfshund Han[2] treppauf.« – Das gibt es nicht nur dieses eine Mal! [Wie der Hund dem Spiegelbild des Mondes nachjagt, so jagt nicht nur dieser Mönch, sondern viele einem trügerischen Spiegelbild des Nirvâna, des Friedens nach.] – Das war fehlgeschossen! – Was hast du davon, einem Erdbrocken nachzulaufen? [. . . wie der Wolfshund, der in der Begierde, den Mond zu erhaschen, auf die Glasscheiben losspringt, die auch nur Erde sind.] – Mit einem Schlag auf den Tisch sagte der Meister [Yüan-wu]: Ihr seid auf demselben Weg wie jener Mönch!

Erläuterung des Gesangs

In der Tsau-dung-Schule gibt es beides: [nach Jahren klösterlicher Übung] in die Welt hinaustreten, oder aber nicht in die Welt hinaustreten, [den Menschen in der Welt] die Hand reichen, oder nicht die Hand reichen. Wer nicht in die Welt hinaustritt, dessen Augen sehen nach den Wolken und dem Himmel. Wer in die Welt hinaustritt, der bekommt Asche auf den Kopf und Erde ins Gesicht. Nach den Wolken und dem Himmel sehen ist dasselbe wie auf einem Gipfel von zehntausend Klaftern stehen. Asche auf dem Kopf und Erde im Gesicht bezeichnet, was man dort erfährt, wo man die Hand [zur Hilfe und zur Führung] reicht. Manchmal aber kommt es vor, daß einer Asche auf

dem Kopf und Erde im Gesicht hat und dabei doch zu gleicher Zeit zehntausend Klafter hoch auf einem Gipfel steht. Und wiederum kommt es manchmal vor, daß einer wohl zehntausend Klafter hoch auf einem Gipfel steht und doch gerade dabei Asche auf dem Kopf und Erde im Gesicht hat.
Im Grunde nämlich ist es ganz dasselbe, ob man auf die Märkte geht, um anderen die Hand zu bieten, oder ob man auf einsamem Gipfel allein steht. Die Einsicht in das Wesen [die eigentliche Beschaffenheit meiner selbst und meiner Umwelt] durch Rückkehr in den Ursprung einerseits und das Wissen um die Unterschiede andererseits stehen zueinander nicht in Widerspruch. Wir warnen dringend vor dem Mißverständnis, sich [aus dieser Doppeleinsicht] zwei gesonderte Pflöcke zu machen.
Darum sagt Hsüä-dou [im Gesang]: »Die Hand gereicht ist gleich dem Stand auf himmelhoher Wand.« Das läßt dich auf der Stelle ohne Ankerplatz.
»Muß Richtig und Einseitig denn nur immer schön gereiht sein?« Wenn es zur Anwendung im praktischen Leben kommt, ergibt sich das ganz von selbst. Da stehen [Richtig und Einseitig] keineswegs nebeneinandergereiht [sondern sind in eins verschlungen]. Diese beiden [ersten] Verse hat Hsüä-dou auf die Antwort Dung-schan's an den Mönch gedichtet.
In der zweiten Hälfte des Gesangs nun sagt er: »Uralten Glaspalast bestrahlt mit hellem Licht der Mond. Und, bleibet ernst: dem nach jagt toll der Wolfshund Han treppauf[4]«. Diese Verse passen genau auf jenen Mönch, wie er hinter Worten herjagt. In der Tsau-dung-Schule hat man achtzehn (bildliche) Ausdrücke wie »die steinerne Frau«, »das hölzerne Pferd«, »den Korb mit nichts darin«, »den Edelstein, der bei Nacht leuchtet«, »die tote Schlange« und so weiter, welche alle irgendwie den Standort des Richtigen verdeutlichen sollen[4].

[1] »Bleibet ernst«: Der chinesische Ausdruck jen djün (japanisch nin-shun) heißt wörtlich: ausharrend vornehm. Die japanischen Erklärer fassen ihn als Attribut zu dem Wolfshund, ohne sich an der Ungereimtheit dieser Deutung zu stoßen. In Wirklichkeit ist der Ausdruck eine ironische Warnung angesichts einer lächerlichen Situation, bei der es schwer ist, die Lachmuskeln zu bändigen. Er bedeutet also: Jetzt gute Haltung wahren!, verbeißt das Lachen!, risum teneatis, amici!

[2] Es gibt eine alte Geschichte von einem Wolfshund, der vergeblich einem Hasen nachjagt. Da der Volksmund einen »Hasen im Mond« kennt, liegt die Erinnerung an diese Geschichte hier nahe. Näheres folgt.

[3] Die nachfolgende Erläuterung der beiden Schlußverse des Gesangs ist nach allgemeinem Urteil der Erklärer durch ungeschickte Hände entstellt und daher mit Vorbehalt aufzunehmen.

[4] Dieser ganze Satz wird in Japan von Kritikern sowohl aus der Sôtô- als auch aus der Rinzai-Schule abgelehnt. Daß Dung-schan und seine Nachfolger ausgerechnet achtzehn Gleichnisbilder als feststehende Begriffsgruppen aufgestellt hätten, ist eine irrige Unterstellung des Schreibers.

Wie der Mond den alten Glaspalast bestrahlt, wie seine rundvollkommene Gestalt, so ist Dung-schan's Antwort, wenn er sagt: »Warum wendest du dich nicht dem Orte zu, an dem es keine Kälte oder Hitze gibt?« Dieser Mönch ist gerade wie der Wolfshund Han, der einem Erdbrocken nachjagt und gleich auch voller Eifer die Treppe hinaufspringt, um dieses Mondbild zu erhaschen[1]. Wenn der Mönch dann wiederum fragt: »Was ist das für ein Ort, an dem es weder Kälte noch Hitze gibt?« und Dung-schan darauf sagt: »Das ist der Ort, wo, wenn es kalt ist, den Cârya die Kälte umbringt, und wenn es heiß ist, die Hitze«, so ist das, wie wenn der Wolfshund Han einem Erdbrocken nachjagt; er springt die Treppe bis ins obere Stockwerk hinauf und kann dabei das Mondbild doch nicht erblicken.
Von dem Wolfshund Han ist in dem Buche »Planungen der Streitenden Staaten«[2] die Rede. Dort heißt es: »Der Wolfshund des Herrn von Han ist der schnellste Hund, der Hase von Dschung-schan [Mittelberg] der verschlagenste Hase[3].« Das also ist dieser Wolfshund, und gerade ein

Fortsetzung der 4. Fußnote von Seite 197
Wahrscheinlich hat er diese Zahl aufs Geratewohl hingeschrieben. Die Neigung, Lehrbegriffe in bestimmten Aufzählreihen zu sammeln, ist im chinesischen Buddhismus ungeheuer verbreitet. Es gibt nicht nur Dreier- und Siebenerreihen, sondern noch viele andere. An Achtzehnergruppen z. B. führt die japanische Enzyklopädie des Buddhismus nicht weniger als zwölf wichtige an, und doppelt soviel unbedeutende. – Die hier angeführten Gleichnisbilder sind aus Gedichten und Aussprüchen verschiedener Meister zusammengelesen. Es würde zu weit abführen, ihnen im einzelnen nachzugehen.

1 Hier hat die Phantasie späterer Abschreiber das Bild noch etwas weiter ausgemalt.

2 Chinesischer Titel: Dschan-guo-tsö (japanisch Sen-goku-saku). Das Buch berichtet von den Ratgebern der chinesischen Landesfürsten in der Zeit vom ausgehenden 5. bis ins 3. Jahrhundert v. Chr.

3 Im IV. Buch, Teil A dieses Werks heißt es in dem Abschnitt über den König Hsüan des Landes Tji: Tji begehrte, We (einen Nachbarstaat) zu schlagen. Schun Yü-kun (der geistreichste, oft sarkastische Ratgeber des Königs) redete mit dem König von Tji und sagte: Der (Hund) »von der Scheuer des Herrn von Han« ist der schnellste Hund im ganzen Reich, der »Zauderer vor dem Ostwall« der verschlagenste Hase innerhalb der Meere. Wenn der (Wolfshund) »aus der Scheuer des Herrn von Han« den »Zauderer vor dem Ostwall« verfolgt, so laufen sie dreimal um den Berg und siebenmal über den Berg. Dann ist vorne draus der Hase fertig, und hinten liegt der Hund am Boden. Beide, Hund und Hase, sind erschöpft, müssen sterben (und der Reisbauer hat den Profit davon). – Die Namen für Hund und Hasen lauten in der uns zugänglichen Ausgabe des Schan-guo-tsö anders als oben. Wahrscheinlich waren verschiedene Versionen der Geschichte im Umlauf. Das oben genannte Dschung-schan war ein kleiner Territorialstaat südwestlich des heutigen Peking.

solcher hat das Zeug, diesem Hasen nachzuspüren. Dies führt Hsüä-dou an, um den Mönch damit zu vergleichen.
Nun möchte ich nur wissen, ob ihr denn auch Dung-schan's Verfahrensweise zum Besten eines anderen versteht. Er [der Meister Yüan-wu] hielt eine gute Weile inne. Dann sagte er: Welchen Hasen wollen wir nun aufspüren?
[Die Erklärer sind sich darin einig, daß dieser letzte Abschnitt, der die zweite Hälfte des Gesangs erklären soll, durch ungeschickte Hände in Verwirrung geraten ist. Der 1847 in der heutigen Großstadt Ôsaka verstorbene Meister Fûgwai von der Sôtô-Sekte hat vorgeschlagen, diesen ganzen Abschnitt von unnötigen Zutaten zu befreien und durch folgende Worte zu ersetzen:
»Wenn Dung-schan jenem Mönch antwortet: Warum wendest du dich nicht dem Orte zu, wo es keine Kälte oder Hitze gibt?, so ist das wie die rundvollkommene Gestalt des Mondes, der den Glaspalast bestrahlt. Wenn dann der Mönch weiter fragt: Was ist das für ein Ort, an dem es keine Kälte oder Hitze gibt?, so ist das gerade, wie wenn der Wolfshund Han einem Erdbrocken nachjagt und im Feuereifer gleich auch die Treppe hinaufspringt. Wenn dann schließlich Dung-schan sagt: Das ist der Ort, wo, wenn es kalt ist, den Cârya die Kälte umbringt, und wenn es heiß ist, die Hitze, so verhält sich der Mönch dazu gerade wie der Wolfshund Han, der das Bild des Mondes nicht erjagen kann. Die Geschichte vom Wolfshund des Herrn von Han findet sich im Dschan-guo-tsö. Auf diese Weise müßte man die Sätze umstellen, um sie richtig zu lesen.«]

Wie der Leser schon bemerkt hat, ist in die »Erläuterungen« Yüan-wu's durch ungeschickte Hände manches eingedrungen, was sicher nicht von diesem Meister stammt. Es handelt sich um Niederschläge minderwertigen Schulgeredes, wie es sich im weiteren Umkreis großer Geister regelmäßig einstellt. Uns darauf näher einzulassen, ist nicht unsere Aufgabe. Was Hsüä-dou selbst, der dieses Beispiel für seine Sammlung ausgewählt und den Gesang dazu gedichtet hat, und Yüan-wu, der Erläuterer, von Dung-schan halten, geht aus den Versen des Gesangs und aus dem Hinweis, der das Ganze einleitet, deutlich genug hervor. Die Zeit nachher, in welcher zwischen den Anhängern der Lin-dji-(Rinzai-) Schule und den Nachfolgern Dung-schan's in der von diesem selbst begründeten Tsau-dung-(Sôtô-)Schule gewisse Spannungen auftraten, brauchen uns hier nicht zu beschäftigen. Beschränken wir uns auf das Wesentliche, was die Voraussetzung zu diesem Beispiel bildet: Dung-schan's Persönlichkeit und seine Lehre, um von diesem Umweg her dem hier gebotenen »öffentlichen Aushang« näherzutreten!

Dung-schan Liang-djiä, der Patriarch der Tsau-Dung-Schule

Der spätere Meister Dung-schan ist 807 in der Provinz Tschekiang südlich der Hauptstadt Hang-dschou in dem Städtchen Kuai-dji, dem Sitz der staatlichen Rechnungskammer, als zweiter Sohn seiner Eltern geboren und wurde schon als Knabe von sechs Jahren von der frommen Mutter dem Buddhapriester des Ortes zur Erziehung übergeben. Bereits nach einem Jahr war er imstand, das sogenannte »Herz-Sutra« zu lesen und zu memorieren, das den Lehrinhalt der Sutren vom »Hinübergelangen zur vollkommenen Erkenntnis«, prajnâ-pâramitâ, aufs allerkürzeste zusammenfaßt. Der Hauptinhalt beginnt sofort mit der grundlegenden Erkenntnis, daß die Erscheinungswelt vollkommen leer und eben dieses Leere nichts anderes ist als die uns gegenwärtige Erscheinungswelt. Als sie beim Lesen an die Stelle kamen, an der es von dem Leeren heißt: »Hier gibt es keine Augen, Ohren, Nase, Zunge, keinen Leib«, tastete der Kleine sein Gesicht ab und sagte: Das habe ich doch aber alles. Wie kann der Buddha sagen, daß es das nicht gebe? Der Priester war von der selbständig fragenden Bedächtigkeit des Kleinen so betroffen, daß er sich untauglich fühlte, ihn weiter zu unterrichten. Mit der Eltern Einverständnis brachte er ihn nach dem nicht allzu weit entfernten Kloster Wu-hsiä-schan zu dem angesehenen Meister Ling-mu, der einst bei dem Patriarchen Ma in die Schule gegangen, zum vollen Verständnis aber später bei Ma's Zeitgenossen Schï-tou (Steinkopf) gelangt war.

Ling-mu's Ernst und Güte machte auf den besinnlichen Knaben solchen Eindruck, daß er sich nach kurzer Zeit ganz für das mönchische Leben

entschloß. Ein Brief an seine Mutter, der erhalten ist, legt Zeugnis von dem Samen ab, den dieser Meister in das Herz des Knaben legte. Darin gedenkt der Sohn der vielen Wohltaten von Vater und Mutter, und der Pflicht, ihnen diese durch ein gutes Leben zu vergelten. »Aber«, fährt er fort, »so ernst ich es in einem weltlichen Berufe nehmen mag, so ist doch alles Wissen, alle Pflichterfüllung dem Gesetz der Unbeständigkeit, des Werdens und Vergehens, unterworfen. Es ist auf diesem Weg unmöglich, etwas Dauerhaftes zu erlangen. Um die tiefen Wohltaten, die ich empfangen habe, würdig zu vergelten, gibt es daher nichts Besseres, als die Familie zu verlassen und der Segensfrucht mönchischen Lebens nachzustreben, auf das Leibesleben, zu dem ich dieses Mal geboren wurde, zu verzichten, unter Eid nicht mehr nach Haus zurückzukehren, in der Erkenntnis des großen Buddhagesetzes zu immer hellerer Klarheit zu gelangen, den Vätern und den Müttern tausend früherer Geburten zärtliche Mutterliebe seit Tausenden von Äonen zu vergelten, allen Vorteilen und Ehren dieser Welt, den Neigungen und Abneigungen Menschen gegenüber zu entsagen, um so in diesem gegenwärtigen Leben und mit diesem meinem jetzigen Leib hinüber an das andere Ufer zu gelangen.«
Wahrscheinlich hat der Knabe diesen Brief kurz vor seines Meisters Ende geschrieben; denn als Ling-mu starb, war er erst elf Jahre alt. Er blieb jedoch noch lange auf dem Wu-hsiä-schan, und weitere Aufzeichnungen beweisen, wie sein Sinn sich in der früh eingeschlagenen Richtung festigte. In einer »Selbstverwarnung« legt er das Gelübde ab: »Keinen Namen will ich suchen, keinen Ruhmesglanz, will immer nur jeweils dem Anlaß folgend durch das Leben gehen. Dieses Trugbild eines Leibes, wieviel Tage währt es noch? Sollte ich mit müßigem Tand die Finsternis verlängern?«
In einer andern Niederschrift, »Richtschnur und Verwarnung«, sagt er: »Ein Shramanera, der dem Buddha nachfolgt, verehrt das, was über alles Hohe noch hinausgeht. Ihm ziemt es, sich ans Fade, Ärmliche zu halten. Er verzichtet auf die Wohltaten des Vaters, auf die Liebe seiner Mutter. Er hat sein Haupthaar abgeschoren und geht in schwarzgefärbter Kutte, er hält Tüchlein, Stock und Bettelschale in den Händen, tritt auf schmalen Pfaden aus dem Staub der Welt heraus und steigt die Stufen in das Heilige empor. Er hält sich weiß und frisch wie Reif, und unbefleckt wie Schnee. Darum verehren ihn die Götter und Naturgewalten, und unterwerfen sich ihm die Gespenster. Wenn er auf alles dieses wohl bedacht ist, wird er dem Buddha seine tiefen Wohltaten vergelten, und wird sein von dem Elternpaar erzeugter Leib erst wahrhaft von Gewinn und Segen überströmen.«
Man kann entnehmen, wie stark in diesem Mönch die Sohnesliebe und das Gefühl der Dankespflicht den Eltern gegenüber weiterlebt, und wie gerade dies ihm zum Beweggrund wird, die Heimat zu verlassen. Die Spannung zwischen Zeit und Ewigkeit erscheint schon hier als Grundton seines Lebens. Sie war zugleich das unerschöpfliche Problem, das

den gewissenhaft Bedächtigen vor immer neue, immer schwierigere Fragen stellte und ihn nicht ruhen ließ, bis er alles, was darüber von bewährten Kennern zu erfahren war, in sich aufgenommen und verarbeitet hatte.

So trat er, wohl fast zehn Jahre nach dem Tode Ling-mu's, die große Wanderschaft von einem wichtigen Meister zu dem andern an. Sein erstes war, den einstigen Sitz des Patriarchen Bodhidharma auf dem berühmten Sung-schan unweit der Osthauptstadt Lo-yang aufzusuchen und hier an von Erinnerung geweihter Stätte das volle Mönchsgelübde abzulegen. Dort dürfte es gewesen sein, daß er den Namen Liang-djiä, »Gutentschlossen«, annahm, unter welchem er seitdem bekannt ist.

Dann wandte er sich wieder südwärts nach den mittleren Provinzen, wo die Tradition des Sechsten Patriarchen am kräftigsten vertreten war. Von diesem war ja auch sein erster Lehrer Ling-mu geistig abgestammt, und zwar über beide Linien, über Ma und über Schï-tou. Darum war es sein Bestreben, deren Nachfolger auf beiden Seiten kennenzulernen. Zuerst begab er sich zu Nan-tjüan, an den ihn schon vor Jahren sein Meister Ling-mu ausdrücklich gewiesen hatte. Er kam gerade hin, als der nun etwa Achtzigjährige der Bruderschaft ankündigte, er werde bald eine Gedächtnisfeier für den Patriarchen Ma abhalten. »Wird der alte Meister dann wohl auch zu uns hier kommen?« fragte er die Hörer. Keiner hatte darauf eine Antwort. Nur der junge Ankömmling bemerkte: »Ja, wenn er hier Begleitung findet.« Auf diese Antwort stieg der alte Nan-tjüan von seinem Meistersitz herunter und klopfte Lian-djiä auf die Schulter mit den Worten: »Da hast du für deine jungen Jahre einen feinen Edelstein geschliffen.«

Nach längerem Aufenthalt ging Liang-djiä weiter westwärts nach Hunan und kam zu We-schan, der damals auf der Höhe seines Wirkens stand. Dieser kam in einer Ansprache darauf zu reden, daß auch die unfühlende Natur die Wahrheit des Buddhagesetzes verkünde. Liang-djiä hatte Hemmungen, das anzunehmen, und befragte ihn darüber. We-schan sagte: »Daß die unfühlende Natur das Gesetz verkündet, das gibt es auch hier im We-Gebirge. Nur trifft sie selten einen Menschen, der es vernimmt.« Liang-djiä bekannte, dies auch nicht zu verstehen. We-schan hielt den Jakschweif hoch und fragte ihn: »Verstehst du dieses?« Liang-djiä verneinte abermals, und We-schan sagte: »Mit dem Mund, den ich von meinen Eltern habe, kann ich es dir doch nicht sagen.« Und da er wußte, daß Lian-djiä seine ersten Eindrücke bei einem Schüler von Schï-tou erhalten hatte, so wies er ihn an einen Meister dieser Linie namens Tan-schëng, der sich gerade in dem Kloster »zur umwölkten Felswand«, Yün-yän, im nahen Tschangscha, der Provinzhauptstadt von Hunan, niedergelassen hatte.

Dieser Yün-yän Tan-schëng[1] hatte zwanzig Jahre lang bei Bai-dschang Huai-hai, dem bedeutendsten Nachfolger des Patriarchen Ma, gedient. Zu voller Klarheit aber war er erst bei Yau-schan, dem Meister vom

»Arzneienberg«, gelangt, also bei einem Schüler eben jenes Schï-tou, der das berühmte Lehrgedicht »Ungleich und Gleich im Bunde« (Tsën-tung-tji) verfaßt hat[2].

Liang-djiä legte nun auch Yün-yän seine Frage vor, indem er sagte: »Was sind das für Menschen, welche die unfühlende Natur das Gesetz des Buddha verkünden hören?« Yün-yän sagte: »Die unfühlende Natur, die hört es.« Liang-djiä fragte: »Hört der Ehrwürdige sie denn?« Yün-yän gab zurück: »Wenn ich es höre, dann kannst du nicht hören, wie ich das Gesetz verkündige.« Liang-djiä: »Was ist schuld daran, daß ich es nicht höre?« Yün-yän hielt seinen Jakschweif hoch und fragte: »Hörst du was?« Liang-djiä: »Ich höre nichts.« Da schalt ihn Yün-yän: »Nicht einmal, wenn ich hier das Gesetz verkünde, hörst du es! Wie willst du da die Predigt der unfühlenden Natur vernehmen?« Liang-djiä, nun wohl schon getroffen, fragte noch: »In welcher Schrift ist denn davon geschrieben?« Yün-yän erwiderte: »Hast du noch nie das Amitâbha-Sûtra[3] gelesen, wo es heißt: Gewässer und Vögel, Bäume und Wälder, alle beten den Buddha an und murmeln andächtig die Worte des Gesetzes[4]?«

Das war für Liang-djiä genug. Indem ihm aufging, daß zum Hören der Predigt der unfühlenden Natur ein anderes Organ benötigt wird als das natürliche Ohr, fing dieses andere Organ in seinem eigenen Innern mitzuschwingen und zu klingen an. Sein Dank an Yün-yän lautete:

> O Wunder über Maßen! O Wunder über Maßen!
> Unfühlend kündet die Natur das Weltgesetz des Buddha,
> unausdenkbar!
> Wer sie mit Ohren hören will, vernimmt am Ende nichts.
> Am Ort der Augen mußt du Ohren haben, dann erst merkst du es.

Verfolgt man aufmerksam Liang-djiä's entscheidendes Gespräch mit Yün-yän, so wird man finden, daß es darin nicht, wie der Wortlaut es vermuten lassen könnte, um irgendein besonderes Phänomen der äußeren Erscheinungswelt ging, sondern um viel Tieferes: die radikale Umkehrung der Stellung zu der »objektiven« Welt und ihrer Dinge, die Überwindung des in Unterscheidungen befangenen Denkens. Der Anstoß, den der siebenjährige Knabe einst beim Lesen des Herz-Sutras genommen hatte: jetzt war er behoben.

[1] Yün-yän Tan-schëng (japanisch Un-gan Don-jô), 780–841. Traditionstafel III A 10 f.

[2] Schï-tou Hsi-tjiän, Traditionstafel III A 8. Tsën-tung-tji: vgl. S. 147, Anm. 4.

[3] Amitâbha-Sûtra, chinesisch O-mi-do-djing, japanisch Amida-kyô. Der genau entsprechende Sanskrittext führt den Titel: Sukhâvatîvyûha.

[4] Das Zitat ist etwas fragwürdig. Wahrscheinlich bezieht es sich auf den 7. Abschnitt der genannten Schrift.

Lange weilte Liang-djiä nun bei Yün-yän, diente ihm und vertiefte das gewonnene Verständnis in der täglichen Aussprache mit dem Meister. Endlich trieb es ihn zu neuer Wanderung, und er nahm Abschied. Seine letzte Frage war: »Und wie werde ich des Meisters echten Geist und Wesen einem andern, der mich darnach fragen sollte, künftig mitteilen können?« Da beschied ihn Yün-yän: »Antworte einem solchen einfach: Hier der Mann, der vor dir steht, der ist es!« Liang-djiä, tief ergriffen, brachte lange Zeit kein Wort hervor. Und als Yün-yän Miene machte, sich ausführlicher zu erklären, fiel er ihm ins Wort und bat, es lieber gar nicht auszusprechen. Yün-yän hatte den gefunden, welcher ihn ersetzen würde; Liang-djiä hatte die Gewißheit der Berufung[1].

Liang-djiä, der spätere Dung-schan, wandert also weiter. Und nun begegnet ihm, wovon bereits im I. Band (S. 387) berichtet worden ist. Er überschreitet einen kleinen Flußlauf, erblickt im stillen Wasser dort sein Spiegelbild, und mit einem Schlag geht ihm sein eigenstes Geheimnis auf: Ich selbst, in zweierlei gespalten und doch Einer. Ihm klingt Yün-yän's Wort noch in den Ohren: »Sage einfach: hier der Mann, der vor dir steht, der ist's«, d. h. der ist Yün-yän. Aber wer ist Yün-yän? Wer sind alle die Vorausgegangenen – Yau-schan, Schï-tou, Hui-nëng, Bodhidharma, Ânanda und Kâshyapa? Und der Wanderer da im Wasserspiegel, der soll nun in dieser Reihe stehen, die im Grund gar keine Reihe, sondern zeitlos ist? Ist er's wirklich, oder ist er's nicht? Oder besser: Sage ich, er ist es, ist er's nicht; sage ich, er ist es nicht, so ist er's. So in der Schwebe zwischen Ja und Nein, zwischen Sein und Nichtsein dichtet er, was seitdem als sein »Findelied« vielen zu denken gegeben hat.

Nur kein Suchen hinter andern her!
Weit, o weit entfremdet's dich dir selbst.
Jetzt, wo ich allein und selber geh',
Da und dort begegne ich dem Mann.
Jetzt ist er kein anderer als ich,
Jetzt bin ich ein anderer als er.
So, genau so, muß man es verstehn.
So erst stimmt es mit dem Wie der Welt.

Seit die Mutter ihn dem Buddhapriester übergeben hatte, war sein Leben von der Spannung zwischen Zeit und Ewigkeit, gemeiner Welt und Buddhatum bestimmt gewesen. Anfangs hatte er die Spannung nur als scharfen Gegensatz erlebt. Bei Yün-yän war ihm klargeworden, daß

[1] Wie lange Liang-djiä sich bei Yün-yän aufgehalten hat, ist ungewiß. Ungefähr 829, also zweiundzwanzigjährig, war er hingekommen. Yün-yän's Tod hat er dort nicht erlebt. Nimmt man an, er sei mit dreißig Jahren, also 837, weggegangen, so hätte Yün-yän darnach noch vier Jahre gelebt. Er starb 841. Vgl. die ausführliche Studie über Dung-schan Liang-djiä's Lebensdaten bei Ui Hakuju, Zengakushi-kenkyû, Band III, S. 153.

Spannung auch Verbindung, Einheit ist. Zuletzt war ihm das Geheimnis der Polarität am eigenen Wesen aufgegangen, und damit war das Ziel erreicht. Ein anderer hätte daraufhin kaum noch gezögert, nun als Meister aufzutreten und zu lehren. Nicht so Liang-djiä, der gewissenhaft Sorgfältige, Bedächtige. War doch das Geheimnis, das sich ihm erschlossen hatte, alles andere als ein starrer Punkt, war es doch die tiefste, stärkste Quelle niemals festzuhaltender Bewegung. Liang-djiä's eigenes, selbständiges Suchen, Forschen, Überlegen fängt jetzt erst recht an. Fast volle zwanzig Jahre zieht er noch durch die Provinzen um den Yangtsekiang, lernt von den beiden Zweigen, die vom Sechsten Patriarchen ausgehen, alle auffindbaren Meister kennen und nimmt so von allen Seiten her das Erbe Hui-nëng's in sich auf, um es auf die ihm eigene eindringlich zähe Weise erlebnismäßig und gedanklich zu verarbeiten.

Nur neun Jahre Wirksamkeit waren Liang-djiä auf dem Dung-schan noch beschieden. Diese aber waren ausgefüllt von konzentrierter Kraftentfaltung. Die kurzen, aber an die Wurzeln gehenden Worte, mit welchen er den Suchenden Bescheid gab, liefen bald von Mund zu Mund. Aus ganz China fanden sich die jungen Mönche bei ihm ein. Er traktierte sie nicht mit dem Stock, schreckte sie nicht mit dem Scheltruf auf. Um so ernster gab er sich mit jedem Mühe im intimen, alle Fragen lösenden Gespräch. Die gewissenhafte Sorgfalt in der Seelenführung schuf sich hier bestimmte Regeln, die seiner Schule ihr besonderes Gepräge gaben und heute noch in Geltung sind.

Aus der Menge seiner Schüler gingen mehr als zwanzig angesehene Meister hervor. Unter ihnen haben zwei besondere Bedeutung, Tsau-schan Bën-dji und Yün-djü Dau-ying (japanisch Sô-zan Hon-jaku und Un-go Dô-yô, beide 901 gestorben, Traditionstafel III A 12, i, k). Stammhalter der Schule wurde Yün-djü; nur der von ihm ausgehende Zweig hat sich bis in die Gegenwart erhalten, während derjenige Tsau-schan's nach wenigen Generationen erloschen ist. Tsau-schan's Bedeutung für die Schule aber liegt darin, daß er es war, der die besondere Lehre seines Meisters sorgfältig gepflegt und sie der Nachwelt schriftlich übermittelt hat. Dies ist wohl der Grund dafür, daß Dung-schan's Schule nicht nur nach ihm selbst benannt wird, sondern auch nach Tsau-schan. Und zwar merkwürdigerweise nicht etwa Dung-Tsau-, sondern in umgekehrter Ordnung Tsau-Dung-Schule. (Der Grund für diese Umstellung ist nicht recht klar. In China sagt man, die Worttonfolge klinge so besser; in Japan verweist man auf die Tsau-Schlucht, den Sitz des Sechsten Patriarchen Hui-nëng, zu dem sich Dung-schan als Nachfolger vornehmlich bekannt hat.)

Doch kehren wir zurück zu Dung-schan selbst und reden noch von Art und Inhalt seiner Unterweisung! In ihr hat der Meister seinen Schülern die besondere Erfahrung seines Lebens zu einem selbstersonnenen System verdichtet und geordnet dargeboten. Was er von Jugend auf an sich und anderen erfahren hatte, war die Mannigfaltigkeit des Ineinandergreifens, Sichabstoßens und Zueinanderstrebens der zwei Pole Zeit und Ewigkeit oder, ontologisch, ungreifbare leere Weite und durch Form und Farbe scharf umgrenzte Dinglichkeit oder, religiös, Buddhaschaft im Zustand des Nirvâna und das Erdendasein mit dem ständigen Kreislauf von Geburt und Not und Tod. Die von Indien überkommene Dogmatik hat für diese beiden Pole eine Menge festgeprägter Lehrbegriffe ausgedacht. Dung-schan, echt chinesisch-praktisch, verzichtet auf sie alle und nennt die beiden Pole einfach »richtig« (oder »recht«) und »einseitig« (oder »schief«). Wer nun den Weg des Buddha geht, macht die Erfahrung, daß zwischen diesen Polen eine ständige Bewegung hin- und hergeht. Sie ziehen sich an, stoßen sich ab und fallen doch wieder in eins zusammen. Das erinnert den Chinesen Dung-schan Liang-djiä an ein altbekanntes Vorbild kosmologischer Betrachtung, an das wechselnde Verhältnis zwischen Yin und Yang, dem dunklen weiblichen und hellen männlichen Prinzip in der Natur. Für die Proportionen, in welchen jene negative und diese positive Kraft verbunden auftreten können, hat das altberühmte »Buch der Wandlungen«, I-djing (I-ging, I-ching), nicht weniger als 64 verschiedene Quantitätsverhältnisse erdacht. Dung-schan, als Führer auf dem Weg des Buddha, vermeidet es, in der Tüftelei so weit zu gehen wie das Buch der Wahrsagung. Ihm genügt es, die Bewegungen der Pole »Richtig« und »Einseitig« in fünf verschiedenen Phasen festzuhalten, als Orientierungspunkte für den Wanderer auf dem Weg des Buddha. Er nennt sie die fünf »we«, d. h. Stellungen oder Standorte; und weil die ersten vier im fünften ihren Gipfel haben, kann man sie unter gewissen Vorbehalten auch »Stufen« nennen. Mit der Fünfstufenlehre werden wir uns gleich noch zu beschäftigen haben; denn die Verfasser unseres Beispiels weisen beide darauf hin, daß Dung-schan's Antwort dort an jenen Mönch mit ihr sehr eng zusammenhängt.

Im Jahre 869, am 1. Tag des 3. Monats, ließ Dung-schan sich das Haupthaar noch einmal scheren, warf sich die Meisterkutte über, befahl die große Glocke anzuschlagen, setzte sich vor die Versammlung seiner Hörer, nahm von ihnen Abschied, verhüllte sein Haupt und zeigte damit, daß er sterben wolle. Die Schülerschaft, die an ihm wie an einem Vater hing, brach in lautes Weinen aus, des Schluchzens und des Klagens war kein Ende. Plötzlich schlug der Totgeglaubte die Verhüllung auf und sagte streng: Die ganze Übung eines Mönches, der das Vaterhaus verlassen hat, zielt letztlich nur darauf, an nichts das Herz zu hängen. Daß man im Leben Müh und Arbeit hat, im Tode aber Ruhe findet, was ist daran zu betrauern? Darauf ordnete er an, sie sollen, um sich von Traurigkeit und Sehnsuchtsweh zu heilen, eine siebentägige »Einfaltstrauer« halten. Am siebten Tage abends ordnete er noch als strenge Regel an, daß künftighin beim Abschied eines Meisters derartiger Aufruhr und Lärm verboten sei, nahm am achten Tage früh ein Bad, setzte sich still hin zur Versenkung und war alsbald verschieden.

Das Verhältnis zwischen »Richtig« und »Einseitig«, von Dung-schan in fünf »Stufen« dargestellt

In der Erläuterung zum Beispiel rühmt Yüan-wu die Fünfstufenlehre Dung-schan's als etwas ganz »Besonderes und Wunderbares«. Er empfiehlt sie jedem, der in diese »Gegend überwärtiger Richtung« noch nicht vorgedrungen ist, zu ernstlicher Betrachtung und Einübung. Dann nennt er nur ganz kurz die Namen dieser Stufen und fügt daran die dreizeiligen Strophen, die Tsau-schan zu ihrer Verdeutlichung gedichtet hat. Aber diese Verse selbst bedürfen wiederum der Deutung. Viele haben sich daran versucht; aber mit verschiedenem Ergebnis[1]. Nach sorgsamer Prüfung glauben wir der Deutung des japanischen Erklärers Katô Totsudô am ehesten folgen zu können.

An erster Stelle also führt Dung-schan die Phase an, in der man »mitten im Richtigen das Einseitige« erlebt. Zur Deutung führt uns Tsau-schan in die Nacht, und zwar etwa die achte oder neunte nach dem Vollmond bzw. die erste oder zweite nach dem dritten Viertel. Bis über Mitternacht herrschte noch völliges Dunkel. Es war die Nacht, in der die Formen unerkennbar sind, die Grenzen schwinden, und das Gefühl der großen Einheit den Menschen so stark überkommen kann, daß er auch seiner selbst und aller Dinge ledig wird.

Auch unsere Dichter kennen das. Man denke nur an Eichendorff! Und Nietzsche (Zarathustra) sagt: »O Mensch, gib acht! Was spricht die tiefe Mitternacht?« »Die Welt ist tief, und tiefer, als der Tag gedacht.« Hier steht der Mensch »im Richtigen«. Der Tag mit seinem Kampf und Kummer ist vergessen. Nun aber ist es nicht mehr lange, bis der bereits abnehmende Halbmond aufgeht. Ins Dunkel mischt sich etwas Helle. Einseitiges taucht auf, begrenzte Formen werden sichtbar, zwar undeutlich, aber eben darum auch befremdend. Es melden sich die Störungen des Tages und wecken Unbehagen. »Laß dich's nicht wundern«, sagt der Dichter, nimm's nicht schlimm! Nacht und Tag gehören zusammen. Auch im »Richtigen« drin kannst du dem »Einseitigen« nicht entgehen. Halte dich bereit, ihm zu begegnen; ja, entschließe dich, es als das »Richtige« selbst zu nehmen! Denn das ist es in der Tat.

Katô Totsudô erklärt die Verse mit folgenden Worten:

»›Mitten im Richtigen Einseitiges‹, das will sagen: Diese ganze Welt vieltausendfältiger Erscheinungen, in der wir leben, ist ihrem eigentlichen Wesen nach nicht etwas, was von dem Standorte des »Richtigen« (d. h.

[1] Eine sehr sorgfältige Deutung gibt die japanische Enzyklopädie des Buddhismus von Mochizuki, Bukkyô Daijiten, IV. Band, S. 3865, b und c; doch ist sie für unsern Zweck zu esoterisch. Der chinesische Zen-Schriftsteller Charles Luk gibt in dem Buch »Ch'an and Zen Teaching«, second series, S. 135f., eine englische Übersetzung mit Erklärungen, von welchen freilich unsere Auffassung in einigen Punkten abweicht.

des Leeren ohne jedes Einzelding) getrennt ein Sonderdasein führen würde. Somit zeigt diese erste Stufe die Unterschiedenheiten mitten in der Einheit des unterschiedslos Gleichen auf. Im Gedicht wird dieses ›Richtige‹, d. h. das Element des Leeren, das an sich kein einziges ›Ding‹ enthält, mit der finsteren Mitternacht verglichen, in der weder Berg noch Wasser, weder Blume noch Vogel zu erkennen sind. Aber kurz vor Mondaufgang beginnt das Dunkeln des ›Richtigen‹ sich der Helle des ›Einseitigen‹ zuzuwenden. Während ich selbst kaum weiß, ob ich da bin oder nicht, und noch viel weniger, ob sonst jemand oder etwas da ist, darf ich mich doch »nicht wundern, wenn ich nicht erkenne, was oder wer mir nun begegnet«. Aber ich bin offenbar auf demselben Weg, den ich gestern gegangen bin, und habe das unbehagliche Gefühl, es sei irgend etwas oder jemand hinter mir. ›Noch sitzt der Widerwille mir im Herzen vom alten Tag.‹ Seinem Wesen nach also ist alles ein einziges ›So-sein-wie-es-ist‹; aber innerhalb dieses Zustandes dingloser Leere entfaltet sich die unerschöpfliche Fülle der Erscheinungswelt, in welcher jedes Ding sich klar vom andern abhebt.«

Der zweite Standort zeigt die Umkehrung des ersten: »Mitten im Einseitigen das Richtige.« Was im Gedicht dazu geschildert wird, spielt sich am hellen Tage ab, in der vollen Mannigfaltigkeit der Dinge, in welcher unser Leben sich bewegt. Und von diesem Vielerlei geblendet, merken wir gar nicht, daß wir auch hier das »Richtige« beständig um und in uns haben. Nicht einmal da, wo sie nach Jahren wieder in den alten Spiegel sieht, läßt sich die alte Frau dazu herbei, sich so zu nehmen, wie sie ist, nämlich als vergängliche Erscheinung. Hielte sie dem Bild im Spiegel stand, so würde sie in der Vergänglichkeit und Leere ihr wahres Sein, so wie sie ist, erkennen und wäre von der Angst vor Alter, Krankheit, Tod befreit. Aber die Menschen gleichen eben jenem Yajnadatta[1], der jeden Morgen seine schönen Augenbrauen im Spiegel bewunderte. Als er nun eines Tages die Augenbrauen mit den Händen abtastete (das Gesicht also verdeckte), sah er im Spiegel sein Gesicht nicht mehr, meinte, ein Kobold habe ihm den Kopf genommen und lief wie besessen in der Stadt umher, um seinen Kopf zu suchen. Er machte es noch dümmer als die alte Frau: er glaubte einem falschen Spiegelbild anstatt dem eigenen Kopf. Aber beide gleichen sich darin, daß sie den Ernst des wahren Sachverhalts nicht anerkennen wollen, das »Richtige«, das mitten im »Einseitigen« sich kundtut.

Katô Totsudô's Erklärung lautet: »Während auf dem ersten Standort die ganze Mannigfaltigkeit der Dinge von der Gesetzesnatur des wahren So-seins-wie-es-ist umschlossen erschien, ist hier nun das Gesetz des So-seins-wie-es-ist in jedem Einzeldinge der Erscheinungswelt wirksam zu sehen. Zeigt die erste Stufe die Erscheinungen von ihrem wahren

[1] Yajnadatta (japanisch Enyakudatta), im Shûramgama-sûtra, Kap. IV, als Gleichnis angeführt. Vgl. Band I, S. 289.

Wesen her, so die zweite von der Erscheinung her ihr wahres Wesen. Dementsprechend ist in dem Gedicht nicht von der Nacht die Rede, sondern von dem hellen Morgen, in dessen Licht sich jedes Ding klar abgehoben zeigt. Ein altes Weiblein ohne jede Vornehmheit und Schönheit holt ihren alten Spiegel aus der Schublade, in welchem sie einst wohlgefällig ihre Jugendblüte betrachtet hat. Der zeigt ihr ein Gesicht, genauso häßlich, wie es ist; und das ist ihre wahre, rundvollkommene Gestalt. Jede einzelne Erscheinung ist so, wie sie ist, das wahre Wesen, ist das So-sein-wie-es-ist: die Berge hoch, die Wasserläufe lang, die Weidenbäume grün, die Blüten rot. Dieses wahre Wesen ist nichts von den Erscheinungen Getrenntes. Wer in solch verkehrter Meinung nach dem wahren Wesen außerhalb der Welt herumsucht, gleicht jenem Yajnadatta, der im Spiegel seinen Kopf nicht sah und verstört umherlief, ihn zu suchen. Während also der erste Standort zeigt, wie das unterschiedslose Eine, Gleiche gar nichts anderes ist als diese Welt der Unterschiede, zeigt sich von diesem zweiten Standort aus das Umgekehrte, daß nämlich unsere Welt der Unterschiede nichts anderes ist, als das wahre Wesen selbst, das Eine, Gleiche ohne jeden Unterschied. Es ist die eine selbe Wahrheit, nur von entgegengesetzten Seiten her betrachtet.«

Die beiden ersten Standorte oder Stufen zeigen uns also das »Richtige« und das »Einseitige« in Verbindung miteinander, und zwar so, daß jeweils das eine überwiegt und das andere in sich einschließt. Im ersteren Fall wird dem Übenden durch das Erlebnis der Nacht die erschütternde und doch beglückende Wahrheit der Leerheit, der Nichtigkeit aller Dinge nahegebracht und gezeigt, wie mitten in diesem Nichts die Dinge doch sich unterscheiden und als je einzeln existierend sich behaupten. Im zweiten Falle tritt der Lernende in den ihm längst vertrauten Alltag und stößt nun doch auf dessen Nichtigkeit und Leere, um gerade darin die eigentliche Wahrheit jedes Dings und seines eigenen Wesens zu erkennen.

Stehen in diesen beiden Phasen die Gegenpole deutlich in Verbindung miteinander, so treten sie in den zwei nächsten in entschiedener Spannung zueinander auf, derart, daß nur der eine Pol wirksam, der andere wie ausgelöscht erscheint. Demzufolge heißt die dritte Stufe:

»Mitten aus dem Richtigen hergekommen.« Der Gegenpol, das »Einseitige«, ist hier gar nicht genannt. Indem jedoch der Mensch »vom Richtigen herkommt«, ist doch das »Einseitige« als Schauplatz seines Kommens stillschweigend vorausgesetzt. Freilich, auf diesem Schauplatz tritt nun einer auf, als käme er aus einer andern Welt, ein Heiliger, der von der Nichtigkeit des Ichs und aller Dinge so durchdrungen ist, so ganz in diesem Einen Gleichen lebt, daß seine Wege andern unbegreiflich sind.

»Mitten im Nichts drin führt ein Pfad, ferne von Unrat und Staub.« Den Wanderer auf diesem Pfad berührt der Wirrwarr des »Einseitigen«

nicht. Er geht über all die Gegensätze, an welchen sich die Leidenschaft entzündet, frei hinweg, ein Herr und König aller Dinge.

An diesen Weg, der alle Gegensätze übersteigt, reichen auch Worte nicht heran. Man kann ihn nicht erklären, nicht verteidigen. Er ist allerhöchste Wahrheit. Sie in Worten aussprechen zu wollen, ist dieselbe Majestätsbeleidigung, wie wenn einer den intimen, dem gemeinen Volk verbotenen persönlichen Namen des Himmelssohns, des Kaisers, in den Mund nimmt. Daher der Vers:

»Ohne doch, daß du der Majestät verbotenen Namen entweihst.«

Verschwiegenheit in Hinsicht auf den eigentlichen Inhalt der erleuchtenden Erkenntnis, auf die letzte höchste Wahrheit ist das Lebenselement des Zen und seiner Meister. Ihr Vorbild hierin ist der kranke Gönner der Gemeinde, der begüterte Vimalakîrti, in dessen Haus sich laut Schilderung des nach ihm genannten Sutras die Weisesten der Bodhisattvas zum Gespräch versammelt hatten, um sich über den geheimsten, letzten Sinn des Buddhagesetzes, nämlich die Nichtzweiheit, die Alleinheit auszusprechen. Einer nach dem andern gab sein Urteil ab, und jeder Folgende übertraf den Vorgänger an Tiefe. Als zuletzt Manjushrî auch den Hausherrn bat, sich zu erklären, sagte dieser überhaupt kein Wort und saß nur schweigend da. (Vimalakîrti-sûtra IX.) »Das schlägt den Beredtesten früherer Zeit, der jedem die Rede verschlug[1].«

Uns scheint dieser Vers das auszudrücken, worin sich Dung-schan und die Seinen, wie überhaupt der ganze Stamm des Patriarchen Bodhidharma, von älteren Richtungen des Buddhismus unterscheiden. Während die dogmatischen Schulen Lehrbegriffe formulierten und zum System zusammengefügt haben, rühmt die Tradition des Zen von Bodhidharma: Er richtet keinen Lehrbuchstaben auf; er gibt die Wahrheit weiter auf dem Weg von Geist zu Geist. In diesem Punkte fühlt das Zen sich auch den größten Lehrern älterer Zeiten überlegen.

In diametralem Gegensatz zu dieser dritten Stufe heißt nunmehr die vierte: »Bis mitten ins Einseitige hineingegangen.« Wiederum ist hier der Gegenpol gar nicht genannt. Aber in den Worten »bis mitten hineingegangen« ist der Ausgangspunkt schon angedeutet. Derselbe, welcher (auf der dritten Stufe) »mitten aus dem Richtigen daherkommt«, eben der ist auch gewappnet, »mitten ins Einseitige hineinzugehen«, wo die Gegensätze aufeinanderprallen, wo er seinen Mann zu stehen hat.

»Sollen zwei Klingen die Spitzen kreuzen, tut auszuweichen nicht not.«

Der Japaner Katô Totsudô sagt dazu echt japanisch: »Hier also gilt es, die bunte Mannigfaltigkeit des Lebens mit ihren tausend Gegensätzen so zu nehmen, wie sie ist, jeweils dem gegebenen Anlaß folgen, die Dinge je nach innerem Trieb und nach Gelegenheit anfassen, zugestehen und nicht verwehren, daß jedes Ding, jede Erscheinung ihren eigenen

[1] Die Deutungen der oben angeführten Autoren zu diesem Vers erscheinen uns teils etwas künstlich, teils zu vage. Wir sehen uns hier genötigt, unsern eigenen Weg zu gehen.

Sinn und Zweck hat, der sich von meinem eigenen unterscheidet. Und nun her mit Wort und Rede, her mit Kunst und Schläue! Nun gelte auch der Gegensatz von Gut und Böse, Recht und Unrecht! Nun mögen es die Hände anfassen, wie sie können, die Füße es befördern, wie es geht! Hier gilt es, ungehindert frei und souverän sich tätig zu bewegen. Das ist die Meinung dieses ersten Verses. Für zwei Fechter mit der scharfen Waffe, im Kampf des Drachen mit dem Tiger, da gibt es keine Pause. Einen Augenblick nicht aufgepaßt, und du bist entzwei. Hier heißt es: sich zusammennehmen! In die Wirrnis dieser Welt hineinzutreten, auf dem Kampfplatz aller Leidenschaften und Gemeinheiten sich durchzuschlagen, das erfordert diesen Geist des Fechters, der sein Leben einsetzt.« So auf Leben und Tod ruhig gefaßt sein, das verleiht dem Kämpfer erst die überlegene Kraft, mitten im Gewühl des Streites unberührt zu bleiben. So sagt das Nirvânasûtra von der Lotosblüte, daß ihre Knospe, aus dem Wasser hervorgeholt und ins Feuer gelegt, hier unversehrt in ihrer ganzen Schönheit aufgeht.
»Ein tüchtiger Fechter steht im Streit, wie die Lotosblüte im Feuer. Man merkt es ihm an: er hat einen Mut, der stößt in den Himmel hinein.«
Hat es den Anschein, als sei einer auf der dritten Stufe, also »mitten aus dem Richtigen herkommend«, wie von einer fremden, höheren Macht getragen, dann aber auf der vierten, also »mitten ins Einseitige hineingegangen«, völlig auf sich selbst und seine eigene Kraft gestellt, so erlebt er nunmehr auf der fünften, wie das Streben dieser beiden Pole zueinander schließlich auch zum Ziel gelangt, wie das »Richtige« und das »Einseitige« in Eins zusammenfallen. Darum sagt Dung-schan für diesen Standort: »Mitten in der Einheit beider angelangt.« Dabei ist von vornherein zu merken, daß schon der Ausdruck »beide« nur ein Notbehelf ist. Es ist hier nichts von »zweierlei« mehr wahrzunehmen, nichts zu unterscheiden. Wo immer ich im Richtigen stehe, da bin ich im Einseitigen mitten drin. Das Vorhandene ist leer und nichtig; das Leere, Nichtige stößt mich hart im Raum. Sein oder Nichtsein ist hier nicht die Frage. Beides ist Verirrung. Bald sind wir dem Sein verhaftet, bald dem Nichtsein. Der Welt und ihrer Lust nachlaufen, am eigenen Ich und Hab und Gut zu hängen, in Haß und Streit sich zu verzehren, das heißt: dem Sein verfallen. Die Menschen und ihr Tun verachten, sich von der Welt abschließen, im Nichts, im Leeren sich verrennen, das heißt: dem Nichtsein verfallen. Der eine Abweg führt ins Niedere, der andere über die Wolken. Der Weg des echten Buddhajüngers, des Bodhisattva, führt gleichzeitig überwärts und niederwärts, gleichzeitig niederwärts und überwärts. Auch diese Doppelrichtung ist in Wahrheit keine doppelte. »Die Hand gereicht ist gleich dem Stand auf himmelhoher Wand«, sagt Hsüä-dou im Gesang zu Dung-schan's Antwort an den Mönch. Das meint der erste Vers zu dieser fünften Stufe:
»Sowenig dem Sein wie dem Nichtsein verfallen: wer stimmt es zu reinem Akkord?«

Diese Einheit ist für den, der »mitten darin angelangt« ist, allerdings das Höchste, Beste; es ist geheime Seligkeit. Nur ist sie nach außen unauffällig. Sie ist eingehüllt in ganz gewöhnliche Alltäglichkeit[1]. Gerade diese aber ist die Quelle alles Leids, der jedermann entrinnen möchte. »Die Menschen begehren nur alle hinaus aus dem gewöhnlichen Lauf.« Eine Seligkeit, die Leiden, Not und Tod mit in sich schließt, ist ihnen keineswegs verlockend. Das Widerstreben hilft ihnen aber nichts. »Sie kommen am Ende doch wieder zurück und sitzen in den Kohlen.« Wie dies auch gemeint sein mag, ob bildlich als im Kohlenfeuer sitzend, ob an die Verbrennung nach dem Tod gedacht ist, auf jeden Fall ist jedes Menschen Ende leidvoll. Dagegen helfen keine äußeren Mittel. Wer aber »in der Einheit von Richtig und Einseitig angelangt« ist, also auch in Leiden, Not und Tod das »Richtige« erkennt, bejaht, begrüßt, der hat, um mit Dung-schan zu reden, den Ort gefunden, an dem es keine Kälte oder Hitze, kein Leiden, keinen Tod mehr gibt.
Der große Dichter der chinesischen Sung-Zeit Su Schï[2], der in Gesprächen mit dem Zen-Meister Dschau-djiau von Kiu-kiang zum Verständnis dieser Wahrheiten gelangt war und in den Zen-Schulen als »Privatstudierter« (Djü-schï) hoch gerühmt wird, hat in einem vielberufenen Gedicht sinnbildlich beschrieben, was in einem Menschen vorgeht, der das, was er in einem Augenblicke höchster Schau erlebt hat, nun in sein Alltagsleben mitnimmt. Es handelt von zwei Naturschauspielen Chinas, die jeder meint, einmal im Leben gesehen haben zu müssen.

Im Luschan-Gebirge die Wolken, die Schauer,
am Strande von Tschekiang die Flut:
Solang ich nicht dort war, ließ mich nicht los
vieltausendfacher Verdruß.
Bin dort gewesen und komme nach Haus:
ist nichts Besonderes los.
Im Luschan-Gebirge die Wolken, die Schauer,
am Strande von Tschekiang die Flut.

»Sowenig dem Sein wie dem Nichtsein verfallen: wer stimmt es zu reinem Akkord?« hieß es in Tsau-schan's Vers zur fünften Stufe. Im Lied des Dichters, der von den Luschan-Bergen und vom Tschekiang-Strand zurück daheim ist, hört man, wenn auch ganz leise, den Akkord erklingen.

[1] Man könnte damit, wenn man vom ausgesprochen christlichen Charakter absieht, etwa das Lied des Halleschen Pietisten Christian Friedrich Richter vergleichen: »Es glänzet der Christen inwendiges Leben.«

[2] Su Schï, mit Dichternamen Su Dung-po, 1036–1101, Staatsmann, Dichter, Maler, Schriftkünstler, seines Bekennermutes wegen mehrfach angefeindet und verdrängt.

Nach dem langen Umweg über die fünf Stufen oder Standorte im Erkennen und Erleben des unbegreiflichen, doch allbeherrschenden Verhältnisses von »Richtig« und »Einseitig«, wie es Dung-schan nennt, können wir nun endlich zu der Antwort übergehen, welche dieser Meister jenem Mönche auf die Frage gibt, wie man der Kälte und der Hitze ausweichen könne. Es wird sich dabei zeigen, daß der weite Umweg nicht vergeblich war.

Die Frage, die der Mönch dem Meister stellt, kommt nicht von ungefähr. Sonst hätte er nicht neben die Kälte gleich auch die Hitze gestellt. Er hat seine Frage sorgfältig studiert. Was ihn beschäftigt, ist mehr als Kälte oder Hitze. Es ist das allumfassende Problem des Leidens, dasselbe, das den Fürstensohn vom Stamm der Shâkyad einst aus der Heimat in die Heimatlosigkeit getrieben hat, um einen Ausweg aus der Not der Welt zu suchen. Er hat einen solchen Weg gefunden und verkündet. Daraus ist das Buddhatum erwachsen, das Völker in ganz Asien ergriffen, ein gewaltiges System von Ordnungen und Lehren ausgebildet hat, und Millionen Menschen fanden darin ihre Heimat. Am Leiden aber, an der Not der Menschheit, hat sich nach allem Anschein kaum etwas geändert. Wie steht es unter diesen Umständen um die Glaubwürdigkeit des Buddha, der doch verheißen hat, er werde der geplagten Menschheit Ruhe geben?

Das war die eigentliche Frage, die den jungen Buddhamönch beschäftigte; nur scheute er sich, sie so unverhüllt dem Meister vorzutragen. Darum kleidete er sie in ein Gleichnis ein. Strenge Kälte ist ja auch ein Leiden, und die Sommerhitze im kontinentalen China bringt den, der nicht die Mittel hat, eine Sommerfrische aufzusuchen, beinahe um. So geht er hin und fragt: »Wenn Kälte oder Hitze kommt, wie weicht man ihnen aus?« Dung-schan hört sich die Frage an, und blitzartig, wie Yüan-wu es bereits im Hinweis sagt, durchschaut er diesen Mönch, weiß sofort, was ihn bewegt und was ihm fehlt. Die Antwort, welche er für ihn bereit hat, ist das simpelste, was man sich denken kann: »Warum wendest du dich nicht einem Orte zu, an dem es keine Kälte oder Hitze gibt?« Dung-schan hat den Schalk im Nacken. Solch ein Ort ist sicherlich der allerbeste, um der Kälte oder Hitze zu entfliehen. »Den suchen alle Menschen unterm Himmel«, bemerkt Yüan-wu. Die Frage ist nur, ob es diesen Ort auch gibt, und wo? Und eben diese Frage ist es, auf welche Dung-schan den Besucher bringen will. Sein guter Rat ist nur ein Köder, um den Frager an den Kern der Sache herzulocken.

Und natürlich geht ihm dieser an die Angel und fragt voll Begierde: »Was ist das für ein Ort, an dem es keine Kälte oder Hitze gibt?« Damit hat ihn Dung-schan an der Stelle, auf welche er ihn bringen wollte. Denn hier enthüllt der Mönch den Grundirrtum, in dem er sich befindet. Und er steht darin nicht allein. »Er verrät die ganze Schiffsmannschaft.« Solch ein Ort der Leidensfreiheit ist die Sehnsucht aller Menschen. (»Es reden und träumen die Menschen viel von besseren künftigen Tagen.«)

Dung-schan's erste Antwort war wie eine Einladung, voll freundlicher Verheißung: Wende dich doch einfach einem Orte zu, an dem es Kälte oder Hitze gar nicht gibt! Nun bittet ihn der Mönch, ihm diesen wunderbaren Ort genauer zu beschreiben. Und Dung-schan tut ihm den Gefallen, aber wie?

»Das ist der Ort, wo, wenn es kalt ist, dich die Kälte umbringt, und wenn es heiß ist, dich die Hitze umbringt.« Dem Mönch mag es bei diesem Wort gewesen sein, als rühre ihn der Donner. Das also soll der Ort sein, an dem es keine Kälte oder Hitze gibt? Was heißt hier Ort? Das ist überhaupt kein Ort, an den man hingeht. Im Gegenteil, man bleibt da, wo man ist und frieren oder schwitzen muß. Von Ausweichen ist keine Rede. Ganz im Gegenteil! Zu Tode frieren und zu Tode verglühen lautet das Rezept. Zwar ist dies nicht streng wörtlich zu nehmen. Auch im Chinesischen gebraucht man das Wort »töten« oder »umbringen« übertreibend, wie man im Deutschen etwa sagt: er ärgert sich tot. Aber immerhin: es soll dich umbringen. Und eben mit diesem tödlichen Wort stößt Dung-schan jenem Mönch die Tür zu einer andern Art von Ort auf, einer freien, unbegrenzten, zu dem Leeren, das wir selber sind mitsamt dem ganzen großen All. Dorthin freilich braucht niemand zu gehen; das war und ist schon immer unser eigentlicher Ort. Der Ausweichort, den Dung-schan seinem Gast empfiehlt, ist einfach das, was er in seiner Lehre von den fünf Stufen »das Richtige« nennt. Davon hat der Mönch gewiß auch schon gehört und hat darüber seine Vorstellungen. Aber diese gehen in die falsche Richtung, wie es im Gedicht zur fünften Stufe heißt: »Die Menschen begehren nur alle hinaus aus dem gewöhnlichen Lauf.« Sie kommen vom »Einseitigen« nicht los und rücken darum dieses »Richtige« weit von sich an irgendeinen fernen Ort, von dem sie träumen. Erkennten sie das »Richtige« als ihr eigenes wahres Wesen, so würden sie zugleich erkennen, daß es nirgendwo zu finden ist als im »Einseitigen«, in der Fülle der Erscheinungswelt mit ihrem steten Wechsel von Entstehen und Vergehen, Sein und Nichtsein, Geborenwerden und Sterben, gesund und krank, Reichtum und Armut, Kälte und Hitze.

Das ist freilich eine bittere Rechnung. Sie kalkuliert von vornherein alles das, wovor uns graut, mit ein. »Weder dem Sein noch dem Nichtsein verfallen«, oder positiv ausgedrückt: willige Bereitschaft so zum Sterben wie zum Leben, so zum Leiden wie zur Freude. Darein ergibt der Christ sich im Gebet; dazu hat man im Zen die inständige Versenkung, den Samâdhi. Dieses indische Wort bedeutet zunächst nur »Zusammenfügung«, dann »in Ordnung bringen« und zuletzt entschlossene Vertiefung, innere Sammlung, die den Menschen ganz zusammenfaßt und formt. Ein Erklärer sagt: »Versenke dich in den Samâdhi ›bei Kälte ist der ganze Himmel und die ganze Erde kalt‹, ›bei Hitze ist der ganze Himmel und die ganze Erde heiß‹! So nimmst du Kälte oder Hitze völlig in dich auf und spürst sie nicht mehr.«

In der Erläuterung zum Beispiel erinnert Yüan-wu gleich zu Anfang an einen Meister, der, um Dung-schan's Ausspruch zu beleuchten, seinen Hörern die Schlußverse aus einem Gedicht von Hsün-hau[1] vorträgt. Dieses handelt von der Sommerhitze. Die heißeste Zeit über schließt sich der Dichter, wie er sagt, in seine Wohnung ein und begeht nun eine dreißigtägige Opferfeier, d. h. er überläßt sich widerstandslos der furchtbaren Hitze zum Opfer. »Nicht Föhre und nicht Bambusgrün beschattet mein Gehäus.« Dann schließt er mit den Versen:

Versenkung braucht nicht unbedingt der Berge und Gewässer.
Sind Herz und Sinne ausgelöscht, ist Feuer an sich kühl.

Das war im Geist des Zen gesprochen und fügt sich ganz zu Dung-schan's Worten.

Wie tief sich diese Verse auch späteren Generationen eingeprägt haben, zeigt ein Vorfall, der sich im Jahr 1582 in Japan ereignet hat. Damals hatte der auf die Unterwerfung aller andern seinesgleichen bedachte Feudalherr Oda Nobunaga den Fürsten Takeda in der Provinz Kai niedergeworfen und einen seiner Heerführer beauftragt, flüchtige Gegner im Gebirge aufzuspüren. Dort war ein abgelegenes Kloster, und es bestand Verdacht, daß der angesehene Abt, der Zen-Meister Kai-sen, gegnerischen Führern Zuflucht gewährt hatte. Auf seine Weigerung, jemand herauszugeben, umzingelten die Kriegsleute die Klosteranlage im Wald und legten ringsum Feuer an. Kai-sen versammelte die Seinen auf dem Altan des Tempeltorbaus. Bald stiegen am Gebälk die Flammen in die Höhe. Da rief der Abt den Seinen zu: Wie wollen wir nun hier im Feuerkreis das Rad der Lehre drehen? Der Reihe nach gab jeder von den Mönchen eine Antwort, die zu der Lage paßte. Zuletzt, als schon die Flammen an den Säumen seines Abtgewandes züngelten, rief Kai-sen ruhig und fest: »Versenkung braucht nicht unbedingt der Berge und Gewässer. Sind Herz und Sinne ausgelöscht, ist Feuer an sich kühl.« Damit versenkte er sich in den Feuer-Samâdhi, ohne daraus wieder aufzustehen.

Zum Gesang

Ganz kurz, in nur vier Versen, stellt Hsüä-dou das heraus, was ihm eindrücklich an dem Beispiel ist. Im ersten Vers ist es der Widerspruch in Dung-schan's Haltung, welcher dennoch keiner ist. Erst freundliche

[1] Du Hsün-hau (gest. 907), war der dritte Sohn des bekannten Du Mu (803–852), des bedeutendsten Dichters der ausgehenden Tang-Zeit.

Einladung, dann ein Donnerschlag. Das stimmt genau zusammen mit dem Widerspruch von »Richtig« und »Einseitig«. Im Einseitigen ist Dung-schan der geduldige Lehrer, der jeden annimmt, wie er ist, für jeden ganz genau das Wort hat, das er braucht. Vom Richtigen her dagegen ist er unerbittlich wie das Weltgesetz. Vor dem ist jeder Lebende des Todes. Und eben diese Unerbittlichkeit ist wiederum das einzige, was helfen kann; sie ist barmherzig. Richtig und Einseitig sind in Wahrheit eines, sind einander gleich. »Die Hand gereicht ist gleich dem Stand auf himmelhoher Wand.«

Schon Hsüä-dou also, der dieses Zen-Gespräch für seine Sammlung ausgewählt hat, betrachtet es im Lichte der Polarität von »Richtig« und »Einseitig«. Das wird im zweiten Verse vollends deutlich. Und sicher ist auch Hsüä-dou durchaus damit einverstanden, daß Dung-schan für die innere Bewegung zwischen diesen Polen fünf verschiedene Phasen oder Stellungen heraushebt, erst zwei mittlere, dann zwei extreme, und als höchste die Verflechtung und Verschmelzung beider Pole in ein einziges Geheimnis. Auf dieser Mannigfaltigkeit beruht das Leben. Und wenn man fünf Punkte hat, muß man sie wohl oder übel aneinanderreihen. Nur wendet sich Hsüä-dou dagegen, aus der aufgestellten Reihenfolge eine starre Regel zu machen. Und das ist selbstverständlich auch die Meinung Dung-schan's. Aber, wie es meistens geht, die Schüler haben sich, statt auf die Sache selbst und ihre innere Lebendigkeit, auf die schöne Anordnung geworfen, sie zum Gesetz erhoben und mit der Zeit zum Gegenstand spekulativen Spiels gemacht. Hsüä-dou's Vers geht gegen diesen Mißbrauch: »Muß Richtig und Einseitig denn nur immer schön gereiht sein?« Man sehe, will er sagen, sich nur Dung-schan selbst an, wie er diesem Mönch Bescheid gibt! Steht er hier nun auf der ersten oder zweiten, dritten oder vierten Stufe oder aber auf der fünften? Nehme einer doch all diese Stufen durch und prüfe Dung-schan daraufhin! Er wird finden, daß in dem Verhalten dieses Meisters alle Stufen festzustellen sind. Und so muß es sein. Denn alle fünf sind letztlich eine, und die eine, weiße, schillert in vier Farben.

Behandeln somit die zwei ersten Verse des Gesangs den Meister Dung-schan selbst und seine Lehre von den fünf Standorten oder Stufen, so beleuchten die zwei Gleichnisbilder in den letzten Versen den Kontrast zwischen der wunderbaren Klarheit, die aus Dung-schan's Antwort aufblitzt, und dem tierischen Unverstand des Mönchs.

»Uralten Glaspalast bestrahlt mit hellem Licht der Mond.« In einem prächtigen Bilde deutet Hsüä-dou an, wie es in Dung-schan's Herzen aussieht; zugleich auch, wie der Ort beschaffen ist, an dem es keine Kälte oder Hitze gibt. Da muß ins »Einseitige«, den Glaspalast des Herzens, still und klar das »Richtige«, der Mond, hineinleuchten, der nach Kälte oder Hitze überhaupt nicht fragt. Vom Mond des Richtigen beschienen, ergibt man sich in alles, und wenn es einen umbringt.

Wie das tut, das weiß nur, wer im Innern des Palastes sitzt. Ihm scheint der Mond mit seiner unheimlichen Zauberkraft direkt ins Herz hinein. Von außen her nimmt der Palast sich anders aus. Da sieht man nur das schöne Spiegelbild im Glas, und das bezaubert auch. So geht es schon den Hunden. Womöglich wissen sie, daß, wie der Volksmund sagt, im Mond ein silberweißer Hase sitzt. Da gibt es doch aus alter Zeit das Gleichnis von dem Hund des Herrn von Han, der einem Hasen nachjagt, den er niemals einholt. Man stelle sich den Wolfshund vor, ein prächtiges Tier voll Jagdbegierde, jede Fiber zuckt in ihm. Der kommt mit seinem Herrn an diesen Glaspalast. Da kann man sich schon denken, was geschieht. Im Fensterglas des Festsaals oben den silberweißen Mondhasen erblicken und wie toll die Treppe hinauf ist eins. Da verkneife einer sich das Lachen! Diesen Hasen fängt er nie.

»Uralten Glaspalast bestrahlt mit hellem Licht der Mond – Und, bleibet ernst: dem nach jagt toll der Wolfshund Han treppauf.« Das also ist Hsüä-dou's Gleichnis nicht nur für den Mönch, sondern für jeden, der nach einem Spiegelbild des Richtigen greift, anstatt sich dem Richtigen da zu stellen, wo allein es anzutreffen ist, nämlich mitten im Einseitigen, mit andern Worten: da, wo er gerade geht und steht.

Dies ist ganz und gar in Dung-schan's Sinn gedichtet. Es bestätigt die zwei letzten Verse zu der fünften Stufe (Die Menschen begehren nur alle hinaus aus dem gewöhnlichen Lauf usw.). Wie diese, statt in schönen Worten den erreichten Abschluß anzupreisen, ernst und streng sich an die Menschen wenden, die in falscher Richtung suchen, so hält ihnen Hsüä-dou mit der Jagd des Hundes auf den Mondhasen im Fensterglas dieselbe Torheit vor.

Und soviel auch ungeschickte Hände in die Erläuterung zu diesem Gesang überflüssiges Schulgerede eingeschmuggelt haben, so stammt doch das letzte Wort gewiß von Yüan-wu selbst: Welchen Hasen spüren wir jetzt auf?

Vierundvierzigstes Beispiel

Ho-schan sagt: Den Trommelschlag verstehen!

Das Beispiel

Wir legen vor:

In einer Unterweisung sagte Ho-schan[1]: »Wer übend lernt, den nennen wir Hörer. Wer ausgelernt hat, den nennen wir Nachbar. Wer über diese zwei hinausgelangt ist, den betrachten wir als einen, der in der Wahrheit darüber hinaus ist.«
Ein Mönch trat vor und fragte: Was bedeutet »in der Wahrheit darüber hinaus«?
Ho-schan sagte: Djiä da gu (den Trommelschlag verstehen)[2]!
Der Mönch fragte weiter: Ich will nicht nach dem Satze fragen: »Da, wo Geist ist, da ist Buddha«; aber was heißt das: »Es ist nicht Geist, es ist nicht Buddha?«
Ho-schan sagte: Djiä da gu (den Trommelschlag verstehen)!
Der Mönch fragte noch weiter: Wenn jemand kommt, der überwärts gerichtet ist, wie soll man den behandeln?
Ho-schan sagte: Djiä da gu (den Trommelschlag verstehen)!

Zwischenbemerkungen zum Beispiel

»In einer Unterweisung sagte Ho-schan: ›Wer übend lernt, den nennen wir Hörer. Wer ausgelernt hat, den nennen wir Nachbar.‹« – Darüber springt kein Kuttenmönch im ganzen Reich hinaus. [Über diese Stufenfolge kann sich niemand hinwegsetzen.] – Ein Hammerkopf ohne Öhr! – Ein eiserner Pflock! – [Was diese beiden Ausdrücke hier besagen sollen, ist nicht recht klar. Vielleicht sind sie aus Versehen an diese Stelle geraten.]
»›Wer über diese beiden hinausgelangt ist, den betrachten wir als einen, der in der Wahrheit darüber hinaus ist.‹« – Oben auf dem Scheitel noch ein [drittes] Auge haben – wozu denn das?

[1] Ho-schan Wu-yin, 891–960, s. Erklärungen S. 227ff. – Die drei Sätze, mit welchen Ho-schan seine Unterweisung einleitet, entnimmt er einem Traktat des Mönches Dschau aus dem 5. Jahrhundert (siehe unten).

[2] Schon hier sei angemerkt, daß diese deutsche Formulierung weit präziser ist als die chinesische, also Entscheidungen enthält, die der chinesische Hörer erst zu treffen hat. Übersetzen wir in der nackten Stammform, so lauten die drei Worte: VERSTEHEN SCHLAG TROMMEL, geben also schon rein sprachlich ein Rätsel auf.

»Ein Mönch trat vor und fragte: Was bedeutet ›in der Wahrheit darüber hinaus‹?« – Was redet er da? – Er streicht es mit dem Pinsel aus! [Er wischt mit seiner Zudringlichkeit das Geheimnis täppisch weg.] – Es gibt aber [auch auf solche Reden] einen Eisenpflock! [Ho-schan hat auch darauf eine Antwort eigener Art.]
»Ho-schan sagte: Djiä da gu (den Trommelschlag verstehen).« – Ein Eisenpflock! – Eine eiserne Sterndistel! – Fest, ganz fest!
»Der Mönch fragte weiter: Was ist die eigentliche echte Wahrheit?« – Wovon redet er da? – Verdoppeltes Problem! – Es gibt aber nochmals einen Eisenpflock. [Ho-schan hat auch darauf eine Antwort.]
»Ho-schan sagte: Djiä da gu (den Trommelschlag verstehen).« – Ein Eisenpflock! – Eine eiserne Sterndistel! – Fest, ganz fest!
»Der Mönch fragte weiter: Ich will nicht nach dem Satze fragen: ›Da, wo Geist ist, da ist Buddha‹; aber was heißt das: ›Es ist nicht Geist, es ist nicht Buddha‹?« – Wovon redet er da? – Dieser aufgetürmte Abfallhaufen! [Abgedroschene Redensarten von Geist und Buddha und weder Geist noch Buddha!] – Die drei Stufen sind nicht gleich. [»In der Wahrheit darüber hinaus«, »eigentliche, echte Wahrheit« und »weder Geist noch Buddha«, das sind allerdings verschiedene Seiten der einen in sich gleichen Wahrheit. Aber ...] – Es gibt noch einen Eisenpflock.
»Ho-schan sagte: Djiä da gu (den Trommelschlag verstehen).« – Der Eisenpflock! – Die eiserne Sterndistel! – Fest, ganz fest!
»Der Mönch fragte noch einmal: Wenn jemand kommt, der überwärts gerichtet ist, wie behandelt man den?« – Wovon redet er da? – Jetzt holt er sich von ihm den vierten Guß Schmutzwasser. – Noch einmal gibt es einen Eisenpflock.
»Ho-schan sagte: Djiä da gu (den Trommelschlag verstehen)!« – Der Eisenpflock! – Die eiserne Sterndistel! – Fest, fest! – Nun sagt mir einmal: Worauf läuft es denn hinaus? – Am Morgen geht er fort in westliche Himmelsstriche, am Abend kehrt er wieder in das Land des Ostens. [Er ist überall zu Hause, ist in allen Sätteln gerecht.]

Erläuterung des Beispiels[1]

Ho-schan sagt in seiner Unterweisung: »Wer übend lernt, den nennen wir Hörer. Wer ausgelernt hat, den nennen wir Nachbar. Wer über diese zwei hinausgelangt ist, den betrachten wir als einen, der in der Wahrheit darüber hinaus ist.« Diese Sätze unseres Beispiels sind dem Traktat »Speicher der Kostbarkeiten« (Bau-tsang-lun[2]) entnommen. [Dort heißt es:] »Wer im Lernen soweit kommt, daß er nichts mehr zu lernen hat, von dem sagen wir: er hat ausgelernt.«
Darum heißt es [ein Ausspruch von Yün-mën Wën-yän]: »Seicht hinhören und tief begreifen; [im Gegensatz zu] tief hinhören, nichts begreifen: das nennt man ausgelernt.«
Der »Erwachte einer Übernachtung« [Yung-djia in seinem großen »Ge-

sang von der Erfahrung des WEGES«] sagt von sich, daß er von klein auf Wissen angehäuft und in früheren Jahren Kommentare studiert, Sutren und Lehrtraktate durchforscht habe[3].
Wer in übendem Lernen alles ausgeschöpft hat, den nennt man einen »ausgelernten, zweckefreien, gelösten Mann des WEGS«[4]. Kommt jemand so weit, daß er ausgelernt hat, dann erst ist er dem WEGE nah [verdient also den Namen Nachbar]. Und dann wird er über diese beiden Stufen des Lernens alsbald auch hinausgelangen können. Das nennt man dann »in der Wahrheit darüber hinaus«.
Auch dieser Mönch, das muß man ihm schon lassen, ist hell und aufgeweckt. Daher greift er diese Worte Ho-schan's auf, um ihn darüber auszufragen. Und Ho-schan sagt: »VERSTEH SCHLAG TROMMEL.« Da hat, wie man sagt, das Wort keinen Geschmack, die Rede keinen Geschmack. Wer diesen öffentlichen Aushang klar verstehen will, der muß ein Mensch sein, welcher überwärts gerichtet ist. Dann wird er sehen, daß diese Worte mit rationalem Denken nichts zu tun haben und keinen Platz für diskutierende Erörterung lassen. Erfaßt sie aber einer einfach auf der Stelle, so daß es ist, als schlage es dem Faß den Boden aus, dann kann der Kuttenmönch in ihnen seine Festigkeit und Ruhe finden und wird so erst richtig mit dem Sinn und Geist zusammenstimmen, in dem der Patriarch vom Westen zu uns hergekommen ist[5].
Darum sagt Yün-mên: Hsüä-fêng's rollende Kugeln[6], Ho-schan's Trommelschlag, Hui-dschung's, des Landesmeisters, Wasserschale[7], Dschau-dschou's Einladung zu einer Tasse Tee[8], das alles sind Darbietungen der Richtung überwärts.
Der Mönch fragte weiter: Was ist eigentliche, echte Wahrheit? Und Ho-schan sagt: VERSTEH SCHLAG TROMMEL. – Die eigentliche, echte Wahrheit stellt überhaupt nichts Dingliches mehr auf. Nach der

[1] Diese Erläuterung verrät von Yuan-wu's Stil und Geist leider sehr wenig Wahrscheinlich ist sie erst von späterer Hand zusammengetragen.

[2] Ein Traktat des »Mönches Dschau«, Sëng Dschau (384–414).

[3] Das steht so wörtlich nicht in Yung-djia's Gesang, sondern ist wohl eine Ausdeutung der 19. Strophe desselben, wo es heißt: »Ich fuhr auf dem Strom, auf dem Meer, ich schritt über Berge und Flüsse, zu fragen die Meister, zu suchen den WEG, um einzudringen ins Tschan.«

[4] Dies sind die Anfangsworte des soeben genannten Gesangs von Yung-djia. Vgl. die freiere, aber sinngemäße Übertragung bei Ôhasama-Faust, S. 71.

[5] Dieser Abschnitt trägt noch am ehesten Yüan-wu's eigenes Gepräge.

[6] Von diesen Kugeln ist nachher beim Gesang die Rede.

[7] Der Landesmeister Dschung (vgl. Kap. 18: die nahtlose Pagode) bot einem hohen Geistlichen, der meinte, den Sinn des Buddha zu verstehen, eine Schale Wasser mit sieben Körnchen Reis darin und einem einzelnen Eßstäbchen obendrauf gelegt. Vgl. Kap. 48.

[8] Vgl. Band I, S. 389 oben.

weltläufigen Wahrheit sind alle Dinge vollständig vorhanden. Daß aber die eigentliche, echte und die weltläufige Wahrheit »ohne Zweiheit« [nicht zweierlei, sondern eines und dasselbe] sind, das ist der höchste Sinn der heiligen Wahrheit[1].

Der Mönch fährt fort zu fragen und sagt: »Ich will nicht nach dem Satze fragen: ›Da, wo Geist ist, da ist Buddha‹; aber was heißt das: ›Es ist nicht Geist, es ist nicht Buddha‹?« Ho-schan sagt: VERSTEH SCHLAG TROMMEL. – ›Da, wo Geist ist, da ist Buddha‹, dieses nämlich ist leicht zu ergründen. Kommt man aber an den Satz: ›Es ist nicht Geist, es ist nicht Buddha‹, hat man's schwer, und derer, die dahin gelangen, sind nur wenige.

Nochmals fragt der Mönch und sagt: »Wenn jemand kommt, der überwärts gerichtet ist, wie behandelt man den?« Und Ho-schan sagt: VERSTEH SCHLAG TROMMEL. Ein »Mensch, der überwärts gerichtet ist«, das bedeutet nämlich einen Menschen, der durch alles hindurch und über alles hinausgedrungen, gelöst und unbeschwert in voller Freiheit lebt. Diese viermal ausgesprochenen Worte gelten allgemein als [knapper, treffender Ausdruck für] Sinn und Meinung unserer Schule. Man nennt sie deshalb »die vier Trommelschläge Ho-schan's«[2]. [Auf die genaue Übersetzung der weiteren Teile dieser »Erläuterung« glauben wir, und zwar in Übereinstimmung mit dem japanischen Erklärer Katô Totsudô, verzichten zu dürfen. Angeregt durch die Vierzahl dieser »Trommelschläge« zählt hier scholastischer Sammeleifer Ähnliches von anderen Meistern auf: »sechs Fehlschläge« von Djing-tjing, drei Fälle, die der Meister Djing-guo »blamable Szenen« nennt, vier Gespräche, welche Bau-fu mit den Worten abschließt: »Im Gegenteil, du bist's, der mich getäuscht hat«, und vier Begegnungen, in welchen Tou-dsï seinen Gast, den jungen Hsüä-fëng, mit dem Wort »Lackkübel« abspeist. Gewiß sind diese Aussprüche, jeder für sich, beachtenswert, können jeder Thema eines öffentlichen Aushangs werden. In dieser sammlerischen Häufung aber sind sie wertlos und führen vom Verständnis unseres Beispiels eher ab, als daß sie dazu beitrügen. Nur noch der Schluß dieser Erläuterung sei hier geboten:]

Das sind alles hohe Meister unserer Schule; jeder geht von einem tiefen, wunderbar geheimnisvollen Inhalt aus, der zugleich die Antriebskraft für sein Bemühen um das Heil der Menschen bildet. Nachher zieht Hsüä-dou noch an einem zerzausten Seil der Unterweisung Yün-mën's folgend einiges herbei, um diesen öffentlichen Aushang im Gesang zu rühmen.[3]

Gesang

Lässt der den Mühlstein drehn, läßt jener Erde tragen:
Zur Stoßkraft brauchen sie ein Wutgeschütz von hundert
Tonnen.

Und so der Elfenknochenmeister, wenn er Kugeln rollte.
Doch keiner reicht an Ho-schan's Wort: den Trommelschlag verstehn.

Laß dir was sagen, Freund!
Nimm's nicht grob obenhin!
Das Süße, das schmeckt süß, ja ja.
Das Bittere schmeckt bitter.

Zwischenbemerkungen zum Gesang

»Läßt der den Mühlstein drehn.« – Im Reich gilt das Gebot des Himmelssohns! [So kommt, und in noch höherem Sinn, auch das Gebot des Meisters aus höchster Vollmacht.] – Ein Räudiger zieht die andern mit sich. [Dabei lebt solch ein Meister mit den Seinen wie ein von der Umgebung Ausgestoßener.] – Das ist die Art, wie einer, welcher überwärts gerichtet ist, daherkommt.

». . . läßt jener Erde tragen:« – »Im Grenzland geht's nach dem Befehl des Feldherrn.« [Die beiden Verse ›Im Reich . . .‹ und ›Im Grenzland . . .‹ gehören offenbar zusammen als sprichwörtlicher Ausdruck für die oberste Autorität. Der Meister, welcher seine Leute Erde tragen läßt, handelt aus derselben Vollmacht wie der ersterwähnte.] – Beiden wird dasselbe Urteilsschreiben ausgestellt. [Beide gelten in der Welt als »Räudige«.] – Die an derselben Krankheit leiden, haben Mitleid miteinander. [Die Überwärtsgerichteten verstehen einander auch in dem Geheimnis, das anderen verborgen bleibt.]

»Zur Stoßkraft brauchen sie ein Wutgeschütz[4] von hundert Tonnen.«

[1] Dies ist eine trockene Wiederholung dessen, was schon Yüan-wu's Erläuterung zum 1. Beispiel zu der Frage Wu-Di's nach dem »höchsten Sinn der Heiligen Wahrheit« ausführt. S. Band 1, S. 40f., 54f.

[2] Diese Sätze sind wohl etwas schülerhaft, aber für uns Fernerstehende nicht ohne Nutzen.

[3] Diese letzten Sätze der Erläuterung könnten wohl von Yüan-wu selber stammen. Mit der »Unterweisung Yün-mën's« ist offenbar das obige Zitat gemeint, wo Yün-mën »Darbietungen der Richtung überwärts« von vier alten Meistern aufzählt (vgl. S. 221, Fußnoten 6 bis 8). Allerdings führt Hsüä-dou im Gesang von den dort genannten Meistern nur Hsüä-fëng und Ho-schan an, während er im ersten Vers auf zwei andere anspielt, wie nachher aus der Erläuterung zum Gesang hervorgeht. Vielleicht ist diese Unregelmäßigkeit der Grund, weshalb Yüan-wu Hsüä-dou's »Seil« zerzaust nennt.

[4] Wutgeschütz, chinesisch: Nu. Schon in geschichtlichen Werken der Han-Zeit wird eine Riesenarmbrust mit schwerem, langem Steinschaft und entsprechend schwerem Wurfgeschoß erwähnt, das seiner wütenden Stoßkraft wegen den Namen Nu, d. h. Wut, erhielt. In der einstigen Kolonie des Han-Reiches auf koreanischem Boden, dem alten Lo-lang (bei der heutigen Hauptstadt von Nordkorea, Phyöng-yang), hat man solche Steinschäfte ausgegraben.

– Und wenn es hundert Tonnen hat, so dringt es doch nicht durch. – Aber man darf damit [mit solch schwerem Geschütz] nicht leichtfertig losschießen. [Die von höchster Vollmacht getragenen Worte und Maßnahmen dieser Meister sind freilich nur bei Schülern von entsprechender Veranlagung angebracht. Mit Kanonen schießt man nicht nach Sperlingen. Ein rechter Meister wünscht sich solche Charaktere zu Schülern, die es wert sind, mit schwerstem Geschütz beschossen zu werden.] – Am wenigsten auf tote Kröten!

»Und so der Elfenknochenmeister[1], wenn er Kugeln rollte.« – Wieder einer, der in dieser Art daherkommt [d. h. überwärts gerichtet]. – Er hat einen Hammerkopf ohne Öhr. [Er schlägt zu, ohne daß man sehen könnte, wie und wo er seine Waffe anfaßt.] – Aber wer wüßte das nicht? [Hsüä-fëng's Meisterschaft ist allgemein bekannt.]

»Doch keiner reicht an Ho-schan's Wort: Den Trommelschlag verstehn.« – Ein Eisenpflock! – Du mußt auf diesen alten Chinesen selbst zurückgehen; dann erst verstehst du ihn. [Es ist nicht damit getan, Ho-schan mit andern zu vergleichen. Es gilt, sich ganz in diesen Ausspruch zu vertiefen.] – Der Erstgeborene bekommt es von dem Vater ganz persönlich. [Ein erstaunlicher Vergleich! In Hsüä-dou's Augen steht Ho-schan der höchsten Wahrheit so persönlich nah, wie der Erstgeborene zum Vater steht.]

»Laß dir was sagen, Freund!« – Auch Hsüä-dou hat doch viel von dem [was Ho-schan geschaut hat] noch nicht im Traum gesehen! [Was setzt er da für eine Kennermiene auf!] – Du [Hsüä-dou] häufst nur Reif auf Schnee. – Weißt denn etwa du etwas? »Nimm's nicht grob obenhin!« – Er hat auch selber etwas von der Art. – Ist selber ungeschliffen, plump.

»Das Süße, das schmeckt süß, ja ja. Das Bittere schmeckt bitter.« – Besten Dank für den Bescheid! [Yüan-wu spottet: ist das die ganze Weisheit?] – Eine unangebrachte Bemerkung! – Es gehören ihm dreißig mit dem Stock. – Oder seid *ihr* imstand, sie euch schmecken zu lassen? – Hier! [ein Schlag auf den Tisch.] – Wie schon immer schwarze Nacht im weiten Rund!

Erläuterung des Gesangs[2]

Gue-dsung[3] hatte eines Tages allgemeinen Arbeitsdienst zum Drehen des Mühlsteins angeordnet. Er fragte den Ordner[4], wohin er gehe. Der Ordner antwortete: Zum Mühlsteindrehen. Gue-dsung sagte: Wie ihr den Mühlstein dreht, ist deine Sache. Nur achte darauf, daß ihr den Baumstamm in der Mitte nicht berührt! Mu-ping[5] hatte die Gewohnheit, jeden Neuankömmling erst einmal drei Lasten Erde tragen zu lassen. Dazu hatte er einen Gesang, den er seine Schüler lehrte:

> Am Ostberg sind die Pfade schmal; am Westberg liegen sie tief.
> Ihr Neuen, weigert nicht den Lehm, drei Runden her und hin!
> Es liegt nun vor dir Tag um Tag ein langer, weiter Weg.
> Das Licht scheint hell. Geht's dir nicht auf, verirrst du dich darin.

Später einmal kam zu ihm ein Mönch, der sagte: Ich will nicht darnach fragen, was innerhalb der drei Runden liegt; aber was ist das außerhalb der drei Runden?
Mu-ping erwiderte: Das ist das Gebot des Himmelskönigs für die Welt. Der Mönch blieb wortlos. Mu-ping versetzte ihm einen Schlag.
In Anspielung auf diese beiden Vorgänge sagt Hsüä-dou im Gesang:

»Läßt der den Mühlstein drehn, läßt jener Erde tragen:
Zur Stoßkraft brauchen sie ein Wutgeschütz von hundert Tonnen.«

Wenn er an diese beiden Geschichten den Vergleich mit einem »Wutgeschütz von tausend Djün« anschließt, so will Hsüä-dou damit auf die Art hinweisen, wie diese Meister um das Heil der Menschen sich bemühen. Dreißig [chinesische] Pfund [605 g] geben ein Djün; tausend Djün also dreißigtausend Pfund [18150 kg]. Hat man mit grimmigen Drachen, Tigern, Wölfen und andern wilden Tieren zu tun, dann erst gebraucht man solches Wutgeschütz. Damit auf so kleine Tiere wie Zaunkönige zu schießen, wäre leichtfertig. Auf Mäuse schießt man nicht mit einem Wutgeschütz von tausend Djün.[6]
»Und so der Elfenknochenmeister, wenn er Kugeln rollte.« Das geht auf Hsüä-fëng. Als dieser eines Tages [seinen Schüler] Hsüan-scha daherkommen sah, ließ er drei hölzerne Kugeln alle auf einmal rollen. Hsüan-scha machte alsbald Miene, sie aufzuhalten. Damit zeigte Hsüä-fëng sich tief einverstanden.[7]

[1] Der Meister auf dem Elefantenknochenberg ist Hsüä-fëng, welcher diesen Berg selbst in Schneekuppe, Hsüä-fëng, umbenannt hat. (Vgl. Band I, S. 140.)

[2] Auch diese Erläuterung läßt manches zu wünschen übrig. Einzelne Sätze sind dürftig oder grenzen ans Triviale. Dennoch wäre es schade, auf sie verzichten zu wollen.

[3] Gue-dsung Dschï-tschang (japanisch: Ki-shû Chi-jô), Traditionstafel III B 9 e, also Schüler des Patriarchen Ma. Er tritt im 69. Beispiel auf.

[4] Ordner, chinesisch We-na; Sanskrit karmadâma; wichtiges Klosteramt.

[5] Mu-ping Schan-dau (japanisch Moku-hei Zen-dô), Enkelschüler des in Traditionstafel III A 11 e genannten Djia-schan Schan-hui, also 13. Generation.

[6] Abschreibernotizen zu dem Maß 1000 Djün (das wir sehr frei auf 100 t übertrieben haben) und zu Yüan-wu's Warnung vor Mißbrauch »schweren Geschützes«. Dahinter steht eine literarische Erinnerung aus den Annalen der We-Dynastie: Als deren Begründer, der kriegsgewaltige Tsau Tsau, dem General Hsü Yu wegen eines »anmaßenden« Auftretens zürnte und ihn töten wollte, besänftigte ihn sein Berater Du Hsi mit den Worten: »Euer Vasall hat gehört; die Stoßkraft einer ›Wut‹ von tausend Djün löst man einer Maus zulieb nicht aus. Eine Glocke von zehntausend Djün gibt auf einen Puffer keinen Ton. Wie wäre wohl der kleine Hsü Yu es wert, daß sich der göttliche Kriegsherr um ihn bemühte?«

[7] Ein allzu dürftiger Bericht. Vgl. dazu die Erklärungen zum Text, S. 238.

Wenn nun auch in allen diesen [drei] Beispielen [von Gue-dsung, Mu-ping und Hsüä-fëng] das Große Wirken des das Ganze bewegenden Triebwerks tätig ist, so reicht dennoch keines unter ihnen an Ho-schan's Worte »djiä da gu« heran. Was schneiden diese Worte an Umwegen nicht alles ab! Nur sind sie eben schwer verständlich. Darum sagt Hsüä-dou [von diesen dreien]: »Doch keiner reicht an Ho-schan's Wort: den Trommelschlag verstehn.«

Dann aber kommt ihm wieder die Befürchtung, die Leute möchten ihre Rechnung auf den Wortlaut [d. h. besonders auf das Wort vom Trommelschlagen] setzen und ohne eine Ahnung von den Gründen, aus welchen diese Worte kommen, mit raschem, rohem Griff schnellfertig zufahren. Darum sagt er:

»Laß dir was sagen, Freund! Nimm's nicht grob obenhin!«

Es ist nun einmal unerläßlich, daß man in Tat und Wahrheit auch auf diesen Grund und Boden kommt [von dem aus Ho-schan redet]; dann erst erlangt man es.

Wenn dir daran gelegen ist, es »nicht roh obenhin« zu nehmen, dann [nimm es, wie es dasteht]:

»Das Süße, das schmeckt süß, ja ja. Das Bittere schmeckt bitter.« Das mag von Hsüä-dou spielend hingedichtet sein. Letzten Endes springt doch keiner über Ho-schan's Wort hinaus.

Erklärungen zum Text

Ho-schan Wu-yin, ein Schüler Djiu-feng's

Von dem Meister Ho-schan Wu-yin[1] handelt nur dies eine Beispiel unserer Sammlung. Auch die Berichte über seinen Lebensgang enthalten nicht sehr viel, wohl eine Folge davon, daß er einer Zeit der Wirren angehörte, in der Erinnerungen leicht verlorengingen. Nach dem »Bericht von der Weitergabe der Leuchte aus der Ära Djing-dö« muß er im Jahr 891 in der großen Hafenstadt an der Straße von Formosa, Fu-dschou, geboren sein. Damals wirkte auf der verhältnismäßig nahen »Schneekuppe«, Hsüä-fëng[2], der große Meister gleichen Namens, dessen streng verhaltenem, aber dann auch oft in Blitzen sich entladendem Geist wir schon im fünften und im zweiundzwanzigsten Beispiel begegnet sind, und den wir obendrein als Lehrer so bedeutender Männer wie Hsüan-scha, Tschang-tjing, Bau-fu und Yün-mën kennen. Ihm kam bei Gelegenheit (vielleicht bei einem Wallfahrtsfest auf seinem Berge?) der sechsjährige Knabe aus der Hafenstadt zu Gesicht und ergriff ihn durch die Unschuld seines Blickes derart, daß er alsbald eine Liebe zu ihm faßte und seine Eltern überredete, den Kleinen zur Erziehung für das Mönchtum ihm zu überlassen.

Als der Knabe unter seine Obhut kam, also 897, zählte Hsüä-fëng bereits fünfundsiebzig Jahre. Bei seinem Tod 908 war jener nun ein siebzehnjähriger Jüngling, hat also in den Jahren höchster Bildsamkeit die geistige Luft, die von dem Meister ausging, täglich eingeatmet, und diese Eindrücke sind, auch bei noch unreifem Verständnis, ohne Frage für seine weitere Entwicklung bestimmend gewesen. Er hat das Ende Hsüä-fëng's miterlebt und ist dann noch zwei Jahre länger auf dem Berg geblieben, bis er so weit gereift und ausgebildet war, um das Mönchsgelübde abzulegen. Der Name Wu-yin, den er dabei annahm, verrät schon etwas von dem Geist, der ihn beseelte; er bedeutet: Ohne Lärm. Das Kloster auf der Schneekuppe bei Fu-dschou war ein Ort der Stille, und auch was dort geredet und getrieben wurde, brach aus ihr hervor und führte wiederum in sie hinein.

Nun kam für den jungen Mönch Wu-yin die Zeit zu wandern. Die Berichte wissen nichts von den Stationen, welche er besuchte, außer einer. Bei seiner stillen, eingekehrten Art kann es wohl sein, daß er in der Tat geradeswegs von Fu-dschou aus nordwestwärts über die Berge nach der Provinz Kiangsi gereist ist, um in der Gruppe der »Neun Gipfel«, Djiu-

[1] Ho-schan Wu-yin, japanisch Kwasan Mu-in, 891–960, gehört auf der Traditionstafel an die noch leere Stelle III A 13 g (von 12 e).

[2] Hsüä-fëng I-tsun (Seppô Gison), 822–908, Traditionstafel III A 12 c.

fëng, den Meister Djiu-fëng Dau-tjiän[1] aufzusuchen, der ihm als Landsmann aus Fu-dschou vom Hörensagen wohl schon längst bekannt war. Da von diesem sonst kein Beispiel unserer Sammlung handelt und er doch, nicht nur für Ho-schan, von Bedeutung ist, sei über ihn hier einiges berichtet.

Trotz seiner Abstammung aus hohem konfuzianischem Beamtengeschlecht mit Namen Liu hatte er von Jugend auf keine Gelegenheit versäumt, in Buddhatempeln Predigten und Feiern zu besuchen, war dann in den Mönchsstand eingetreten und im östlichen Hunan bei dem Meister Schï-schuang[2], einem Enkelschüler Yau-schan's zum befreienden Verständnis durchgedrungen. Aus welchem Holz der junge Mönch geschnitzt war, kam zutage, als nach des Meisters Tod entschieden werden mußte, wer fortan das Lehramt übernehmen solle. Die gesamte Bruderschaft erklärte sich einstimmig für den bisherigen Vorsitzer. Nur der junge Dau-tjiän verlangte, erst müsse man die Probe machen, ob der Vorsitzer den verstorbenen Meister auch wirklich verstanden habe. Was meinst du denn damit? fragte ärgerlich der Vorsitzer. Darauf legte Dau-tjiän ihm die Frage vor: »Der Meister pflegte oft zu sagen: Hingehen und es ruhen lassen; hingehen und aufhören; hingehen in einem einzigen Gedanken von zehntausend Jahren; hingehen und wie dürres Holz, wie kalte Asche werden; hingehen ins herbstlich Kühle, Fröstelnde; hingehen und sich unsichtbar machen wie ein weißer Seidenkokonfaden! Nun sage mir einmal: In welche Gegend gehört das, was er mit diesen Worten beleuchtete?« Ohne zu zögern erwiderte der Vorsitzer: »Damit hat er die Gegend der Einfarbigkeit beleuchtet.« Dau-tjiän widersprach entschieden. »Bei dieser Auffassung«, erklärte er, »kann man nur feststellen, daß du den Sinn des Meisters nicht begriffen hast.« Der Vorsitzer, zum Äußersten entschlossen, sagte: »Du läßt mich nicht gelten? Nun, so bringt mir Weihrauch her, ihn zu entzünden! Sollte ich den Sinn des Meisters nicht begriffen haben, werde ich ihm, wenn die Weihrauchsäule aufsteigt, nicht entrinnen können« (d. h. er bot sich an, vor dem im Weihrauch gegenwärtigen Meister den Atem anzuhalten und dessen Urteil abzuwarten). Der Mönch vom Dienst brachte eine dünne Stange Weihrauch, der Vorsitzer entzündete sie am oberen Ende, steckte sie in die Asche des Kohlenbeckens, und langsam stieg die Rauchsäule einem Faden ähnlich in die Luft. Der Vorsitzer saß still und starr mit gewaltsam angehaltenem Atem und war nach einer Weile tot. Alles war entsetzt und voll Bewunderung. Dau-tjiän aber strich ihm über den Rücken und erklärte: »Daß einer sitzend oder stehend stirbt, das gibt es auch sonst« (nämlich, will er sagen, bei den Arhats oder Übenden des Kleinen Fahrzeugs und bei indischen Asketen). »Auf jeden Fall ist klar, daß der Vorsitzer den Sinn des alten Meisters auch nicht im Traum gesehen hat.«

Auch dieser Vorgang wird Zen-Übenden als »öffentlicher Aushang« vorgelegt. Man nennt ihn »Djiu-fëng's Ablehnung«, und das zu lösende

Problem ist, ob Dau-tjiän nun wirklich recht hat und wieso. Denn jene Sätze Schï-schuang's beschreiben in der Tat dem Wortlaut nach gerade, was man die »Gegend der Einfarbigkeit« zu nennen pflegt. Und jener Vorsitzer hat die »Einfarbigkeit«, dem eigenen Verständnis treu, bis in den Tod geübt. Und doch hat Schï-schuang es nicht so gemeint.
So, wie sich Dau-tjiän hier erwiesen hat, felsenfest in der gewonnenen Erkenntnis, klar und unerbittlich bis zur Schroffheit, so war er auch als Meister im Gebirge der »Neun Gipfel«, Djiu-fëng, das er bald nach Schï-schuang's Tod bezogen hat. Und so traf ihn noch Jahre später der junge Wu-yin an, der spätere Meister Ho-schan. Als Knabe von Hsüä-fëng geliebt und mit besonderer Sorgfalt ganz im Geist der Stille aufgezogen, fand er hier einen »Hausbrauch« vor, der dem ihm gewohnten auf das innigste verwandt war. Ohne sich weiter bemerkbar zu machen, fügte er sich einfach in den Tagesablauf ein. Dem Blick des Meisters aber entging sein unauffällig stilles Wesen nicht. Eines Tages rief ihn Djiu-fëng zu sich und begann: »Du bist da den weiten Weg von Fu-dschou hergewandert und weißt tagaus tagein nichts Besseres zu tun, als mit dem Haufen hinzudösen. Worauf willst du mit deiner Übung eigentlich hinaus? Auf welchem Wege suchst du die Befreiung? Wu-yin erwiderte: Wenn es auf finstre Nacht auch glockenheller Tag wird, bleibt doch ein Blinder immer blind. Djiu-fëng sagte weder ja noch nein. Und eben damit wurde es dem Mönche Wu-yin plötzlich klar, wie Djiu-fëng's Schweigen zu verstehen war. Und mit einem Schlag »vergaß er sein verstandesmäßiges Wissen und die darauf gegründete Betrachtungsweise[3]«.
Wie lange Wu-yin sich darnach bei Djiu-fëng aufgehalten hat, wird nicht erwähnt. Zeitlos, wie es in der Einsamkeit der Berge zuging, muten vielfach auch die alten Zen-Berichte an. Auch von Wanderungen, die er unternommen hätte, weiß man nichts. Das wird zur still in sich gekehrten Weise Wu-yin's stimmen. Irgendwann jedoch erreichte ihn die Einladung, auf dem »Getreideberge« oder Ho-schan eine Tätigkeit als Meister zu beginnen. Berge dieses Namens gibt es in Kiangsi mindestens zwei. Der Ho-schan, nach welchem Wu-yin seitdem heißt, befindet sich ganz nah der Westgrenze von Kiangsi gegen Hunan[4]. Bald,

[1] Djiu-fëng Dau-tjiän (japanisch Kyû-hô Dô-ken), Traditionstafel III A 12 e; nicht zu verwechseln mit dem in Band I, S. 490f. erwähnten Djiu-fëng oder Gue-dsung Dau-tjüan, Traditionstafel III A 15 c.

[2] Schï-schuang (japanisch Seki-sô), gest. 888. Vgl. Band I, S. 69. Traditionstafel III A 11 d. Von ihm handeln die Beispiele 55 und 91.

[3] So der »Bericht von der Weitergabe der Leuchte« aus der Ära Djing-dö, Band XVII.

[4] Der Ho-schan liegt ziemlich genau auf dem 114. Grad östlicher Länge und ungefähr auf dem 27. nördlicher Breite, unweit der Stadt Liän-hua im Regierungsbezirk Ki-an-fu.

heißt es, »strömten ihm die Schüler scharenweise zu. Seine Ansprachen wurden nach und nach in zehn Bändchen niedergeschrieben und mit Bewunderung aufgenommen. Das allgemeine Urteil sei gewesen, diesen Meister müßte sich die ganze Zen-Gemeinschaft zum Vorbild und Muster nehmen.« Zeitlos also saß Ho-schan, genau wie Djiu-fêng, jahre- und jahrzehntelang auf seinem Berg, und eben das gab seinen Worten einen Klang, als kämen sie aus einer andern Welt, die keinen Wechsel, keinen Wandel kennt.

In seiner weiteren Umgebung aber ging es unruhig zu. Es war die Zeit der Aufteilung des Reiches durch die einstigen Militärgouverneure des Kaiserhauses Tang, das im Jahr 906 kläglich verendet war. Während sich im alten Kerngebiet am Gelben Strom, also in Nordchina, fünf angeblich legale Dynastien in rascher Folge ablösten, konnten im Süden manche jener Militärgouverneure ihre Provinzen zu selbständigen Staaten ausbauen und womöglich durch Eroberungen erweitern. Einer dieser Kriegsgewaltigen namens Yang hatte schon unter den letzten Tangkaisern seinen Machtbereich von Kiangsu und der Hauptstadt Yang-dschou aus über den Yangtsekiang südwärts nach Kiangsi hin ausgedehnt und ihm den alten Namen Wu gegeben. Der letzte seiner Söhne legte sich sogar den Kaisertitel bei. Inzwischen hatte aber schon sein bester Heerführer namens Hsü die Zügel der Regierung in der Hand. Sein tüchtiger Adoptivsohn brachte es 937 dahin, daß der letzte Yang den Kaisertitel an ihn abtrat. Darauf nahm er den Namen, der ihm von Geburt an zukam, wieder an, nämlich denselben Namen Li, den auch die Kaiser des Hauses Tang als bürgerlichen Namen getragen hatten, und machte geltend, daß er selbst ein Nachkomme des Kaisers Hsiän-dsung, der von 806 bis 820 regiert hat, sei. Entsprechend nannte er seinen Kaiserstaat nun »Südliches Tangreich« und verlegte seine Residenz südwärts des Yangtsekiang nach Djin-ling, der »Goldhügelstadt«, dem heutigen Nanking. Ihm folgte nach sechs Jahren auf den »Kaiserthron« sein Sohn Li Djing, der seinem Reichsgebiete im Südosten Fukien und später im Westen die Provinz Hunan einverleibte, sich im übrigen um Hebung der Kultur bemühte und Nanking zu einem Mittelpunkt der literarischen Studien, der Dichtung und der Kunst erhob.

Wenn es nun in dem »Bericht von der Weitergabe der Leuchte« ohne jede Zeitangabe heißt: »Damals lud der Herr Li vom Land südlich des Stroms (des Yangtsekiang) den Meister zu sich ein«, so kann dies nur Li Djing gewesen sein, nicht etwa schon sein Vater, dessen Interessen überwiegend militärisch waren. Dazu stimmt, daß Ho-schan beim Regierungsantritt von Li Djing (943) mit zweiundfünfzig Jahren gerade in dem Alter voller Ausgereiftheit und festgegründeter Autorität stand.

Die Sorge dieses neuen Herrschers galt der inneren Befriedung seines Landes. Dazu bedurfte er sittlicher Kräfte. Mit dem Untergang des Tangreichs waren auch die führenden Geschlechter, die Träger konfuzianischer Gesittung, innerlich zerrüttet, das moralische Rückgrat der

Nation gebrochen. Nur die Meister aus der Schule Bodhidharmas und des Sechsten Patriarchen hatten in der Stille ihrer Berge sich von Verderb und Fäulnis unberührt gehalten. Man wird annehmen dürfen, daß der Kaiser nicht allzu lange nach Regierungsantritt daran dachte, sich nach angesehenen Tschan-Meistern umzusehen. Der Bericht von seiner Begegnung mit Ho-schan fährt fort: »Li fragte ihn: Wo kommt Ihr her? Der Meister antwortete: Ich bin vom Ho-schan hergekommen. Li fragte weiter: Wo ist denn dieser Berg? Ho-schan erwiderte: Menschen kommen her zum Phönixturm, um ihre Aufwartung zu machen. Berge pflegen nicht, sich von der Stelle zu bewegen. (Er gibt dem Kaiser zu verstehen, daß auch der Ho-schan eine Residenz ist, nur von anderer Art.) Der Landesherr, der Hochachtung vor ihm empfand, befahl ihm, sich im Tschan-Kolleg »zum glückhaften Licht« von Yang-dschou niederzulassen.« Der Kaiser sandte also Ho-schan in die Gebiete nördlich des Yangtsekiang, vielleicht weil er gerade dort besondere Widerstände zu befürchten hatte.

Ohne über Ho-schan's Tätigkeit daselbst eine Silbe mitzuteilen, fährt der Bericht fort: »Später bat der Meister, sich wieder ins Gebirge zurückziehen zu dürfen.« Sicher hat er sich in Yang-dschou nicht am richtigen Platz gefühlt. Dann heißt es weiter: »Und da das Kolleg ›zur Eisvogelblauen Felswand‹, Tsui-yän, in einer der schönsten Landschaften von Kiangsi gelegen ist, so fand er schließlich einen Horst nach seinem Herzen.« (Um welche Gegend der Provinz Kiangsi es sich handelt, geben unsere Quellen nicht genauer an.) Wahrscheinlich dauerte sein Aufenthalt daselbst weit länger, als die Zeit in Yang-dschou.

Aber auch von hier mußte er wieder fort. Im alten Kerngebiet am Gelben Strom kam 954 in der fünften angeblich legalen Dynastie ein junger Herrscher auf den Thron, der Miene machte, sämtliche Teilstaaten unter seine Botmäßigkeit zu zwingen. Vier Jahre später hatte er Li Djing soweit besiegt, daß dieser ihm die Lande nördlich des Yangtsekiang mitsamt Yang-dschou abtreten, auf den Kaisertitel verzichten und sein Land statt »Südliches Tangreich« bescheiden das »Gebiet südlich des Stromes« nennen mußte. Damit hängt es wohl zusammen, wenn der Bericht von Ho-schan meldet: »Als aber dann im Schang-lan-Kolleg das Meisterzimmer leer stand, erhielt Ho-schan den Befehl, dorthin zu gehen und zu wirken. Dazu verlieh ihm Li den Ehrentitel Tschëng-yüan Tschan-schï, d. h. Zen-Meister vom durchsichtig klaren Quell (oder auch: Zen-Meister, der den Ursprung durchsichtig klar macht).« Ein Schang-lan-Kloster gab es in Nan-tschang, der Hauptstadt der Provinz Kiangsi. Nochmals also mußte Ho-schan aus den Bergen in die Großstadt ziehen. Ob dies schon vor 958 geschah oder später, läßt sich nicht sicher erkennen. Wahrscheinlich ist das Letztere. 958 zählte Ho-schan siebenundsechzig Jahre.

Der Bericht fährt ohne Unterbrechung fort: »Im zweiten Monat des Jahres 960 erkrankte Ho-schan leicht. Am zweiten Tag des dritten

Monats wies er den Aufwärter an, die Tür zu seinem Zimmer weit zu öffnen, versammelte die Bruderschaft und nahm Abschied mit den Worten: »Die später angekommenen Studierenden kennen Ho-schan noch nicht. Jetzt hier lernt ihn kennen! Gebt gut auf euch acht[1]!«
Im selben Jahr 960 beseitigte der mächtige General Dschau Kuang-yin das fünfte jener sogenannt legalen Kaiserhäuser, proklamierte seine Dynastie mit Namen Sung und erhob den Anspruch auf Beherrschung von ganz China. Das Schicksal der Familie Li war damit schon besiegelt. Li Djing starb im Jahr darauf. Sein im Glanz des Nanking-Hofes aufgewachsener und ganz dem Kult des Schönen hingegebener Sohn Li Yü hielt sich zwar durch Tribute und beflissene Unterwürfigkeit noch vierzehn Jahre lang. Dann aber war des Sung-Kaisers Geduld zu Ende. Er versetzte den Unglücklichen mit seinem Hofstaat von Nanking nach der kaiserlichen Residenz, wo ein bitteres Ende ihn erwartete.[2]
Dies war die politische Entwicklung, in deren Schatten Ho-schan's spätere Jahre standen. Sie hat ohne Frage dazu beigetragen, daß die Folgezeit von diesem Meister nicht gerade viel Erinnerungen festgehalten hat. Einige derselben teilt der »Bericht von der Weitergabe der Leuchte aus der Ära Djing-dö« mit. Am kräftigsten hat Ho-schan sich der Nachwelt durch die drei Wörtchen, welche Hsüä-dou von ihm mitteilt, eingeprägt.

Zum Verständnis des Beispiels

Das Beispiel zeigt uns Ho-schan bei der Unterweisung. Wie manche andere Meister, von denen unsere Sammlung handelt, geht auch er dabei von einigen Sätzen des Mönches Dschau, Schülers und Assistenten des großen Sutrenübersetzers Kumârajîva, aus. Auf dem Weg vom Unverständnis zum Verständnis gibt es Abschnitte und Stufen, und die Lehrer des Buddhismus haben auf Beachtung dieser Stadien, deren sie nicht weniger als 52 unterschieden, großen Wert gelegt. Weit verbreitet war die Lehre von zehn Stufen menschlicher Erkenntnis, ein guter Maßstab für den Strebenden, sich selbst zu prüfen, freilich auch ein Anlaß zur Selbstquälerei. Im Zen hat man sich nicht an sie gebunden, statt dessen aber das schlagartige Aufgehen einer bisher nicht bemerkten allumfassenden, aus aller Not befreienden Wahrheit um so

[1] Chinesisch Dschën-dschung! Der Ausdruck ist zum allgemeinen Abschiedsgruß geworden. Im Mund des Meisters hat er selbstverständlich vollgewichtige Bedeutung.

[2] Li Yü, 937 geboren, 978 im heutigen Kaifëng, der Residenz des Reiches Sung, angeblich vergiftet; hochbegabt als Maler, Schreibkünstler, Liebhaber der Musik, besonders auch als lyrischer Dichter. Er hob eine neue Form der Dichtung, nämlich die von Liedertexten zu bereits vorhandener Melodie, Tsï (tz'u) genannt, durch Tiefe des Gehalts und einer edlen Sprache zur Stufe der Vollendung. Vgl. Alfred Hoffmann: Die Lieder des Li Yü. Köln 1950.

wichtiger genommen. Und dafür fand man bei Sëng Dschau eine willkommene Bestätigung schon aus der Zeit vor Bodhidharma. Dschau hat die Stufenlehre sehr vereinfacht. Er übergeht die Stufen der Unwissenheit und unterscheidet auf dem Höhenweg erlösender Erkenntnis nur noch deren drei.

Da sind zuerst die Lernenden, die ungefähr den Shrâvakas, den Hörenden, der älteren Lehrform entsprechen. Sie lernen, was der Buddha und seine Nachfolger gelehrt haben, lernen die wichtigsten Stücke seiner Lehre auswendig und nehmen sie durch strenge Übung in ihr Fleisch und Blut auf. Wenn sie das lange Jahre ernst betrieben haben, so kommt die Zeit, wo es für sie nichts mehr zu lernen gibt. Sie haben ausgelernt, sie wissen alles, was zu wissen nottut, sie führen einen reinen Wandel, sind vorbildliche Buddhisten. Dennoch wohnen sie noch nicht in Buddhas eigenem Hause, wohl aber in der Nähe: sie sind Nachbarn. Aber es gibt eine dritte Stufe, welche über die der »Nachbarn« noch hinausführt. Wie wird Sëng Dschau sie bezeichnen? Nach dem Vorgang älterer Lehrer könnte man hier einen Namen von besonders weihevollem, wunderbarem Klang erwarten. Sëng Dschau aber stellt ganz einfach fest, daß es Menschen gibt, welche nicht nur über das Lernen, sondern auch über das Ausgelernthaben hinaus sind. Und auf die Frage, was nun das Besondere sei, was diese vor den anderen auszeichnet, sagt er schlicht: die Wahrheit.

Das ist so richtig der gegebene Text für Ho-schan. Darin steckt ein geheimer Stachel, der einen Menschen mit normaler Haut empfindlich reizen kann: der Stachel Wahrheit. Nur wissen viele sich davor zu schützen; sie hüllen sich ins Schweigen. Einen aber unter Ho-schan's Hörern sticht es. Ihm ist es Ernst, er ist im Zen geübt, er kennt die Aussprüche der Meister, über die man in den Klöstern redet, und das Problem der Wahrheit, der zentrale Punkt, beschäftigt ihn schon lange; denn er weiß, wie kompliziert es ist, sobald man darin tiefer eindringt. Aber das, was Ho-schan hier von Sëng Dschau bietet, kommt ihm offenbar zu billig vor, zu primitiv.

So tritt er aus der Reihe, um zu fragen: »Was bedeutet ›in der Wahrheit darüber hinaus‹?« Yüan-wu sagt dazu, er werfe Ho-schan diesen »Eisenpflock«, den er den Hörern zugeworfen hatte, kurzerhand zurück. Was heißt ›darüber hinaus‹? Was heißt ›Wahrheit‹? Das gerade wollen wir ja wissen.

Ho-schan sagt in aller Ruhe: ›Djiä da gu‹, drei Worte mit dem gleichen tiefen, kraftvoll nachdrücklichen, mannhaften Stimmton. Vom Trommelschlagen ist darin die Rede! Eine sonderbare Antwort auf die Frage: Was ist Wahrheit? Dem Mönch, der seinen Kopf mit Lehr- und Zenbegriffen voll hat, klingt das viel zu fremd, als daß er ernsthaft darauf hören könnte.

Er muß sich vor dem Meister deutlicher ausdrücken; denn Wahrheit ist, wie schon gesagt, kein einfacher Begriff. Er meint die »eigentliche, echte

Wahrheit«, wie sie die Tiän-tai-Schule lehrt als Gegensatz zu der »weltläufigen«, die den Dingen der Erscheinungswelt Realität zuschreibt. Die »eigentliche, echte Wahrheit« ist vielmehr, daß diese Welt der Unterschiede eine Täuschung ist, daß ihre Dinge leer sind, ohne eigenes, beständiges Sein. Der Mönch vermutet, daß Ho-schan mit dem Ausdruck »in der Wahrheit darüber hinaus« diese »eigentliche, echte Wahrheit« meint, und möchte über diese von ihm näheren Aufschluß haben. Ho-schan aber wiederholt nur, was er vorher schon gesagt hat: »Djiä da gu« (VERSTEH SCHLAG TROMMEL).

Solchem Meister ist schwer beizukommen, denkt der Mönch. Er hat als eingefleischter Schüler Bodhidharma's für feinere Fragen der Dogmatik offenbar nichts übrig. Nun wohl, so werde ich auf seinem eigenen Boden ihm begegnen. Ich weiß auch da Bescheid, und das vielleicht genauer, als jener es mir zutraut. Daß die Grundwahrheit, von der das Zen ausgeht, sich in dem Satz ausspricht: ›da, wo Geist ist, da ist Buddha‹, das ist ziemlich allgemein bekannt. Dahinter aber haben sie noch eine tiefere, geheime Wahrheit. Der Meister Nan-tjüan soll sie ausgesprochen haben: ›Es ist nicht Geist, es ist nicht Buddha, es ist gar nichts‹ (vgl. das 28. Beispiel: Nan-tjüan's unverkündigte Wahrheit, Band 1, S. 463 ff.). Ein verzweifelt schwieriger Satz! Über den soll mir der alte Starrkopf Rede und Antwort stehen. Betont gibt er darum dem Meister zu verstehen, daß er in Zenproblemen keineswegs ein Laie ist. ›Da, wo Geist ist, da ist Buddha‹, das ist schon mehr ein Gemeinplatz, darnach fragt er nicht. Aber die verfängliche Behauptung Nan-tjüan's: ›Es ist nicht Geist, es ist nicht Buddha‹ – bitte, wie ist die zu deuten?

Djiä da gu (VERSTEH SCHLAG TROMMEL), tönt es wieder. Daß der Mönch es immer noch nicht merkt, daß diese Antwort für ihn selbst bereits der dritte Trommelschlag ist, daß er es gar nicht dröhnen hört – man könnte sich darüber wundern. Aber so sind nun einmal die Menschen. Jeder ist von seiner eigenen kleinen oder großen Weisheit voll, ist in sie eingekapselt, taub und blind für etwas, was ihn fremd berührt. Und die Berührung bringt ihn eher noch in Harnisch; er fühlt sich in seinem Stolz verletzt. Der Mönch glaubt sich verkannt. Der Meister, denkt er, tut mir unrecht; er geht auf meine Fragen gar nicht ein; er achtet nicht den Eifer meines Studiums; er verschließt die Augen vor der Höhe meines Strebens. Aus der vierten Frage, die er nun dem Meister stellt, ist der Vorwurf ungebührlicher Behandlung gut herauszuhören: »Wenn jemand kommt, der überwärts gerichtet ist, wie soll man den behandeln?«

Nun ist es genug. Der Frager hat sich bloßgestellt. Er spricht geradezu als angehender Meister und bittet, wenigstens dem Wortlaut nach, um kollegialen Rat. Für das eine, worauf alles ankommt, bleibt sein Sinn verschlossen. Dreimal schon hat Ho-schan es genannt. Er kann es ihm nur noch einmal bestätigen; es ist zugleich auch auf die vierte Frage die einzig richtige Antwort: »Djiä da gu« (VERSTEH SCHLAG TROMMEL), das ist alles.

So wenig sonst von Ho-schan in den Zen-Schulen bekannt ist, so sehr wird dieses viermal wiederholte ›djiä da gu‹ bewundert. Und bezeichnend ist es, daß man auch in Japan diese Worte nicht etwa in allgemein verständliches Japanisch übersetzt, sondern sie in echt chinesischer Form starr konserviert, nur eben mit der besonderen Aussprache, welche sich in Japan, und speziell in den Zen-Schulen, für das Chinesische eingebürgert hat. Statt DJIÄ DA GU sagt man dort KAI TA KU oder KAI TA KO. Und das hat seinen guten Sinn. Denn nur auf diese Weise bleibt der Ausdruck rätselhaft.
Es ist hier daran zu erinnern, daß der Sprachcharakter des Chinesischen sich schon von dem einer ural-altaischen, und gar erst irgendeiner indogermanischen oder semitischen Sprache ganz gewaltig unterscheidet. Ein chinesisches Wort ist keiner Wandlung fähig, hat keine Endungen. Es gibt keinen Unterschied von Einzahl und Mehrzahl, von erster, zweiter, dritter Person, keine Deklination des Hauptworts, keine Konjugation des Zeitworts. Ein chinesischer Satz gibt meist ein Rätsel auf. Der Übersetzer muß sich stets deutlicher ausdrücken, als der Satz es selber tut. Er legt den Verfasser auf eine ganz bestimmte Deutung seiner Worte fest. Hat er Glück, errät er des Verfassers Meinung. Aber auch in diesem Fall verliert der Satz etwas von seiner Weite oder Tiefe.
DJIÄ DA GU ist solch ein Rätselwort. DJIÄ kann heißen: ich verstehe, du verstehst, wir verstehen, usw.; verstehst du wohl? verstehe doch, lerne verstehen! Ganz einfach aber auch: verstehen. DA heißt ebenso ich schlage, man schlägt, jemand schlägt usw., oder einfach schlagen. GU, die Trommel, spielt von alters her im Klosterleben der Buddhisten und bei Tempelfeiern eine wichtige Rolle. Es gibt Trommeln aller Art und Größe. Die ideale Form ist die der großen Trommel mit dem kraftvollen Ton, der lange nachhallt, in der Wirkung einem Glockenschlag verwandt. Im Saddharmapundarîka, dem Lotos-Sutra, heißt es: »Der Trommelschlag mahnt die vier Himmelsrichtungen, nach dem GESETZ zu suchen.« Im Avatamsaka- oder Blumenschmuck-Sutra steht: »Sie schlagen die Trommel des wahren GESETZES; wecken alle hunderttausend Lande auf zur Erkenntnis.«
Wie sollen wir die Worte DJIÄ DA GU nun übersetzen? Japanische Erklärer schlagen vor: »Du verstehst wohl, die Trommel zu schlagen«, »verstehst du denn, die Trommel zu schlagen?« oder auch: »Verstehe, die Trommel zu schlagen!« also: übe dich nur fleißig im Trommelschlagen[1]! Es liegt in der besonderen Eigenart des Japanischen, auf Satzformen der Aussage, der Frage oder des Befehls leichter zu verfallen, als auf die abstrakte Grundform, den bloßen Infinitiv. Und doch ist eben diese hier das Einfachste, Natürlichste, zumal als Antwort auf die

[1] Diese Art der Deutung scheitert schon daran, daß DJIÄ »verstehen« heißt, und zwar im Sinn des Lösens einer Frage, des Sichklarmachens, und nicht in dem des praktischen Könnens.

Fragen »was bedeutet ...?« »was ist ...?« »was heißt ...?« »wie soll man den behandeln ...[1] ?« »Den Trommelschlag verstehen« heißt also schon nach uralter Tradition: den Ruf des Buddha hören und vernehmen. Nur wird es Ho-schan als Zenmeister schwerlich bloß in solchem eng sakralen Sinne meinen. Ganz unbefangen und natürlich sagt er zu dem Mönch: Die eigentliche Wahrheit, dieses Höchste, welches über alles Lernen und alles Ausgelernthaben weit hinausgeht, ist das Allereinfachste von der Welt. Du brauchst nur einen solchen Trommelschlag mit offenem Sinn und stillem Herzen ganz in dich eingehen zu lassen, gerade so wie einen Vogelschrei, ein Donnerrollen, den Wellenschlag der Brandung, das Tosen eines Wasserfalls. Eben das ist die Wahrheit, echt und rein. Und was du sonst noch weiter über Wahrheit reflektierst, ob du sie aufteilst in zwei Arten oder drei, ob du sie »Herz« und »Geist« nennst oder »gar nichts«, und ob du es mit »überwärts Gerichteten« zu tun hast oder mit der ganz gemeinen Menschenart, Wahrheit bleibt wahr, und was darüber noch hinaus will, ist genauso falsch, wie was darunter bleibt. Kein Mensch kann sagen, was sie ist, und doch weiß es ein jeder, vielleicht der abgefeimte Lügner noch am besten, auch der, der sie im falschen Halse hat und damit sein nicht ganz lauteres Spiel treibt. Man könnte Ho-schan's Wort »den Trommelschlag verstehen« im Stil und Sinne Dschau-dschou's und des zweiten Beispiels deuten: »Der höchste WEG ist gar nicht schwer, nur wahr.«

Zum Verständnis des Gesangs von Hsüä-dou und einiger Bemerkungen Yüan-wu's

Wie schon bemerkt, verraten die Erläuterungen, die unter Yüan-wu's Namen gehen, von dessen Stil und Geist so wenig, daß es sich nicht lohnt, genauer auf sie einzugehen. Was er zu Ho-schan's DJIÄ DA GU zu sagen hat, ist am kräftigsten und besten in den Zwischenbemerkungen zum Beispiel erhalten geblieben, weshalb wir diese schon an Ort und Stelle mit einigen Erklärungen versehen haben. Wir beschränken uns also darauf, hauptsächlich den Gesang von Hsüä-dou näher zu betrachten, und ziehen aus den Erläuterungen nur herbei, was das Verständnis dieses »öffentlichen Aushangs« fördern kann.

Es verdient Beachtung, daß weder Hsüä-dou im Gesang noch später Yüan-wu auch nur den geringsten Anlauf nimmt, den Ausspruch Ho-schan's zu erklären. Sie stehen nur davor in ehrfürchtiger Bewunderung; sie haben dazu nichts zu sagen. Was heißt »den Trommelschlag verstehen«? Es gibt darauf doch wieder nur die Antwort: »Den Trommelschlag verstehen«.

[1] So deutet es auch der Verfasser des Artikels »Kwazan kai-ta-ku« in der buddhistischen Enzyklopädie Bukkyô Daijiten von Mochizuki Shinkyô, Band I, S. 752.

Dem Dichter Hsüä-dou bleibt zur Rühmung dieses Worts deshalb nichts anderes übrig, als drei verwandte Beispiele von anderen Meistern anzuführen, nur um dann festzustellen, daß deren keines an den Ausspruch Ho-schan's »DJIÄ DA GU« heranreicht. Dabei genügte es für ihn, die Beispiele nur stichwortartig anzudeuten, da die Zenbeflissenen seiner Zeit sie längst schon kannten. Schon die Erläuterung des Gesangs erklärt sie dürftig. Wir müssen über sie, soweit es möglich ist, Genaueres berichten.

Gue-dsung ordnet eines Tages allgemeinen Arbeitsdienst an. Der längst gedroschene Reis muß noch geschliffen werden, bis die Körner weiß sind. Durch den mächtigen kreisrunden Mühlstein geht genau konzentrisch ein rundes Loch, durch dieses, wiederum konzentrisch in geringem Abstand ein starker, glattgerundeter Baumstamm, vom Stein durch einen rohrförmigen Hohlraum getrennt. In diesem engen Hohlraum zwischen dem feststehenden Stamm und dem im Kreis gedrehten Mühlstein wird den Reiskörnern das gräulich glänzende Häutchen so lange abgerieben, bis das reine Weiß des Reiskorns an den Tag tritt. Daß der Mühlstein im Rotieren nie den Stamm berühren darf, versteht sich. Wenn Gue-dsung nun dem Ordner anempfiehlt, darauf zu achten, daß die Bewegung des Mühlsteins ja nicht auch den festen Stamm ergreife, so ist das, von der Sache her gesehen, gänzlich überflüssig, sinnlos. Und eben deshalb wird der Ordner ohne weiteres begriffen haben, wie es Gue-dsung meinte. Er soll mit seinen Mönchen brav den schweren Mühlstein rund im Kreise drehen, aber sorgen, daß sie alle stets den unbewegten Stamm im Auge und ihr unbewegtes Eigenstes im Sinn behalten, also das ewige GESETZ, das auch im Mühlsteindrehen waltet.

Ganz ähnlich meint es der sonst kaum bekannte Mu-ping, wenn er jeden, welcher bei ihm in die Schule gehen will, erst einmal drei schwere Lasten tragen läßt. In dem Neuling weckt das Kloster in der Wald- und Bergeseinsamkeit Erwartungen der Ruhe und des Friedens. Die Erfüllung aber liegt an einem höheren Ort, jenseits von Lust und Schmerz, sogar von Tod und Leben. Also muß der Neuling erst einmal erweisen, ob er Lasten auf sich nehmen kann und dazu willig ist.

Dabei geht es den zwei genannten Meistern keineswegs nur um Askese. Ihnen geht es um den Durchbruch durch die mächtige Mauer menschlicher Verblendung, oder anders ausgedrückt: um die Zertrümmerung des kleinen Ichgefühls, das jeden wie in eine runde Mauer einschließt und verkapselt. Dazu bedarf es einer Stoßkraft, die noch stärker ist als die der alten Riesenarmbrust mit dem schweren Steinschaft; wir könnten mit dem uns geläufigen Gleichnis sagen: einer Kraft, die Macht hat, Berge zu versetzen. Sie ist es, die den wahren Meister vor den anderen auszeichnet.

Als drittes Beispiel eines solchen Meisters erwähnt Hsüä-dou den uns längst bekannten Hsüä-fëng, dessen Vorliebe für gleichnishafte Handlungen und Worte uns schon im fünften Beispiel (von dem Reisährchen)

und wieder im zweiundzwanzigsten (von der Schildkrötennasenschlange) Eindruck gemacht hat. (Dort wurde auch bereits der alte Name seines Wohnsitzes, nämlich »Elefantenknochenberg«, erwähnt; vgl. Band 1, S. 140). Hier spielt Hsüä-dou auf einen Vorgang an, dessen Sinn wohl nicht mehr deutlich zu bestimmen ist. Eine reichlich späte Schrift[1] berichtet folgendes: Hsüan-scha, der Älteste aus Hsüä-fëng's Schülerkreis, sei einmal vor den Meister getreten mit den Worten: Ich muß jetzt in einer wichtigen Sache fort; wie denkt der Ehrwürdige darüber? Darauf habe Hsüä-fëng drei hölzerne Kugeln (die er offenbar beständig im Gewande bei sich hatte) herausgeholt und auf den Boden rollen lassen. Hsüan-scha aber habe alle drei zusammen aufgegriffen, dem Meister zurückgebracht und sich dabei beruhigt, zu bleiben. Wenn auch die näheren Umstände der Geschichte kaum mehr aufzuhellen sind, so läßt sich doch erraten, daß im Sinne Hsüä-dou's die drei Kugeln für den strauchelnden Hsüan-scha das »Wutgeschoß« gewesen sein muß, das ihm die Mauer ichbefangener Denkart durchschlagen und seine Bindungen an weltliche Beziehungen zerrissen hat. In diesem Sinne nennt auch Yün-mën, wie die Erläuterung zum Beispiel (S. 221) erwähnt, Hsüä-fëng's rollende Kugeln neben andern Beispielen als eine »Darbietung der Richtung überwärts«.
Zwischen diese andern Beispiele setzt Yün-mën an der soeben erwähnten Stelle nun auch Ho-schan's Worte von dem Trommelschlag. Nicht so der Dichter Hsüä-dou. Er hebt sie rühmend über alle anderen hinaus. Mit welchem Recht? Wir sind der ketzerischen Ansicht, daß es hier trotz aller im Zen üblichen Geringschätzung des Wortes am Wortlaut liegt. DJIÄ DA GU, den Trommelschlag verstehen: das ist natürlich nicht etwa eine Begriffsbestimmung der verborgenen höchsten Wahrheit im dogmatischen Sinn. Es ist gewiß vollkommen unerklärlich und geheimnisvoll, ein »Eisenpflock«, eine »eiserne Sterndistel«, wie Yüan-wu nicht müde wird, zu wiederholen. Versuche es doch einer, der »den Trommelschlag versteht«, sich zu erklären! Hinsichtlich Unbegreiflichkeit steht DJIÄ DA GU den andern angeführten Meistersprüchen oder Handlungen von Meistern völlig gleich. Dennoch hat es vor jenen einen großen Vorzug. Der Trommelschlag ist nicht nur eine ferne Andeutung. Er macht, recht verstanden, das unerforschliche Geheimnis dem Ohr, dem Auge, allen Sinnen hörbar. Er ist auf die vier Fragen, die der wißbegierige Mönch an Ho-schan richtete, von der ersten bis zur letzten, stets die passende, treffende Antwort. Und ist dabei von einer Einfachheit und Größe, die sich schwerlich überbieten läßt. Vor ihr verstummen alle Fragen, welche der Verstand erheben möchte. Hier spricht bhûtatathatâ, das reine »So-sein-wie-es-ist«. Und jeder, der es klingen hört, sieht sich befreit in offener Weite.
Aber Hsüä-dou ist mit seinem rühmenden Gesang noch nicht zu Ende. Er hat noch etwas anzumerken. Yüan-wu allerdings hält ihm entgegen: Über Ho-schan's Worte springe doch niemand hinaus, die seien nicht

zu überbieten. Das wird ihm auch Hsüä-dou ohne Zweifel zugestehen. Wohl aber kann der Ausspruch Ho-schan's mißverstanden werden. Er kann dem Leidenden, Mühseligen, Beladenen, der nach Erleichterung, Genesung, Wohlbefinden dürstet, ein Glück vortäuschen, das mit dem Trommelschlag gar nicht gemeint ist. Vor diesem Mißverstand und der Enttäuschung, welche ihm notwendig folgen muß, will Hsüä-dou seine Mitmenschen bewahren: »Nimm's nicht grob obenhin!« Verliere dich nicht in dem dulci jubilo des Lichtes, das dir aufgegangen ist! Das wäre nicht das »Richtige«, wie es im vorigen Beispiel Dung-schan nennt und meint; es wäre nur ein Rückfall ins »Einseitige« (vgl. das 43. Beispiel!) Es gilt, mitten aus dem »Einseitigen«, aus Freude und aus Leid, aus Glück und Unglück heraus das »Richtige« zu erfassen, den Trommelschlag zu hören, zu verstehen. »Das Süße, das schmeckt süß, ja ja. Das Bittere schmeckt bitter.« Im Trommelschlag klingt beides an, das Süße wie das Bittere, und doch ist es ein reiner Ton voll lauterer Wahrheit. Und eben, weil ihm süß und bitter völlig gleich sind, klingt in ihm erst das eigentliche, echte Glück an, der Friede und die Seligkeit, die höher sind, als alle Gegensätze unseres Erdendaseins. Ob einer diesen Trommelschlag verstanden hat, wird sich dann erweisen, wenn er ihn mitten in der Bitterkeit des Leidens und des Sterbens lang und tief erklingen hört.

[1] Wu-dëng Hui-yüan (japanisch Go-tô E-gen), »der fünf Leuchten Verständnis-Grundlage«, eine, allerdings lückenhafte, Zusammenfassung fünf älterer Berichte von der »Weitergabe der Leuchte«, nämlich desjenigen aus der Ära Djing-dö und vier späterer, zusammengestellt im Jahr 1252, also noch jünger als das Bi-yän-lu, vielfach unzuverlässig und unklar.

Fünfundvierzigstes Beispiel

Dschau-dschou's siebenpfündiger Leinenrock

Hinweis

Wo es nötig ist, zu reden, redet er, und findet in der Welt nicht seinesgleichen. Wo es gilt zu handeln, handelt er, ohne von dem Ganzen seiner Triebkraft etwas abzugeben. Das ist, wie wenn man aus dem Steine Feuer schlägt, das gleicht dem Zucken eines Blitzes. Seien manche auch wie eine plötzlich aufgeflammte Lohe, wie ein Windstoß, der vorüberbraust, oder schreiten sie auf reißenden Gewässern und gehen auf den Schneiden scharfer Schwerter: sie werden doch, wenn dieser seine Zange, seinen Hammer in Richtung überwärts erhebt, dem nicht entgehen, daß ihrem Speer die Spitze abbricht und ihre Zunge stottert. So entläßt er sie auf eine schnurgerade schmale Fährte.
Laßt mich, ich bitte euch, zur Prüfung etwas vorlegen! Seht her!

Das Beispiel

Wir legen vor:

Ein Mönch fragte Dschau-dschou: Alle die Zehntausende von Dinglichkeiten gehen zurück auf Eines. Welches ist der Ort, auf den das Eine selbst zurückgeht?
Dschau-dschou sagte: Als ich [noch] in Tjing-dschou lebte, machte ich mir [einmal] einen Leinenrock[1], der hatte ein Gewicht von sieben Pfund.

Zwischenbemerkungen zum Beispiel

»Ein Mönch fragte Dschau-dschou: Alle die Zehntausende von Dinglichkeiten gehen zurück auf Eines. Welches ist der Ort, auf den das Eine [selbst] zurückgeht?« – Er klopft diesem alten Chinesen auf den Busch. – Hütet euch um alles vor der Richtung, die zur Totenhöhle führt! – Er wirft einen hohen Hügel auf und setzt obendrauf noch einen

[1] Rock: im primitiven Sinn eines auf der Haut getragenen knielangen Ärmelgewands von einerlei Weite, also hemd- oder kittelartig, normalerweise ungefüttert (chinesisch Sai).

Berg! »Dschau-dschou sagte: Als ich [noch] in Tjing-dschou lebte, machte ich mir [einmal] einen Leinenrock, der hatte ein Gewicht von sieben Pfund.« – Richtig! Er geht siebenmal geradeaus und achtmal in die Quere. [Er hält sich absolut nicht an die Linie, die ihm die Frage des Mönchs vorschreiben möchte.] – Er zieht ein Netz ein, das den vollen Himmel mitnimmt. – Habt ihr denn für Dschau-dschou auch den Blick? – Kuttenmönche an den Nüstern nehmen, das hat er seinerzeit verstanden.

Erläuterung des Beispiels

Dschau-dschou's Leinenrock: wenn du in den mit einem Stoß hineintriffst, so daß du den Punkt begreifst, auf den es hinzielt, wirst du den altehrwürdigen Mönchen in der Welt die Nasenwand durchbohren können, ohne daß dich einer daran hinderte. Kommt Wasser, bilden sich von selber Ablaufgräben. Wenn du aber zögern solltest, so wird der alte Mönch hier unter deinen Fersen sein [denn, das ist wohl der Gedanke: ich bin der Weg, den du betreten hast; ich werde als dein Meister dir keine Ruhe lassen und dich führen; oder aber kommst du über mir zu Fall[1]].

Das Wesentliche im Gesetz des Buddha besteht nicht in vielen Worten, nicht im Überschwang der Rede. Das ist gerade so wie hier, wo der Mönch Dschau-dschou die Frage vorlegt: »Alle die Zehntausende von Dinglichkeiten gehen zurück auf Eines; welches ist der Ort, auf den das Eine selbst zurückgeht?« und jener ihm wider alle Erwartung zur Antwort sagt: »Als ich [noch] in Tjing-dschou lebte, machte ich mir [einmal] einen Leinenrock, der hatte ein Gewicht von sieben Pfund.« Wer dies vom Wortlaut her verstehen will, der macht den Fehler, daß er auf das Sternlein am Waagebalken schaut [anstatt auf die Gewichtsangabe an dem Punkt der Skala, an dem die Schale hängt]. Sucht er aber das Verständnis nicht beim Wortlaut, so hat immerhin doch Dschau-dschou so gesprochen.

Dieser öffentliche Aushang ist zwar schwer zu sehen, aber zu verstehen ist er leicht. Er ist leicht zu verstehen, aber zu sehen ist er schwer. Daß er schwer zu sehen ist, macht ihn [unnahbar, unbegehbar] wie einen Silberberg, wie eine Felsenwand aus Erzgestein. Daß er leicht zu verstehen ist, das macht ihn auf der Stelle sternenhell und klar. Er läßt dir keinen Raum für langes Überlegen und Erwägen hin und her.

Eines Tages richtete ein Mönch an Dschau-dschou die Frage:

Was ist der Sinn, in dem der Patriarch vom Westen hergekommen ist? Dschau-dschou erwiderte: Der Lebensbaum da vorn im Garten[2]. Der Mönch versetzte: Ehrwürdiger, verwendet nicht die Außenwelt zur Verdeutlichung des Menschlichen! Dschau-dschou erwiderte: Der alte Mönch hier hat noch nie die Außenwelt zur Verdeutlichung des Menschlichen verwendet. Der Mönch fragte [abermals]: Was ist der Sinn, in

dem der Patriarch vom Westen hergekommen ist? Dschau-dschou erwiderte: Der Lebensbaum da vorn im Garten[3]. Seht her, wie er da, wo es um das Äußerste und Höchste geht, wo keiner mehr sich drehen und wenden kann, es doch vermag, sich umzudrehen, und aus sich selbst heraus den Himmel und die Erde zudeckt! Wäre er nicht fähig, sich zu wenden, so würde er am Weg anstoßen, und es gäbe Hemmungen.
Sagt mir einmal: Hat dieser Dschau-dschou eigentlich in Hinsicht auf das Buddhagesetz bestimmte Überlegungen und Maßstäbe, oder nicht? Sagst du, er habe sie, so hat er wiederum doch niemals Reden über Herz und Geist geführt, hat nie die Lehre von der angeborenen Natur [der Buddhanatur] gepredigt, noch hat er über das Geheimnisvolle und Wunderbare jemals Worte gemacht. Oder sagst du, Dschau-dschou habe nichts vom Geist und Sinn der Buddhalehre? Gleichwohl lohnt er niemals eine Frage, welche du ihm stellen magst, mit unbefriedigender Antwort.
Seht doch nur! Ein Mönch fragte den ehrwürdigen Mu-ping[4]: Was ist der wesentliche Sinn des Buddhagesetzes? Mu-ping sagte: Wie ist dieser Wachskürbis doch groß[5]!

1 An dieser Fassung des Satzes haben Spätere Anstoß genommen und stellen das Verhältnis um: »Wenn du aber zögern solltest, wirst du unter dieses alten Mönches Fersen sein.« Die Vorstellung, daß der Schüler den Meister »unter seinen Fersen« hat, ist aber der Zentradition nicht fremd. In einem seiner Werke erzählt Professor Suzuki von einem Meister, der bemerkte, daß einer seiner Mönche nächtens aus dem Kloster zu verschwinden pflegte. Als der Mönch nun vor der nächsten Morgendämmerung von seinem Ausflug heimkehrte und über die Lücke in der Klostermauer auf die einwärtige Steinstufe trat, fühlte er zu seinem namenlosen Schrecken etwas Lebendiges unter seinen Sohlen. Es war der Meister selbst, der an dem Trittstein kauerte und seine Hände aufgelegt hatte. Er entließ den Sünder ohne Worte zur Schlafstelle, und dieser war von da an von der Leidenschaft befreit.

2 Vgl. Heinrich *Dumoulin*, Wu-men-kuan, Der Paß ohne Tor, Kap. 37: »Der Eichbaum vor dem Garten« (S. 49). Das chinesische Schriftzeichen Bo (oder Bai) steht für vier verschiedene Baumarten, Chamaecyparis obtusa, Thuja orientalis, Thujopsis dolabrata und Podocarpus nageja, nur in Japan auch für eine Eichenart, deren Blätter unsern Eichenblättern ähnlich sind. Hier kann diese Eiche nicht gemeint sein. Vielmehr handelt es sich wohl am ehesten um eine Thuja orientalis, Tsö-bo. – (Wie weit ist nun vom Sinn des Patriarchen abgeglitten, wer sich gar mit Botanik befaßt?)

3 Die Wiederholung der ersten Frage des Mönches und der ersten Antwort Dschau-dschou's fehlt in zweien der alten Texte. Zwei andere bringen sie. Und gewiß hat sie ihren guten Sinn.

4 Mu-ping Schan-dau (japanisch Moku-hei Zen dô), vgl. Erläuterung zu Gesang 44, S. 225, Anm. 5.

5 Wachskürbis, Benincasa cerifera, eine sehr große, Wachs liefernde Kürbisart.

Noch ein Beispiel! Ein Mönch fragte einen der alten Meister[1]: Tief im Gebirge zwischen Felsenhängen, wo kein Sterbensmensch zu finden ist, gibt es da wohl auch noch ein Gesetz des Buddha, oder aber nicht? Jener erwiderte: Das gibt es. Darauf der Mönch: Und was ist dort das Gesetz des Buddha? Jener sagte: Daß die großen Steinblöcke dort groß und die kleinen klein sind.

Seht, wo das Kauderwelsch von öffentlichen Aushängen dieser Art seinen Ort hat [aus welcher Tiefe oder Höhe es wohl kommt und wohin es führen will]!

Hsüä-dou kennt den Ort, auf welchen es hinausläuft. Mit gutem Bedacht erschließt er einen Weg dorthin und zeigt ihn dir zum Besten im Gesang.

Gesang

UMGARNTE des Alten gefährlichen Bohrer
mit listigem Fragegeflecht.
Des siebenpfündigen Rockes Gewicht,
wie viele mögen's verstehn?
Wir aber heute schleudern ihn fort,
weit in den Westsee hinein.
Die reineren Winde zur Fahrt stromab,
wem kann man sie gönnen zu wehn?

Zwischenbemerkungen zum Gesang

»Umgarnte des Alten gefährlichen Bohrer mit listigem Fragegeflecht!« – Wozu braucht er denn diesem alten Chinesen unbedingt auf den Busch zu klopfen? – Wohin will er denn weiter, nachdem er ihn geklopft hat?

»Des siebenpfündigen Rockes Gewicht, wie viele mögen's verstehn?« – Jetzt kommt er zum zweitenmal damit her [mit dem siebenpfündigen Rock]! Keinen halben Heller gebe ich mehr dafür. – Aber jedenfalls mußte sich jener [der Mönch] eine Spielmarke abnehmen lassen [und hat das Spiel damit verloren]. – Da stehen sie mit eingezogener Unterlippe und lassen die Mundwinkel auf beiden Seiten wie an einer Tragstange herunterhängen [Gebärde ratloser Verblüffung].

»Wir aber heute schleudern ihn fort, weit in den Westsee hinein.« – Dazu muß einer schon behend wie Hsüä-dou [der Dichter dieses Gesanges] sein; so erst gelingt es ihm. – Auch dem Mönch vom Berge hier [Yüan-wu] liegt daran [an diesem alten Rock].

[1] Gemeint ist Gue-dsung Dau-tjüan (japanisch Ki-su Dô-sen), Traditionstafel III A 15 c, gest. 985. Er leitete das altberühmte Gue-dsung-Kloster im Lu-schan-Gebirge.

»Die reineren Winde zur Fahrt stromab, wem kann man sie gönnen zu wehn?« – [Sie wehen] seit alter Zeit, seit heute wieder! – Sagt mir einmal: Ist dieser Vers nun Hsüä-dou's Erwiderung auf Dschau-dschou's Antwort an den Mönch, oder legt er diese damit für euch aus? – Der Erstgeborene bekommt es vom Vater persönlich. [Dieser letzte Vers beweist, wie innig und genau Hsüä-dou versteht, was Dschau-dschou mit dem Mönch im Sinn hat.]

Erläuterung des Gesangs

Unter den achtzehn Arten von Fragen [die Fēn-yang aufstellt, vgl. Band 1, S. 201] gehört die Frage dieses Mönches zu denen »mit umgarnendem Geflecht«. Darum sagt Hsüä-dou: »Umgarnte des Alten gefährlichen Bohrer mit listigem Fragegeflecht.« [Mit dem Drillbohrer ist Dschau-dschou's scharfes Zen-Organ gemeint, das auch die härtesten Widerstände mühelos durchbohrt.] Indem er das ganze Geflecht der Zehntausende von Dharmas [d. h. »Gesetzen« im Sinn von Dinglichkeiten] zusammenflicht, um sie auf Eines zurückzuführen, will der Frager jenen [Dschau-dschou] ins Gedränge bringen.
Dieser aber ist nun einmal ein geübter Meister, der auch da, wo sich [ein anderer] nicht mehr drehen und wenden kann, doch noch einen Weg hinaus ins Freie findet. Er bringt es fertig und tut groß den Mund auf, um zu sagen: »Als ich noch in Tjing-dschou lebte, machte ich mir einmal einen Leinenrock, der hatte ein Gewicht von sieben Pfund.« [Und] Hsüä-dou sagt dazu: »Des siebenpfündigen Rockes Gewicht, wie viele mögen's verstehn?«
»Wir aber heute schleudern ihn fort, weit in den Westsee hinein.« »Alles Dingliche geht zurück auf Eines« [hieß der gelehrte Satz des Mönchs]. Hsüä-dou [aber] will weder das Eine, noch will er den siebenpfündigen Leinenrock. Auf einmal schleudert er ihn in den Westsee. – Hsüä-dou hatte [also damals] seinen Sitz am Blauhorn [Tsui-fēng] auf [der Insel] Dung-ting [im Tai-hu oder Großen See westlich von Sudschou, vgl. Band 1, S. 13]. Dort gibt es einen Westsee [d. h. den westlich von der Insel gelegenen Teil des Großen Sees].
»Die reineren Winde zur Fahrt stromab, wem kann man sie gönnen zu wehen?« – Das geht auf die Art, wie Dschau-dschou die Leute unterweist. Kommst du aus nördlicher Richtung [aus Nordchina, wo das Zen des Sechsten Patriarchen noch schwach vertreten ist], fährt er mit dir stromaufwärts [hält dich zu strenger Übung an]. Kommst du von Süden her [aus der Schule echter Meister], so fahre ich [Dschau-dschou] mit dir stromab. Kommt einer aber von der Schneekuppe [aus Hsüäfēng's hoher Schule], so sind auch das noch Leute, die [irgend-] ein Brett auf der Schulter tragen [so daß ihr Blick noch irgendwie befangen bleibt].

Hsüä-dou sagt: Diesen reinen Wind, »wem kann man ihn gönnen zu wehn?« Bei der Fahrt stromaufwärts wird Dschau-dschou dir von Herz und Geist reden, dir ihre [echte, eigentliche] Natur erklären und vom Geheimnisvollen, Wunderbaren sprechen, von den verschiedenen Mitteln und Behelfen [der befreienden Erkenntnis].
Bei der Fahrt stromab hat er nicht mehr viel von Grundsätzen und Regeln, vom Geheimnisvollen, Wunderbaren bei der Hand. Und wenn einer von der Art, die auf der Schulter eine Ladung Zen daherträgt, zu ihm nach Dschau-dschou kommt, geht er auch darauf nicht mit einem Jota ein, klappt dem Mann mit einem Schlag [seine ganze Weisheit] zusammen und entläßt ihn rein und bloß, freischwebend, ohne nur ein Tüttelchen von einer Sache. Das ist es, was die Redensart besagt: Der ganz Erleuchtete ist wieder wie zur Zeit, als er noch unerleuchtet war.
Heutzutage aber deutet jedermann das »aller Dinge ledig sein« nach eigenem Verständnis. Da gibt es Leute, welche sagen: Es gibt weder Irrtum noch Erkenntnis, weder Gedanken noch Absichten. Man braucht gar nicht erst zu suchen. Man muß sich einfach so verhalten, wie zur Zeit, als Buddha noch nicht aufgetreten, und Bodhidharma noch nicht her in unser Land gekommen war. Wozu wäre aber dann der Buddha aufgetreten? Wozu wäre Bodhidharma aus dem Westen hergekommen? Was hätten alle solche Reden mit der Sache überhaupt zu tun? Es muß doch der große Durchbruch, muß das große innere Erwachen erst einmal gewonnen sein. Wenn dann nachher noch immer Berge Berge sind und Wasser Wasser wie zuvor, und überhaupt die Tausende von Dinglichkeiten samt und sonders in gegenwärtige Erscheinung treten, dann erst gibt das einen Menschen, der aller Dinge ledig ist.
Habt ihr nicht gesehen, was Lung-ya[1] sagt: »Dem Weg des Lernens muß als Ausgangspunkt die Erleuchtung vorausgegangen sein. Usw. usw.[2].
Einfach so etwas, wie Dschau-dschou da von seinem siebenpfündigen Leinenrock erzählt! Das ist genau die Art, wie jene Alten reden. Das ist, kann man wohl sagen, wie Gold und Edelstein. So erklärt es euch der Mönch vom Berge hier, und so hört ihr es alle. Es ist alles Fahrt stromaufwärts. Wie steht es um die Fahrt stromab?

[1] Lung-ya Djü-dun, japanisch Ryû-ge Ko-ton, 835–923, Traditionstafel III A 12; vgl. Band I, 20. Beispiel, S. 365 ff.

[2] In der um 1300 von Dschang Ming-yüan besorgten Ausgabe des Bi-yän-lu folgt hier die weitere Fortsetzung des Zitats von Lung-ya. Da sie den Gedankengang Yüan-wu's hier nur stört, ziehen wir es vor, sie wegzulassen, um so mehr, als es noch andere Handschriften aus alter Zeit gibt, welche hier nur die Bemerkung »usw. usw.« setzen.

Erklärungen zum Text

Zum Verständnis des Beispiels

Wieder einmal begegnen wir dem mehr als achtzigjährigen Dschau-dschou, der für uns bereits im zweiten, dann im neunten und im dreißigsten Kapitel deutliche Gestalt gewonnen hat. Wenn Hsüä-dou ihn in seiner Sammlung gerade an dieser Stelle wieder beschwört, so vielleicht im Anschluß an Ho-schan's Zitat aus dem Traktat des Mönches Dschau, wonach dem »Lernen« und dem »Ausgelernthaben« noch eine dritte Stufe folgen kann, auf welcher der Ausgelernte »in der Wahrheit darüber hinaus« ist. Auf jeden Fall ist unter allen Meistern des Bi-yän-lu wohl kaum einer, der den Stempel dieser unantastbar sicheren Überlegenheit so überzeugend trägt, wie dieser alte Tsung-schën[1] in der Kreisstadt Dschau-dschou. Und eben dieses ist der Grund, weshalb es für uns kluge Europäer so schwer, ja fast unmöglich ist, aus seinen nur so hingeworfenen Worten klug zu werden.

Zu ihm kommt ein Mönch und legt ihm das Problem der Einheit vor. Er mag davon in den Traktaten des soeben erwähnten gelehrten Mönches Dschau gelesen haben, vielleicht auch im Blumenschmuck- oder Avatamsaka-Sutra, oder in den Gesprächen der großen Buddhajünger mit dem kranken Reichen Vimalakîrti. Es ist die allgemeine Lehre schon der Upanischaden, die auch der Buddhismus übernommen hat, daß alle »Dharmas«, alle Dinglichkeiten, mit allen ihren Unterschieden, Gegensätzen und Verflechtungen letztlich Eines sind. In etwas anderer Form war diese Lehre auch in China längst zu Hause, so wie sie in Europa seit der Zeit der ionischen Philosophen den Ausgangspunkt kausalen Denkens bildet.

Der Mönch, der hier vor Dschau-dschou tritt, hat sich von dem kühnen Fluge des Gedankens einer Rückbewegung aller Dinge auf ein Letztes so fortreißen lassen, daß er an dem Rückgang auf das Eine, Ganze kein Genüge findet. Der Trieb, nach Ursachen zu fragen ist unersättlich, er macht auch vor der letzten Ursache nicht halt. Wenn alle Dinglichkeiten, denkt er, auf eine einzige zurückgehen, so muß man weiterfragen, worauf denn dieses Eine selbst zurückgeht. Diese Frage scheint ihm unausweichlich, und heimlich schmeichelt er sich, damit einen Stein zu haben, an dem die großen Lehrer allesamt gestrauchelt seien. Zwar ist ihm die Antwort, welche sie auf diese Frage geben, wahrscheinlich bekannt, nämlich, daß sie lehren: wie die Dharmas allesamt auf

[1] Dschau-dschou Tsung-schën, japanisch Jôshû Jûshin, Traditionstafel III B 10 i. In der 1. Auflage des 1. Bandes hatten wir als Lebensdaten 778–897 angegeben. Nach den Untersuchungen von Ui Hakuju wären diese um ein Jahr vorzurücken, also auf 777–896. Tsung-schën's Wirksamkeit in Dschau-dschou fiele dann in die Jahre 857–896.

Eins zurückgehen, so umgekehrt das Eine auf die Dharmas. Aber so etwas, wird er sich sagen, ist ja Unsinn. Das stellt das logische Gesetz von Ursache und Folge auf den Kopf. Diese Überlegung gibt ihm ein Gefühl der Überlegenheit, und schon im voraus seines Sieges sicher, legt er Dschau-dschou listig seine Frage vor.
Der hochbetagte Greis hört sich den hochgelehrten Frager an und weiß im selben Augenblick, wie es um diesen steht. Er sagt nicht einmal, wie Yüan-wu sagen würde: Hat mit der Sache nichts zu tun. Solch Gerede ist ihm keines Wortes wert. Gleichwohl meint er es mit seinem Gaste gut und hat etwas für ihn bereit. Das kommt freilich ganz woanders her, als wo jener hinstarrt. Des Mönches Blick schweift über alles Faßbare hinaus in grenzenlose Ferne. Dem alten Dschau-dschou dagegen fällt komischerweise ein Leinenrock ein, den er sich vor wohl sechzig Jahren oder mehr, als er noch in seiner Heimat Tjing-dschou[1] lebte, selbst geschneidert hatte, und der dann sieben Pfund wog.
Der Kontrast ist ohne weiteres klar. Dem Mönch, der über alles Dingliche, ja über dessen letzte Einheit noch hinausstrebt, kommt Dschau-dschou mit einem kittelartigen Hanfrock, der wie ein Hemd auf bloßem Leib getragen wird. »Dieser öffentliche Aushang«, sagt Yüan-wu, d. h. diese Antwort Dschau-dschou's »ist zu verstehen leicht«. Sie ist ein Ruf zurück zur Erde aus der Verstiegenheit des hemmungslosen, eitlen Spekulierens. »Zu verstehen leicht«, fährt Yüan-wu fort »aber schwer zu sehen.« Damit ruft er, will uns scheinen, im Gegensatz zum tieferen Verständnis, die Phantasie an, deren es bedarf, um sich von dem siebenpfündigen Rock und seiner praktischen Bedeutung ein anschauliches Bild zu machen. Wir sind somit zu dem Versuch genötigt, aus Dschau-dschou's knappen Worten auf eigene Gefahr hin zu erschließen, was wirklich sich begeben haben mag, und was dieses Begebnis für Dschau-dschou selbst bedeuten mochte. Wir können dabei nur uns streng an seine Worte halten und genau so nüchtern bleiben, wie er selbst es war.
Nehmen wir ihn wörtlich, so hat er einst als junger Mann, wahrscheinlich hochgewachsen, wie der ganze Schantung-Stamm, sich einen Leinenrock selbst geschneidert. Das behandelt er in der Erinnerung als selbstverständlich. Wichtig aber an dem Rocke ist ihm: er wog sieben Pfund. Dies war offenbar für ihn und ebenso auch für sein Gegenüber etwas Ungewöhnliches. Und in der Tat hat er es bei 605 g für ein chinesisches Pfund auf ein Gewicht von 4,235 kg gebracht. Lassen wir Erklärungen beiseite, welche diese sieben Pfund auf das Gewicht des Geldes, das der Rock gekostet habe, deuten, oder es symbolisch in dem Sinne fassen, der Rock sei für Dschau-dschou sehr wichtig gewesen, so können wir dem Wort nur entnehmen, daß der spätere Meister Dschau-

[1] Tjing-dschou, in den Atlanten Tsing-tschou oder Ching-chow, alter Mittelpunkt der Provinz Schantung, an der Strecke von Tsinan nach Tsingtau gelegen.

dschou schon in jungen Jahren auf nichts so sehr bedacht war, wie auf äußerste Solidität. Brauchte er nun damals einen neuen Leinenrock, so mußte dieser seinen Namen auch verdienen. Er mußte Wind und Wetter trotzen und ihm womöglich bis ans Lebensende Treue halten. Wahrscheinlich wob er sich den Stoff dazu aus vielleicht selbstgesponnenem, kräftigem Hanfgarn auf dem Webstuhl seines elterlichen Hauses fest zusammen, legte eifrig eine Lage auf die andere auf, nähte sie wie eine Steppdecke dicht zusammen, und dieses sowohl für die Rumpfhülle als auch für die Ärmel. Und als das Werk nun fertig war, da konnte er sich sagen: Siehe da, ein Rock, wie ihn noch keiner je geschneidert hat! Der wird so bald mir nicht zerschleißen. Er zog ihn an und fand wohl auch, er sei etwas schwer; aber über diesen Mangel ließen Stolz und Freude ihn hinwegsehen. Beim täglichen Gebrauch jedoch machte das Gewicht von sieben Pfund sich immer lästiger bemerkbar, und schließlich mußte sich der junge Mann gestehen, daß er sich überschneidert hatte. Wahrscheinlich trennte er sein Meisterwerk bescheiden wieder auseinander und machte daraus zwei bis drei leichtere Röcke, die er nacheinander austrug. Nur die Erinnerung an seinen jugendlichen Schneiderstreich ist ihm geblieben. Denn Demütigungen solcher Art vergißt man nicht so leicht.

Wie nun zu dem vielleicht schon Neunzig- oder Hundertjährigen der Mönch mit seiner Frage kommt, die über jenes Letzte, was dem Geist erreichbar ist, das einzig Eine, noch hinaus will, da stellt sich bei dem greisen Meister alsbald die Erinnerung an jene Jugendtorheit ein. Wie jener sich, dem Vorwärtsdrang des Denkprozesses blindlings hingegeben, in Richtung auf das Eine, in dem alle Dinge aufgehen, übernimmt, so hat er selbst sich einst in umgekehrter Richtung übernommen, nämlich in dem blinden Eifer um ein Einzelding, um einen Hanfrock. Das war freilich eine Torheit. Aber sie bestand nur in der Übertreibung einer richtigen Erkenntnis, daß nämlich jedes Einzelding in sich vollkommen, ja daß in ihm das ganze Eine gegenwärtig wirksam ist. So, wie »alle die Zehntausende von Dinglichkeiten« letztlich auf Eins zurückgehen, so geht umgekehrt »das Eine« auf jede einzelne dieser Zehntausende von Dinglichkeiten zurück.

Eben dies war allerdings die Wahrheit, die der Mönch mit seiner überkühnen Frage ausgeschlossen wissen wollte. Hätte Dschau-dschou sie ihm so in nackten Worten vorgelegt, so war er gerüstet, ihn mit logischen Spitzfindigkeiten zu bedrängen. Dem alten Meister aber fiel es überhaupt nicht ein, den Boden theoretischer Erörterung nur zu betreten. Er erzählte jenem einfach eine eigene Jugendtorheit. Was sollte der in seiner Einbildung Befangene darauf erwidern? Er war entwaffnet. Und dachte er nun weiter nach, so lag in der Geschichte, die der Alte ihm erzählte, ein verborgener Stachel, gegen den zu löcken ihm der Ansatz fehlte. Letztlich hatte dieser Meister ihm gesagt: Ich habe seinerzeit mich mit den Dinglichkeiten übernommen. So übernimmst nun du dich mit dem Einen. Man kann sich mit beidem übernehmen und fällt so aus dem Gleichgewicht. Man verrennt sich, bis man nicht mehr weiterkann und sich entschließen muß, den Rückweg in die reine Wahrheit anzutreten. Hinter Dschau-dschou's eigenartiger Erzählung von dem siebenpfündigen Hanfrock steckt im Grund die reine Güte, die dem anderen die Tür zum Ausweg aus dem Gefängnis eigener Illusionen in die Welt, so wie sie in Wahrheit ist, eröffnet.

Zum Verständnis des Gesangs

Hsüä-dou's Gesang von nur vier Versen ist so umfassend, wie er kurz ist. Jeder Vers ist sozusagen ein Kapitel für sich. Kapitel eins: Der Mönch mit seiner listigen Frage. Kapitel zwei: Dschau-dschou mit seinem siebenpfündigen Rock. Mit dieser ersten Hälfte des Gesangs ist das Beispiel selbst als solches abgetan. Dann bringt Vers drei, wie es die Regel für den klassischen Vierzeiler verlangt, die Wende, die zum Hauptanliegen überführt: Fort mit dem Rock! Vers vier: Hauptanliegen ist Befreiung, ist die Fahrt stromab in reinem Wind. Aber wer ist dazu tüchtig?

»Umgarnte des Alten gefährlichen Bohrer mit listigem Fragegeflecht.« Hsüä-dou stellt zuerst den Mönch dem Meister gegenüber, um den Abstand zwischen beiden anzudeuten. Vor Dschau-dschou steht ein Wunderfitz, in einem Netze von Begriffen eingesponnen, der sich zutraut, mit eben diesem Netz den überlegenen Meister einzufangen. Dessen Überlegenheit vergleicht der Dichter mit dem früher schon gelegentlich erwähnten Bohrer, den ein Handwerksmann im Bündel mit sich führt, ohne daß er ihn darin verbergen könnte, weil er aus dem übrigen Gepäck heraussticht. Es ist ein Drillbohrer mit kantiger Spitze, dessen Holzschaft hin- und hergedreht wird. Hsüä-dou nennt ihn wörtlich »des Alten alten Bohrer« (alt und alt sind im Chinesischen zwei ganz verschiedene Worte). Dschau-dschou hat seinen Bohrer, sein Zen-Organ, jahrzehntelang geübt, ihm ist kein Brett zu hart: er ist gefährlich.

»Des siebenpfündigen Rockes Gewicht, wie viele mögen's verstehn?« Das gibt allerhand zu denken. Erste Andeutungen macht Yüan-wu schon in der Erläuterung zum Beispiel. Er berichtet von demselben Dschau-dschou, wie er einen, der ihn nach dem Sinn des Zen des Ersten Patriarchen Bodhidharma fragte, auf die Zypresse vorn im Garten hingewiesen habe. Nachher erwähnt er Mu-ping, der, um den Sinn des Buddhagesetzes zu erklären, auf einen mächtigen Kürbis zeigt. Und endlich führt er Gue-dsung Dau-tjüan an, der noch im tiefsten Wald das Buddhagesetz mit Augen vor sich sieht, weil auch dort die großen Steine groß, die kleinen klein sind. Jeder »Dharma«, jedes Dingliche, vom Einen Ganzen, Unvergänglichen sowohl umschlossen als auch ganz von ihm erfüllt, hat seinen klar und fest bestimmten Ort, sein sicheres Maß und seine Zeit. In dieser allumfassenden Ordnung hat auch Dschau-dschou's Hanfrock seinen Ort und seine Ehre; auch er verkündet das Gesetz des Buddha, und das gibt ihm weit über sieben Pfund hinaus sein unermeßliches Gewicht.

In aktuellerem Sinne aber kommt ihm noch besondere Bedeutung zu. Hat der Mönch mit seiner Frage das Eine Letzte durch ein höheres Letztes übersteigern wollen, so hat Dschau-dschou umgekehrt mit dem unmöglich schweren Hanfrock nach der Gegenseite, nach den Dingen hin sich übernommen. Mit dem Geständnis eigener Torheit führt er die des Mönches ad absurdum. Sein siebenpfündiger Hanfrock hält der Übersteigerung des Einen, des nicht zu Überbietenden die Waage.

Es läßt sich also viel aus Dschau-dschou's siebenpfündigem Hanfrock machen. Aber: dabei stehen bleiben führt nur von der Sache ab. Im dritten Vers macht Hsüä-dou kurzerhand mit dem Popanze Schluß und schleudert ihn mit prächtigem Schwung von seiner Bergeshöhe auf der Dung-ting-Insel in ungeheurem Bogen fort bis in den Westsee. (Er hat sich also offenbar mit diesem Rock schon zu der Zeit beschäftigt, als er noch seinen ersten Posten innehatte, nicht erst auf dem Schneemuldenberg, nach welchem er den Namen Hsüä-dou führt. Vgl. seine Lebensgeschichte Band 1, S. 13.) Yüan-wu lobt ihn (s. Zwischenbemerkung!) und will selbst auch nichts von dem Rock mehr wissen. Zu solchem Aufschwung, solchem kühnen Wurf, sagt er, muß man behende sein. Er meint die geistige Lebendigkeit und Freiheit, das »Große Wirken«, wie er es manchmal nennt, das jederzeit bereit ist, aus einem Grashalm sich ein goldenes Buddhabild zu machen, aber ebenso auch aus dem goldenen Buddha einen Grashalm (vgl. Erläuterung des 4. Beispiels, Band 1, S. 105 und Hinweis zum 8. Beispiel, S. 183). Denn worum geht es letzten Endes?

Das sagt der vierte Vers in einem Bild, das aus dem Leben des chinesischen Volks genommen ist. In keinem andern Land der Erde hat die Strom- und Flußschiffahrt so viel Bedeutung für die Menschen wie in China. Vom Hochgebirge Innerasiens strömen die Gewässer ostwärts nach dem Stillen Ozean und bieten sich dem Warenaustausch und Verkehr zu willkommenen Straßen an. Die Fahrt stromauf ist schwer, und wenn vom Meer der Ostwind nachhilft, so bringt er häufig lästigen Regen mit. Abwärts dagegen wird das Boot nicht nur von kräftiger Strömung leicht getragen. Auch die Festlandwinde, die von Westen wehen, beschleunigen die Fahrt, sind rein und frisch und bringen gutes Wetter. Sich so stromabwärts tragen lassen, ist ein herrliches Gefühl. Es ist des Schiffers schönster Lohn für die Mühsal bei der Fahrt stromauf.

Den hart sich mühenden Schiffer auf schwer beladenem Boot so weit zu bringen, daß er endlich seine Fracht abladen und erleichtert meerwärts treiben kann, das also ist das Einzige, um was es Dschau-dschou geht, besuche ihn nun dieser von der Einbildung besessene Mönch oder andere mit Lasten irgendwelcher Art. So wenigstens versteht Hsüä-dou den Alten, und Yüan-wu bestätigt ihm, dies sei das richtige Verständnis:

»Der Erstgeborene bekommt es vom Vater persönlich.« Und ausführlich teilt Yüan-wu die Menschen, mit welchen Dschau-dschou sich befassen muß, in drei verschiedene Arten auf: in solche, die »aus nördlicher Richtung« kommen, d. h. aus den Gebieten um den Huang-ho, wo das Zen des Sechsten Patriarchen noch wenig Fuß gefaßt hat, die also erst noch fester Ausrichtung auf die Erkenntnis ihrer eigenen Natur und eines inneren Erlebnisses bedürfen, also erst ernsthaft stromauf fahren müssen; dann in solche, die »vom Süden« kommen, d. h. vom Stromgebiet des Yangtsekiang und weiter südwärts, also wo das echte Zen bereits zu Hause ist und reges geistiges Leben herrscht. Das ist schon tüchtige Fahrt stromauf; nur kann man sich dabei unnötig aufhalten, kann aus den Mitteln der Befreiung einen Selbstzweck machen, also gerade durch die Zenübung den Sinn des Zen verfehlen. Darum, wenn Leute dieser zweiten Art zu Dschau-dschou kommen, stellt sich der Alte taub und will von Geist und Buddhaschaft, vom Wunder der Erleuchtung und von tieferen Erkenntnissen nichts wissen. Er wirft die Bootsfracht ihrer Zenweisheit ins Wasser, raubt sie aus und läßt sie leer dastehen. Er verfährt also ganz ähnlich, wie die dritte Art, die Yüan-wu anführt, nämlich Hsüä-fēng und seine Schüler, wie z. B. Yün-mēn, welche klarer als die andern die Gefahr des Redens vom Unfaßbaren begriffen haben – man denke nur an Yün-mēn's warnenden Ausruf »Sperre!« (Vgl. das achte Beispiel, Band 1, S. 184). Aber Dschau-dschou wittert auch bei solchen, die aus dieser Richtung kommen, noch irgendeinen Rest von Befangenheit und Wichtigtun. Er nimmt ihnen auch das Letzte weg und entläßt sie »rein und bloß, freischwebend, ohne nur ein Tüttelchen von einer Sache«: er entläßt sie, um im Gleichnis des Gesangs zu bleiben, auf die freie, leichte Fahrt stromab, umweht von reinem, staub- und wolkenfreiem Wind.

Durch diese völlige Entledigung von allen »Sachen«, den Dingen und damit zugleich dem eigenen Ich, das ihnen gegenüber sich als Hauptsache betrachtete, wird aus dem bisher »Lernenden« und schließlich »Ausgelernten« einer, der nun wirklich »in der Wahrheit« lebt und damit »über alles hinaus« ist, auch über Zen-Gebräuche und Zen-Worte. Wer »aller Dinge ledig« ist, steht eben damit allen Dingen, wie sie kommen mögen, offen gegenüber. Dschau-dschou selbst in seiner völlig anspruchslosen Natürlichkeit ist dafür das beste Beispiel. Wir verstehen jetzt, warum er gern das Wort zitierte: »Der höchste Weg ist gar nicht schwer; nur abhold wählerischer Wahl.« Wir ahnen die Hoheit, die hinter seinen fast gleichgültig hingeworfenen Antworten steht, wie jener von den großen Rettichköpfen oder der vom siebenpfündigen Rock. Er vermag mit allem umzugehen, alles anzufassen, und doch bleibt davon keine Spur an seinen Händen hängen. Auf ihn läßt sich das Wort anwenden: »Was kein Verstand der Verständigen sieht, das übet in Einfalt ein kindlich Gemüt.«

Wenn denn das Beispiel Dschau-dschou's jene Redensart bestätigt, der wirklich Erleuchtete sei wieder wie zur Zeit, als er noch unerleuchtet war, so liegt für solche, die diesen ganzen Umwandlungsprozeß nicht kennen, die Frage nahe: wozu dann dieser Aufwand des Buddhismus mit Klöstern, Tempeln, Mönchsordnung und jahrelanger Zen-Übung? Wozu das Aufheben, das man um landesfremde Inder macht? Schütteln wir doch dieses ausländische Wesen einfach ab und leben wieder wie vor tausend Jahren, wo kein Mensch in China sich mit solchen Grübeleien herumschlug!

Der Einwand ist bezeichnend für die allgemeine Stimmung jener Zeit. Er ist von Interesse auch durch seine Ähnlichkeit mit der Kritik, die anderwärts an einer Freiheit höheren Ursprungs laut zu werden pflegt.[1] Bezeichnend ist, wie Yüan-wu sie verteidigt. Fern von jeder Theorie verweist er einfach auf den Unterschied des Tuns, fragt nach der Leistung, die dem Menschen seinen inneren Rang gibt. Lebt einer leicht und locker in den Tag hinein? Oder hat er ernstlich sich bemüht, gekämpft, gerungen und den Sieg gewonnen? Nur wer die schwere Fahrt stromauf bestanden hat, ist auch der Fahrt stromab im reinen Winde würdig. Mögen andere, die sich das Vergnügen leisten können, auch stromabwärts fahren. Das ist ein billiger Genuß. Der reine Wind, der dem von schwerer Mühsal nun Befreiten das Herz aufschließt für Himmel, Wolken, Wasser, für das ganze Spiel der Farben, weht für sie umsonst.

Aber wieder ändert sich die Szene. Wo denn ist der Mann, der wirklich sagen könnte, er sei auf der Fahrt stromab? Gibt es das denn überhaupt? Ist nicht jeder Tag erfüllt von Ungenügen, Kampf und Not? »Es ist alles Fahrt stromaufwärts«, ist Yüan-wu's vorletztes Wort. Und das letzte bleibt als Frage stehen: »Wie steht es mit der Fahrt stromab?« Nie also darf ich »zu dem Augenblicke sagen: verweile doch, du bist so schön!« Der Kampf geht immer weiter bis zuletzt. Die Fahrt stromab bleibt ein Geheimnis, das sich nur dem erschließt, der unablässig übend sich bemüht.

[1] Die Freiheit vom »Gesetz« auf Grund der »Gnade«, wie Paulus sie verkündet, gibt dem Unerweckten Anlaß zu dem Einwand, das sei Zügellosigkeit, Libertinismus. Vgl. Brief an die Römer, Kap. 6, Vers 1 und 16.

Djing-tjing's Regentropfengeräusch

Hinweis

Es braucht nur einen leichten Hammerschlag[1]: und schon hat er das Gemeine überwunden und das Heilige überstiegen. Mit einem halben Wort kann er's entscheiden, so daß die Fesseln fallen und der Leim sich löst.

Das ist, als liefe er auf glattem Eis und schritte über Schwerterklingen.

Mitten im Gewühl der Klänge und der Farben sitzend, geht er über Klang und Farbe frei hinweg.

Sehen wir von dem erstaunlichen Verfahren, unbekümmert in die Kreuz und Quer zu gehen [wie es Dschau-dschou im vorherigen Beispiel übte], für diesmal ab! Wie aber, wenn es in dem Bruchteil eines Augenblickes einfach loszulegen gilt?

Das Beispiel

Wir legen vor:

Djing-tjing fragte einen Mönch: Was ist das draußen vor dem Tor für ein Geräusch?

Der Mönch erwiderte: Geäusch von Regentropfen.

Djing-tjing sagte: Die Erdgeborenen stellen das Verhältnis auf den Kopf; sie irren ab vom Selbst und jagen Dingen nach.

Der Mönch fragte: Wie hält es der Ehrwürdige?

Djing-tjing erwiderte: Mich bringt es beinahe soweit, vom Selbst nicht abzuirren.

Der Mönch fragte: Wie meint Ihr das: ›beinahe soweit, vom Selbst nicht abzuirren‹?

Djing-tjing erwiderte: Der erste Aufschwung mag noch leicht sein; was aber dann zuletzt herauskommt, ist naturgemäß zu sagen schwer.

[1] Hammerschlag: Auf einen achteckig geschnittenen Pflock aus edlem Holz von etwa 1 m Höhe und 30 cm Durchmesser schlägt man mit einem Hammer aus demselben Holz und ruft damit zu allgemeiner Stille bei der Mahlzeit, in den Zenklöstern besonders auch beim Auftritt eines Meisters.

Zwischenbemerkungen zum Beispiel

»Djing-tjing fragte einen Mönch: Was ist das draußen vor dem Tor für ein Geräusch?« – In gelassener Ruhe senkt er seine Angel. – Was fragt er nur, wo er doch wohl nicht taub ist?

»Der Mönch erwiderte: Geräusch von Regentropfen.« – Man muß es ihm lassen: ein Tatsachenkopf. – Er hat auch recht mit seiner Mitteilung.

»Djing-tjing sagte: Die Menschen stellen alle das Verhältnis auf den Kopf; sie irren ab vom Selbst und jagen Dingen nach.« – Da gibt es was! – Er hat Übung darin, einen Anlaß, der ihm paßt, zu finden. – Mit seiner großen Harke fegt er den ganzen Boden rein. [Er läßt dem Mönch nichts übrig, was er weiter sagen könnte.] – Er gibt ihm Hände und Füße seines eigentlichen Teils zurück. [Er versucht, des Mönches »eigentlichen Teil« zu Leben und Bewegung zu erwecken.]

»Der Mönch fragte: Wie hält es der Ehrwürdige?« – Ahnte ich es doch! Er hat das Spiel verloren. – Er dreht den Spieß um [geht zum Angriff über]. – Mit dem nimmt es doch aber so leicht keiner auf. – Er faßt des Gegners Lanzenspitze und dreht sie gegen ihn zurück.

»Djing-tjing erwiderte: Mich bringt es beinahe soweit, vom Selbst nicht abzuirren.« – Auweh! – Da haben wir's! Er kann sich selbst nicht deutlich erklären.

»Der Mönch fragte: Wie meint Ihr das: ›beinahe soweit, vom Selbst nicht abzuirren‹?« – Er bringt ihn in tödliches Gedränge. – Er versetzt diesem alten Chinesen einen tödlichen Schlag. – Traf sein erster Pfeil noch leicht, so geht der zweite tief.

»Djing-tjing erwiderte: Der erste Aufschwung mag noch leicht sein; was aber dann zuletzt herauskommt, ist naturgemäß zu sagen schwer.« – Er ist zu ihm wie zu einem Pflegesohn. – So ist er nun einmal! Wie aber wäre wohl [im selben Fall] ein Dö-schan oder Lin-dji vorgegangen? [Der eine hätte seinen Stock gebraucht, der andere den Mönch mit einem Ho'! zurechtgebracht.] – Wenn man es nicht Geräusch von Regentropfen nennt, wovon soll es dann das Geräusch sein? – Da haben wir's! Es ist nicht deutlich zu erklären.

Erläuterung des Beispiels

Schon das allein genügt, um daraus den Gewinn sich einzustreichen. Die Alten nehmen sich für ihre Unterweisung irgendeinen Einfall, irgendeinen äußeren Anlaß, nur um damit andern die helfende Hand zu bieten. Eines Tages fragte Djing-tjing einen Mönch: Was ist draußen vor dem Tor für ein Geräusch? Der Mönch antwortete: Das Geräusch von Regentropfen. Djing-tjing versetzte: Die Menschen alle stellen das Verhältnis auf den Kopf; sie irren ab vom Selbst und jagen Dingen nach.

Ein andermal fragte er: Was ist das draußen vor dem Tor für ein Geräusch? [Der Gefragte] antwortete: Es ist die Stimme einer Waldtaube[1]. Darauf sagte Djing-tjing: Wenn du dir nicht als Wirkung deines Tuns die Hölle ewiger Qualen zuziehen willst, so lästere nicht das Rad der rechten Lehre des Tathâgata [d. h. dessen, der so ist, wie er ist, nämlich des Buddha]!

Wieder einmal fragte er: Was ist das draußen vor dem Tor für ein Geräusch? Der [gefragte] Mönch antwortete: Es ist die Stimme einer Kröte, während eine Schlange sie hinunterwürgt.

Djing-tjing erwiderte: Ich hätte gedacht, es sei das Leiden der Kreatur; jetzt haben wir die leidende Kreatur noch dazu! Diese Worte und der vorausgegangene öffentliche Aushang sind in keiner Weise von verschiedener Art. Wenn ein Kuttenbruder hier hindurchgegangen ist, dann steht dem nichts entgegen, daß er sich in dem Gewühl von Klang und Farbe frei bewege. Wenn es ihm nicht gelingt, hindurchzudringen, bleibt er noch immer ein Verhafteter an Klänge und an Farben [an die Sinnenwelt].

In den Zen-Schulen hin und her bezeichnet man öffentliche Aushänge dieser Art als »stählende Worte«. Aber »stählen« bedeutet ja nur eine geistige Übung. Man übersieht dabei die [bewußte] Bemühung dieses alten Meisters um den Menschen [d. h. ihm geht es um viel mehr, um die Erweckung zur befreienden Erkenntnis].

Ferner stellen manche auch für das Hindurchdringen durch Klang und Farbe eine Folge von fünf Stufen auf, nämlich erstens Klärung des Blickes für den Weg [des Buddha], zweitens Klärung von Klang und Farbe, drittens Klärung der überkommenen Lehre von Herz und Geist, viertens Klärung des Vergessens der Gefühle, fünftens Klärung der weiteren Ausbreitung [der gewonnenen Erkenntnis]. Das ist gewiß schön feingestoßen; was hilft es aber, wenn man [schon von vornherein] mit einem leeren Mörser dasitzt?

Djing-tjing also fragte: Was ist das draußen vor dem Tor für ein Geräusch? Der Mönch antwortete: Geräusch von Regentropfen. Und Djing-tjing sagt nun umgekehrt: Die Menschen stellen das Verhältnis auf den Kopf; sie irren ab vom Selbst und jagen Dingen nach. Das verstehen die Leute falsch, wenn sie behaupten, Djing-tjing wolle den Menschen absichtlich den Kopf verdrehen. Da haben wir's! So etwas hat doch mit der Sache nichts zu tun. Vor allem wissen diese Leute nichts von Djing-tjing's großer Gabe und Geschicklichkeit, anderen zu ihrem Besten zu verhelfen, verstehen nichts von seiner inneren Größe, die an keinem Anlaß, keinem Umstand haften bleibt, und die nicht im ge-

[1] Die chinesische Waldtaube, Bo-djiu (Po-chiu), in den südlichen Teilen Chinas bis nach Hinterindien weit verbreitet, nähert sich auch menschlichen Wohnungen und wird von den Südchinesen gerne im Käfig gehalten. Dem Volksmund zufolge bricht sie bei herannahendem Regen in heftige Warnrufe aus; bei düsterem Wetter jage der Tauber sein Weibchen weg, bei klarem Wetter rufe er es her.

ringsten darauf bedacht ist, »die Brauenhaare zu schonen« [d. h. er scheut sich nicht davor, im eindringlichen Zureden so weit zu gehen, daß andere darüber spotten, ihm fielen noch die Brauenhaare aus]. Wie sollte Djing-tjing denn etwa nicht wissen, daß [was er hörte] das Geräusch von Regentropfen ist? Wieso verschwendet er dann doch noch eine Frage?

Ihr müßt wissen, daß der alte Meister mit Sondierstange und Schattengras[1] zu Werke geht, um diesen Mönch zu prüfen. Der aber schlägt auch gut zurück, indem er fragt: Ehrwürdiger, wie haltet Ihr es denn? Und alsbald hat er es erreicht, daß Djing-tjing hinein in den Schlamm, hinein ins Wasser steigt und zu ihm sagt: Mich bringt es beinahe so weit, vom eigenen Selbst nicht abzuirren.

Daß dieser Mönch vom eigenen Selbst abirrt und Dingen nachjagt, das ist ohne weiteres verständlich. Wieso aber soll auch Djing-tjing noch vom eigenen Selbst abirren? Da müßt ihr wissen, daß er mit dieser Antwort den Mönch tiefer erforschen will und deshalb etwas Herauslockendes hineinlegt.

Der Mönch hingegen, als unverbesserlicher Starrkopf, muß dem Gespräch den letzten Garaus machen und dringt noch weiter in ihn mit der Frage: Was meint Ihr aber nur mit diesen Worten »Es bringt mich beinahe so weit, vom eigenen Selbst nicht abzuirren«? Hätte dies sich in der Schule Dö-schan's oder Lin-dji's zugetragen, so wäre es bereits zu Schlägen oder zu dem Scheltruf Ho'! gekommen. Djing-tjing geht seinen eigenen schmalen Pfad, paßt sich dem Mönche an und bietet ihm ein Rankengewinde, indem er sich ihm noch einmal zuwendet und sagt: Der erste Anlauf mag noch leicht sein; was aber dann zuletzt herauskommt, läßt sich mit Worten schwer beschreiben.

So ist es allerdings. Einer der Alten aber [und zwar der große Meister Dung-schan Liang-djiä] sagt: Darin beständig bleiben, das ist noch viel schwerer.

Dieser Djing-tjing bringt es mit nur einem Sätzchen fertig, jenem Mönch die Große Sache unter seinen Fersen klarzumachen. Hsüä-dou sagt es im Gesang:

Gesang

Die Halle leer; Geräusch von Regentropfen.
Da Rede stehn fällt dem Erfahrenen[2] schwer.
Meinst du, er habe längst »die Strömung eingezogen«,
Versteht er's doch sowenig wie vorher.
Versteht's – versteht es nicht –
Und von Bergen des Südens zu Bergen des Nordens
wälzen sich Wolkenbrüche.

»Die Halle leer; Geräusch von Regentropfen.« – Das geht so von jeher ohne Unterbrechung weiter. [Die stille Buddhahalle innen und draußen das »Gewühl von Klang und Farbe«.] – Darin befinden sich große Berühmtheiten! [»Die Buddhas, Patriarchen, Berge, Ströme, Gras und Bäume, Sonne, Mond und Sterne, die ganze Kreatur, sei's mit, sei's ohne ein Gefühl«, deutet der Erklärer Katô Totsudô.]
»Da Rede stehn fällt dem Erfahrenen schwer.« – Habe ich mir's doch gedacht! Er weiß es nicht. [Soll wohl auf den Dichter Hsüä-dou gehen: auch er weiß auf die letzte Frage des Mönchs keine befriedigende Antwort zu geben.] – Und der Mönch vom Berge hier [ich, Yüan-wu] ist ohnedies schon kein »Erfahrener«. – Da [in diesem Verse] ist beides: vorläufige [relative] Wahrheit und endgültige [absolute] Wahrheit, Lockerlassen und Festhalten, Töten und Lebendigmachen, Gefangennehmen und Freigeben.
»Meinst du, er habe längst ›die Strömung eingezogen‹« – Er [der Dichter] steckt den Kopf in die Leimschüssel. [Er gebraucht einen Fachausdruck aus der Erkenntnistheorie und überzieht so sein Gehirn mit einer die geistige Bewegung hemmenden Leimhaut. Statt in der Theorie kleben zu bleiben, gilt es, das hier Gemeinte selbst zu vollziehen, nämlich den unsichtbaren »Strom«, den der Hörer, dem Ding nachjagend, vom Ohr fort nach den Regentropfen fließen läßt, zum eigentlichen Mittelpunkt, zum Selbst, wieder hereinzuholen.] – Nennt man es nicht das Geräusch von Regentropfen, wovon soll es denn das Geräusch sein? – [Die 1963 von Itô Yûten herausgegebene kritische Textausgabe bringt hier aus einem andern Texte folgende zwei Bemerkungen:] Durch das Ansehen, das sie genießen, täuschen sie [nämlich diese Zenmeister] die Leute. – Man darf aber auch nicht vorschnell sein!
»Versteht er's doch sowenig wie vorher.« – Wie oft schon hat der alte

1 Sondierstange und Schattengras: Die japanischen Kommentare erklären einstimmig, es handle sich um Diebeswerkzeuge, ohne diese doch einleuchtend zu beschreiben. Hingegen verweist das gebräuchliche chinesische Wörterbuch Tsï-hai (Tz'u-hai) auf die 1188/89 (also keine 60 Jahre nach Yüan-wu's Tod) erschienene Schrift des Zen-Historikers Hui-yän Dschïdschau (japanisch Mai-gan Chi-shô) mit dem Titel Jën-tiän Yän-mu (japanisch Nin-ten Gam-moku) und einen Kommentar dazu, der diese Gegenstände mit der Flußfischerei verbindet. Darnach verlocken die Fischer mit einer Senkstange, an deren Ende sie Kormoranfedern gebunden haben, die Fische, sich um diese zu sammeln, beschatten sie darauf von oben durch einen schwimmenden Teppich von Grasbüscheln und ziehen die in Sicherheit Gewiegten in ihr Netz. Gleich behutsam geht hier Djing-tjing vor, um diesen Mönch in den ihn noch befremdenden Bereich hereinzuziehen.

2 Auf »dem Erfahrenen« liegt der Nachdruck: Selbst ein Erfahrener kann sich darüber nicht in Worten aussprechen.

Mönch hier euch darnach gefragt? [ist es doch die eine große Hauptfrage, auf die alles ankommt.] – Lackkübel ihr! So gebt mir doch den Hammerkopf ohne Öhr wieder zurück [den ich euch zum Anfassen hingeworfen habe]!
»Versteht's – versteht es nicht« – Haut einfach beide Enden ab! [Erhebt euch über alle gegensätzlichen Gedanken!] – Du kannst das eine nicht vom andern trennen. – Du befindest dich auf keiner von den beiden Seiten! [Yüan-wu spricht das Innerste in seinen Hörern an, den Buddha selbst.]
»Und von Bergen des Südens zu Bergen des Nordens wälzen sich Wolkenbrüche.« – Über dem Kopf und unter den Füßen. – Nennst du es das Geräusch des Regens, bist du blind; nennst du es nicht so, wovon soll es dann das Geräusch sein? – An diesem Punkte bleibt dir nichts, als mit den Fersen auf den Boden der tatsächlichen Wahrheit treten; dann erst erlangst du es. –

Erläuterung des Gesangs

»Die Halle leer; Geräusch von Regentropfen. Da Rede stehn, fällt dem Erfahrenen schwer.« Denn wenn er es das Geräusch von Regentropfen nennt, bedeutet das, daß er vom eigenen Selbst abirrt und einem Ding nachjagt. Nennt er es aber nicht das Geräusch von Regentropfen, wie soll er dann die Dinge drehen und wenden? An diesem Punkt ist es sogar für einen Erfahrenen und Sachverständigen schwer, Rede und Antwort zu stehen. Darum hat einer der Alten [einmal] gesagt: Wer in der Einsicht seinem Meister gleichsteht, der mindert dessen Wirkungskraft um die Hälfte herab; erst wer den Meister an Einsicht übertrifft, ist der Überlieferung seines Geistessiegels würdig [ein Ausspruch des Meisters Baidschang, Band I, S. 224]. Ferner hat Nan-yüan gesagt: Unter dem Stockhieb kann es je nach der inneren Bereitschaft eines Schülers sein, daß er in der Geduld, die zu den unerschaffenen Dinglichkeiten willig ja sagt, hinter seinem Meister nicht zurücksteht. [Vgl. die Erläuterung zum 38. Beispiel, S. 108, 120.]
»Meinst du, er habe längst ›die Strömung eingezogen‹, versteht er's doch sowenig wie vorher.« In der Lehre[1] heißt es: »zuerst, wenn er [der Bodhisattva Avalokiteshvara] im Hören die Strömung in sich einzieht, vergißt er des Gehörten Gegenstand. Da somit, was er in sich eingezogen hat, bereits ein Leeres ist, so leuchtet ein, daß die zwei Qualitäten Ruhe und Bewegung nicht auftreten.« Sagst du also, es sei das Geräusch von Regentropfen, so ist das einerseits nicht richtig. Sagst du, es sei kein Geräusch von Regentropfen, so ist andererseits auch das nicht richtig. In einem früheren Gesang [nämlich dem zum 10. Beispiel, das von Mudschou handelt] heißt es: »Zweimal Ho'! Gib noch ein drittes dazu! Kenner weiß, wie das Blatt sich wendet im Nu.« Das ist unserem Gesang hier richtig verwandt. Wenn du sagst, das [was Djing-tjing meine] heiße,

die Strömungen von Klang und Farbe in sich einziehen, so ist das einerseits nicht richtig. Und wenn du, es benennend, Klang und Farbe daraus machst, so hast du das, was jener [Djing-tjing] meint, noch immer nicht verstanden.
Sagen wir's mit einem Gleichnis: es ist wie mit dem Finger, welcher auf den Mond hindeutet. Der Mond ist nicht der Finger. »Versteht's – versteht es nicht –«
»Und von Bergen des Südens zu Bergen des Nordens wälzen sich Wolkenbrüche.«

[1] Lehre: Gemeint ist der sechste Band des abgekürzt Shûramgama genannten Sutras, einer späten Zusammenstellung aus verschiedenen älteren Sutren. Vgl. Mochizuki, Bukkyô Daijiten, 1935, IV. Band, S. 3387, c.

Erklärungen zum Text

Zum Verständnis des Beispiels

Der Meister Dau-fu in dem Zenhof Djing-tjing[1], d. h. Spiegelreine gehört mit Hsüan-scha, Bau-fu, Tschang-tjing Hui-lĕng und Yün-mĕn zur Schule jenes geistesmächtigen Hsüä-fĕng, die im vorigen Beispiel von Dschau-dschou hervorgehoben wird als diejenige, welche in der »Fahrt stromauf« besser als die anderen geübt und nahe daran sei, die »Fahrt stromab im reinen Wind« wagen zu dürfen. Auch persönlich ist uns dieser Djing-tjing in Erinnerung durch das Bild der Bruthenne, mit der er seinen Dienst an den ihm Anbefohlenen verglich. So, wie die Henne in dem Augenblick, wo in dem Ei das ausgereifte Küchlein sich bemerkbar macht, die Schale aufpickt, so hielt er sich bereit, dem geistig Ringenden gerade im Moment der Krisis helfend die Hand zu reichen. Was uns hier vorgelegt wird, ist ein Musterbeispiel dieser hohen Kunst. Es zeigt, welch dichte Fühlung er mit seinen Schülern hielt, wie »spiegelrein« sich, was in diesen vorging, in seinem Innern abzuzeichnen pflegte. (Vgl. das 16. Kapitel, Band 1, S. 297–306.)
Uns den Anlaß der erzählten Unterredung vorzustellen, hat der Bericht uns selber überlassen. Wahrscheinlich ist gerade regelmäßiger »Durchgang«, d. h. die Zeit, in der die Mönche einer um den andern einzeln vor den Meister treten, um sich ihm zu öffnen und neue Weisung zu empfangen. Nun kommt der Mönch daher, auf den der mütterlich besorgte Meister längst ein Auge hat. Und irgendwie sieht er ihm an, daß jetzt der Augenblick des Durchbruchs nahe ist. In der Halle ist es still wie immer. Heute aber ist ein Regentag, und draußen klatscht vom Rand des hohen Daches die Traufe saftig in den Hof. »Im Bruchteil eines Augenblicks« hat Djing-tjing für den Mönch das Wort bereit, das alles in sich schließt, was diesem zu erkennen nottut: »Was ist das draußen vor dem Tor für ein Geräusch?«
Schon diese erste Frage trifft den Mönch im Innersten. Als ob der Meister das nicht selber wüßte! Er sucht etwas bei mir, was über den gewöhnlichen Verstand hinausgeht. Etwas Hohes, was sich für mich gar nicht schickt. Besser, als mich auf ein Glatteis wagen, bleibe ich beim schlichten Tatbestand, sei es auch auf die Gefahr hin, lächerlich zu werden. Und verschämt, vielleicht sogar verdrossen, sagt er ihm das Selbstverständliche: »Geräusch von Regentropfen.« Daß der Meister damit nicht zufrieden sein wird, weiß er schon von vornherein. Was wird er zu sagen haben?
»Die Erdgeborenen stellen das Verhältnis auf den Kopf. Sie irren ab vom Selbst und jagen Dingen nach.« Das kommt allerdings aus einer andern Welt. Es stellt umgekehrt das diesen Erdgeborenen geläufige Verhältnis auf den Kopf. Und daß es hier im Zenhof »Spiegelreine« um eben diese radikale Umkehr geht, hat der Mönch schon längst begriffen. Nur ist er

damit selbst noch nicht im reinen. Mit des Meisters Tadel für die »Erdgeborenen« fühlt er sich selbst getroffen. Wie lange hat er hier schon mitgemacht, und alles das umsonst! Er hadert mit sich selbst und mit dem Meister. Und alsbald faßt er sich ein Herz. Hat doch mit jenen Worten der Meister selbst sich ihm geöffnet wie noch nie. Gibt er nicht zu verstehen, er wenigstens sei über arme »Erdgeborene« weit hinaus, irre nicht mehr von sich selber ab, jage keinen Dingen mehr nach? Jetzt ist die Möglichkeit gegeben, ihn beim Wort zu nehmen und ganz direkt zu prüfen, ob es so etwas tatsächlich gibt und wie das möglich ist. Und mannhaft fragt er gerade heraus: »Wie hält es der Ehrwürdige?«

Daß der Mönch sich das erlauben konnte, ist für Djing-tjing's »Hausbrauch« ein beredtes Zeugnis. Schon als Schüler Hsüä-fëng's auf der Schneekuppe bei Fu-dschou hat der Mönch Dau-fu durch die offene Lauterkeit der Rede Segen gestiftet (vgl. Band I, S. 305). Denselben Ton hat er, wie man hier sehen kann, in seinem eigenen Kreis gepflegt. Um so bemerkenswerter ist nun seine Antwort. Einerseits zeigt sich in ihr die reine Güte, die Bemühung, den Augenblick solch rückhaltloser Aufgeschlossenheit des Schülers auszunutzen. Yüan-wu bewundert ihn auf seine Art satirisch: »Alsbald hat es der Mönch erreicht, daß jener ihm zulieb hinein in den Schlamm, hinein ins Wasser steigt« – wir würden etwa sagen: daß er seiner Würde sich begibt und aus der Schule schwatzt. Andererseits jedoch ist seine Antwort wie ein Schleier, hinter dem zwar, wer die Augen dafür hat, etwas unbeschreiblich Hohes sehen kann, während andere sagen können: es ist nichts dahinter.

»Mich bringt es beinahe so weit, vom Selbst nicht abzuirren.« Für die erste Hälfte dieses Satzes steht im Chinesischen ein einziges Zeichen; und wir sind nicht einmal sicher, ob wir seinen Sinn richtig erschöpfen können.[2] Die japanischen Zengelehrten deuten: nahezu so weit, beinahe so weit; und darauf läuft der Sinn gewiß hinaus. Ursprünglich aber hat das Zeichen mit dem Ablaufen von Wasser zu tun und bedeutet gießen, dann bewässern, durchnässen, durchfeuchten, weitersickern, und auf diesem Weg gelangt es endlich zu dem abgeblaßten Sinn von nahezu so weit, so weit kommen, hingelangen. Ob bei Djing-tjing diese Grundbedeutung irgendwie noch durchklingt, können wir nicht wissen. Sollte es jedoch der Fall sein, dann hätte er in seiner Antwort an den Mönch direkt auf den Regen außerhalb der Halle angespielt, so daß zu übersetzen wäre: »Mich durchnäßt es nach und nach so weit, daß ich vom Selbst nicht abirre.« Und das gäbe seinen Worten noch besonderen Feinsinn.

[1] Djing-tjing Dau-fu (japanisch Kyô-sei oder Kyô-shô Dô-fu), vor und nach 900, Traditionstafel III A 13 b. Der Zenhof Djing-tjing befand sich in der Stadt Schau-hsing südlich der Bucht von Hang-dschou.

[2] Das besagte Schriftzeichen lautet djî (englische Schreibung: chî) und besteht aus den beiden Zeichen für Wasser und spontan.

Wie dem nun sei, die Antwort Djing-tjing's ist dem Wortlaut nach klipp und klar. »Beinahe« ist nun einmal nicht »ganz«. Yüan-wu freilich schätzt gerade diese vornehme Zurückhaltung aufs höchste und erklärt die Lockerheit des Ausdrucks zudem mit der Absicht Djing-tjing's, den Mönch zu weiterem Fragen zu ermutigen. Dies gelingt ihm in der Tat. Der Mönch, von der erteilten Antwort unbefriedigt, läßt nicht locker und will genauer wissen, wie dieses »beinahe« oder »nach und nach« gemeint sei.

Und während andere, wie Dö-schan oder Lin-dji, durchdrungen vom Gefühl der Unnahbarkeit des innersten Geheimnisses, die zudringliche Frage mit Stockschlägen erwidert hätten oder mit dem Donnerrufe Ho'!, läßt Djing-tjing sich herbei und hilft dem Mönch noch weiter auf die Fährte. »Der erste Aufschwung«, so beginnt er, »mag noch leicht sein.« Er macht dem nun aufs äußerste Gespannten Mut, den Sprung ins Dunkle, auf den alles ankommt, erst einmal zu wagen: Absage an die Eitelkeit des kleinen Ichs, Lösung von dem Trug der Dinge, Umkehr zu dem »eigentlichen Teil«, Einkehr ins wahre Selbst. Das ist sicher etwas Ungeheures, es ist die Stunde einer zweiten Geburt. Dennoch meint Djing-tjing: es ist verhältnismäßig leicht. Und dies darum, weil im Hochgefühl der Loslösung, der neugewonnenen großen Freiheit das kleine Ich des Menschen wie versunken, die Welt der Dinge wie vernichtet scheint. Dies aber ist genauso eine Illusion, wie jene erste, die das kleine Ich und seine Gegenstände als objektive Wirklichkeiten nimmt. Gewiß muß erst einmal der Irrwahn von einer dauerhaften und in sich selbständigen Wirklichkeit sowohl des eigenen Ichs als auch der Einzeldinge überwunden und die Tatsache erkannt sein, daß alles, was wir sehen, hören, denken, uns zwischen den Händen zerfließt, uns leer läßt. Das ändert aber nichts an der Erfahrung, daß das »Gewühl von Klang und Farbe«, wie es Yüan-wu nennt, noch immer da ist und uns keinen Augenblick allein läßt, ja daß wir auch den Knäuel von Begierden, Ärger, Blindheit, den wir als unser kleines Ich erkannt und fortgestoßen haben, immer noch nicht losgeworden sind, ihn vielmehr weiterschleppen müssen bis ans Ende.

Wie steht es nun um uns und um die Welt? Wir haben sie als Wahn erkannt und leben doch darin. Wir haben ihr den Rücken zugekehrt, und sie kommt ständig auf uns zu. Was bleibt uns übrig, als sie so zu nehmen, wie sie ist, und sie gerade so zu überwinden! Denn dieses »Nehmen« ist durchaus nicht etwas rein Passives. Es ist ein An-sich-nehmen im Vollsinn des Wortes. Anstatt »den Dingen nachlaufen« bedeutet es, die Dinge sich zu eigen machen, sie in sein Innerstes einholen und auf diese Weise sich mit ihnen einen. Yüan-wu in der Erläuterung zum Beispiel berichtet von noch anderen Fällen, in denen Djing-tjing fragte: Was ist das draußen denn für ein Geräusch? In einem dieser Fälle lautete die Antwort: Es ist die Stimme einer Waldtaube. Und Djing-tjing weist das schärfstens ab als Lästerung der rechten Lehre des Tathâgata, des ewigen

Buddha. Denn für diesen gibt es nichts, was er nicht selber wäre. Er macht alles sich zu eigen und reinigt es damit. Auch die Stimme der Waldtaube ist des Buddha Stimme.
Ebenso auch das Geräusch der Regentropfen. Wer den Buddha in sich hat, der irrt vom Selbst nicht ab. Er läuft nicht dem Regen nach, betrachtet ihn nicht als ein fremdes Ding, das ihn heute freut und morgen ärgert, sondern nimmt ihn mutig mit in sich hinein als unfaßbares Leeres, als ein Stück Nirvâna, also im gleichen Sinn, wie er sich selbst und alles nimmt; und so schließt er mit sich und allem Frieden.
Das ist freilich ein geheimnisvoller Vorgang und verlangt unausgesetztes Ringen. »Der erste Aufschwung mag noch leicht sein«, sagt Djing-tjing liebevoll zu seinem Schüler. »Was aber dann zuletzt herauskommt«, schließt er, »ist naturgemäß zu sagen schwer.« Und nicht umsonst führt Yüan-wu hier die Worte Dung-schan's an: »Darin beständig bleiben« (und das heißt: im Kampfe nicht ermatten), »das ist noch viel schwerer.«

Zum Verständnis des Gesangs

Was im Beispiel eine Einzelfrage scheinen mochte, das erheben Hsüä-dou's kurze Verse mit genialem Schwung ins Allgemeine, weiten es zum Weltgeheimnis.
»Die Halle leer« – wer einmal in solch einer Buddhahalle geweilt hat, versteht das ohne weitere Erklärung. Ob er nun sagt: hier ist der Lärm der Welt erloschen, ist Nirvâna, ob er empfindet: dieses ist des Buddha eigentliche Stätte, oder ob ihm klar wird: hier ist dein dir so wichtiges Ich nur eine hohle Arroganz, hier öffnet sich in deinem Innern eine Tiefe, die verschüttet war, dein wahres Selbst, dein eigentliches Teil, das macht alles keinen Unterschied.
Doch nun von außen: das »Geräusch von Regentropfen«. Je mächtiger die Stille, um so störender das Rauschen. Der ganze Lärm der Welt klingt darin an, das unendliche »Gewühl von Klang und Farbe«, die nie versiegende Quelle aller Lust und allen Leids, Samsâra. Auch die stille Halle mit dem hohen Dach und Wänden bietet davor keinen Schutz.
Dem Samsâra zu entrinnen, das Nirvâna zu gewinnen, dazu war einst der Sohn des Shâkyastammes in die Heimatlosigkeit gegangen.
Dieses Zieles wegen haben ihm sich Jünger angeschlossen, sind ihm später Ungezählte nachgefolgt, und die Denker unter ihnen haben ihren ganzen Scharfsinn, ihren Weitblick, ihren Tiefsinn nur darauf verwandt, das Verhältnis von Nirvâna und Samsâra klarzustellen. Sie alle haben es erfahren, was Hsüä-dou hier im zweiten Verse sagt: »Da Rede stehn fällt auch Erfahrenen schwer.« Sie hatten in der Stille der Versenkung den Frieden des Nirvâna tief erfahren. Und nur von diesem Mittelpunkte aus, nicht einfach als beliebige Philosophen, versuchten sie, die Welt der Gegensätzlichkeit und Dinglichkeit zu deuten. Es konnten selbstverständlich immer nur Versuche sein. Einer der erfolgreichsten

war der des großen indischen Denkers Nâgârjuna und seines Schülers Âryadeva. Von letzterem rühmt Ba-ling im 13. Beispiel (Band I, S. 251), er »häufe Schnee auf eine Silberschale«, d. h. er biete reinste Wahrheit in der reinsten Form. Was er verkündet, ist vor allem die Erkenntnis, daß die Dinglichkeiten des Samsâra in und um uns, wenn man ihnen auf den Grund geht, alle qualitätslos, leer, ungreifbar sind und deshalb ihrem Wesen nach dem einen Leeren, d. h. der Stille des Nirvâna, gleich sind, mit ihr in eins zusammenfallen.

Die innige Versenkung in die hier beschriebene ›coincidentia oppositorum‹, d. h. in das In-eins-zusammenfallen logisch unvereinbarer Gegensätze, führte nun die Konsequenten, die Entschiedensten der Buddhanachfolger, wenn man so sagen darf, zu einer Verdoppelung der Sinnesumkehr. Nun galt es nicht mehr nur, die Welt der Dinge, den Samsâra, als leeren Schein und Trug zu meiden. Es galt, den Schein und Trug als solchen ernst zu nehmen, sich mit ihm zu befassen, weil er nun einmal da ist, und das in seiner ganzen Unermeßlichkeit, mit aller seiner Schönheit und allen seinen Schrecken. Die Losung hieß nun nicht mehr nur: Welt, ade, ich bin dein müde. Sie kehrte sich, wenigstens scheinbar, in ihr Gegenteil um, wobei sie doch dem Sinn des Buddhatums bis in die letzten Folgerungen treu blieb. Die Losung hieß nunmehr: Welt, komm nur, du kannst mir nichts anhaben! Es spricht sich darin etwas aus, was höher steht als jedes individuelle Ich, das reine Selbst, das von sich selbst nicht abirrt, und das doch zugleich die bunte Menge der Erscheinungen in sich aufnimmt, also in Djing-tjing's Falle auch den Regen. Drückt man es in Worten aus, so kommt man über logische Unmöglichkeiten nicht hinaus, wie Yüan-wu dies in der Erläuterung zum Gesang durch seine Antithesen gleich zu Anfang deutlich zeigt. Dahinter aber steht das innere Erleben einer Höhe, für welche es nach oben keine Grenzen gibt. Nur daß sie jeder immer wieder neu erringen muß. Und im Anschluß an ein Wort von Bai-dschan setzt Yüan-wu noch hinzu, daß in diesem Punkt ein Schüler seinen Meister eigentlich noch übertreffen muß, um dessen Nachfolger werden zu können. Endlich erinnert Yüan-wu mit einem Hinweis auf die so dramatische Begegnung jenes Himmelsstürmers Fëng-hsüä mit dem Meister Nan-yüan, die uns im achtunddreißigsten Beispiel geschildert wird (s. S. 108), an jene höchste Stufe der Geduld, die in den Mahâyâna-Sutren als Kraftquelle für jenes sieghafte Verhalten gegenüber der Erscheinungswelt genannt wird: »das willige Ja zur unerschaffenen Dinglichkeit«[1]. Diese Art »Geduld« ist im Grund nichts anderes, als Ausfluß der Erkenntnis von der Leerheit ebenso des eigenen Ichs wie auch der Welt der Dinge, sie ist ein Merkmal echter Buddhaschaft. Bedenkt man alles dies, wird es erst vollends deutlich, wie sehr der Dichter Hsüä-dou recht hat, Djing-tjing's scheinbar ausweichender Antwort recht zu geben: »Was zuletzt dabei herauskommt, ist naturgemäß zu sagen schwer.«

Im dritten Verse des Gesangs spielt Hsüä-dou auf die Art und Weise der

Versenkung an, durch die der Übende der Leerheit der Erscheinungswelt, jenes »Gewühls von Klang und Farbe«, innewird. Der Dichter stützt sich dabei auf ein sonst nicht viel berufenes Sutra[2], das unter anderem von den Versenkungsübungen des Bodhisattva Avalokiteshvara handelt. Dort ist die Rede von der »Strömung«, d. h. der Bewegung, die zwischen Schallquelle und Gehörsinn hin- und hergeht (dies selbstverständlich nicht im Sinn moderner physikalischer Akustik). Während der naive Sinn im Augenblick des Hörens gleich zum Ding, hier also zu den Regentropfen, weiterströmt (»er irrt ab vom Selbst und jagt den Dingen nach«), heißt es vom Bodhisattva, er ziehe schon von Anfang an den Schall so stark ins eigene Innere ein, daß er darüber ganz den Gegenstand, von dem der Schall ausgeht, vergesse. Er eint sich also mit dem Schall und ebenso mit allem, was die Sinne ihm zutragen, und das ist alles leer, ist auch nichts anderes als Nirvâna. Trifft ihn der Regen auf die Haut, eint er sich mit der Nässe, fängt er Feuer und verbrennt, so ist auch dieses »an sich kühl«. Er ist in alledem vollkommen frei und in sich leer.

Mit der Erinnerung an diese höchste Stufe der Geduld lenkt Yüan-wu also unsere Blicke hin nach einer Höhe über allen Gegensätzen, in der das Dingliche beständig umgeschmolzen wird ins Leere oder, unter anderem Aspekt, ins eine reine Selbst. Nur weil Djing-tjing's und seiner Deuter (Hsüä-dou's und Yüan-wu's) Sinn in dieser Höhe wohnt, läßt sich der Widerspruch verstehen, daß beides falsch sein soll, sowohl der Satz, es handle sich um Regentropfen, als auch der andere, es sei hier kein Geräusch von Regentropfen. Von jener Höhe her gesehen, ist diese Dialektik freilich unvermeidlich. Sie erlaubt es dem »Erfahrenen« nicht, auf einem starren Standpunkt zu verharren. Er kann im nächsten Augenblick verneinen, was er soeben noch bejaht hat. »Kenner weiß, wie das Blatt sich wendet im Nu«, zitiert Yüan-wu aus dem Gesang zum zehnten Beispiel (Band I, S. 213). Wer jenseits aller Gegensätze im Ewigen seine Heimat hat, dessen Leben läuft in einer unaufhörlichen Spirale, in der sich Ja und Nein beständig ablösen.

Dabei ist er seiner Sache absolut gewiß und sicher. Ist diese doch nicht etwas, was irgendeiner Stütze bedarf, ist vielmehr selbst die Stütze, auf der alles ruht. Das versteht er ganz genau von innen her. Kommt aber der Verstand, der nach Begriffen unterscheidet, und fragt: Wie ist das zu verstehen? so kann er es mit keinem Wort erklären. »Meinst du, er habe längst die Strömung eingezogen, versteht er's doch sowenig wie vorher.«

Damit wäre Djing-tjing's Antwort an den Mönch, die dem Wortlaut

[1] In den Sanskritschriften: anutpattika-dharma-kshânti, chinesisch wu-schêng-fa-jën, japanisch mu-shô-hô-nin. Vgl. die sehr beachtenswerten Ausführungen zu diesem Begriff bei D. T. Suzuki, Studies in the Lankâvatâra Sûtra, S. 125, und die vorangehenden Abschnitte.

[2] Siehe oben S. 261, Anmerkung.

nach so dürftig und bescheiden, ja matt und unbefriedigend erscheint, voll gerechtfertigt.
Aber noch einmal hält Hsüä-dou an und steht vor dem Wunder dieses Widerspruchs, der in Wirklichkeit doch keiner ist, man darf wohl sagen, in Andacht still: »Versteht's, versteht es nicht.« Und dann vollzieht er ohne Zögern alsobald die Wende, auf die alles ankommt, die Wende des »Erfahrenen« hin zum Samsâra, zum »Gewühl von Klang und Farbe«; denn in diesem steht er, und an ihm muß er erproben, daß es nichts anderes als Nirvâna ist. Hier hört der Kampf nie auf, und die Probleme sind unendlich. Ohne die »Geduld, die zu den unerschaffenen Dinglichkeiten willig ja sagt«, kommt man hier nicht durch. Hier geht es nicht um ein paar Regentropfen. Es kommt noch ganz anders: »Von Bergen des Südens zu Bergen des Nordens wälzen sich Wolkenbrüche.«

Yün-mën's »Sechs Fassen-ihn-nicht«

Hinweis

Der Himmel – wie sollte er Worte machen? Die vier Jahreszeiten nehmen ihren Lauf, das ist's. Die Erde, wie sollte sie Worte machen? Die Zehntausende von Dingen gehen aus ihr hervor, das ist's.« In Richtung auf den Ablauf der vier Jahreszeiten magst du die Substanz erblicken, in Richtung aufs Hervorgehen der Zehntausende von Dingen die Funktion.
Aber saget mir einmal: In welcher Richtung könnt ihr nun den Kuttenmönch erblicken? Wenn man von seinen Worten, Reden, Bewegungen und Tätigkeiten, von seinem Gehen, Stehen, Sitzen, Liegen absieht und sich von seiner Kehle, seinen Lippen abkehrt, wird man ihn dann wohl besser unterscheiden können?

Das Beispiel

Wir legen vor:

Ein Mönch fragte Yün-mën: Was ist der Wahrheitsleib?
Yün-mën antwortete: Sechs Fassen-ihn-nicht.

Zwischenbemerkungen zum Beispiel

»Ein Mönch fragte Yün-mën: Was ist der Wahrheitsleib?«[1] – Wie vielen Menschen bereitet das Zweifel! – Darüber springt von tausend Heiligen keiner hinaus. – Nicht wenig leck und locker [ist es, so etwas zu fragen].
»Yün-mën antwortete: Sechs Fassen-ihn-nicht.« – Er haut Nägeln die Köpfe ab! Er zersägt Eisen! Ein achteckiger Mühlstein rast durch die Luft! – Die geisterhafte Meerschildkröte läßt den Schwanz im Sande schleppen [nachdem sie ihre Eier dort verscharrt hat, damit sie niemand finden soll. Mit seiner völlig negativen Antwort verrät Yün-mën trotzdem, daß, wenn auch unsichtbar, doch etwas Geheimes hier verborgen ist.]

[1] Wahrheitsleib, chinesisch Fa-schën, japanisch Hosshin, Sanskrit Dharmakâya, d. h. der Dharma, das Gesetz, das der Buddha als ewige Wahrheit verkündet und dargestellt hat, als Leib, d. h. als allumfassende Einheit vorgestellt. Vgl. das 39. Beispiel.

Erläuterung des Beispiels

An Yün-mën's Wort »Sechs Fassen-ihn-nicht« ist es von vornherein schon schwer heranzukommen. Denkt man dabei an einen Zustand, in welchem sich noch keine Spur eines Merkmals unterscheiden läßt, so steht man damit bereits auf Stufe zwei [nicht mehr auf der höchsten; denn man reflektiert dabei bereits auf Unterscheidung]. Denkt man an den Augenblick, in dem sich feinste Spuren von Gestalt bereits gebildet haben, um so den Sinn der Sache zu erfassen, so ist man schon auf Stufe drei herabgeglitten. Und hält man, um es zu erklären, sich an den schlichten Wortlaut, so endet es damit, daß man im Finstern tastet, ohne es zu finden. Was sollen wir nun schließlich von dem Wahrheitsleibe halten?

Was ein richtiger Kenner ist, wird allerdings die Antwort, welche Yün-mën bietet, nur zu hören brauchen, um auf der Stelle aufzustehen und loszugehen [wie der Mönch im 39. Beispiel, S. 129]. Sollte es dagegen sein, daß einem die Gedanken stillstehen und das innere Getriebe stockt, dann höre er in aller Demut an, wie wir verfahren.

Der Vorsitzer von Tai-yüan[1] war ursprünglich Exeget [zur Auslegung von Sutren]. Eines Tages, als er auf dem Podium sitzend seinen Vortrag hielt, kam er auf den Wahrheitsleib zu sprechen, wobei er sagte: Senkrecht erschöpft er die drei Zeiten [Vergangenheit, Gegenwart und Zukunft], waagrecht reicht er bis ans Ende der zehn Richtungen [acht Richtungen der Windrose, dazu oben und unten]. Nun saß zu seinen Füßen ein Zen-Gast, der, als er diese Worte hörte, lachen mußte. Fu stieg von seinem Sitz herunter und fragte ihn: Was ist an dem, was ich soeben ausgeführt habe, nicht richtig? Bitte, Zenfreund, sagt es mir und laßt mich's sehen! Der Zenfreund erwiderte: Ihr, Herr Lektor, besitzet eben nur die Fähigkeit, Euch über Maß und Umfang des Wahrheitsleibes zu verbreiten; daß Ihr ihn aber sähet, das ist nicht der Fall. Fu versetzte: Was soll ich nur aber schließlich tun, damit es recht wird? Der Zenfreund sagte: Ihr müßt für einige Zeit das Vortraghalten unterlassen und in einem stillen Zimmer ruhig sitzen; dann wird es Euch bestimmt gelingen, ihn ganz von selbst zu sehen. Fu befolgte diesen Rat. Einmal saß er die Nacht über in der Stille. Plötzlich hörte er den Glockenschlag der fünften Nachtwache [vier Uhr morgens]. Und mit einemmal ging ihm das große Licht auf. Alsbald klopfte er bei jenem Zenfreund an das Tor und meldete ihm: Ich hab's begriffen. Der Zenfreund sagte: Dann laß mich zur Probe einmal sehen, was du zu sagen hast! Fu erwiderte: Vom heutigen Tag an werde ich mich nach den Nasenlöchern, die ich von Vater und Mutter habe, nie wieder drehen und winden.

[In der von Itô Yûten 1963 herausgegebenen kritischen Textausgabe des Bi-yän-lu erscheint dieser Abschnitt in einer anderen Fassung, welche sich in einem bisher fast unbekannt gebliebenen Texte[2] findet. So genau er in den wesentlichen Punkten mit der obigen Fassung übereinstimmt, so weicht er doch in den Einzelheiten so beachtlich ab, daß es sich lohnt,

ihn hier wiederzugeben:] (Seht einmal her! Der Lektor Fu von Tai-yüan kam einmal bei der Auslegung des Vimalakîrti-sûtras an die Stelle, die dort vom Sinn des Wahrheitsleibes handelt. Zu seinen Füßen saß ein Mann, der dem »Dau« [dem »Taoismus«] abgesagt hatte [also zum »Tschan« oder Zen übergegangen war], und hörte zu. Auf Fu's Worte hin richtete er an diesen eine Frage: Herr Lektor, sagte er, was Ihr hier soeben vorgetragen habt, das ist der Wahrheitsleib sämtlicher Buddhas. Was ist des Herrn Lektors eigener Wahrheitsleib? Der Lektor sagte: Wie sollte das Prinzip des Wahrheitsleibes von Fall zu Fall verschieden sein? Der Hörer versetzte: Das ist, wie wenn jemand vom Essen redet. Es hilft am Ende doch nicht über den Hunger hinweg. Wir haben das Bedürfnis, über unseren Herzensgrund ins klare zu kommen. Maßgebend ist für uns das [eigene] Erwachen. Fu erwiderte: Ich habe nur den Begriff des Wahrheitsleibes vorgetragen, wie er eben ist. Nun aber bitte ich umgekehrt Euch, Ihr möchtet ihn mir deuten. Da sagte der Zenfreund: Stellt zunächst einmal die Sutrenvorträge ein und setzet Euch für eine Reihe von Tagen still in ein leeres Zimmer! Dann werdet Ihr leibhaftig den Wahrheitsleib erfassen. Fu befolgte einfach wörtlich diesen Rat. Er saß, sich aufrecht haltend, in der Stille. Und eines Morgens, als Trommel und Horn die Stunde des Drachen [acht Uhr] ankündeten, ging ihm mit einem Schlag das große Licht auf, so daß er sagte: Jetzt weiß ich es zum erstenmal, daß es von Ursprung an kein Einzelding gibt. Ich verbringe nun mein Leben damit, mich mit dem Leeren zu durchtränken und zu einen.)
Im Suvarna-prabhâsa-sûtra heißt es: Der Wahrheitsleib ist ohne Merkmal. Je nach der dinglichen Erscheinung nimmt er Gestalt an. Er ist wie der Mond im Wasser.
Ein Mönch fragte Djia-schan[3]: Was ist der Wahrheitsleib? Djia-schan antwortete: Der Wahrheitsleib ist ohne Merkmal. Der Mönch fragte weiter: Und wie ist das Wahrheits-[wörtlich: Dharma-]auge?[4]

[1] Tai-yüan Fu Schang-dso (japanisch Taigen no Fu Jôza) stammte offenbar aus Tai-yüan im nördlichen Schensi, hielt sich erst als Exeget in Tschekiang auf, kam dann zu Hsüä-fëng und wurde von dessen Schülern Tschang-tjing und Hsüan-scha gefördert, ist aber nie als Meister aufgetreten.

[2] »Die Abschrift einer einzigen Nacht«, japanisch Ichiya-hon. Näheres siehe Vorwort zum II. Band.

[3] Djia-schan Schan-hui, japanisch Kassan Zen-e, 9. Jahrhundert, Traditionstafel III A 11 e. Vgl. Band I, S. 23.

[4] Die Mahâyâna-Lehrer unterscheiden fünferlei Augen: 1. das fleischliche Auge, das nur die Außenseite sichtbarer Gegenstände sieht, 2. das Götter- oder himmlische Auge, das durch die Gegenstände hindurchsieht, 3. das Wahrheitsauge, das die wahre Gestalt von Ich und Welt, nämlich ihre gestaltlose Leere, sieht, 4. das Gesetzes- oder Wahrheitsauge, dharma-cakshus, das die Identität des Leeren mit der Erscheinungswelt sieht und so auch Wege findet, andern zur Erkenntnis zu verhelfen, 5. das Buddhaauge, das diese Eigenschaften in höchster Vollkommenheit besitzt.

Djia-schan erwiderte: Das Wahrheitsauge ist von Makel frei.
Auf die Frage des Mönches nach dem Wahrheitsleib sagt Yün-mën also: Sechs Fassen-ihn-nicht. Nun gibt es Leute, die erklären, dieser öffentliche Aushang beziehe sich einfach auf die [in der scholastischen Dogmatik vielgenannnten] sechs Wurzeln [der Wahrnehmung], auf die sechs Arten von Staub und auf die sechs Arten des Bewußtwerdens[1]. Da diese Sechse aus dem Wahrheitsleib hervorgegangen seien, sei es ihnen auch unmöglich, diesen ihrerseits zu fassen. Solch gefühlsmäßige Erklärung hat zu unserer Freude mit der Sache nichts zu tun. Sie wirft obendrein ein falsches Licht auf Yün-mën.
Wer sehen will, muß sehen! Es gibt da nichts für dich zu bohren und zu meißeln. Seht ihr nicht, wie es in der Lehre[2] heißt: Dieses GESETZ [d. h. der Inhalt der vom Buddha erkannten Wahrheit] ist nichts, was sich durch denkendes Ermessen mittels Unterscheidungen erklären ließe.
Seine [Yün-mën's] Antworten verleiten freilich viele zu gefühlsbefangenen Erklärungen. Gleichwohl ist er weit davon entfernt, deine Frage schlecht zu lohnen. Je nach Zeit und Stunde hat er bald ein Sätzchen, bald ein Wort, bald ein Pünktchen, bald auch einen Strich. Man muß es ihm schon lassen, daß er um Auskunft nie verlegen ist. Daher pflegt man bei uns zu sagen: Wenn dir ein einziges Sätzchen [von diesem Meister] durchsichtig geworden ist, siehst du durch alle tausend und zehntausend Sprüche [unserer Meister] durch.
Saget mir einmal: Meint Yün-mën nun mit seinem Ausspruch [Sechs-Fassen-ihn-nicht] den Wahrheitsleib des Buddhas? Oder meint er den des Patriarchen [Bodhidharma]? Ich gewähre dir [in jedem Fall] dreißig Schläge mit dem Stock. Hsüä-dou gibt die Antwort im Gesang.

Gesang

Eins – zwei – drei – – vier – fünf – sechs – –
Auch nicht der fremde Mönch mit blauen Augen zählt es aus.
Im Schau-Wald, faseln sie, hab' er's dem Hui-ko übergeben
Und sei, die Kutte aufgeschürzt, nach Indien heimgekehrt.
In Indien wirst du weit und breit nach ihm vergeblich suchen.
Seit letzter Nacht weilt er dafür am Zitzenhorn zu Gast.

Zwischenbemerkungen zum Gesang

»Eins, zwei, drei, vier, fünf, sechs –« – Und weiter fortgezählt bis zehn, und immer wieder von vorn! [So magst du ewig weiterzählen und erreichst es nie.] – Tropfendes Wasser, tropfendes Eis. [Bei starker Kälte gefrieren Wassertropfen auf der Stelle zusammen und sind nicht mehr zu zählen. So geht alles einzelne im Wahrheitsleibe auf.] – Was soll doch auch der Aufwand an so vieler Kunst und Mühe!

»Auch nicht der fremde Mönch mit blauen Augen zählt es aus!« – [Er müßte] dreimal auf je sechzig Äonen geboren werden. – Wie hätte Bodhidharma von so etwas auch nur geträumt! – Wo Hsüä-dou das doch selber weiß, warum vergreift er sich dann doch an ihm? [Warum muß überhaupt hier, wo es sich um das Geheimnis des Wahrheitsleibes handelt, ausgerechnet Bodhidharma herhalten? Yüan-wu's Gedanke ist dabei: weil Bodhidharma selbst uns dies erschlossen, ja mit seinem Leben dargestellt hat.]

»Im Schau-Wald, faseln sie, hab' er's dem Hui-ko übergeben.« – Wenn ein einziger das Leere weitergibt, erzählen Zehntausende »Tatsachen« weiter. – Das hat man schon von Anfang an falsch aufgefaßt.

»Und sei, die Kutte aufgeschürzt, nach Indien heimgekehrt.« – Damit beschwindelt man ganz allgemein die Menschen! – Das bringt nicht wenig Schande [auf Bodhidharma und auf seine ganze Schule].

»In Indien wirst du weit und breit nach ihm vergeblich suchen.« – Wo ist er denn dann? – So [wenn man sicher feststellen könnte, daß er tatsächlich nirgends mehr zu finden ist] hätte die Welt erst Ruhe und Frieden. – Aber wo ist er denn jetzt? [Dies ist die eigentliche Frage, auf die es ankommt.]

»Seit letzter Nacht weilt er dafür am Zitzenhorn[3] zu Gast.« – Er sticht dir die Augäpfel aus! – Es heißt aber auch Wellenschlag erregen, wo kein Wind ist. – Sagt mir einmal: Ist das [d. h. die Anwesenheit des Patriarchen auf dem Hsüä-dou-Berg] nun der Leib der Wahrheit des »GESETZES«, oder ist es der des Buddhas? – Ich gewähre dir [für jede Antwort, die du geben magst] dreißig Schläge mit dem Stock.

[1] Die scholastische Erkenntnistheorie unterscheidet sechs »Wurzeln« der Wahrnehmung: Gesicht, Gehör, Geruch, Geschmack, Körpergefühl, und die diese fünf begleitende Wahrnehmung. Diesen sechs »Wurzeln« entsprechen das Gesehene, Gehörte, Gerochene, Geschmeckte, Gefühlte, Wahrgenommene; sie verdecken das reine, unterschiedslose Leere, die wahre Wirklichkeit, beflecken sie und heißen darum »Staub«. Sie bilden die sechs Elemente des Bewußtseins, an welche sich darnach das Ichbewußtsein heftet.

[2] Mit »Lehre« meint Yüan-wu ein Sutra, und zwar das Saddharma-pundarîka-sûtra, die Schrift von der Lotusblüte des GUTEN GESETZES. Das Zitat ist nicht wörtlich, gibt aber kurz zusammengefaßt den Sinn der einleitenden Rede des Buddha im zweiten Kapitel, das von den »Notbehelfen« (upâya) für die an sich unmögliche Verkündigung der höchsten Wahrheit handelt.

[3] Zitzenhorn, chinesisch Ju-fëng: ein Gipfel auf dem Stock des Schneemuldenberges, Hsüä-dou-schan, auf welchem Hsüä-dou's Kloster stand.

Hsüä-dou versteht es trefflich, an dem Ort, der keine Nähte oder Risse aufweist, den wesentlichen Punkt herauszustellen. So spricht er im Gesang es aus, läßt es die Leute sehen.
Wo Yün-mën sagt: »Sechs Fassen-ihn-nicht«, wieso sagt Hsüä-dou dann im Gegenteil: »Eins, zwei drei, vier, fünf, sechs«? Das sagt sofort der Vers: »Auch nicht der Mönch mit blauen Augen zählt es aus.« Das ist der Grund, weshalb es bei uns heißt: Wir erlauben nur das Wissen des altehrwürdigen Fremdlings; aber das Verstehen des altehrwürdigen Fremdlings erlauben wir nicht. [Mit demselben Satz schließt schon die Erläuterung zum Gesang beim 1. Beispiel, Band 1, S. 49.] Aber es muß einer schon ein Sohn oder Enkel seines Hauses sein; dann erst erfaßt er es.
Vorhin [in der Erläuterung zum Beispiel] habe ich gesagt, wenn Yün-mën bald ein Wort, bald einen kurzen Satz ausspreche, so tue er das »je nach Zeit und Stunde«. Nur wer durch dies hindurchgedrungen ist, der erst wird verstehen, daß das Gesagte nicht im Wortlaut liegt. Bei wem dies etwa noch nicht der Fall sein sollte, der wird es nicht vermeiden können, sich gefühlsbefangene Erklärungen zurechtzumachen.
Mein einstiger Lehrer [Fa-yän] vom Berg des Fünften Patriarchen pflegte zu sagen: »Der Buddha Shâkyamuni ist nur ein gemeiner Tagelöhner«; und [Dschau-dschou's Antwort:] ›der Lebensbaum da vorn im Garten‹[1] ist [ein Kinderspiel] wie »Eins, zwei, drei, vier, fünf«. Wenn ihr, unter Yün-mën's Ausspruch [Sechs Fassen-ihn-nicht] tretend, es erlangt, [das, was gemeint ist] mit klarem Blick zu treffen, dann werdet ihr im Lauf der Zeit in dieses [geistige] Gebiet gelangen [in welchem solche Aussprüche, wie Fa-yän vom Berg des Fünften Patriarchen sie zu tun beliebte, möglich sind].
»Schauwald, so faseln sie, hab' es dem Schën-guang übergeben.«[2] [Hui-ko] der Zweite Patriarch führte anfangs den Namen Schën-guang [Gotteslicht]. In späterer Zeit kam es dann auch so weit, daß man sagte, [Bodhidharma] sei nach Indien heimgekehrt.[3] Bodhidharma war unten am Bärenohrenberg begraben worden. Als nun Sung-yün[4] durch kaiserlichen Auftrag [nach Indien] abgesandt, vom Westen zurückkehrte, da habe er im westlichen Gebirgsland gesehen, wie Bodhidharma dort mit einer einzelnen Sandale in der Hand auf dem Heimweg nach den westlichen Himmelsstrichen weiterging. Zurückgekehrt erstattete der Abgesandte [der Mönch Sung-yün] an heiliger [d. h. allerhöchster] Stelle Bericht. Als man daraufhin das Grab geöffnet habe, sei darin nur eine einzelne Sandale zu finden gewesen.
Hsüä-dou will sagen: Wie soll denn einer diese Sache, wenn er es damit wirklich ernst nimmt, [an andere] austeilen? Es hat noch niemals eine Austeilung gegeben.
»Und sei, die Kutte aufgeschürzt, nach Indien heimgekehrt.« – Sagt mir

einmal: Wie kommt es dann, daß es in unserem Land doch einen zweiten [Patriarchen] gibt und einen dritten, und einer es dem andern bis heute überliefert hat? Da kann man doch schon sagen: ein wirres Kauderwelsch! Es bleibt auch hier nichts übrig, als sich hindurchzuarbeiten. Dann erst steht dir der Eintritt in ein freies Wirken offen.
»In Indien wirst du weit und breit nach ihm vergeblich suchen. Seit letzter Nacht weilt er dafür am Zitzenhorn zu Gast.« – Saget mir einmal: Wo weilt er denn jetzt? Dabei schlug der Meister [Yüan-wu] auf das Pult und sagte: Seid ihr blind?

[1] Den Bericht über dieses Gespräch brachte Yüan-wu schon in der Erläuterung zum 45. Beispiel; s. S. 242. Sein Verständnis hat von jeher selbst bedeutende Mönche heißes Ringen gekostet. Vgl. auch: H. Dumoulin, Wu-men-kuan, der Paß ohne Tor, Kap. 37.

[2] So lautet die wörtliche Übertragung des 3. Verses. Wie Homer und seine Nachfolger, so liebt auch der chinesische Dichter für seine Helden dichterische Beinamen. Schau-Wald ist hier Beiname für Bodhidharma selbst.

[3] Die Gedankenführung in diesem Abschnitt erscheint etwas sprunghaft. Dabei bleibt der grundsätzliche Gegensatz nicht nur gegen die Legende, sondern, wenigstens zunächst, auch gegen den Gedanken der Geistesübermittlung deutlich genug.

[4] Vgl. Band 1, S. 43f. und 58.

Erklärungen zum Text

Zu Yüan-wu's Hinweis

Yüan-wu's Hinweis ist in hohem Maße hintergründig. Er läßt sich erst verstehen, wenn man das Beispiel, und dann auch den Gesang, ganz in sich aufgenommen hat. Aber eben diese Hintergründigkeit macht ihn bemerkbar.

Im Beispiel geht es um den ›Wahrheitsleib‹, das Übergreifende, Umfassende, das alles Denken übersteigt. Und im Gesang geht Hsüä-dou von dem Wahrheitsleib im selben Atemzug, in schnurgerader Linie, auf Bodhidharma über, als brauchte er vom einen zu dem andern überhaupt keine Brücke zu schlagen. Yüan-wu aber schreitet schon im Hinweis auf derselben Linie folgerichtig fort bis auf die Menschengattung, die er vor sich hat, bis auf den Mönch. Denn der Mönch, das Abbild Bodhidharmas, ist es, der seinem Wesen nach den unsichtbaren, jeder Form enthobenen Wahrheitsleib dem Auge sichtbar darstellt. Gleich zu Beginn also weist Yüan-wu seine Hörer darauf hin, daß, was das Beispiel darlegt, sie wesentlich und ganz persönlich angeht.

Die Art, wie er das angreift, mutet freilich sehr chinesisch an. Erst ruft er seinen Hörern den Weisen ihres Altertums, Kung Fu-dsï, ins Gedächtnis. Denn schon dieser wußte, daß sich das Höchste nicht in Worte fassen läßt. Im XVII. Buch seiner »Gespräche«, Lun-yü, im 19. Abschnitt, wird berichtet: »Der Meister sprach: Ich möchte lieber nichts reden. Dsï Gung sprach: Wenn der Meister nicht redet, was haben dann wir Schüler aufzuzeichnen? Der Meister sprach: Wahrlich, redet etwa der Himmel? Die vier Zeiten gehen ihren Gang. Alle Dinge werden erzeugt. Wahrlich redet etwa der Himmel[1]?« Zu Yüan-wu's Zeit war offenbar eine andere Fassung in Umlauf, in welcher neben der männlichen Macht des Himmels auch die mütterliche Fruchtbarkeit der Erde genannt wurde, wie es der altchinesischen Auffassung des Universums entsprach.

Davon, daß hier ein Weltbild von sehr anderer Art, als das buddhistische, entrollt wird, läßt Yüan-wu sich nicht weiter stören. Er hat sein eigenes Ziel im Sinn, und auf dieses steuert er mit Hilfe des zu seiner Zeit beliebten logischen Schemas los, das die Dinge unter drei Aspekten zu betrachten pflegte, den Aspekten der Substanz, der Form und der Funktion. Großzügig, ohne logische Bedenken, stellt er den Himmel und die Jahreszeiten unter den Begriff Substanz, die Fruchtbarkeit der Erde unter den der Funktion, wobei im Hintergrunde ihm wahrscheinlich als Substanz der Wahrheitsleib, und als dessen Funktion die Fülle der Erscheinungen vorschwebt. Doch läßt er sich darauf nicht näher ein. Er

[1] So nach der Verdeutschung von Richard Wilhelm auf Grund des ihm vorgelegenen Textes. Wie man sieht, ist hier nur vom Himmel, nicht auch von der Erde die Rede.

führt Substanz und Funktion nur an, um auf den dritten, fehlenden Begriff zu kommen, auf die Form. Auch hier spielt noch ein Hauptstück altchinesischer Weltauffassung mit: die Trias Himmel, Erde, Mensch, in welcher sich, dem achten Psalm des Alten Testaments verwandt, die Ahnung einer kosmischen Bedeutung unseres Geschlechtes ausspricht. Nur daß Yüan-wu nicht direkt und allgemein den Menschen nennt, sondern eine Abart, die nach seiner Auffassung des Menschen höhere Bestimmung darstellt. Denn was er als Hörer vor sich hat, sind eben solche Mönche, Menschen wie andere allerdings im Gehen, Stehen, Sitzen, Liegen und so weiter, aber nach dem Vorbild ihres Meisters Bodhidharma hingewandt auf das, was ihre greifbare empirische Existenz vollkommen übersteigt, eben auf den unfaßbaren Wahrheitsleib. Von diesem durchgebildet und geformt, erscheint der Mönch in seinem Wesen als Verleugnung jeglicher Gestalt und stellt gerade so den Wahrheitsleib vor Augen sichtbar dar. Die Frage ist nur immer: tut er das in Wirklichkeit? Und jeder, dem es mit dem Mönchtum Ernst ist, trägt diese Frage stets mit sich herum. Sie ist es auch, die diesen Mönch zum Meister treibt und fragen läßt: Was ist der Wahrheitsleib?

Zum Verständnis des Beispiels

Vom »klaren, reinen Wahrheitsleib« des Buddhas war schon im Anschluß an das 39. Beispiel ausführlich die Rede. Und auch dort war es der von der großen Stille ganz erfüllte Yün-mën Wën-yän, der darüber einem Schüler Auskunft gab. Es handelt sich hier um den eigentlichen Kern buddhistischen Lebens, um die Wahrheit, die der Buddha einst im Schatten jenes Ashvattha-Baumes (ficus religiosa) erkannt und als ewiges Gesetz verkündet hat. Sie ist das Höchste, höher noch als ihr Verkünder, und höher auch als jene visionären Wesenheiten, die dem Übenden in der Versenkung erscheinen, wie die Bodhisattvas Avalokiteshvara, Manjushrî, Samantabhadra usw. Diese wichtige Erkenntnis haben die Scholastiker mit lobenswertem Ordnungssinn in das Schema einer Dreiheit gefaßt, indem sie drei Arten von Buddhaleibern lehrten: den »Umwandlungs- (oder Inkarnations-) Leib« der irdischen Buddhas, den »Genuß- (oder Belohnungs-) Leib« der seligen Wesenheiten, und als Drittes, Höchstes den »Gesetzes«- oder »Wahrheitsleib«, den Dharmakâya, durch den allein die beiden andern das sind, was sie sind. »Leib« heißt auch dieser; denn er ist eine unteilbare Einheit, nur daß sonst bei ihm von körperlichen Eigenschaften keine Rede ist. Im Gegenteil, er ist die absolute Reinheit, von keiner Gegensätzlichkeit getrübt. Für ihn gibt es nach außen keine Grenze, nach innen keine Unterscheidung, nicht ein Stäubchen, er hat überhaupt kein Innen und kein Außen. Er ist leer, ungreifbar, erfüllt alles, das Größte wie das Kleinste, er umschließt die ganze Fülle der Erscheinungswelt. In dem Begriff des »Wahrheitsleibes« berührt sich das buddhistische Denken wohl am engsten mit der Lehre

christlicher Dogmatiker von Gott, nur daß es diesen Namen streng vermeidet, weil es darin von den Erfahrungen in Indien her unreine Reste von vermenschlichenden Vorstellungen wittert.
Der Mönch, von welchem hier die Rede ist, hat alles dies gewiß schon längst gelernt, ohne daß es ihn dem »Wahrheitsleib« selbst irgendwie nähergebracht hätte. Er war kein so »intimer Hausgenosse« Yün-mën's, wie jener andere im 39. Beispiel. Ihm mußte zuallererst der Star gestochen werden, damit er überhaupt erst sehen lerne, worum es hier geht. Dazu kam er bei Yün-mën an den Rechten.
Den Ordnungssinn der Systematiker in allen Ehren! Er tut stets da dringend not, wo Unterscheidung gilt und Vielheit ist. Und dies trifft auf den ganzen Umfang unseres Daseins, unseres Denkens und Empfindens, Handelns und Erleidens zu. Nur für die Quelle dieser Ordnung selbst, das ewige Gesetz der Wahrheit, für das ist nirgends ein Ort zu finden, in den man es einordnen könnte; und dies gerade jener Eigenschaften wegen, welche ihm das Dogma zuschreibt. Schon einen Satz wie diesen aufzustellen, ist eigentlich ein Unfug. Wieviel mehr, den »Dharmaleib« mit den zwei andern »Buddhaleibern« in einer Dreierreihe mitzuzählen! So, wie wir Yün-mën kennen, lehnt gegen diese Art der »Ordnung« sich sein eigentlichstes Inneres auf. Hier galt es, einen Riegel vorzuschieben, einen Weg zu sperren, wie er das gewohnt war.
»Was ist der Wahrheitsleib?« Er braucht das Wort aus diesem Munde nur zu hören, so bricht es schon wie mit vulkanischer Kraft aus ihm hervor: »Sechs Fassen-ihn-nicht.« Wir müssen das auf deutsch genauso rätselhaft vieldeutig fassen, wie das chinesische »Liu bu-schou«. Der Zen-Gelehrte D. T. Suzuki sagt einmal: »Chinesisch ist die Zen-Sprache par excellence.«[1] Und Yüan-wu wehrt sich streng dagegen, an Einzelheiten dieses Spruchs herumzudeuten.
Wer Yün-mën's tiefere Gründe nicht versteht, dem liegt es freilich nahe, bei der Zahl an Sechserreihen aus der scholastischen Psychologie und Erkenntnistheorie zu denken. Hier spricht man von »sechs Wurzeln« des Bewußtseins: Gesicht, Gehör, Geruch, Geschmack, Körpergefühl und, diese fünf begleitend, Wahrnehmung. Diesen sechs »Wurzeln« entsprechen die »sechs Arten Staub«: Gesehenes, Gehörtes, Gerochenes, Geschmecktes, Betastetes, und diese fünf als Wahrgenommenes. Aus diesen Wahrnehmungen setzt sich dann das Bewußtsein zusammen, so daß man nun sechs Arten von Bewußtsein unterscheidet. Man hat damit schon dreimal sechs Funktionen, die man der Reihe nach durchnehmen kann, um zu beweisen, daß jede aus dem Dharmaleib hervorgeht, ihn also nicht umfassen kann. Zu solcher Argumentation sagt Yüan-wu nur: sie ist »gefühlsbefangen«, d. h. sie kommt nicht los von Worten und Begriffen, sie führt nur von der großen Sache ab. Wenn Yün-mën hier die sechs daherbringt, dann nur, weil ihm die ganze Zählerei mit drei

[1] Vgl. D. T. Suzuki, Essays in Zen Buddhism, second series, p. 230.

und sechs und zwölf zuwider ist, weil einer sich damit gerade das, was ihn am allernächsten angeht, nur verdeckt.
Dafür gibt Yüan-wu in der Erläuterung ein schönes Beispiel mit der Geschichte des Vorsitzers oder Lektors Fu von Tai-yüan. Wir können von Glück sagen, daß uns diese Erzählung in einer zweiten Fassung überliefert ist, welche erst vor kurzem an die breitere Öffentlichkeit gelangte. Denn hier kommt in den Worten eines ganz einfachen Mannes, der, vom Taoismus seiner Zeit unbefriedigt, zum Zen übergegangen war, ein Geständnis zutage, das wir im Bi-yän-lu so schlicht und offen bisher nicht vernommen haben, und ohne welches doch das ganze schwere Ringen um befreiende Erkenntnis nicht verständlich wäre. Dieser schlichte Hörer hält den gelehrten Ausführungen des Lektors Fu entgegen: »Das ist, wie wenn jemand vom Essen redet (also: Worte macht). Es hilft am Ende doch nicht über den Hunger weg.« Das ist derselbe Hunger und derselbe Durst, den der Psalmist vor seinem Gott bekennt (Psalm 42 und 43), den Jesus selig preist und dem er Sättigung verheißt. Es ist dieselbe Unruhe der Seele, von welcher Augustin das tiefe Wort gesprochen hat: Tu nos fecisti ad te; ideo cor nostrum inquietum est, donec requiescat in te (Du hast uns auf dich hin gemacht; darum ist unser Herz unruhig, bis daß es ruhe in dir).
Das Wort Wahrheitsleib ist freilich schwer verschlüsselt, Frucht einer philosophisch-theologischen Besinnung von Jahrhunderten, darum für einfache Gemüter zunächst ungenießbar. Um so höher ist es Zen-Meistern wie Yün-mën anzuschlagen, daß sie sich von ihrem Widerstand gegen den Schriftbuchstaben und dogmatische Formeln nicht dazu hinreißen lassen, sie einfach zu verwerfen, sondern sich die Mühe geben, der harten Nuß die Schale aufzubrechen und ihren süßen Kern herauszuholen. Was sie dazu bewegt, ist eben jener Hunger, der nicht Worte hören, sondern der zu essen haben will. Der stellt einfach die direkte Frage: Was bedeutet das für mich? Oder wie der Hörer es dem Lektor Fu erklärt: »*Wir* haben das Bedürfnis, über unsern Herzensgrund ins klare zu kommen. Maßgebend ist für uns das eigene Erwachen.« Sprunghaft versetzt der schlichte Hörer den gelehrten Redner aus der Befangenheit dogmatischen Denkens in die Wirklichkeit, mit der man sich im Zen befaßt. Und offenbar führt das ihn von dem rätselhaften Wahrheitsleib in keiner Weise ab; es führt ihn im Gegenteil erst recht in sein Geheimnis. Schon vorher hatte er den Redner mit der Frage in Verlegenheit gebracht: Was ist des Herrn Lektors eigener Wahrheitsleib? Er scheint im Besitz einer Klammer zu sein, die das unerreichbar Höchste mit seinem eigenen Herzensgrund in eins zusammenzwingt. Und der gelehrte Lektor ist unverdorben genug, um sich zu demütigen und den Rat des Laien zu befolgen, nur weil sein Herz ihm sagt, den Wahrheitsleib zu sehen, sei doch etwas anderes, als ihn getreu der überkommenen Lehre auszulegen.
So kann er also doch den Wahrheitsleib erfassen? Nie und nimmermehr.

Im Gegenteil: gerade das will Yün-mën jenem Mönch austreiben, wenn er sagt: Sechs Fassen-ihn-nicht. Wohl aber kann aus dem Verzicht auf jegliches Erfassen eine neue Sicht aufsteigen, weil dem Menschen, ohne daß er dessen sich bewußt zu sein braucht, ein »Wahrheitsauge« eingebaut ist, das zu nichts anderem gehört, als eben zu dem Wahrheitsleib. Auch auf dieses weist Yüan-wu in seiner wohlbedachten, auf den Kern hin angelegten Erläuterung ausdrücklich hin. Dieser brauchen wir sonst weiter nichts hinzuzufügen.

Nur zum Schluß nimmt die Erläuterung eine neue Wendung. Ganz unvermittelt, wie es scheinen möchte, fragt Yüan-wu seine Hörer: Meint Yün-mën nun mit seinem Wort (Sechs Fassen-ihn-nicht) den Wahrheitsleib? Oder meint er den Patriarchen (Bodhidharma)? Das ist immer seine Art zu fragen, wenn es um zwei Dinge geht, die für ihn ein und dasselbe sind. Folgerichtig stellt er darum jedem, der zur Antwort ihm das eine oder auch das andere nennt, den Stock in Aussicht. Doch ist die Drohung nicht so schlimm gemeint. Die Antwort, sagt er, gibt euch Hsüä-dou im Gesang. Dessen Thema nennt er also gleich im vorweg. Es lautet: Der Wahrheitsleib und Bodhidharma.

Zum Verständnis des Gesangs

Im ersten Vers zählt Hsüä-dou wie ein kleiner Schüler die Sechse Yünmën's nach und macht sie damit, ganz in dessen Sinne, lächerlich. Er gibt, wie nach ihm Yüan-wu, denen recht, die jedes Fragen nach Benennungen für diese Sechs verwerfen. Es handelt sich um eine Sache, die von keiner Zahl jemals erfaßt wird.

Dann holt der Dichter plötzlich Bodhidharma, den »fremden Mönch mit blauen Augen« in das Blickfeld. Wenn *einer* diesen Wahrheitsleib mit einer Zahl erfassen könnte, wäre er es. Unvermerkt, mit einem Kunstgriff, führt Hsüä-dou so den »Ersten Patriarchen« ein. Aus welchem Grund, mit welcher Absicht, hat soeben Yüan-wu schon gesagt. Was Yün-mën und ihm nach auch Hsüä-dou selbst vom Wahrheitsleib zu sagen wissen, das danken sie dem Patriarchen Bodhidharma. Über diesen läuft vom Buddha Shâkyamuni her bis auf sie selbst (und weiter bis auf Yüan-wu) eine straffe, schnurgerade Linie, die sie allesamt zu einem unsichtbaren Leib zusammenbindet. Wohl läuft die Linie, äußerlich gesehen, durch die Weltgeschichte, durch die Zeit. Der Inhalt dessen aber, was auf dieser Linie sie verbindet, ragt über alle Zeit hinaus. Mag der Patriarch einmal von Indien hergekommen sein; das interessiert uns wenig. Er ist für uns nichts anderes als eine Darstellung des leeren, reinen Wahrheitsleibs. Das ist sein »Wissen«, das an ihm uns wichtig ist. Ihn geschichtlich zu »verstehen«, den näheren Umständen seines Lebens nachzugehen, ist uns »nicht erlaubt«.

Damit verbietet sich von vornherein das törichte »Gefasel«, das man über ihn verbreitet hat, und das leider nicht nur bei den Draußenstehenden,

sondern auch, und mit besonderem Eifer, in den Klöstern unserer eigenen Schule. Auch unsere vielberufene Traditionstafel, die uns zur Rechtfertigung den andern Schulrichtungen gegenüber dient, beruht, wenn man's genau besieht, auf einer recht bedenklichen Vergröberung der Wahrheit. »Wie soll einer dies (den unfaßbaren Wahrheitsleib!), wenn er es damit ernst nimmt, an andere austeilen können? Es hat noch niemals eine Austeilung gegeben«, sagt Yüan-wu kategorisch. (Wahrscheinlich denkt er dabei an die Übelstände, die aus der Verquickung jener sogenannten »Übergabe des Geistessiegels« mit äußerlichen Akten, wie z. B. der Vererbung von Mönchsgewand und Bettelschale an den Nachfolger, hervorgegangen sind.)
Andererseits kann Yüan-wu doch die Tatsache der Kontinuität des Geistes, also die Tradition vom Meister auf den Schüler, unmöglich leugnen. Auf Bodhidharma, den ersten Patriarchen hier in China, ist nun einmal in der Person des Hui-ko, dem jener, wie es ganz schlicht heißt, »das Herz beruhigte«, ein zweiter Patriarch gefolgt, und das hat sich bis auf Yün-mën, ja bis auf Hsüä-dou und auf Yüan-wu fortgesetzt. Also hat es die Weitergabe, die es »nie gegeben hat«, trotzdem gegeben. »Da muß man schon sagen: ein wirres Kauderwelsch!« Und wer sich in diese Redeweise Yüan-wu's richtig einlebt, der versteht, daß diese Worte im Triumph gesagt sind, ähnlich wie der paradoxe Ausspruch Tertullians »Credo, quia absurdum«, »ich glaube es, weil es absurd ist«. Wo es um den Wahrheitsleib, den unfaßbaren, geht, ist es mit der verstandesmäßigen Begreiflichkeit ein für allemal vorbei.
Der Wahrheitsleib, der Dharma-kâya, ist und bleibt somit das schlechthin Wunderbare, das Geheimnis. Vor seiner absoluten Unantastbarkeit und Reinheit verblaßt alles, was der Welt der Unterschiede und der Gegensätze angehört. Auch der Lehrer aus dem Stamm der Shâkya, wie er einst durch Indien wanderte und lehrte, ist vor ihm nicht mehr als ein »gemeiner Tagelöhner«, sagte Yüan-wu's einstiger Meister Wu-dsu Fa-yän. Und derselbe schätzt die beste Antwort, die der hochbetagte Dschau-dschou einem Frager geben konnte, im Licht des Wahrheitsleibs gesehen, nicht höher als ein Kinderspiel.
Aber eben, weil der Wahrheitsleib an keine Zeit und keinen Ort gebunden ist, kann je nach Zeit und Ort das Wunder sich ereignen, daß seine reine Klarheit von einem ihrer Träger auf einen andern übergeht. Dabei ist in dem Menschenkreis, von welchem hier in diesem Buch die Rede ist, stets der Patriarch beteiligt, allerdings nicht der historische, auch nicht der sagenhafte, aus dem Grab entwichene, wohl aber der, der selbst nichts anderes mehr darstellt, als den unfaßbaren Wahrheitsleib. So weilt er bei Nacht, wenn Hsüä-dou zu dem Wort Yün-mën's »sechs Fassen-ihn-nicht« auf eine dichterische Deutung sinnt, bei ihm am Fuß des Zitzenhorns. So ist er unsichtbar auch mit dabei, wenn Yüan-wu seinen Schülern diesen öffentlichen Aushang auslegt. Und dieser Yüan-wu kann, wie man nach seinem Anruf an die Schüler glauben muß, es

kaum erwarten, bis dieser unsichtbare Bodhidharma, sei es auch nur *einem* seiner Hörer, sichtbar wird. Das kann auch jeden Augenblick geschehen. Und wenn es geschieht, dann hat der Stammbaum Bodhidharmas einen neuen Zweig getrieben. Dann könnte einer sagen, zum Wahrheitsleibe sei ein neues Glied hinzugekommen. Und in demselben Augenblicke stieße Yün-mën, unsichtbar wie Bodhidharma, plötzlich aus dem Hintergrund hervor und wehrte jegliches Gerede von dem Wahrheitsleib mit heiliger Strenge ab: »Sechs Fassen-ihn-nicht. Sperre!«

Hofmeister Wang beim Teekochen

Das Beispiel

Wir legen vor:

HOFMEISTER Wang kam in das Dschau-tjing-Kloster zum Teekochen.
Damals hatte der Vorsitzer Lang für Ming-dschau [den stellvertretenden Abt] den Kessel zu bedienen.
Lang stieß den Teekessel um.
Der Hofmeister sah es und fragte den Vorsitzer: Was ist denn das da unten am Teeherd?
Lang erwiderte: Der Herdfesthaltegeist.
Der Hofmeister fuhr fort: Wenn das schon der Herdfesthaltegeist ist, weshalb stößt er dann den Teekessel um?
Lang versetzte: Tausend Tage treuer Dienst im Amt, und eines schönen Morgens fehlgetreten.
Der Hofmeister schüttelte sich die Ärmel ab, und damit ging er fort.
Ming-dschau sagte: Vorsitzer Lang, nun hast du bis zu diesem Tage Dschau-tjing-Reis gegessen und gehst am Ende unter Halbbarbaren, um aus Wurzelstümpfen auf dem Felde faules Holz herauszuhauen.
Lang erwiderte: Und was meint Ihr, Ehrwürdiger [daß ich hätte sagen sollen]?
Ming-dschau antwortete: Der Unhold hat dazu Gelegenheit gefunden.
[Ich] Hsüä-dou habe hierzu zu bemerken: Ich hätte damals nur mit einem Fußtritt den Teeherd umgestoßen.

Zwischenbemerkungen zum Beispiel

»Hofmeister Wang kam in das Dschau-tjing-Kloster zum Teekochen.« – Da treffen sich Sachkundige. – Da kommt bestimmt etwas Bedeutendes heraus. – Für gewöhnlich läuft es ohne Störung ab. – [Aber] bedeutende Leute haben noch ein Auge [oben auf dem Scheitel]. – Sie ziehen sich noch Unheil zu!
»Damals hatte der Vorsitzer Lang für Ming-dschau [den stellvertretenden Abt] den Kessel zu bedienen.« – Eine Kumpanei von Kerlen, die sich

eine Lehmballschlacht liefert. – Wer sich auf Teekochen nicht versteht, bringt auch die andern in Verlegenheit.
»Lang stieß den Teekessel um.« – Es hat etwas gegeben! – Habe ich mir's doch gedacht!
»Der Hofmeister sah es und fragte den Vorsitzer: Was ist denn das da unten am Teeherd?« – Habe ich es nicht gesagt? Es gibt ein Unglück!
»Lang erwiderte: Der Herdfesthaltegeist.« – Richtig! Der Pfeil des andern hat ihn getroffen! – Immerhin ist diese seine Antwort ungewöhnlich.
»Der Hofmeister fuhr fort: Wenn das schon der Herdfesthaltegeist ist, weshalb stößt er dann den Teekessel um?« – Warum gibt er jenem nicht das Futtergras für dessen eigentliches Teil? [Wäre der Hofmeister ein echter Jünger Bodhidharmas, so würde er den Vorsitzer mit Schlägen oder mit dem Scheltruf Ho' traktieren, um ihn zum eigentlichen Kern, um den es geht, zurückzurufen.] – Jetzt gibt es was!
»Lang versetzte: Tausend Tage treuer Dienst im Amt, und eines schönen Morgens fehlgetreten.« – Ein falscher Hinweis! Was ist das nur für eine Sprache! – Ungeschliffene[1] Zenmönche [dieser Art] gibt es wie Hanf- und Hirsekörner.
»Der Hofmeister schüttelte sich die Ärmel ab, und damit ging er fort.« – Es ist ganz klar: er ist ein Sachverständiger und Könner. – Wir gestehen ihm ein Auge oben auf dem Scheitel zu.
»Ming-dschau sagte: Vorsitzer Lang, nun hast du bis zu diesem Tage Dschau-tjing-Reis gegessen und gehst am Ende unter Halbbarbaren, um aus Wurzelstümpfen auf dem Felde faules Holz herauszuhauen.« – Gäbe er ihm doch obendrein noch dreißig Schläge mit dem Stock! – Dieser Einäugige Drache hat eben wirklich nur ein einziges Auge! – Hier braucht es schon jemand mit hellen Augen; erst ein solcher könnte die hier nötige Korrektur vornehmen.
»Lang erwiderte: Und wie meint Ihr, Ehrwürdiger, [daß ich hätte sagen sollen]?« – Er kneift ihn. – Auch gut, wie er ihn in die Zange nimmt. – Am Ende zeigt nun [jener] doch ein besseres Verständnis als dieser tote Bummler.
»Ming-dschau antwortete: Der Unhold hat dazu Gelegenheit gefunden.« – Da haben wir's! Er ist nun eben nur mit einem Auge ausgestattet. – Er hat die eine Hälfte sagen können. – Mit der einen Hand drückt er ihn nieder, mit der andern stützt er ihn.
»[Ich] Hsüä-dou, habe hierzu zu bemerken: Ich hätte damals nur mit einem Fußtritt den Teeherd umgestoßen.« – Was hilft es noch, den Bogen spannen, wo der Dieb längst weg ist! – Auch mit diesem Urteilsspruch verdient er doch noch immer nicht, ein richtiger Streiter aus der Schule Dö-schan's genannt zu werden [denn dieser hätte solche Umstände nicht gemacht, sondern dem Hofmeister Wang ohne weiteres dreißig Schläge mit dem Stock verabreicht]. – Sind sie auch allesamt die gleichen Gauner, so ist Hsüä-dou unter ihnen doch ein ganz besonderer.

»Wer erkennen will, was Buddhaschaft bedeutet, der muß genau auf Zeit und Stunde, Ursache und Anlaß achten[2].«
Der Hofmeister Wang hat als Präfekt von Tjüan-dschou lange Zeit das Dschau-tjing-Kloster dort besucht, um sich im Zen zu üben. Eines Tages, als er wieder in das Kloster kam, geschah es, daß der Vorsitzer Lang beim Teekochen den Teekessel umstieß. Der Hofmeister, auf seine Art auch Sachkenner [im Zen], hatte kaum mit angesehen, wie jener den Teekessel umstieß, als er auch schon dem Vorsitzer die Frage stellte: Was ist denn das da unten am Teeherd? Wenn Lang darauf die Antwort gibt: der Herdhaltegeist, so muß man zugeben: in dem Worte ist ein Klang. Dennoch laufen ihm der Anfang und das Ende auseinander, er verfehlt den Sinn und Geist des Patriarchenerbguts, haut eine Scharte in das eigene Schwert, verletzt sich selbst die Hand. Er wird nicht allein sich selber untreu, sondern rührt noch obendrein den wunden Punkt des andern an.
Allerdings ist »dieses« eine Sache, bei der von besser oder schlechter keine Rede mehr sein kann. Sobald man aber damit herkommt und es aufgreift, hat man schon wieder wie zuvor den Unterschied von wohlvertraut und fremd, vom Seidenschwarz [der Kleidung der ins Amtsgeheimnis Eingeweihten] und vom Naturweiß [der Unwissenden]. Unterredet man sich über diese Sache, die nicht in Worten besteht, so muß man doch das Lebendige an ihr gerade mit Worten unterscheidbar herausstellen. Darum heißt es: »Er halte sich an ein lebendiges Wort, und halte sich an kein totes Wort.« Sieht man sich an, wie der Vorsitzer Lang [dem Hofmeister Wang] antwortet, so gleicht er einem tollen Hund, der hinter Erdbrocken [die man ihm vorauswirft] herläuft. Der Hofmeister schüttelt sich die Ärmel ab und geht fort. Das zeigt offenbar, daß er von Lang nichts wissen will.
Ming-dschau sagt: Vorsitzer Lang, nun hast du bis zu diesem Tage Dschau-tjing-Reis gegessen und gehst am Ende unter Halbbarbaren, um aus Wurzelstümpfen auf dem Felde faules Holz herauszuhauen! [Wir würden sagen: leeres Stroh zu dreschen.][3] Lang schlägt zurück und fragt: Wie hättet Ihr, Ehrwürdiger, entgegnet? Und Ming-dschau sagt: Der Unhold hat dazu Gelegenheit gefunden. Ming-dschau hat ganz von

[1] Ungeschliffen: Wörtlich heißt es: Zenmönche vom Stil der Verse des Du Mo (eines Dichters, der für seine ungeschliffenen Verse berüchtigt war).

[2] Ein schwach variiertes Zitat aus dem Mahâ-parinirvâna-sûtra. Wir klammern es hier ein, weil es in dem »Text der einen Nacht« weiter unten an passenderer Stelle erscheint als in dem Text von Dschang Ming-yüan, an den wir uns hier zunächst halten.

[3] Wir übergehen an dieser Stelle eine von anderer Hand eingeschobene Notiz. Überhaupt erscheint dieser letzte Absatz, der sich mit dem Ausgang der Szene befaßt, so dürftig, daß er großenteils als späteres Flickwerk angesehen werden muß.

selber seine Auskunft und lohnt dabei die Frage des Hofmeisters keineswegs mit Undank. Darum sagt man: ein edler Hund zeigt, wenn er einen Menschen beißt, die Zähne nicht. Der Ehrwürdige Dschö vom Großen We-schan[1] hat [zu diesem Vorgang] folgendes bemerkt: »Der Hofmeister Wang erinnert stark an die Geschichte von Hsiang-ju, wie er [dem König von Tjin] den kostbaren Edelstein wieder wegnahm und sich dann auf der Stelle Backenbart und Schläfenhaare [als Ausdruck mächtigen gerechten Zornes] gegen seinen Kopfschmuck sträubten.[2] Was Ming-dschau anbetrifft, kann man sich eines unterdrückten Lachens kaum erwehren, wie schwer es diesem fällt, die ihm gebotene Gelegenheit zu nutzen. Wenn ich vom Großen We-schan der Vorsitzer Lang gewesen wäre und gesehen hätte, wie der Hofmeister Wang sich die Ärmel abschüttelte und einfach fortging, ich hätte den Teekessel fallen lassen und hahaha dazu gelacht.« – Warum das wohl? [fährt Yüan-wu fort]. Weil, wenn er [der Hofmeister] das sieht und nicht erfaßt [vielleicht mit dem Nebensinn: wenn er den weggeworfenen Kessel sieht und nicht sofort selbst aufhebt], er tausend Jahre Mühe haben wird, zu finden. [Hier folgt nun zur Begründung im »Text der einen Nacht« der Satz, der oben schon am Anfang stand:] Wer erkennen will, was Buddhaschaft bedeutet, der muß genau auf Zeit und Stunde, Ursache und Anlaß achten.

Seht einmal her![3] Bau-schou[4] fragte Hu, den »Scharniernagel«:[5] Schon lange höre ich von Hu, dem Scharniernagel. Bist nun du es wirklich oder bist du es doch nicht? Hu erwiderte: Ich bin's. Kannst du denn auch das hohle Leere festnageln? Hu erwiderte: Bitte, Meister, schlagt es mir in Stücke und bringt mir diese her! Bau-dschou gab ihm dafür einen Schlag. Das wollte Hu sich nicht gefallen lassen. Bau-dschou sagte: Irgendeines Tages wird sich wie von selbst ein schwatzhafterer Herr Meister finden. Das wird dann für dich die Korrektur sein.

Später kam Hu einmal zu Dschau-dschou und erzählte ihm von diesem früheren Begebnis. Dschau-dschou fragte ihn: Aus welchem Grunde bist du denn geschlagen worden? Hu erwiderte: Ich weiß es nicht, wo der Fehler bei mir lag. Dschau-dschou sagte: Nur diese eine Naht [die bleibt], gegen die ist nichts zu machen. Willst du von Bau-schou immer noch verlangen, daß er das hohle Leere in Stücke schlage und dir herbringe? Da ließ Hu mit einem Male ab. Statt seiner sagte Dschau-dschou: Schlage deinen Nagel erst einmal in diese eine Naht! Daraufhin geschah es, daß Hu alles einsah.

Der [nachmalige] Meister Mi-tji[6] vom Bezirk der Residenzstadt Tschang-an [Schüler des berühmten We-schan Ling-yu, dann von diesem auf die Wanderschaft entlassen] kehrte von der Wanderung zurück. Ein erfahrener Alter fragte ihn: Stößt man in einer Mondnacht auf ein Stück abgeschnittenen Brunnenseils, nennt jedermann es eine Schlange! Jetzt, Meister Mi-tji, möchte ich nur wissen, wie in dem Augenblick, als Ihr den Buddha schautet, Ihr ihn genannt habt? Mi-tji antwortete: Wenn es vorkommt, daß er mir sichtbar wird, so ist er auf der Stelle allen Menschen gleich. Der Alterfahrene bemerkte: Auch so ein tausend Jahre alter Pfirsichkern!

Der Landesmeister Dschung[7] fragte den Purpurträger und Geheimen

1 Dschö: genauer Dschën-ju Mu-dschö, japanisch Shin-nyo Mo-tetsu, Enkelschüler des in Traditionstafel III B 16 genannten Fën-yang Schan-dschau, also nur drei Generationen vor Yüan-wu.

2 Zur Zeit der Auflösung des antiken Feudalreiches Dschou war schon um 280 vor Chr. Geb. der eigenmächtige Lehensstaat Tjin von allen anderen gefürchtet, besonders auch vom Staate Dschau, dessen Name noch in Dschau-dschou fortlebt. Dessen König war im Besitz eines berühmten alten, schon von Han Fe-dsï erwähnten Edelsteins. Als der König von Tjin dies erfuhr, begehrte er darnach und schlug Dschau vor, ihm das Juwel gegen fünfzehn Burgen, die er ihm abtreten würde, zu überlassen. Der Hof von Dschau erschrak, denn es war ihm klar, daß wenn er ablehnte, das überlegene Tjin ins Land einrücken würde, dagegen wenn er annahm, Tjin den Edelstein behielte, ohne an die fünfzehn Burgen mehr zu denken. In dieser Not trat der Edelmann Lin Hsiang-ju vor und erbot sich, die Lage zu retten. Der König setzte Vertrauen in ihn, er reiste mit dem Edelstein nach Tjin, überreichte ihn vor versammeltem Hof dem König und nahm wieder seinen Platz ein, den Rücken an der Säule, auf der die Saaldecke ruhte. Der König, von dem Edelstein entzückt, streichelte ihn unaufhörlich, die fünfzehn Burgen hatte er vergessen. Schließlich rutschte Hsiang-ju auf den Knien vor den Thron und sagte: Dieser Edelstein gehört nun Eurer Majestät; nur muß ich noch bekennen, daß er einen kleinen Fehler hat, den ich Euch zeigen muß. Kaum hatte er den Stein wieder in der Hand, trat er behend zurück an die besagte Säule, schoß Zornesblicke auf den König, sein Haupthaar sträubte sich gegen den Kopfputz, sein Bart starrte empor, er war zu einem fürchterlichen Zornesdämon umgewandelt und donnerte nun los: Wenn einer hier mich anzurühren wagt, stoße ich mit dem Rücken diese Säule an und lasse mich mitsamt dem Edelstein begraben. Der Hofstaat, starr vor Schrecken, sah wie gebannt mit an, wie Hiang-ju seinem Begleiter den Edelstein übergab, daß er damit sofort nach Dschau zurückeile, und wie er selbst darnach im Vollgefühl der Macht gerechten Zorns gelassen den Palast verließ, um seinem König zu berichten, der ihn dafür sofort zum Vizekanzler seines Landes machte.

3 Es folgen nun drei »ähnliche« Beispiele, die zeigen sollen, daß das Vorkommnis im Dschau-tjing-Kloster »nichts Einmaliges« sei.

4 Bau-schou Yän-dschau, japanisch Hô-ju En-shô, ein Schüler des berühmten Lin-dji, gehört also zu Traditionstafel III B, 12. Generation.

5 Hu, mit Beinamen Ding-djiau, d. h. Nagelscharnier oder Scharniernagel, Sonderling der Tangzeit, auf sein Raffinement in der Dialektik eingebildet.

6 Mi-tji, japanisch Bei-shichi, ein Schüler von We-schan Ling-yu.

7 Dschung: Nan-yang Hui-dschung, japanisch Nan-yô e-chû, 675–775, Traditionstafel II 7 d. Schüler des Sechsten Patriarchen Hui-nëng, vgl. das 18. Beispiel. Auf Einladung des Kaisers Su-dsung zog er 761 von Nan-yang nach der Hauptstadt Tschang-an, s. Bd. I, S. 332.

Hofrat Lin[1]: Mir ist zu Ohren gekommen, daß der Herr Geheime Hofrat das »Sutra von den Fragen des an Gedanken überreichen Gottes Brahma«[2] ausgelegt habe. Stimmt das, oder nicht? Der Geheime Hofrat sagte: Ja, es stimmt. Der Landesmeister fuhr fort: Im allgemeinen soll man an die Auslegung von Sutrenschriften erst herangehen, wenn man den Sinn des Buddha klar begriffen hat. Der Hofrat erwiderte: Wenn ich nicht den Sinn verstünde, wie könnte ich es wagen, zu behaupten, ich lege Sutren aus? Darauf hieß der Landesmeister seinen Diener eine Schale Wasser mit sieben Reiskörnern darin und einem einzelnen Eßstäbchen oben daraufgelegt herbringen und sie dem Geheimen Hofrat darreichen. Dann fragte er ihn: Was bedeutet das? Der Geheime Hofrat sagte: Das verstehe ich nicht. Der Meister erwiderte: Wenn Ihr noch nicht einmal die Meinung dieses alten Lehrers hier versteht, was für einen Sinn des Buddha werdet Ihr dann erst auslegen?
Das mit dem Hofmeister Wang und dem Vorsitzer Lang ist [also], wie diese Gesprächsbegegnungen [zeigen], nichts Einmaliges. Hsüä-dou aber macht am Ende die Bemerkung: Ich hätte damals nur mit einem Fußtritt den Teeherd umgestoßen. Ming-dschau, so gut sein Ausspruch sein mag, reicht letzten Endes doch an Hsüä-dou nicht heran.
Als Hsüä-fēng noch im Kreise Dung-schan's war, lag ihm das Amt des Reiskochs ob[3]. Eines Tages, als er gerade dabei war, Reis zu waschen, fragte ihn Dung-schan: Was tust du da? Er antwortete: Ich wasche Reis. Dung-schan fragte: Wäschst du den Reis und schüttest den Sand ab, oder wäschst du den Sand und schüttest den Reis ab? Hsüä-fēng sagte: Ich schütte Sand und Reis auf einmal ab. Dung-schan fragte: Was soll die große Bruderschaft dann essen? Da stürzte Hsüä-fēng einfach die Schüssel um. Dung-schan sagte: Deine ursächlichen Beziehungsfäden führen nicht hierher zu uns.
So gut das ist, wie sollte es doch Hsüä-dou ähnlich sein, wenn er hier sagt: Ich hätte damals nur mit einem Fußtritt den Teeherd umgestoßen? Denn worum handelt es sich denn für alle gleichermaßen in diesem Augenblick? Mit seiner ganz ihm eigenen Art der praktischen Anwendung überragt er alle Heutigen und überstrahlt die Alten. Er hat die Kraft, lebendig sich von allem frei zu machen. Im Gesange sagt er:

Gesang

Die Frage klingt, als ließe er es sausen.
Doch der pariert nicht gut und nicht geschickt.
Leid tut mir auch der Drache mit dem einen Auge.
Er zeigte, ach, nicht *ein*mal Zahn und Kralle.
Los, Zahn und Kralle, los!
Heraus Gewölk und Donner,
Daß widrigen Wassers Wogen rollen, wann immer es sei!

Zwischenbemerkungen zum Gesang

»Die Frage klingt, als ließe er es sausen«. – Der Pfeil war nicht ins Leere abgeschossen. – Ganz ungesucht gelingt ihm [Hsüä-dou] hier ein klassisches Wort [weil er nämlich mit dem Ausdruck »sausen« auf eine ganz alte Geschichte anspielt; vgl. Erläuterung zum Gesang]. – Man kann wohl sagen: er trifft wunderbar ins Schwarze.

»Doch der pariert nicht gut und nicht geschickt.« – Burschen, welche sich mit Schlammbällen bewerfen, finden nie ein Ende. – Er bemüht sich, ein vierkantiges Holz in ein kreisrundes Loch hineinzupassen. – Aber er kann nichts dagegen machen, daß er einen Kunstgeübten vor sich hat.

»Leid tut mir auch der Drache mit dem einen Auge.« – Er hat nur ein einziges Auge! – Er hält sich nur an seinen einen Pflock [ans Schweigen; als ob hier nicht zu einem anderen Pflock, nämlich zum wuchtigen Wort, gegriffen werden müßte].

»Er zeigte, ach, nicht *ein*mal Zahn und Kralle.« – Er hatte auch keine zu zeigen! – Von was für Zähnen und Krallen ist denn die Rede? – Aber auch er läßt sich nicht täuschen.

»Los, Zahn und Kralle, los!« – Seht ihr sie denn auch? [Aufruf an die Hörer: versteht ihr denn, was Hsüä-dou mit Zahn und Kralle meint?] – Hsüä-dou ist nun doch auf eine winzige Kleinigkeit gestoßen [die aber die Hauptsache ist, auf welche alles ankommt]. – Hätten jene auch so Hand und Fuß gehabt [wie Hsüä-dou], so hätten sie selbst mit einem Fußtritt den Teeherd umgestoßen.

»Heraus Gewölk und Donner« – Damit bekommen auf der ganzen großen Erde alle Menschen gleichzeitig den Stock zu fühlen. – Die Kuttenmönche unterm Himmel finden keinen Ort der Zuflucht. – An regenlosem Himmel kracht ein Donnerschlag.

»Daß widrigen Wassers Wogen rollen, wann immer es sei!« – Zweiundsiebzig Schläge mit dem Stock, und noch einmal von vorn bis einmalhundertfünfzig!

Erläuterung des Gesangs

»Die Frage klingt, als ließe er es sausen. Doch der pariert nicht gut und nicht geschickt.« Das Frageverfahren des Hofmeisters erinnert an das

[1] Lin: genauer Dsï Lin, 8. Jahrhundert, sprachbegabter Mönch, hatte als hoher Zollbeamter in Innerasien fremde Sprachen gelernt und buddhistische Sutren studiert, empfahl sich durch vorzügliche Aussprache; schließlich von Kaiser Su-dsung als Berater an den Hof gezogen und mit Purpurgewand geehrt.

[2] Visheschacinta-brahma-pariprcchâ; chinesisch Sï-i Fan-tiän so-wën-djing; japanisch Shi-yaku Bonten shomon-gyô.

[3] Dieselbe Geschichte brachte Yüan-wu schon im Anschluß an das 5. Beispiel. Hier soll sie wohl Hsüä-dou's Verwandtschaft mit dem Radikalismus Hsüä-fëng's und Dö-schan's veranschaulichen: sie sind alle *eines* Stammes.

Sausen der geschwungenen Axt. Das steht bei Dschuang-dsï[1]: Ein Mann aus Ying [der Hauptstadt des alten Lehensstaates Tschu, in der heutigen Provinz Hupe] hatte eine Wand verputzt. Nur eine winzige Höhlung blieb noch übrig, die nicht überstrichen war. Darauf ballte der Mann etwas Mörtel zu einem Kügelchen, schleuderte es hinauf, und das Loch war gestopft. Dabei hatte sich ihm ein winziger Spritzer Mörtel auf die Nasenspitze gesetzt. Der Zimmermann, der neben ihm stand, sagte: Herr Tüncher, wie Ihr da das Loch gestopft habt, das war ein Meisterstück. Nun werde ich meine Axt schwingen und Euch den Mörtelfleck von der Nasenspitze wegnehmen. Der Mörtel auf der Nasenspitze war nicht größer als ein Fliegendreck [andere Lesung: als ein Mückenflügel]. Der Tüncher forderte den Zimmermann auf, den Flecken wegzuhauen. Der Zimmermann schwang seine Axt, so daß es sauste, und hieb zu. Das bißchen Mörtel war weg, die Nase unverletzt. Der Mann aus Ying hatte dagestanden, ohne mit der Wimper zu zucken. Man nennt so etwas ein »Kunststück, zu dem zwei gehören«. Der Vorsitzer Lang nun geht zwar auf den Anhieb seines Partners ein, aber was er redet, ist ohne jede Güte und Geschick. Darum sagt Hsüä-dou: »Die Frage klingt, als ließe er es sausen. Doch der pariert nicht gut und nicht geschickt.«

»Leid tut mir auch der Drache mit dem einen Auge. Er zeigte, ach, nicht *ein*mal Zahn und Kralle.« Die Worte, welche Ming-dschau findet, sind gewiß ganz ausgezeichnet. Nur ändert das leider nichts daran, daß er nun einmal nicht [wie ein richtiger Drache] Krallen und Fangzähne besitzt, um Wolken zu ergreifen und Nebel zu erhaschen. Hsüä-dou nebenan ist nicht mit ihm einverstanden; er kann sich eines unterdrückten Lachens nicht erwehren und macht an dessen [Ming-dschau's] Stelle seinem Herzen Luft.

Unausgesprochen einig mit der Meinung jenes andern [mit des Hofmeisters Wang], deutet Hsüä-dou im Gesang seinen eigenen Ausspruch [seine Schlußbemerkung zu dem Beispiel], *er* hätte [wäre er dabeigewesen] nur mit einem Fußtritt den Teeherd umgestoßen: »Auf, Zahn und Kralle, auf! Heraus, Gewölk und Donner, daß widrigen Wassers Wogen rollen, wann immer es sei!«

[Fast könnte man annehmen, daß Yüan-wu's Erläuterung mit diesen Worten endet. Was noch folgt, ist zunächst eine wertlose Schülernotiz, die nicht in den Zusammenhang paßt. Den Beschluß macht ein Satz des Meisters Yüan-mi vom Dö-schan[2], angewandt auf unser Beispiel. Die Sätze lauten:]

[1] Buch XXIV, 6. Der geschickte Mörtelwurf des Mannes aus Ying ist dort allerdings nicht erzählt. Yüan-wu's Bericht erscheint vollständiger – ob auf Grund ganz alter Überlieferung oder späterer Hinzudichtung, vermögen wir nicht zu entscheiden. Der deutsche Leser wird bei der Geschichte an Walter Tell und seines Vaters Meisterschuß denken.

[2] Dö-schan Yüan-mi, japanisch Toku-san Em-mitsu, ein Schüler von Yün-mën Wën-yän, gehört also zu Traditionstafel III A 14. Er wurde schon im I. Band gelegentlich erwähnt, vgl. S. 150, 342, 346.

Darum hat einer gesagt: »Streichst du dir den Gewinn aus einem Wort des Lebens ein, wirst du es ewig nie vergessen.« Die Worte und Reden des Vorsitzers Lang und des Ming-dschau sind wie tot. Wenn du etwas Lebendiges erblicken willst, so sieh einfach hin, wie Hsüä-dou »nur mit einem Fußtritt den Teeherd umstößt«!

Erklärungen zum Text

Die Personen des Gesprächs

Die Szene, die den Gegenstand des »öffentlichen Aushangs« bildet, spielt in dem Kloster Dschau-tjing (»bringt Segen«) der Hafenstadt Tjüan-dschou (Ch'üan-chou), etwa 180 km südlich von Fu-dschou, der Hauptstadt der Provinz Fukien an der Formosastraße. Es war die Zeit zwischen dem Untergang des großen Tang-Reichs um 906 und dem Aufstieg der Sung-Dynastie 960, genauer die kurze Spanne zwischen 923 und 936, während welcher von der Hauptstadt Lo-yang aus die von einem türkischen Tang-General gegründete »spätere Tang-Dynastie« den Anspruch auf das legitime Kaisertum erhob und auch den Sohn des einstigen Militärgouverneurs von Fukien namens Wang Schën-dschï als »König von Min« (Fukien) bestätigt hatte.

Schon im Anschluß an das fünfte Beispiel (Band 1, S. 140) haben wir von der Ehrerbietung berichtet, mit welcher dieser Wang Schën-dsï den auf der »Schneekuppe« oder Hsüä-fëng wirkenden Meister gleichen Namens behandelt hat. Und im 8. Kapitel (S. 192) war davon die Rede, daß er im Jahr 906 einen Schüler dieses Meisters namens Hui-lëng, den der Mandarin der kleinen Hafenstadt Tjüan-dschou in das dortige Zen-Kloster berufen hatte, seines großen Zulaufs wegen alsbald in die Nähe seiner Residenz Fu-dschou geholt und ihm das Tschang-tjing-Kloster unterstellt hat, nach welchem Hui-lëng selbst seitdem den Namen Tschang-tjing[1] trägt. Übrigens hatte er dem Mandarin von Tjüan-dschou zugestanden, daß Tschang-tjing offiziell auch in Abwesenheit noch immer Abt des Dschau-tjing-Klosters bleiben sollte.

Dieser Mandarin von Tjüan-dschou aber ist kein anderer als der »kaiserliche Hofmeister« Wang Yän-bin unseres Beispiels, und wenn er damals dem Verlangen seines Königs willig stattgegeben hat, so einfach deshalb, weil er der Neffe von Wang Schën-dschï war. Seines Oheims Hochachtung für Hsüä-fëng hat es bewirkt, daß Wang Yän-bin schon in früher Jugend viel den Hsüä-fëng-schan besuchte und sich schon dort durch Hui-lëng in die Zen-Übung einführen ließ. So lag es nahe, daß er Hui-lëng später als Zivil-Präfekt zu sich nach Tjüan-dschou holte und auch nachher durch häufigen Besuch in Fu-dschou und im Tschang-tjing-Kloster den Verkehr mit ihm aufrecht erhielt. Er war, wenn auch kein Mönch, doch immerhin ein Djü-schï, ein »Privatgelehrter« oder »Laienanhänger«, der sich auf Zen und Zen-Gespräch verstand. Er übte nebenher noch andere Künste und dichtete nicht schlecht. Diese Eigenschaften trugen ihm in späteren Jahren von dem schwachen, aber mit Titeln freigebigen Hof der »späteren Tang-Dynastie« die Ehrenbenennung Tai-fu ein, die zur Zeit der altehrwürdigen Dschou-Dynastie (etwa 1150 bis 256 v. Chr. Geb.) den mittleren Rang der drei kaiserlichen Hofmeister bezeichnete[2].

Für das Dschau-tjing-Kloster in Tjüan-dschou hat Wang Yän-bin nach dem Abzug Tschang-tjing's einen neuen Leiter, nun als Vize-Abt bestellt, welcher in der Überlieferung den Namen Ming-dschau Dö-tjiän trägt. Ming-dschau hieß er freilich erst viel später, nachdem er Abt des Klosters Ming-dschau in der Provinz Anhui geworden war. Uns ist er schon von früher her bekannt unter seinem Beinamen »der Einäugige Drache«, »einäugig«, weil er auf dem linken Auge blind war. »Drache«, weil er im Rufe seltener Lebendigkeit des Geistes und blitzartiger Schlagfertigkeit im Zwiegespräche stand. Er war ein Enkelschüler jenes Yän-tou, der einst seinem Weggenossen Hsüä-fëng zum Licht verholfen hat (1. Band, S. 386–388, Traditionstafel III A 12). Da Yän-tou sowohl wie Hsüä-fëng von dem gestrengen Dö-schan herkommen, betrachtet Hsüä-dou, welcher ebenfalls Dö-schan zum Ahnherrn hat, den »Einäugigen Drachen« auch als Stammverwandten und zeigt sich über dessen mattes, unentschiedenes Verhalten in Gegenwart Yän-bin's um so mehr verwundert[3].
An Ming-dschau's Stelle spielt in dem Gespräch vielmehr sein Vorsitzer die aktive Rolle. Er heißt mit dem Mönchsnamen Hui-lang, hier abgekürzt zu Lang. Auch er stammt aus der Schule Tschang-tjing's und hat in späteren Jahren ein Kloster in Fu-dschou geleitet. Yüan-wu stellt ihm das Zeugnis aus, daß er als junger Zen-Mönch genauso ungeschliffen war, wie die meisten seines Standes. Er hat es fertiggebracht, das Teegespräch, zu dem der Kreispräfekt und kaiserliche Hofmeister, dazu Gönner und Protektor seines Klosters, hergekommen war, noch bevor es richtig begann, scheitern zu lassen.

Wang Yän-bin's Fehltritt

Dem Unglück scheinen noch andere Ursachen zugrunde zu liegen, die Yüan-wu nur andeutungsweise berührt. Den Schlüssel gibt die bissige Bemerkung des Vorsitzers Lang: »Tausend Tage treuer Dienst im Amt, und eines schönen Morgens fehlgetreten.« Mit dieser taktlosen Antwort, bemerkt Yüan-wu, wird Lang »nicht nur sich selber untreu, sondern rührt auch noch den wunden Punkt des andern an«.
Der wunde Punkt besteht darin, daß Wang Yän-bin etwa nach dem

[1] Tschang-tjing Hui-lëng, japanisch Chô-kei E-ryô, Traditionstafel III A 13 C.

[2] Die drei Ränge heißen: Tai-schï (kaiserlicher Oberhofmeister), Tai-fu (kaiserlicher Hofmeister), Tai-bau (kaiserlicher Vizehofmeister).

[3] Ming-dschau Dö-tjiän, japanisch Mei-shô Tok-ken, Schüler des Lo-schan Dau-hsiän, eines Schülers von Yän-tou Tjüan-hou (Traditionstafel III A 12 a); gehört also zu Traditionstafel III A 14. – Beiname: Du-yän-lung, japanisch Doku-gan-ryû, Einäugiger Drache. Vgl. Kap. 19, Band 1, S. 344f. und die Erläuterung zum Gesang in Kap. 35.

Jahr 930 an der Stabilität der sogenannten »späteren Tang-Dynastie« mit gutem Grund zu zweifeln begann und, um seine eigene Stellung zu sichern und möglichst zu bessern, mit einstigen politischen Freunden aus der vor sieben Jahren verdrängten »späteren Liang-Dynastie« (907–923) in Honan Verbindung aufnahm in der trügerischen Hoffnung, diese werde demnächst neu erstehen und ihm behilflich sein, in Tjüan-dschou vom Zivil- zum Militärpräfekten befördert zu werden. Die korrupte Herrschaft mit dem usurpierten Namen Tang brach zwar 936 nach bloß dreizehn Jahren zusammen; an ihrer Stelle aber richtete ein anderer Militärmachthaber (in Schansi) mit Hilfe eines nördlichen Tungusenstamms eine neue sogenannte »legitime« Dynastie auf, die nach zehn Jahren ebenfalls zugrunde ging. Wang Yän-bin's Seitensprung kam an den Tag und war natürlich für den König in Fu-dschou, seinen Vetter Wang Lin, peinlich, so daß dieser ihn entlassen mußte. Auch auf seinen guten Ruf fiel durch dieses Vorkommnis ein Schatten. Man warf ihm vor, dem Hochmut und der Machtgier Raum gegeben zu haben, und eben dieser Vorwurf ist aus Lang's anzüglicher Bemerkung deutlich genug herauszuhören.

Das verunglückte Teegespräch

Es ist darnach sehr wahrscheinlich, daß der Besuch des kaiserlichen Hofmeisters Wang im Dschau-tjing-Kloster seines bisherigen Amtsbezirkes gerade um die Zeit seiner Entlassung, also wohl im Jahr 932, stattgefunden hat. Bedenkt man, daß er eben erst mit einem ehrgeizigen Plan gescheitert war, so kann man leicht vermuten, was ihn zu dem Besuch im Kloster trieb. Er sah in ihm den Ort des Friedens und der Stille, an dem man zur Besinnung kommen kann. Der Teeraum insbesondere war dafür wie geschaffen. Hier konnten sich in taktvoll verhaltenem und dennoch offenem Gespräch die Wellen der Gefühle glätten, die harten Knoten der Gedanken lösen. So war er es von Jugend auf gewöhnt; so hoffte er es jetzt in einer Stunde innerer Not zu finden. Nicht undenkbar wäre auch, daß ihn sogar der Wunsch bewegte, sich für den Rest seines Lebens überhaupt in dieses »sein« Kloster zurückzuziehen, wie dies bei Männern aus dem öffentlichen Leben häufig vorkam.
Die Bedienung hatte der Vorsitzer Lang, auch er ein später Schüler seines vor vier Jahren in Fu-dschou verstorbenen Meisters Tschang-tjing. Er hatte auf dem kleinen Herd, auf dem, in eine tiefe Lage reiner grauer Asche eingebettet, das Holzkohlenfeuer brannte, in einem Stielkessel den Tee zu kochen, dem man damals noch nach alttibetischer Sitte Mehl, Salz und Ingwer beigab, und aus dem Kessel sollte er das fertige Getränk dem Gast und seinem Wirte in die breiten Schalen gießen. Aber ehe er soweit war, stieß er schon den Kessel an, daß er ins Feuerbecken fiel, der Tee herauslief und eine Wolke Dampf und Asche aus dem Herdchen aufstieg, um sich alsbald auf Kopf und Kleider der Anwesen-

den zu legen. Etwas war mit dem Vorsitzer Lang nicht richtig; etwas ging in ihm vor, was ihm die Selbstbeherrschung nahm. Die Feierstunde war, noch kaum begonnen, schon gestört.

Eigentlich wäre es jetzt an Ming-dschau gewesen, sich als Hauswirt zu entschuldigen und seinen Vorsitzer zur Rede zu stellen. Andächtige Behutsamkeit in der Behandlung jedes Dings gehört ganz wesentlich zum Lebensstil des Zen-Klosters. (Sie ist bis heute in der japanischen Teezeremonie oberstes Gebot.) Aber dem Abt fehlte es offenbar an der nötigen Schlagfertigkeit. Noch ehe er sich gefaßt hatte, ergriff der hohe Gast das Wort und tat sein Bestes, um das Teegespräch zu retten. Natürlich mußte das Vorkommnis ihn ärgern. Es war zum mindesten ein Zeichen von Nachlässigkeit in Gegenwart des Mannes, dem das Kloster viel zu danken hatte. Wang Yän-bin aber hielt seinen Unwillen in Zucht und fand für ihn rasch einen Blitzableiter. Am Fuß des Teeherds war, so scheint es, die Maske eines Kobolds in das Holz geschnitzt, der, wie alle auf Unfug bedachten und vom Volksglauben gefürchteten Geister, dem Buddha unterworfen war und hier den Herd zu hüten hatte, der »Herdhaltegeist«[1]. Auf diesen Kobold weist der hohe Gast und fragt, was er bedeute. Der Vorsitzer gibt ihm besonnenen Bescheid. Es ist der Geist, der diesen Herd beschützt. Das Teegespräch scheint trotz der Störung anzulaufen. Der Gast erhebt darauf die Frage, die sich aus dem Unfall ganz von selber stellt: wie kommt der Schutzgeist dann dazu, den Kessel umzustoßen? Vornehm behutsam läßt der Gast also dem Vorsitzer Lang, dem eigentlichen Schuldigen, den Weg zu seiner Rehabilitierung offen. Dieser braucht sich nur vom Kobold in der eigenen Brust zu lösen, dann steht er rein und unbefleckt dem andern gegenüber, und es kann noch immer gut ausgehen.

Aber seine Antwort zeigt im Gegenteil, wie sehr er selbst dem Unfugstifter unten am Herd verhaftet ist. Ihn wurmt nun einmal der politische Fehltritt Wang Yän-bin's, der ihn im Grunde gar nichts anzugehen braucht. Ihn juckt es fast wie Schadenfreude, daß dieser hohe Mann gestürzt ist. Wenn dieser jetzt so tut, als gehe es nur um den Kobold, so kommt ihm das gerade recht. Und schon fällt ihm das Sprichwort ein, das in der Zeit des fortgesetzten Treubruchs sicher oft zu hören war. Weit entfernt, den eigenen Fehler zu gestehen, zuckt er kalt die Achseln: »Tausend Jahre treuer Dienst im Amt, und eines schönen Morgens fehlgetreten.« Dieser Kobold, heißt das für das Ohr des Gastes, ist eben auch nicht schlimmer, als Ihr selbst, Herr kaiserlicher Hofmeister. Es war ein gezielter Giftpfeil, und er saß.

In der schon vorher sturmbewegten Seele des entlassenen Präfekten erhob sich eine ungeheure Welle der Empörung. Er saß in dem Kloster,

[1] Vielleicht befanden solche Masken sich auf mehreren Seiten des Herdes. Um eine deutlichere Vorstellung zu gewinnen, fehlt es an Anschauungsmaterial.

dem er selbst vor dreißig Jahren den verehrten Tschang-tjing zum Abt bestellt, dem er die ganze Zeit hindurch seine besondere Sorge zugewandt und in dem er manche Stunde innerer Erhebung erlebt hatte. An diesem selben Ort kommt heute ihm ein unverschämter junger Mönch mit Sticheleien! Kein Wort mehr hier! Nur fort! Und würdevoll, noch im Bewußtsein dessen, was er hier gewesen war, klopft er den Aschenstaub von seinen Ärmeln ab und geht. Der Meister Dschö (in der Erläuterung Yüan-wu's zitiert) ruft sich bei dieser Szene jenen Gesandten aus dem alten Staate Dschau vor Augen, dessen gewaltiger Zorn selbst den gefürchteten König von Tjin und seinen Hofstaat verstummen und erstarren ließ.

Nun endlich rafft sich Ming-dschau Dö-tjiän auf. Bis dahin hat er dagesessen, ohne nur ein Wort herauszubringen. Er macht an diesem Tage seinem Beinamen »einäugiger Drache« wenig Ehre. Wahrscheinlich war ihm der Besuch des bisherigen Präfekten peinlich. Er muß jetzt seinem Vorsitzer klarmachen, wie tief er sich hat fallen lassen. Jahrelang hat dieser hier sich von dem Klosterreis genährt, um zuletzt den Geist des Hauses zu verleugnen, sich der Welt und ihrer Denkart gleichzustellen und statt einer würdigen Antwort auf die Frage des bisherigen Protektors leeres Stroh zu dreschen. Aber nicht einmal auf diesen wohlgemeinten Vorhalt gibt der Vorsitzer klein bei. Er hat die Stirn zu fragen, wie er denn nach der Meinung des Herrn Abtes hätte antworten sollen.

Jetzt hat Ming-dschau in der Tat ein gutes Wort bereit. Es stammt wörtlich aus dem Sutra von dem kranken reichen Mann Vimalakîrti, in dessen Hause sich die engen, strengen Jünger und die weitherzigen Boddhisattvas sammeln, um von ihm über den höchsten Sinn des Buddhawegs belehrt zu werden. Im siebenten Kapitel tritt dort eine Himmelsjungfrau auf, die reine, weiße Blumen über die Versammlung streut. Von den Boddhisattvas fallen diese Blumen sofort wieder ab; an den strengen Jüngern haften sie so fest, daß diese sich umsonst bemühen, sie von sich abzustreifen, da nach ihrer Ansicht solcher Zierat »wider das Gesetz des Buddhas« sei. Die Himmlische belehrt den Sprecher der Gestrengen, Sariputra: »Du solltest diese Blumen nicht für gesetzeswidrig halten. Und warum nicht? Diese Blumen machen keinen Unterschied. Du selbst nur, Gütiger, erzeugst in dir die unterscheidenden Gedanken. Wer unter dem Gesetz des Buddhas in die Heimatlosigkeit gegangen ist und dann noch Unterschiede macht, der handelt nicht nach dem Gesetz. Keine Unterschiede machen, das ist dem Gesetz gemäß. Sieh, wie an keinem dieser Boddhisattvas eine Blume hängen bleibt, eben weil sie alle unterscheidenden Gedanken von sich abgeschnitten haben! Wenn einer sich zum Beispiel fürchtet, so erhalten die Unholde ihre Gelegenheit. So auch bei diesen Jüngern: weil sie sich vor dem Samsâra (dem ewigen Kreislauf von Geburt und Tod) fürchten, ergreifen die fünf Sinne die ihnen dargebotene Gelegenheit (und unterwerfen sie dem Banne unterscheidender Gedanken).«

Also: Als Wang Yän-bin fragte: »Wenn das schon der Herdfesthaltegeist ist, weshalb stößt er dann den Kessel um?« Da hättest du ihm mit diesem Schriftwort antworten können: »Der Unhold hat dazu Gelegenheit erhalten.« Du warst in Unterscheidungen befangen, du ließest dich, als der Besucher eintrat, durch richtende, verdammende Gedanken stören und erregen. Der böse Geist gewann es über dich, den Kessel umzustoßen. Solch offenes Geständnis hätte dich vom bösen Geist gelöst und hätte vielleicht auch den Gast versöhnt.
Aber freilich hätte spätestens in diesem Augenblicke Ming-dschau selbst eingreifen müssen. Sein Wort trifft nur den Fehler Lang's, und auch dies nicht scharf genug. Allerdings, das Schuldbekenntnis von dem »Unhold, der Gelegenheit bekommen hat«, ist so unbestimmt, daß vielleicht auch Ming-dschau selbst sich darein einschließt. Auf jeden Fall hat daraufhin weder der Vorsitzer noch jener selbst ein Wort gesprochen. Im Teeraum war es still geworden.

Yüan-wu's Stellungnahme zu dem Vorfall

Während wir die Vorgänge in Ming-dschau's Teeraum aufgrund gegebener Anhaltspunkte unbedenklich mit dem politischen Fehltritt des Präfekten Wang Yän-bin in Verbindung bringen, fällt auf, daß Yüan-wu diesen Punkt mit keinem Wort berührt. Er überging die Sache sehr wahrscheinlich einfach deshalb, weil sie erstens allgemein bekannt war, und weil sie zweitens mit dem eigentlichen Thema seiner Unterweisung nichts zu tun hat. In welche Wege auch der Gier, des Ingrimms und der Torheit sich ein Mensch verrennen mag, das ist im Grunde stets dasselbe: es ist das Haften an dem kleinen Ich, das sich von anderem absetzt in der Meinung, etwas ganz Besonderes zu sein. Und eben diese Meinung macht ihn blind für das im höchsten Grad Besondere, zu welchem er berufen ist: zu dem, was bei uns Christen Gotteskindschaft heißt, und was für Yüan-wu, für die Schüler Bodhidharma's und andere Ungezählte Buddhaschaft bedeutet. Die Buddhaschaft erkennen und gewinnen ist auch in diesem Beispiel Yüan-wu's einziges Anliegen, wenn er es auch nur an einer Stelle deutlich ausspricht: dort nämlich, wo er dem Meister Dschö vom Großen We-schan zustimmt, wenn er sagt, er hätte als Wang Yän-bin in verhaltener Wut das Teezimmer verlassen, »den Kessel fallen lassen und hell aufgelacht«. Das steht so nackt und realistisch da, daß man fast Anstoß daran nehmen könnte. Aber dieses Lachen ist kein leichter Scherz. Das kommt aus einer anderen Welt, für welche unsere Ängste, Ärger, Bitternisse allesamt zum Lachen sind. Mache dich nur von dir selber frei, erhebe dich ins wahre Wirkliche, und du lachst mit.
Darum schließt an diesen Ausspruch Yüan-wu die Bemerkung an, solch ein Lachen hätte dem Erzürnten für die Buddhaschaft gar wohl die Augen aufgehen lassen können. Der ganze Knäuel von Enttäuschung, Bitterkeit, verletztem Stolz wäre aufgelöst im Nichts verflogen.

Es gehörte dazu nur von seiten des Erzürnten Achtsamkeit. Denn auch die erlösende Erkenntnis kommt dem Menschen nicht von ungefähr. Auch sie hat ihre Ursache und Anlaß, ihre Zeit und Stunde. Darauf muß achten, wer die Buddhaschaft erkennen will. Ähnlich, wie es in der Bibel heißt: heute, so ihr seine Stimme höret, so verstocket eure Herzen nicht. Verpaßt man eine solche Stunde, so kann niemand sagen, ob und wann sie wiederkehrt. Was immer Yüan-wu sonst noch zu dem Beispiel anzuführen hat, ist durchweg nur im Lichte dieses seines Hauptanliegens zu verstehen. Darin ist er auch mit Hsüä-dou eins, ja, wie immer, gibt er diesem vor sich selbst sogar den Vorzug.

Hsüä-dou's Stellungnahme zu dem Vorfall

Wie schon gelegentlich in früheren Fällen, begnügt sich Hsüä-dou nicht damit, sich erst am Ende im Gesang zu äußern; vielmehr drängt es ihn, schon an das Beispiel selbst ein Urteil anzuschließen. Der ganze dort erzählte Vorgang ist ihm derart unerträglich, daß er, bildlich zu reden, sofort mit einem Ho' dreinfahren und den Stock dazu schwingen muß. »Ich hätte, wäre ich dabeigewesen, nur mit einem Fußtritt den Teeherd umgestoßen.« Denn worum handelt es sich hier? Ein Zen-Mönch, der es immerhin zum Vorsitzer gebracht hat, ergeht sich in Gehässigkeit; der Gast geht in verhaltenem Zorn davon, und der Abt, der Hauswirt, findet nicht den Rang, zur Rettung der verfahrenen Lage einzugreifen. Es ist für ein Zen-Kloster schon ein trauriges Versagen, eine Schmach. Was nützen Teegespräche, wo der Geist versiegt ist? Hier kann man ruhig auf's Teekochen verzichten, den Teeraum schließen und statt dessen sich im Übungsraum befleißen, »den Strom der Mannigfaltigkeiten abzuschneiden« (wie es schon im Hinweis zu dem ersten Beispiel heißt), damit aus diesem Kloster wieder eine Stätte des Lichtes und des Friedens werden kann.
Noch deutlicher wird Hsüä-dou nachher im Gesang. Da nimmt er die drei Partner in dem Teeraum einen um den anderen vor. Am besten kommt, wie sich's gebührt, der Gast noch weg. Er ist kein Mönch; man kann ihn nicht nach dessen Maßstab messen. Aber er hat Geist und Adel. Hsüä-dou sieht in ihm ein Ebenbild des Zimmermanns aus Ying in dem uralten Staate Tschu, der vor mehr als tausend Jahren dem Kollegen vom Anstreicherhandwerk vorschlug, ihm den kleinen Mörtelspritzer von der Nasenspitze mit der Axt abzuwischen. Er hatte das Kunststück bemerkt, das der Anstreicher fertigbrachte, durch gewandten Wurf hoch oben an der Wand ein Loch zu verstopfen, und wollte nun zu beider Ehre seine eigene Kunst an ihm probieren. Der Anstreicher verstand, wie eben Künstler sich verstehen, stellte sich dem Zimmermann, und dieser ließ die Axt heruntersausen, daß der Spritzer weg war und die Nasenspitze heil. Par nobile fratrum (Ein edles Brüderpaar)! Auch Wang Yänbin's Frage, so meint Hsüä-dou, war solch ein sausender Axthieb, der an

dem Vorsitzer Lang herunterfuhr, um ihm den Fleck von jenem schwarzen Unhold abzuwischen. Wäre Lang auch so ein Künstler wie der Anstreicher gewesen, so hätte er sich ruhig und fest dem Hiebe Wang's gestellt, und alles wäre gut gewesen. Aber dem Vorsitzer fehlte es »an Güte und Geschick«. Ihn trifft Hsüä-dou's Urteil am härtesten.
Und Ming-dschau, fährt bedauernd Hsüä-dou fort, »zeigte auch nicht einmal Zahn und Kralle«, wo er doch den Namen »Drache« führt. Man spürt's am Ton: sein Fehler ist in Hsüä-dou's Augen am betrüblichsten. Von Jesus kennen wir das Sprichwort: wenn das Salz dumm wird, womit soll man salzen?
Ein richtiger Drache schläft in seinem Teich nicht ein. Er kann jederzeit zum Himmel sich erheben, Gewölk und Donner, Wolkenbruch und Sturm erregen, um alles Morsche, Tote wegzufegen. Das ist des Zen-Mönch's und erst recht des Meisters wichtiger Beruf. Eben um des Friedens und der Stille willen muß er ständig auf der Hut sein, muß dem Strom gemeinen Lebens widerstehen und Gegenstrom erzeugen. Andernfalls ergreift ihn selbst der trübe Strom der Welt, und sein guter Anlauf war vergeblich. Das Beispiel, welches Hsüä-dou hier auswählte, und der Gesang, der es begleitet, sind für alle, welche sich mit Zen befassen, eine ständige Mahnung.

Neunundvierzigstes Beispiel

San-schëng, der Netzdurchbrecher

Hinweis

Aus sieben unterirdischen Gängen,
acht geheimen Schächten
die Siegestrommeln [der Eroberung]
heraus und aufgestellt,
die Fahnen [des Belagerten] herabgerissen,

Wälle hundertfach nach allen Seiten aufgeworfen
und tausendfach geschichtet,
Ausschau nach vorn,
nach hinten Wachsamkeit,
[kurz] dem Tiger auf den Kopf sich setzen,
den Tigerschwanz
fest in der Hand:
das alles macht noch immer nicht
den Meister in der Kunst.

Den Ochsenkopf weg, den Pferdekopf wieder heraus:
auch das ist nicht das einzigartig Wunderbare.
Kommt aber einer, welcher über alles Maß hinaus ist:
Sagt mir einmal, was dann!
Versucht es mit einem Beispiel! Sehet her!

Das Beispiel

Wir legen vor:

San-scheng fragte Hsüä-fëng: Was ist für einen Goldbeschuppten, der durch das Netzwerk durchgebrochen ist, die Nahrung?
Hsüä-fëng entgegnete: Das werde ich dir sagen, sobald du durch dein Netzwerk durchgebrochen bist.
San-schëng erwiderte: Ein Segensfreund für tausend und fünfhundert Seelen, und versteht nicht, was ich sage!!
Hsüä-fëng erwiderte: Der alte Mönch hat eben mit den Aufgaben der Klosterleitung viel zu tun.

Zwischenbemerkungen zum Beispiel

»San-schëng fragte Hsüä-fëng: Was ist für einen Goldbeschuppten, der durch das Netzwerk durchgebrochen ist, die Nahrung?« – Man muß es ihm schon lassen: das geht selbstherrlich frei geradeaus und in die Quere. – Diese Frage ist von allerhöchster Höhe. – Aber das [wonach du fragst] dürftest du doch selbst am besten wissen! – Wozu mußt du darnach noch fragen?
»Hsüä-fëng erwiderte: Das werde ich dir sagen, sobald du durch dein Netzwerk durchgebrochen bist.« – Das nimmt dem andern ziemlich viel von seinem guten Ruf! – Aber nicht umsonst gilt Hsüä-fëng als ein Lehrer unseres geistigen Erbteils von besonderer Meisterschaft.
»San-schëng entgegnete: Ein Segensfreund für tausend und fünfhundert Seelen, und versteht nicht, was ich sage!!« – Er ruht in sich selber, wie der Himmel. – Blitz und Donnerschlag, um eine Herde zu erschrecken. – Überlassen wir ihn seinen Sprüngen!
»Hsüä-fëng erwiderte: Der alte Mönch hat eben mit den Aufgaben der Klosterleitung viel zu tun.« – Es geht ihm nicht um Sieg und Niederlage. – Er verzichtet hier auf einen Zug im Spiel. – [Aber] diese Antwort ist noch sehr viel giftiger.

Erläuterung des Beispiels

Wohl gehen Hsüä-fëng und San-schëng so, wie es beschrieben ist, bald vor, bald weichen sie zurück, schlagen einmal zu oder kneifen auch einander nur; aber wer dabei gewonnen hat und wer verloren, ist noch keineswegs entschieden. Saget mir einmal: Mit was für einem Blick sind diese zwei ehrwürdigen Erfahrenen denn ausgestattet [worauf haben sie es abgesehen]?
San-schëng ist von Lin-dji eingeweiht worden und hat daraufhin die Meister weit und breit der Reihe nach besucht. Alle haben ihn als hohen Gast mit Ehren aufgenommen.
Seht, auf welchen Punkt er seine Frage zuspitzt! Wie viele tasten wohl darnach und finden ihn doch nicht! Er läßt sich keinen Augenblick auf grundsätzlichen und theoretischen Buddhismus ein, sondern stellt im Gegenteil die Frage: »Was ist für einen Goldbeschuppten, der durch das Netzwerk durchgebrochen ist, die Nahrung?« Sagt mir einmal: Was will er eigentlich? Ein durch das Netzwerk durchgebrochener Goldbeschuppter nimmt in der Regel den ihm zugeworfenen Köder nicht mehr an. Was nimmt er sich dann nur zur Nahrung, möchte ich wissen[1]!
Fën-yang[2] nennt San-schëng's Frage eine solche, mittels welcher der Fragende seine eigene Auffassung kundgibt. In Dung-schan Liang-djiä's Schule nennen sie es eine Frage, die sich leihweise eines konkreten Gegenstands bedient [also eine Gleichnisfrage]. [Was San-schëng's Gleichnisbild betrifft, so ist zu sagen:] Es muß schon einer sein, der über Sitten-

vorschriften hinausgewachsen ist, der keine Arten, Gattungen mehr unterscheidet, einer fähig dieser großen Freiheit, alles, was ihm zufällt, zu gebrauchen, kurz einer, der ein drittes Auge oben auf dem Scheitel hat: dann erst verdient er es, ein durch das Netzwerk durchgebrochener Goldbeschuppter zu heißen.

Doch was willst du! Hsüä-fëng ist nun einmal ein geübter Meister. Jenem ebenbürtig, in der gleichen überlegenen Ruhe, vergilt er ihm kurz angebunden nur mit ein paar Brocken, wobei er ihm, man muß schon sagen, auch noch seinen guten Ruf herabsetzt und erwidert: Das werde ich dir sagen, sobald du durch dein Netzwerk durchgebrochen bist.

Seht euch diese beiden Schulhäupter an, wie jeder fest und sicher seine Grenzmark hält, wie sie einander gegenüberstehen, jeder eine Felswand von zehntausend Klaftern! Einen anderen als San-schëng hätte nur schon diese Antwort mattgesetzt. Doch was willst du, wo auch San-schëng ebenso ein Meister in der Kunst ist! Der weiß sich im Augenblick zu helfen, wendet sich dem andern zu, indem er sagt: Ein Segensfreund für tausend und fünfhundert Seelen, und versteht nicht einmal, was ich sage!!

Hsüä-fëng dagegen sagt: Der alte Mönch hat eben mit den Aufgaben der Klosterleitung viel zu tun. Solch widerspenstiger Nachlässigkeit ist seine Rede fähig!

In der Begegnung dieser beiden ausgereiften Meister wechselt harter Griff mit Lockerlassen. Kommt dieser stark daher, so jener schwach; gibt sich der eine niedrig, dann der andre vornehm[3]. Wenn du nun meinst, bei diesem Treffen gehe es um Sieg und Niederlage, hast du Hsüä-fëng noch nicht im Traum gesehen. Schau dir diese beiden an! Im Anfang stehen sie einander gegenüber einsam und gefährlich, steil und schroff. Am Ende sind sie beide miteinander tote Bummler. Sagt mir doch einmal: Wo ist da noch die Rede von gewonnen und verloren, Sieg und Niederlage? In der Art, wie diese Kunstgeübten miteinander reden, ist von so etwas durchaus nichts zu bemerken.

San-schëng war während seines Aufenthalts bei Lin-dji Klosteraufseher. Beim Übergang in die Verwandlung gab Lin-dji noch der Bruderschaft die Weisung: Wenn ich fortgegangen bin, so laßt die Fülle meiner Wahrheitsschau nicht untergehen! Darauf trat San-schëng vor und sagte: Ehrwürdiger, wie sollten wir die Fülle Eurer Wahrheitsschau wohl untergehen lassen? Lin-dji fragte ihn: Und wie, wenn später je-

[1] Der chinesische Text weist im folgenden einige Unebenheiten auf, die wir im Anschluß an die revidierte Ausgabe von Itô Yûten zu ordnen versucht haben.

[2] Fën-yang Schan-dschau vgl. Traditionstafel III B 16.

[3] Dieser Satz ist dem vorhergehenden mehr nur formelhaft angefügt. Es dürfte schwerhalten, die Gegensätze stark und schwach, niedrig und vornehm gleichmäßig auf die beiden Partner anzuwenden.

mand dich darnach befragt [willst du antworten]? Daraufhin rief San-schëng: Ho'! Lin-dji sagte: Wer weiß, die Fülle meiner Wahrheitsschau geht am Ende in der Gegend dieses blinden Esels unter. Daraufhin verneigte San-schëng sich anbetend. Er ist Lin-dji's echter Sohn, und eben darum durfte er [in jener Abschiedsstunde] solch eine Zwiesprache [mit seinem Meister] wagen.
Hsüä-dou besingt zum Schluß einfach den durch das Netzwerk durchgebrochenen Goldbeschuppten und beleuchtet die Begegnung dieser beiden Kunstgeübten.

Gesang

Netzdurchbrecher Goldbeschuppter –
Ihn hält's nicht im Wasser, nein!
Wiegt den Himmel, schaukelt die Erde,
Schüttelt die Finnen, schwingt den Schwanz.
Walfisch, tausend Fuß lang, pustet mächtigen Wellengischt.
Da ein Ton, ein Donnerrollen: rings erhebt sich reiner Wind.
Rings erhebt sich reiner Wind.
Oben im Himmel und hier unter Menschen
derer, die's merken, wie viele, wieviel?

Zwischenbemerkungen zum Gesang

»Netzdurchbrecher Goldbeschuppter« – Tausend Mann Soldaten sind leicht aufzutreiben, schwer auch nur ein einziger Feldmarschall. – Wie sieht er denn aus? – Alle tausend Heiligen kommen gegen ihn nicht auf.
»Ihn hält's nicht im Wasser, nein!« – Der fährt noch über die Wolken hinaus. – Lebendig, quicklebendig! Du tätest gut daran, ihn nicht gleich zu den Stumpfen und Schwerfälligen zu rechnen.
»Wiegt den Himmel, schaukelt die Erde.« – Der kann's! – Ein Meister unter Meistern! – Aber das ist noch nicht seine besondere Kunst. – Was hindert es, ihn freizulassen?
»Schüttelt die Finnen, schwingt den Schwanz.« – Wer vermißt sich, das bis in die letzten Einzelheiten zu verfolgen? – Aber er [Hsüä-dou] ist nun einmal in dieser Kunst perfekt. – Er preist ihn aufdringlich an. – Aber hindern wir ihn daran nicht! Mag er die Menge nur verblüffen!
»Walfisch, tausend Fuß lang, pustet mächtigen Wellengischt.« – Wohin hat er sich jetzt umgedreht? – Das ist allerdings ganz außerordentlich! – Er verschlingt mit einem Schluck die Menschen auf der ganzen großen Erde.
»Da ein Ton, ein Donnerrollen: rings erhebt sich reiner Wind.« – Er hat

Augen, er hat Ohren, und er ist wie taub und blind. – Wem ist das nicht zum Staunen?
»Rings erhebt sich reiner Wind.« – Wo geschieht denn das? – Nanu?
»Oben im Himmel und hier unter Menschen derer, die's merken, wie viele, wieviel?« – Hsüä-fëng steht fest auf seiner Vorderfront und hält sie; San-schëng steht fest auf seiner Hinterfront und hält sie. – Was soll das eigentlich, so einmal Erde streuen und dann wieder Sand? – Wo stehst nun Du?

Erläuterung des Gesangs

»Netzdurchbrecher Goldbeschuppter – ihn hält's nicht im Wasser, nein!« Mein Meister vom Berg des Fünften Patriarchen [Wu-dsu Fa-yän] hat gesagt: Nur mit diesem einen Sätzchen ist der Gesang schon fertig [d. h. ist der Sinn des Gesangs bereits vollständig ausgesprochen]. Wenn einer schon ein durch das Netzwerk durchgebrochener Goldbeschuppter ist, wie sollte er sich noch lange müßig im Wasser herumtreiben. Sein Aufenthalt ist in den mächtigen Wellen, den gewaltigen Wogen, dort, wo der weiße Gischt zum Himmel spritzt. Sagt mir einmal: was dient ihm dort zweimal zwölf Stunden lang zur täglichen Nahrung? Ihr alle hier, geht einmal unter die drei Deckendielen über eurer Lagerstatt von sieben Fuß, setzt euch davor, und dort versuchet es, euch dafür zu verpfänden.
Hsüä-dou will sagen: diese Sache greift ein jeder je nach dem ihm zugemessenen Teil wie spielend auf. Das ist wie bei der Art der Goldbeschuppten, die, wenn sie ihre Finnen schütteln und den Schwanz hin und her schwingen, es gleich erleben, daß der Himmel hin und her wiegt und die Erde schaukelt.
»Walfisch, tausend Fuß lang, pustet mächtigen Wellengischt.« Damit besingt er San-schëng's Worte: »Ein Segensfreund für tausend und fünfhundert Seelen, und versteht nicht, was ich sage!!« Das ist, wie wenn ein Walfisch mächtige Wellen ausspeit.
»Da, ein Ton, ein Donnerrollen: rings erhebt sich reiner Wind.« Damit besingt er Hsüä-fëng's Worte: »Der alte Mönch hat eben mit den Aufgaben der Klosterleitung viel zu tun.« Das ist, wie wenn sich auf ein Donnerrollen ringsum reiner Wind erhebt. Faßt man es kurz zusammen, so will der Dichter damit sagen, daß diese beiden, einer wie der andere, geübte Meister sind.
»Rings erhebt sich reiner Wind. Oben im Himmel und hier unter Menschen derer, die's merken, wie viele, wieviel?« Sagt mir einmal: wohin trifft denn dieser eine letzte Satz? In dem Augenblick, wo rings im Kreis ein reiner Wind zu wehen beginnt, wie viele gibt es da im Himmel oben oder in der Menschenwelt, die es bemerken?

Erklärungen zum Text

Zu Yüan-wu's Hinweis

Im knappen, markigen Stil, der ihm für seine Hinweise beliebt, entwirft Yüan-wu ein Bild chinesischer Kriegskunst und ihrer Listen. Erst schildert er den Angreifer, wie er die Stadt nach mühevoller Vorbereitung plötzlich überrumpelt, dann den Verteidiger und seine Umsicht. Wem die Eroberung gelungen ist, der sitzt dem Tiger auf dem Kopf, hält sich an seinem Schwanz und kann ihn so erstechen. Im freien Feld bedarf es anderer Künste: da muß man täuschen können, wie die Teufel, die bald einen Ochsenkopf aufsetzen, bald einen Pferdekopf. Zu solchen Künsten muß es unvermeidlich kommen, wenn ebenbürtige Gegner sich begegnen, deren keiner sich dem anderen beugen will.
Ähnlich ist es auch im Redestreit. Auch hier hat jeder seinen Standpunkt, seine Festung, und jeder ist bemüht, des anderen Festung einzunehmen, ihn zu überzeugen. Die Lehrer der Rhetorik und Sophistik haben schon im Altertum die Künste ausgebildet, durch die man sich verteidigen und seinen Gegner schlagen kann. Wo immer auch zwei Überzeugungen aufeinanderstoßen, da geht es ähnlich zu wie bei einem Zweikampf zwischen Helden oder gar bei der Belagerung einer Burgstadt. Zuletzt muß sich entscheiden, wer gewonnen hat und wer verloren. Das ist der Lauf der Welt.
Dies aber, bemerkt Yüan-wu, ist noch nicht die höchste Kunst. Es gibt eine höhere. Dafür soll hier ein Beispiel folgen.
Yüan-wu bereitet seine Hörer also auf ein Treffen von zwei Helden vor, die sich dem Gesetz von Sieg und Niederlage zu entziehen wissen, und es damit überwinden.

San-schëng Hui-jan, der Schüler Lin-dji's

Über Hsüä-fëng[1], welcher hier auf dem Schneekuppenberg, dem Hsüä-fëng-schan bei Fu-dschou, aus dem fernen Norden von San-schëng Besuch bekommt, wissen wir schon längst Bescheid, nicht nur durch die Geschichten vom Reisährchen (Kap. 5) und von der Schildkrötennasenschlange (Kap. 22), sondern auch durch seine Schüler Hsüan-scha, Tschang-tjing, Bau-fu, Yün-mën. Er war aus des gewaltigen Dö-schan Schule der Gewaltigste.
Neu dagegen ist für uns der Gast, der hochgemute Hui-jan, nachmals Meister in dem Kloster »Dreiheiligen«, San-schëng, dessen Namen er nun in der Zen-Geschichte trägt[2]. Leider ist von seiner Herkunft wie von

[1] Hsüä-fëng I-tsun (Sep-pô Gi-son), 822–908, Traditionstafel III A 12 c. Vgl. die biographischen Abschnitte Band I, S. 132f., 386, 388.

[2] San-schëng Hui-jan (japanisch Sanshô Enen), Traditionstafel III B 12 c.

seinen Lebensdaten rein nichts überliefert. Wohl aber nimmt er in der Tradition der Lin-dji- (japanisch Rinzai-) Schule eine hervorragende Stelle ein, wie auch Yüan-wu dies in der Erläuterung geflissentlich hervorhebt. Wir bringen ihn uns deshalb wohl am besten dadurch nahe, daß wir uns den Kreis, aus welchem er hervorgegangen ist, in einigen Zügen vergegenwärtigen.

Denken wir zurück an Lin-dji's eigenen Meister, Huang-bo, wie er im elften Beispiel gleich zu Beginn geschildert wird (Band 1, S. 221): »Der Buddhas und der Patriarchen mächtige Geisteskräfte sind auf ihn gekommen und stehen ihm völlig zu Gebot.« »Er rührt sich, er faßt etwas an, und schon zerreißt er andern ihre Ketten.« »Er nimmt sich derer an, die überwärts gerichtet sind, und bietet ihnen das, was überwärtig ist.« Und sehen wir zu, wie hart er seine Schüler anfaßt: »Ihr Leute hier seid alle samt und sonders Tresterlecker. So pilgert ihr als fahrende Scholaren von Ort zu Ort!« Verfolgen wir (auf S. 226), was Lin-dji bei Huang-bo erlebte, wie dieser »Grenzdurchbrecher« ihm die Frage nach »dem Buddha-Gesetz« mit Schlägen austrieb, wie Da-yü dem Bestürzten diese Schläge deutete, diesem plötzlich das Verständnis aufging, und er auf Da-yü's erstaunte Frage mit drei Püffen Antwort gab. Darum heißt es im Gesang zu Beispiel 32 von Lin-dji: »Grenzdurchbrecher's Vollmacht ging völlig in ihn ein.«

Die Schau eines unfaßbaren Höheren, das über Ordensregeln, über Schriftbuchstaben, über logisches Räsonnement hinausgeht, hat durch Huang-bo und durch Lin-dji eine geistige Gärung ausgelöst, die, nachdem sich Lin-dji »nahe an der Furt« (lin-dji) des Flusses bei dem heutigen Dschëng-ding (Cheng-ting) in Hope (Tschi-li) festgesetzt hatte, alsbald mächtig um sich griff. Es schlossen sich ihm sehr verschiedene Elemente an. Da waren schwärmerische Sonderlinge wie Pu-hua, erwähnt im 37. Beispiel, S. 90, die er nur mit Widerstreben duldete; da kamen weither aus dem Süden Meister anderer Herkunft, um zu hören und zu lernen; da scharten sich die fahrenden Schüler und meinten, zuallererst des Meisters Gesten und Ho'-Rufe, Zeichen einer Vollmacht, die nichts anderes bedeutete, als: Mensch, du mußt dich ändern, getreu nachahmen zu müssen. »Tresterlecker« hätte Huang-bo sie genannt. Dennoch gelangten nicht wenige gerade auf diesem Weg derber Aufrüttelung zum eigentlichen Kern, um den es ging, so der Vorsitzer Ding im 32. Beispiel, von dessen Grobheit Yüan-wu uns auf S. 519 zwei ergötzliche Szenen bietet.

Zu der hier geschilderten Umgebung paßt das Wenige, was von dem Mönch Hui-jan, dem späteren Meister San-schëng, überliefert ist, recht gut. Es werden von ihm mehrere Begegnungen mit Meistern, die er auf der Wanderschaft besuchte, äußerst knapp erzählt. Und zwar läßt sich erschließen, daß sie zum Teil schon vor dem Tode Lin-dji's stattgefunden haben. Dieser nämlich fällt in das Jahr 867. Wenn nun berichtet wird, daß Hui-jan (San-schëng) unter anderen auch Dö-schan besucht hat, der im Jahr 865 gestorben ist, so leuchtet ein, daß er schon früher einmal, gewiß mit Lin-dji's Zustimmung oder gar in seinem Auftrag, eine Reise unternommen hat. In drei solchen Begegnungen ist Hui-jan's Auftreten jedesmal gleichartig jugendlich beschwingt, so daß wir sie ohne Bedenken einer früheren Reise zurechnen können, als derjenigen, die ihn zu Hsüä-fëng führte.

Die Reise ging von Lin-dji's Wohnsitz zunächst in den Südwesten der Provinz Honan. Wahrscheinlich hat Hui-jan unterwegs am Bärenohrenberg das Grab des Patriarchen Bodhidharma aufgesucht; dort wollte jeder Nachfolger einmal im Leben gewesen sein.

Dann kam er zu dem Meister Hsiang-yän[1], von dessen eigenartiger Erweckung damals viel die Rede war.

Diesem hatte einst der große Bai-dschang aufgegeben, sich auf seinen Zustand zu der Zeit, da seine Eltern noch nicht voneinander wußten, zu besinnen. Unfähig, diese Aufgabe zu lösen, ging er zu We-schan, der ihm sagte: »Alles, was du mir da vorträgst, sind nur Sprüche aus Kapiteln, die du dir gemerkt hast. Werde erst einmal das kleine Kind, welches du als Neugeborener gewesen bist, der noch nichts von Ost und Westen wußte.« Noch einmal durchforschte der Unglückliche alle Sutren-Schriften, ohne doch ein Wort der Lösung für die Aufgabe zu finden. Er verbrannte alle seine Bücher, diente, weil er doch sich für das Zen untauglich glaubte, jahrelang als Reiskoch und baute sich zuletzt auf dem Wu-dang-schan, wo einst der Landesmeister Dschung als Einsiedler gehaust hatte, eine Binsenhütte. Als er eines Tages den Weg zu seiner Hütte fegte und mit dem Besen einen Stein wegschleuderte, traf dieser einen Bambusstamm, der einen eigentümlichen Klang gab. Bei diesem Klang erwachte er mit einemmal zum Licht. Er dichtete:

Ein Schlag, und all mein Wissen ist vergessen.
Kein Flickwerk mehr von Zucht und Besserung.
Es wiegt und schwingt sich auf zum Pfad der Alten.
Kein Rückfall in verzagtes Treiben mehr.
Ich trete nirgends in die Spur von andern.
In Stimme nicht noch Äußerem liegt die Hoheit.
Die je den Sinn, den Weg erreichten,
Sie alle nennen's allerhöchstes Regen.

We-schan hörte davon und bestätigte ihn mit den Worten: der ist hindurch. Er wurde Abt des Hsiang-yän-Kloster's und hat über zweihundert Gedichte in der Art des obigen hinterlassen.

Diesen Hsiang-yän kennenlernen war dem jungen Hui-jan wohl die Reise in das Bergland an der Grenze zwischen zwei Provinzen wert. Aber auch ihn selber sollte Hsiang-yän kennenlernen, kam er doch von Lin-dji und sollte dieses großen Meisters Licht hinaus ins weite Tang-Reich tragen. Er trat ein im üblichen Gewand, das obligate Knietuch über den linken Unterarm gehängt. »Woher kommst du«, fragte

Hsiang-yän? »Von Lin-dji«, war die Antwort. »Ei«, versetzte Hsiang-yän, »hast du dann wohl auch das Schwert des Lin-dji mitgebracht?« Hui-jan erwiderte kein Wort, nahm nur sein Knietuch in die Hand und schleuderte es auf den Meister. Dieser hatte nur ein stummes Lächeln.

Von Honan ging's durch Hupe nach Hunan. Dort wirkte auf dem Tugendberg, dem Dö-schan bei Tschang-dö, der berühmte Meister gleichen Namens, der wie kein anderer den Stock zu schwingen wußte[2]. Sicher kannte Hui-jan auch schon die Geschichte, wie Dö-schan einst als Wandermönch bei We-schan es zuerst verschmähte, diesen nur auch zu begrüßen, dann aber um so feierlicher antrat und mit theatralischer Gebärde sein Knietuch vor dem Meister auszubreiten anfing (Band I, S. 103). Für diese Geisteshaltung hatte offenbar der junge Hui-jan viel Verständnis. Denn als er vor den alten Dö-schan trat, machte er es ebenso, hob feierlich sein Knietuch hoch und begann, es auszubreiten. Ärgerlich wies Dö-schan ihn zurecht: was willst du mit dem alten Lumpen da? Meinst du, man setze dir dafür Gemüse oder Reis vor? Für dich gibt es hier nicht ein Körnchen. Hui-jan, in keiner Weise eingeschüchtert, sagte: So ist es mir gerade recht! Wenn es Reis hier für mich gäbe, hätte ich gar nicht daran gedacht, das Knietuch auszubreiten. Ich hatte dabei etwas anderes im Sinn. Dö-schan, der die Anspielung sofort begriffen hatte, nahm den Stock und ließ ihn auf Hui-jan niedersausen. Dieser, nicht verlegen, fing ihn blitzschnell am Ende auf und stieß damit den alten Meister auf die Lehne seines Stuhls zurück. Dö-schan lachte hell und heiter auf; Hui-jan rief nur: ach du blauer Himmel, ach du blauer Himmel, und ging weiter.

Im Westen der Provinz Kiangsi besuchte Hui-jan auf dem Yang-schan den bekannten Schüler We-schan's, Yang-schan Hui-dji. Dieser fragte ihn gleich zu Beginn nach seinem Namen. Hui-dji, war die Antwort. Was, versetzte Yang-schan, so heiße doch ich! Ach so, natürlich, ich bin Hui-jan, sagte der Besucher. Yang-schan, belustigt, lachte laut.

Knapp, wie diese drei Berichte sind, geben sie nicht einmal zu erkennen, ob jeweils die Begegnung mit der ersten Überraschung endete, oder ob es dann erst recht zur Unterredung kam. Dem Berichterstatter ist es wohl nur um die Geisteshaltung dieses jungen Wanderers zu tun, der offenbar entschlossen war, in jedem Fall und jedem Meister gegenüber sich ebenbürtig zu behaupten. Sollen wir dies nun Hochmut nennen, ähnlich wie bei Fëng-hsüä im 38. Beispiel, der ja auch der Lin-dji-Schule angehört? Die Grenze zwischen hochmütig und hochgemut ist in der Tat hier schwer zu ziehen. Tatsache ist, daß man in China nicht erst seit Lin-dji, sondern schon vorher an dem Benehmen junger Zen-Mönche

[1] Hsiang-yän Dschï-hsiän (japanisch Kyô-gen Chi-kan), Traditionstafel III B II f.

[2] Dö-schan Hsüan-djiän (japanisch Toku-san Sen-kan), 782–865. Traditionstafel III A II a. Vgl. besonders das 4. Beispiel, Band I, S. 103ff.

vielfach Anstoß nahm. Von 838 bis 847 hielt sich in China ein japanischer Tendai-Mönch, d. h. ein Anhänger der Tiän-tai-Schule, namens En-nin auf, der in seinem noch erhaltenen Tagebuch »die rauh unmittelbare Art der Zen-Mönche« mit Kopfschütteln vermerkt und ausgerechnet in der nordchinesischen Ebene, der Heimat Lin-dji's und des Vorsitzers Ding, eine Gruppe von Zen-Wanderern antraf, die ihm den Eindruck von »durch und durch widerspenstigen Leuten« machten[1].

Man kommt über diesen Anstoß nur hinaus, wenn man der Sache auf den Grund geht. Im Zen ist jeder zunächst ausschließlich mit sich selbst beschäftigt und muß es sein. Was er erstrebt, ist ein Bewußtsein in der tiefsten Schicht, an die gewöhnlich niemand überhaupt nur denkt. Alles Äußere, die ganze sichtbare Umgebung, spielt hier keine Rolle. Die Folge ist, daß andere den Eindruck haben: der tut, als wäre er allein auf der Welt. Das bleibt auch so für längere Zeit, nachdem er das erstrebte Ziel erreicht hat. Ein nie gekanntes Hochgefühl der unbegrenzten Freiheit erfüllt ihn ganz. Allzu leicht färbt darauf noch der trübe Strom gewöhnlicher Gefühle ab. Man denke an die Lieblingsjünger Jesu, die rechts und links von seinem Thron Israel zu regieren hofften, erinnere sich der Auswüchse, die jede starke geistige Bewegung, sei sie noch so rein, hervorruft. Das Reine aber wird davon im Grunde nicht berührt; es bleibt rein, wie es ist. Was man bei Lin-dji »grob« oder »widerspenstig« finden mag, hat seinen Ursprung doch im Höchsten. Es zielt alles auf die innere Umwälzung des Menschen selbst. Sein mächtiger Scheltruf »Ho'!« gilt der abgründigen Versponnenheit, Verschlafenheit und Taubheit, in der wir alle durch das Haften an uns selbst und an den Dingen dieser Welt befangen sind. Das ist der Kernpunkt dessen, was er »die Fülle seiner Wahrheitsschau[2]« zu nennen liebte.

Der junge Hui-jan ist nach seiner Rückkehr von der ersten Wanderschaft in diese »Fülle« tiefer eingedrungen. Der Meister konnte ihm die Bruderschaft zur Leitung anvertrauen. Als Lin-dji schließlich in dem Hsing-hua-Kloster der Stadt Dung-ming, seiner Heimat, das Ende kommen sah und Abschied nahm, hat er Hui-jan, den späteren San-schëng, in aller Form zum Träger und Bewahrer seiner ganzen Wahrheitsschau erklärt. Wenn er ihn dabei einen blinden Esel nennt, so versteht die Bruderschaft das ohne weiteres als Ausfluß innerster Wahrhaftigkeit, die jeden Hauch von Feierlichkeit oder gar Rührseligkeit vermeidet und den Auserwählten darum nur auf diese Art liebkosen kann.

Für Hui-jan selbst war dies ein tiefeingreifendes Erlebnis. Die neue Würde hob sein Selbstgefühl und läuterte es auch. Noch einmal ging er auf die Wanderschaft, jetzt als der anerkannte Nachfolger des großen Lin-dji, und wurde überall mit Ehren aufgenommen. Dann kehrte er zurück nach Norden und fand in derselben Stadt Dschëng-ding, an deren Fluß der Lin-dji-Zenhof seines Meisters sich befunden hatte, eine Wirkungsstätte in dem »Hof zu den Dreiheiligen«, San-schëng-yüan, nachdem er selbst seitdem den Namen San-schëng trägt.

Nach langer Wanderung vom fernen Norden ist San-schëng endlich in der Provinz Fukien angekommen, besteigt den Hsüä-fëng-schan, die Schneekuppe bei Fu-dschou, und tritt vor Hsüä-fëng, den großen Schüler jenes Dö-schan, dessen Stock er vor einer Reihe von Jahren aufgefangen hatte. Jetzt trägt er in sich alles, was er seitdem erfahren hat. Die Wahrheitsschau des abgeschiedenen Meisters ist die seine. Davor vor Hsüä-fëng Zeugnis abzulegen und so ein Band gemeinsamen Verständnisses zu knüpfen, drängt es ihn.

Ein Gleichnis fällt ihm ein, in das er, was er meint, diskret verhüllen kann. Es ist dasselbe wie in dem Gesang zum siebten Beispiel, wo Hsüädou das Erwachen jenes Hui-tschau mit den Worten beschreibt: »Ein Fisch am dreigestuften Fall stieg hoch, flog auf, ward Drache« (vgl. Band 1, S. 170, 172, 181). Die Karpfen, die am dritten Tage des dritten Monats an den drei vom sagenhaften König Yü erbauten Wehren des Huangho in die Höhe schnellen und dann sogar zu Himmelsdrachen werden können, sind in der Vorstellung des Volkes großgewachsene Fische, deren Schuppen einen goldenen Glanz bekommen haben, und heißen deshalb »Goldbeschuppte«[3]. Damit verbindet sich bei San-schëng noch ein anderes Bild, nämlich von Netzen, in welchen die Fischer, und zwar wohl gerade unterhalb von Stromschnellen, die in der Laichzeit scharenweise stromauf schwimmenden Fische festhalten und füttern, bis sie gebraucht werden. Dann gibt es ein Entrinnen nur für solche, die stark genug sind, das Netzwerk zu durchbrechen. Im übrigen liegt an der Ausdeutung der Gleichnisse nur wenig. San-schëng geht es einzig um die Sache, d. h. seinen eigenen durch die Wahrheitsschau erlangten Zustand des Befreitseins. Um gleich auch zu sehen, ob Hsüä-fëng ihn versteht, kleidet er sein Selbstbekenntnis in die wohlbedachte Frage: »Was ist für einen Goldbeschuppten, der durch das Netzwerk durchgebrochen ist, die Nahrung?« Schon in seinen Zwischenbemerkungen und nachher in

[1] Vgl. Edwin O. Reischauer: Die Reisen des Mönchs Ennin – Neun Jahre im China des 9. Jahrhunderts. Aus dem Amerikanischen von Annelotte Piper. 1963. W. Kohlhammer, Stuttgart. S. 174f.

[2] »Fülle der Wahrheitsschau«, chinesisch Dschëng-fa-yän-tsang, wörtlich: Wahrheits-Gesetzes-Augen-Schatzkammer, d. h. alle Kostbarkeiten, von denen das Auge, welches das richtige, wahre Buddhagesetz erschaut, voll ist. In Japan lautet der Ausdruck Shô-bô-gen-zô und hat dadurch, daß der Gründer der dortigen Sô-tô- (d. h. Tsau-dung-)Schule, Dôgen Zenji (vgl. Zum Geleit, S. 15) ihn zum Titel seines Hauptwerks wählte, besondere Bedeutung erlangt.

[3] Der Kommentator Inouye Shûten erinnert hier an einen Vers des großen Dichters Du Fu (712–770), in dem es heißt: »Dem Quell entsteigt ein Riesenfisch, an Länge wie ein Mensch, den Schwanz zinnoberrot gefärbt, die Schuppen gelbes Gold.« (Hekiganroku Shinkôwa 1936, S. 488.)

der Erläuterung wendet Yüan-wu alle Sorgfalt an, seine Zuhörer bei dieser seltsamen Frage festzuhalten. »Diese Frage ist von allerhöchster Höhe«, sagt er. Und dann: »Seht, auf welchen Punkt er seine Frage zuspitzt!«
Was war der Köder, der zuvor dem Fisch zur Nahrung diente? Es war die Lehre vom Gesetz des Buddha, die Übung in Gehorsam und Entsagung, die Vertiefung in die Sutrenschriften, das stille Sitzen zu bestimmten Stunden des Tages und der Nacht. Und was hier im Bilde Köder heißt, war zugleich ja auch das Netz, das den Fisch gefangenhielt. Und durch den guten Köder in dem sicheren Netzgehege wuchs dann dieser eine zu einem kräftigen großen Fisch in goldenem Schuppenkleid heran, bis eines Tages ihm das Netz einfach zu eng war, so daß er es in kühnem Stoß durchbrach und frei hinaus ins Grenzenlose schwimmen konnte.
Was ist in diesem neuen Zustand seine Nahrung? Gewiß hat San-schëng für sich selbst die Antwort längst bereit. Die Nahrung des Befreiten ist nichts anderes, als eben diese Freiheit, in der ihm alles zu Gebot steht. Sie ist sein Leben; alles andere ist zweiter Ordnung. San-schëng ist in der Tat, wie Yüan-wu sagt, auf die höchste Höhe eingestellt. Und da er von Hsüä-fëng's Meisterschaft schon längst gehört hat, erwartet er auf seine wohlgezielte Frage eine ebenbürtige Antwort.
Und wie wird er enttäuscht! »Das werde ich dir sagen«, fertigt ihn der Ältere ab, »sobald du durch das Netzwerk durchgebrochen bist.« Nicht genug, daß ihm Hsüä-fëng die Beantwortung verweigert; er spricht ihm obendrein das Glück ab, dessen er sich rühmt, die große Freiheit. Yüan-wu's letzten Zwischenbemerkungen zu San-schëng's kühner Frage weisen vorbereitend auf den Punkt, an welchem Hsüä-fëng Anstoß nimmt. Die Frage ist gewiß »von allerhöchster Höhe«. Das gesteht ihm Yüan-wu ohne weiteres zu und will es auch von seinen Schülern ernst genommen wissen. Doch dann erhebt er einen Einwurf: wer durch das Netzwerk in die Freiheit durchgedrungen ist, wird selbst am besten wissen, worin seine Nahrung jetzt besteht. Wozu also andere darnach fragen? Hier liegt in der so rühmenswerten großen Freiheit ein verflixter Fallstrick. Diese Freiheit bietet keine Sicherheit dagegen, daß einer, welcher sie geschmeckt hat, sich wieder neu verstrickt. Und zwar diesmal in das Netz des Selbstgefühls, das sich an eben diese Freiheit klammert. Anstatt still zu bleiben, geht man hin und präsentiert sich andern als Befreiter. Hsüä-fëng's harte Abweisung besteht zu Recht.
Aber was geschieht? Jeden anderen, sagt Yüan-wu, hätte bereits diese eine Antwort mattgesetzt. Nicht so den jungen San-schëng. Der bleibt ungebrochen und erhebt die Gegenklage: das ist also der berühmte Hsüä-fëng, dessen geistiger Führung sich von Jahr zu Jahr gut fünfzehnhundert junge Leute anvertrauen! Und wenn *ich* mich in der Hülle einer Frage ihm eröffne, merkt er nicht einmal, wovon ich rede! Den Vorwurf, der in Hsüä-fëng's Antwort lag, übergeht der Gast also in kühnem Schwung, als hätte er ihn nicht gehört.

Ist das nun Verstocktheit, oder läßt es sich anders erklären? Achten wir darauf, was Yüan-wu dazu meint! »Auch San-schëng«, sagt er, »ist ein Meister in der Kunst«. Erst also stimmt Yüan-wu Hsüä-fëng zu, wenn dieser San-schëng tadelt; jetzt gibt er letzterem recht für seine Gegenwehr! Hier wird uns ein Rätsel aufgegeben, das zu lösen wohl der Mühe wert ist.

San-schëng will sich nun einmal die Freiheit, welche er erlebt hat und die ihn erfüllt, nicht rauben lassen. Ob er sich dabei dem Schein der Selbstgefälligkeit aussetzt, ob tatsächlich Selbstbespiegelung und Eitelkeit die Reinheit seines Herzens trüben, das ist im Licht der großen Freiheit, welche nun einmal sein Teil geworden ist, doch letztlich nichts, das wird von diesem Feuer immer wieder ausgebrannt. Und von einem Meister, wie dem großen Hsüä-fëng, denkt er, kann ich es erwarten, daß er aus meiner Frage die große Hauptsache heraushört, anstatt an meinen Schwachheiten zu nörgeln. »Er ruht in sich selber wie der Himmel«, bemerkt Yüan-wu; ja, er deutet gleich auch an, wie dieser unerwartete Gegenstoß auf Hsüä-fëng wirken muß: San-schëng's Klage ist wie »Blitz und Donnerschlag«. Hsüä-fëng wird nicht anders können, als den Goldbeschuppten seinen Sprüngen überlassen.

Und in der Tat! Hsüä-fëng, der unerbittlich kritische, sieht sich zu einer Entschuldigung bewogen: »Der alte Mönch hat eben mit den Aufgaben der Klosterleitung viel zu tun.« Das heißt: Ich hätte allerdings noch besser hinhören können. Es kommen mir so manche, die sich aus dem Hochgefühl, das Netz durchbrochen zu haben, ein neues eigenes Netzwerk spinnen und darin verhungern.

Er will nicht weiter streiten. »Es geht ihm nicht um Sieg und Niederlage.« Allerdings »verzichtet er« mit der Entschuldigung »auf einen Zug im Spiel«. Ob er gleich noch einiges zu sagen hätte, schweigt er und überläßt den Lin-dji-Schüler seinem eigenen Weg.

Aber hat er nicht mit seiner lässigen Entschuldigung dem jungen Gaste eben dessen Frage nach der rechten Nahrung für den Netzdurchbrecher aufs genaueste beantwortet? »Der alte Mönch hat mit den Aufgaben der Klosterleitung viel zu tun.« Auch er ist einmal jung gewesen; auch ihn hat einst die Wonne der Befreiung gleichsam in die Luft gehoben. Dann aber hat er aus der Höhe, über die es kein Hinaus mehr gibt, den Weg herunter in die Niederung gefunden und dabei die Höhe mitgenommen. Er hat, wie einst der Buddha, der Versuchung widerstanden, im Genusse des Nirvâna zu verharren; er ist auf dem Weg des Bodhisattva in den Dienst an einer notbeladenen Welt getreten und verzehrt sich jetzt mit ganz gewöhnlichen Geschäften. Eben dieser Dienst ist seine geistige Speise. Auch sein Teil ist die große Freiheit, auch ihm steht alles zu Gebot. In dieser seiner Freiheit aber tut er nun sein Tageswerk als Lehrer einer großen Bruderschaft und kümmert sich um alle Aufgaben, seien sie nun geistlich oder irdisch.

Darauf hat auch San-schëng nichts mehr zu erwidern. »Diese Antwort

Hsüä-fëng's«, bemerkt Yüan-wu, »ist noch sehr viel giftiger« als die erste. Sie ist ein Stachel, der in San-schëng sitzen bleibt. Denn am Ende wird auch er den gleichen Weg wie Hsüä-fëng gehen und eines Tags »mit Aufgaben der Klosterleitung« sehr beschäftigt sein. Er bleibt still, und Yüan-wu schließt ihn ein in die sarkastische Bemerkung »toter Bummler«. Hat nun Yüan-wu recht, wenn er so nachdrücklich behauptet, es gehe zwischen diesen beiden nicht um Sieg und Niederlage? Läuft doch schon sein Hinweis auf die Feststellung hinaus, daß der Ausgang dieses Treffens etwas Anderes und Höheres darstelle, als Entscheidungen, wie sie die Kriegskunst anstrebt. Selbst ein aufmerksamer Leser kommt sehr leicht zu dem Ergebnis, Hsüä-fëng sei hier klar der Überlegene, San-schëng's kühner Angriff sei gescheitert. Ein japanischer Ausleger[1] weigert sich ausdrücklich, Yüan-wu beizupflichten. Um so dringender stellt sich für uns die Frage, warum denn Yüan-wu diese naheliegende Erklärung so entschieden ablehnt. Wir kommen ihrer Lösung wohl am besten dadurch näher, daß wir sie mit der Betrachtung des Gesangs verknüpfen.

Zum Verständnis des Gesangs

Im Gesang spricht, wie wir wissen, Hsüä-dou, und das mindestens um acht bis neun Jahrzehnte früher als Yüan-wu, der Verfasser des Bi-yän-lu. Yüan-wu ist nur Hsüä-dou's Kommentator; er gibt zu dessen Beispiel und Gesang nur die Erklärung. Wir können also selbst nachprüfen, ob er Hsüä-dou verstanden oder mißverstanden hat. Betrachten wir auf diese Frage hin die Verse Hsüä-dou's!

Da kommt zuerst der goldbeschuppte Karpfen, der sein Netz durchstoßen konnte, an die Reihe, der Lin-dji-Schüler San-schëng. Man lese nach und frage sich: hat Hsüä-dou nicht an diesem Netzdurchbrecher seine helle Freude? Fühlt er nicht selber mit, wie himmlisch wohl es diesem in der neugewonnenen Freiheit ist? Stößt aber solch ein freier Fisch auf Widerstand, dann bläht die innere Kraft ihn zum gewaltigen Walfisch auf, der aus den Nasenlöchern Wasserstrahlen ausstößt und das Meer ins Wallen bringt.

»Da, ein Ton, ein Donnerrollen«: Hsüä-dou's Gleichnis für das Hohe, das aus der Entschuldigung Hsüä-fëng's herausklingt. Das Donnerrollen ist nur schwach, aber kommt von oben und aus weiter Ferne. Und es löst die schwüle Spannung in der Atmosphäre: »rings erhebt sich reiner Wind«. Von dem Walfisch ist nicht mehr die Rede.

Natürlich ist es leicht, zu sagen: er ist der Geschlagene, und Hsüä-fëng hat gewonnen. Aber dieser letztere will ja gar nicht Sieger sein: er entschuldigt sich. San-schëng will auch nicht mehr Sieger sein: er verstummt. Über beiden weht der reine Wind: In diesem gibt es weder Sieg noch Niederlage, sondern nur noch Frieden.

Sieht man genauer zu, so haben beide sich besiegt gegeben: Hsüä-fëng

mußte sich entschuldigen, San-schëng schwieg am Ende still. Hsüä-fëng's Entschuldigung geht allerdings voraus: sie ist das sanfte Donnerrollen, in dessen Folge sich der reine Wind erhebt. Insofern könnte man behaupten, er sei Sieger. Nur liegt es im Wesen dieses reinen Windes, daß er nichts von Sieg und Niederlage weiß. Und es ist derselbe reine Wind, in dem der Goldbeschuppte schwelgt.
Widerspricht es dieser Einheit in dem reinen Winde nun, daß jeder von den beiden fest auf seinem Posten stehen bleibt und diesen zäh verteidigt? Oder können sie sich deshalb so einander gegenüberstehen, weil der reine Wind sie beide einschließt? Das Geheimnis ist tief. Nicht umsonst wiederholt Hsüä-dou das Wort vom reinen Wind und fragt bedeutungsvoll: »Derer, die's merken, wie viele, wieviel?«

Hung-dschï's Gesang zum selben Beispiel

Es trifft sich gut, daß wenige Jahrzehnte nach Vollendung des Bi-yän-lu ein Meister aus der Tsau-dung-Schule auf dem berühmten Himmelsknabenberge, Tiän-tung-schan in Tschekiang, das Beispiel Hsüä-dou's von San-schëng und Hsüä-fëng in eine eigene Sammlung von »hundert Beispielen der Alten« aufgenommen und genau wie Hsüä-dou je in einem eigenen Gesang behandelt hat. Er heißt als Mönch Dschëng-djiang, nach seinem Wohnsitz Tiän-tung, und sein posthumer Ehrenname lautet Hung-dschï[2]. Ähnlich wie Hsüä-dou in dem Verfasser des Bi-yän-lu einen Ausleger gefunden hat, so sind auch die hundert Beispiele und Gesänge Hung-dschï's 86 Jahre nach seinem Tode durch Hinweise, Zwischenbemerkungen und Erläuterungen ausführlich gedeutet worden. Da dieser Ausleger[3] in seinen späteren Jahren in der Hauptstadt des regierenden Mongolenkaisers, dem heutigen Peking, eine Klause mit Namen Tsung-yung-an bewohnt hat, erhielt seine kommentierte Ausgabe der Beispiele und Gesänge Hung-dschï's den Namen Tsung-yung-lu, d. h. Niederschrift aus der (Klause der) Gelassenheit. Später hat in Japan ein japanischer Meister diese Erklärungen durch eigene ersetzt und auch seiner Ausgabe denselben Titel japanisch Shôyô-roku, gegeben,

[1] Tatsuta Eizan, Shimpen Hekigan shû Kôwa 1953, S. 441.

[2] Tiän-tung Dschëng-djiang (japanisch Tendô Shô-gaku), posthumer Ehrenname: Hung-dschï (japanisch Wan-shi, nicht, wie man nach der Regel lesen würde, Kô-chi), 1091–1157; gehört zu Traditionstafel III A 20 bei der Nachkommenschaft von Dung-schan Liang-djiä, also bei der Tsau-Dung-Schule (japanisch Sôtô-Sekte). Er ist 28 Jahre jünger als Yüan-wu und 111 Jahre nach Hsüä-dou geboren. – Der Tiän-tung-schan in Tschekiang erhebt sich etwa um 30 km landeinwärts von der damals wichtigen Hafenstadt Ningpo.

[3] Wan-sung Hsing-hsiu (japanisch Ban-shô Gyô-shû), 1166–1246. Seine Auslegung der Beispiele und Gesänge Hung-dschï's erschien 1223.

und in diesem sind denn die Gesänge des chinesischen Meisters heute wohl am meisten verbreitet. Hier finden wir im 33. Kapitel wörtlich genau das Gespräch zwischen San-schëng und Hsüä-fëng wieder, und dazu folgenden Gesang[1]:

Hat den Schwall er erst in Stufen überstiegen,
Helfen Wolkendonner weiter nach.
Wippt und schnellt sich hoch und höher, sieht die große Macht.
Schwanz verbrennt. Es klärt sich: er ist oben,
unter ihm das Tor des Yü.
Solch ein Prachtbeschuppter, der wird nie und nimmer
einem andern in den Leckerbissenkübel gehn.
Der Bejahrte, Ausgereifte schreckt die Menge nicht.
Ist gewohnt an starken Gegner, weiß von keiner Furcht,
Schwimmend, schwebend, immer richtig, wetterfahnenleicht,
Schwer gehäuft in Schichten, tausend Tonnen sind ihm nichts,
Hochgerühmt in weiten Reichen, keiner tut's ihm gleich,
Steht allein in den acht Winden, läßt sie wehn, hält fest.

Ebenmäßiger noch als Hsüä-dou stellt Hung-dschï hier die beiden Partner klar einander gegenüber. Sein Gleichnisbild für San-schëng ist einheitlicher. Er zeichnet ihn als goldbeschuppten Karpfen, der am Durchbruch des Huang-ho durchs Gebirge (dem Tor des sagenhaften Königs Yü) zuerst die dreigeteilten Fälle überhüpft und weiter himmelaufwärts steigt, bis ihm (in Sonnennähe, wie das Flügelwachs des Ikarus?) der Schwanz verbrennt und er zum Himmelsdrachen wird. Dies alles nur, um klarzustellen, daß solch ein Goldbeschuppter auch nicht dem besten Fischer mehr ins Netz gehen wird, um in dessen Leckerbissenkübel mit Lauch und anderen Gewürzen eingemacht zu werden. Es ist derselbe Ton triumphierender Freiheit, wie Hsüä-dou ihn auf seine Weise anschlägt. Von einem Vorwurf gegen San-schëng ist nichts zu vernehmen, noch weniger von einer Niederlage.
Und ebenso, wie Hung-dschï hier San-schëng, dem Jüngeren, gerecht wird, so auch dem Älteren, Hsüä-fëng. Er vermeidet es ganz deutlich, den einen gegen den anderen abzuwägen; er nimmt jeden wie er ist und hat an beiden seine Freude. Der Unterschied, das kommt hier deutlicher zum Ausdruck als bei Hsüä-dou, liegt lediglich im Alter. Hsüä-fëng ist der Ältere, der Ausgereifte, wetterfahnenleicht und felsenfest. Ihm kommt allerdings so rasch kein anderer gleich. Aber auch der Jüngere hat seine Ehre. Er steht am Anfang seiner Laufbahn. Wenn er sich weigert, dem Älteren »in den Leckerbissenkübel zu gehen«, ist das sein gutes Recht. Gerade so kann etwas Tüchtiges aus ihm werden.

[1] Wir entnehmen den Gesang des Meisters Hung-dschï vom Tiäntung-schan den Auslegungen des Zen-Meisters Akino Kôdô: Shôyô-roku Kôwa, Tôkyô 1922, Kap. 33, S. 446.

Hier wird deutlich, worauf all die strenge Zucht der Meister mit Stockschlägen und »Ho'« hinausläuft, nämlich nur darauf, den Schüler bis dahin zu bringen, wo ihm alle Stützen des Verstandes und des eingesessenen Ichgefühls zerbrechen und ein höheres Ich ihm aufgeht, welches mehr ist, als die sichtbare und standesamtlich faßbare Person. Die Zucht des Meisters ist ein Netz, das die Bestimmung hat, durchbrochen zu werden.

Yün-mën's Staub-und-Staub-Samâdhi

Hinweis

Er übersteigt die Stufenleitern; er übergeht die Notbehelfe, tut sie ab. So fügt Regung sich zu Regung; so trifft sich Wort mit Wort.
Solange einer in das Tor der großen Freiwerdung nicht eingegangen ist und den Gebrauch der großen Freiheit nicht erlangt hat, wie könnte er den Buddhas und den Patriarchen wohl die Waage halten und wie den Sinn des uns vererbten Heilsfahrzeugs im Spiegel [seines Wesens] ahnen lassen?
Sagt mir einmal: Wenn es eine Regung auf der Stelle abzufangen gilt, sei es in Anpassung an sie, sei es im Gegensatz, sei es geradeaus, sei's in die Quere: wie findest du das Wort für einen schlagenden Bescheid?
Laßt mich zur Probe, bitte, euch etwas vorlegen! Seht her!

Das Beispiel

Wir legen vor:

Ein Mönch fragte Yün-mën: Was bedeutet eigentlich der Staub-und-Staub-Samâdhi?
Yün-mën erwiderte: Im Napfe Reis, im Eimer Wasser.

Zwischenbemerkungen zum Beispiel

»Ein Mönch fragte Yün-mën: Was bedeutet eigentlich der Staub-und-Staub-Samâdhi?« – Daraus machen alle Kuttenmönche in der Welt sich eine Höhle [der Absonderung]. – Sie haben den Mund voll Reif [sie nehmen den Mund voll von Samâdhi; der aber wird im Mund zu Reif, verstopft ihn. Samâdhi ist nichts für den Mund]. – Den Sand durchwühlen, in der Erde bohren: was will er denn damit?
»Yün-mën erwiderte: Im Napfe Reis, im Eimer Wasser.« – Er hat in sein Leinenbündel einen Meißel obenauf gepackt. [In der Antwort steckt ein Meißelstoß, ein Eingriff in das Innere des Fragers.] – Ein verwirrendes Gemisch von Gold und Sand. [Man sieht nicht klar, wo in dieser Antwort etwas vom Samâdhi steckt; und doch ist er darin.] – Von einem Fehler fällt man in den andern. [Schon die Frage war verkehrt, und sie

verführt zum zweiten Fehler, daß Yün-mën auf sie antwortet. Reden ist hier schon von vornherein verfehlt[1].] – »Im Han-yüan-Schloß, da fragt man nicht, wo es nach Tschang-an geht[2].«

Erläuterung des Beispiels

Könnt ihr das denn richtig euch zu eigen machen? Wenn ihr es euch zu eigen machen könnt, so habt ihr Yün-mën's Nasenlöcher in der Hand [könnt ihn wie einen Ochsen an den Nüstern führen]. Könnt ihr es euch nicht zu eigen machen, hat Yün-mën eure Nasenlöcher in der Hand. Yün-mën hat Aussprüche, die Nägel zerbrechen und Eisen durchschneiden. Und in einem einzigen Sätzchen, das er spricht, sind drei verschiedene enthalten[3].

Manche Leute [wenn man sie nach der Bedeutung dieser Antwort Yün-mën's fragt] erklären: [damit sei gemeint,] daß die Reiskörner im Napf eines wie das andere rund, die Wassertropfen in dem Eimer einer wie der andere naß sind. Wenn es einer so versteht, hat er den Punkt, auf den es Yün-mën im Bemühen um anderer Menschen Bestes ankommt, nie gesehen.

Im Gesange heißt es:

Gesang

Im Napfe Reis, im Eimer Wasser.«
Den Herren Wortemachern bleibt der Witz im Schnabel stecken.
Das Polgestirn, des Südens Sterne stehn unverwandt am Ort.
Der Wogenschwall schlägt weiß zum Himmel,
hebt sich auf's flache Land.
Du wägst – es wägt sich nicht,
hältst an, und es hält nicht.
Da steht ein jeder splitternackt, des reichen Gutsherrn Sohn!

Zwischenbemerkungen zum Gesang

»Im Napfe Reis, im Eimer Wasser!« – Es liegt offen zutage! – Wozu da noch den Sand durchwühlen, in der Erde bohren? [Auch Hsüä-dou täte besser daran, zu schweigen; durch's Reden wird das offene Geheimnis nur verdeckt.] – Du solltest dir drei Jahre lang den Mund ausspülen; dann erst würdest du's erlangen. [Hsüä-dou hat durch sein Reden sich den Mund verunreinigt.]

»Den Herren Wortemachern bleibt der Witz im Schnabel stecken.« – Die Zungenspitze schnurrt ihnen zusammen. – Wer das GESETZ erkannt hat, fürchtet sich davor. [Nur solche, die es nicht begriffen haben, können davon schwatzen.] – Weshalb legt Hsüä-dou es dann doch in dieser Weise [mit diesen Worten] vor? [Die Meinung ist: Das Mitleid mit den andern zwingt ihn, sich »in's Gras fallen zu lassen«.]

»Das Polgestirn, des Südens Sterne stehn unverwandt am Ort.« – Was würde daraus werden, wenn man den Osten Westen nennte?! – Einmal sitzen, einmal stehn; streng nach der Ordnung! – Lang ist der Dharmaleib des Langen; kurz ist der Dharmaleib des Kurzen.

»Der Wogenschwall schlägt weiß zum Himmel, hebt sich aufs flache Land.« – Das [dieses Wasser] war klaftertief zu deinen Füßen! [Man erinnere sich an Su Dung-po's Gedicht: »Im Lu-schan-Gebirge die Wolken, die Donner, am Strande von Tschekiang die Flut!«] – Gast und Hauswirt wechseln die Rolle. [Passives wird aktiv, Aktives muß erleiden; Ruhendes bewegt sich, Bewegtes kommt zur Ruhe; eins geht ins andre über.] – Plötzlich kommt es einem über den Kopf. – Und wie steht es mit dir? [Dabei] ein Schlag [aufs Pult].

»Du wägst – es wägt sich nicht.« – Blauer Himmel, welche Not! – Ach!

»Hältst an, und es hält nicht.« – Wovon redet er eigentlich? [Der japanische Meister Fûgai (1779–1847) sagt dazu in seinem Kommentar Jirinshô: Das ist, wie wenn sich einer unterwegs verspätet hat: es reicht nicht mehr zur Heimkehr in das Dorf, es reicht auch nicht mehr rückwärts nach dem Laden der Stadt. Wie soll da in den Topf der Reis und in den Eimer Wasser kommen? Es geht schief, so oder so. Man versucht es hin, versucht es her, überlegt bald so, bald anders, und kommt doch nicht weiter. Endlich entschließt man sich, den Kreislauf überlegender Gedanken anzuhalten, und doch läßt dieser sich nicht halten. Wer sich (im Staub-und-Staub-Samâdhi) übt, erlebt auch solche Stunden.] – Und zu alledem kommt noch die Not des Ärgers!

»Da steht ein jeder splitternackt, des reichen Gutsherrn Sohn!« – Keine kleine Schlotterei! – Da lachen, die es sehen.

Erläuterung des Gesangs

In einem früheren Gesang [Kapitel 14] zu dem Ausspruch Yün-mên's »ein einziger Zuspruch« beginnt Hsüä-dou mit den Worten: »Ein einziger Zuspruch, sagt er; einsam steht es und steil, treibt noch in eisernen Hammerkopf wuchtig hinein seinen Keil.« In einem späteren Beispiel

1 Der japanische Meister Hakuin (1685–1768) bemerkt hierzu: »Das ist schon der alte Fehler bei den Buddhas und den Patriarchen.«

2 Han-yüan-diän: einer der Paläste der Tang-Kaiser in Tschang-an, um 750 von dem Dichter Li Hua in einem »Fu«, d. h. einer Schilderung in rhythmisch gehobener Prosa, gerühmt.

3 Vgl. Band I, S. 272 oben, Zeile 13 ff.

[Kap. 73], wo der Patriarch Ma [auf die Frage nach dem Sinn des Kommens des Patriarchen Bodhidharma aus dem Westen, also nach dem besonderen Sinn des Zen] »abseits von den vier Thesen« und »unter Ausschluß aller hundert Negationen« Auskunft geben soll, [wiederholt Hsüä-dou einfach dessen Antwort, d. h.] sagt er: »Tsang ist ein Weißkopf, Hai ein Schwarzkopf. Auch Kuttenmönche klaren Blicks verstehn die Antwort nicht[1].« Wenn einer durch den hier vorgelegten öffentlichen Aushang [d. h. Yün-mën's Antwort »im Napfe Reis, im Eimer Wasser«] durchsieht, dann wird er auch die Art, wie Hsüä-dou solche Antworten im Gesang behandelt [indem er sie nämlich ohne Erklärung einfach wiederholt], verstehen können.

Wenn Hsüä-dou zum Beginn hier also sagt: »Im Napfe Reis, im Eimer Wasser«, so liegt in diesen Worten ein [bestimmter] Klang. Er macht durch diese Sätzchen ein [bestimmtes] Triebwerk sichtbar [nämlich dasjenige, nach welchem jener Mönch gefragt hat und von dem er offen doch nicht reden kann: den »Staub-und-Staub-Samâdhi«, also die Einigung des Sinnes mit dem ganzen Weltgeschehen vom winzigsten Partikelchen bis zur Unendlichkeit in Raum und Zeit. Eben solches Reden straft der Dichter mit dem nächsten Vers]:

»Den Herren Wortemachern bleibt der Witz im Schnabel stecken.« Was weiter folgt, sind Randbemerkungen. Solltest du in diesen etwa eine vernunftgemäße Darlegung des Geheimnisvollen, Wunderbaren suchen und daran herumtüfteln, wird dir erst recht »der Witz im Schnabel steckenbleiben«.

Hsüä-dou hält im Anfang zunächst fest. Er befürchtet, es könnte in der Hörerschaft einer sein, der Augen hat, es zu durchschauen [und nun sich dazu verführen läßt, leere Worte zu machen].

Nachher muß er dann doch einen Zug im Spiel freigeben und sich den Anfängern zulieb dazu herbeilassen, ihnen das Verständnis aufzuschließen. So dichtet er weiter und läßt es die Leute sehen: das Nordpolargestirn steht wie seit alter Zeit im Norden, die südlichen Sterne wie seit je im Süden. Darum sagt er:

»Das Polgestirn, des Südens Sterne stehn unverwandt am Ort.« »Der Wogenschwall schlägt weiß zum Himmel, hebt sich aufs flache Land.« Wenn sich auf der flachen Erde plötzlich ein Wogenschwall erhebt, wie geht das nur zu? Wenn du das einfach als Tatsache vor dir siehst, kannst du es leichtnehmen. Willst du es jedoch nach seinem Sinn erforschen, so tastest du alsbald hilflos umher und triffst es nicht. Es ist wie ein eiserner Pflock, der sich nicht beiseite schaffen läßt. Du kannst hier deinen Schnabel nicht einschalten. Und wenn du es dir hin und her bedächtig überlegst, um es trotz allem zu verstehen, verstehst du es gerade nicht.

»Du wägst – es wägt sich nicht, hältst an, und es hält nicht.« Ohne selber es zu merken, zeigt man also seinen ganzen Sack voll Irrwahns. Das ist dann genau, wie Hsüä-dou am Schlusse seines Gesanges sagt:

»Da steht ein jeder splitternackt, des reichen Gutsherrn Sohn!« [So heißt es] in einem Gedicht des Einsiedlers vom Kaltenberge[2]. Es lautet:

Die Sechs Pole[3] quälen ewig sich mit Not,
die Neun Enden[4] sich mit nichtigem Gezänk.
Fähige, dem Gras- und Sumpfland überlassen[5],
gelten nichts und schließen ihr verstrupptes Tor.
Sonne stieg; die Felswand ist noch dunkel.
Nebel schwand; im Tale blieb es trüb.
Und mitten drin des reichen Gutsherrn Söhne[6]
stehn einer wie der andere splitternackt.

1 Näheres über das 73. Beispiel folgt in den »Erklärungen zum Text«, S. 331.

2 Der Einsiedler vom Kaltenberge: Han-schan (japanisch: Kan-zan), vgl. Band I, Seite 115; ferner das Gedicht in der Erläuterung des Gesangs zum 34. Beispiel S. 30.

3 Sechs Pole: die vier Himmelsrichtungen, dazu Zenit und Nadir, also: die Welt.

4 Neun Enden: die Enden der acht Himmelsrichtungen und der Himmel darüber, also wiederum: die Welt.

5 Fähige usw.: Männer, die fähig wären, ein öffentliches Lehramt zu bekleiden, bleiben verkannt und leben in bitterer Armut – eine bei chinesischen Dichtern häufige Klage.

6 Vom »Sohn des reichen Gutsherrn«, der, schon als Kind entführt, nach langem Elend in der Fremde ahnungslos nach Hause kommt, ohne seinen Vater zu erkennen und ohne seiner Sohneswürde sich bewußt zu werden, handelt das schöne Gleichnis im 3. Kapitel des »Lotos-Sutra«, Saddharma-puṇḍarîka-sûtra. Chinesisch Miau-fa-liän-hua-djing, japanisch Myô-hô-ren-ge-kyô.

Erklärungen zum Text

Die hundert Beispiele, die Hsüä-dou aus dem Schatz der Überlieferung ausgewählt und mit Gesängen ins Licht gestellt, und die nach ihm Yüan-wu seinen Hörern eingehender erschlossen hat, sind handschriftlich, und dann auch im Druck, in zehn Heften zu je zehn Kapiteln geheftet und dann zu zwei Bänden von je fünf Heften zusammengebunden worden. Mit dem vorliegenden Beispiel beschließt Hsüä-dou die erste Hälfte seiner Sammlung, und gewiß läßt er dafür nicht ohne Bedacht noch einmal seinen Lieblingsmeister Yün-mën Wën-yän zu Worte kommen, um ein für allemal klarzustellen, worauf es im Zen hinausläuft, nämlich nicht auf Worte, sondern auf ein Unsagbares. Dementsprechend ist auch das Gespräch, das er erzählt, ganz kurz, sein Gesang von äußerster Zurückhaltung, und derselben Wortkargheit befleißigt sich auch Yüan-wu. Dessen Erläuterung zum Beispiel sagt positiv zur Sache nichts; das Wesentliche bringt er schon vorher in seinen Zwischenbemerkungen. Das ganze Kapitel ist denn in der Tat von auffallender Kürze; es ist das kürzeste, dem wir bisher begegnet sind; es hat im chinesischen Text nur 33 Zeilen.
Darum hat es aber doch genug zu sagen. Es wehrt von einer geistigen Erfahrung, über welche viel und ausführlich geredet und geschrieben worden ist, das viele Reden ab, um sie zu schützen. Es steht in dialektischem Kontrast zu einer Fülle von Gedanken. Darauf deutet Yüan-wu zu Anfang hin.

Zum Verständnis des Hinweises

Yün-mën steht, wie überhaupt das »Zen« als Schule von geprägter Eigenart, auf dem Boden der buddhistischen Überlieferung, wie sie in Sutren und Traktaten schriftlich festgehalten ist. Diese alle handeln von dem Weg zur Buddhaschaft, dem Wege der Befreiung von der Not des Lebens und Sterbens. Und weil ein Buddha etwas unbegreiflich Hohes ist, weit über dem gemeinen Menschentum, so ist der Weg zur Buddhaschaft gar lang und führt über viele Stufen. Darüber haben die buddhistischen Lehrer fleißig nachgedacht und ein gegliedertes System von zweiundfünfzig Stufen aufgestellt, gewiß auf Grund ernstlichen Strebens und lebendiger Erfahrung, aber auch darauf bedacht, eine zahlenmäßig schöne, dem Gedächtnis einprägsame Ordnung zu gewinnen.
Der Weg geht zunächst über fünf Treppen von jeweils zehn Staffeln: erstens die Stufen gläubigen Vertrauens, zweitens die Stufen der geistigen Wohnstatt[1], drittens die Stufen heilsamen Wirkens, viertens die Stufen fortschreitender Zuwendung von Segensfrüchten an das die Welt erfüllende und tragende »Element« oder »Reich der Wahrheit« (Dharmadhâtu), das sind Stufen, die zum Stande eines Bodhisattva (d. h. eines Wesens im Zustand des Erwachtseins) führen, und endlich fünftens die zehn Standorte, die ein Bodhisattva bei zunehmender Erfahrung und Läuterung im Lauf der Zeit erreichen kann.

Um nur weniges herauszugreifen, nennen wir einige Stufen der ersten Leiter: ein gläubiges Herz, ein andächtiges Herz, fortschreitende Verfeinerung, ein reines Herz, ein weises Herz, ein Herz, das nicht zurückfällt, ... ein Herz, das die Gebote und Verbote streng befolgt, zehntens: ein Herz, das sich dem Heil der Menschen weiht.

Oder aus der dritten Aufstiegsreihe: Werke der Freude (d. h. vor allem freiwillige Gaben), Werke der Freiheit von Groll und Übelnehmen, Werke unerschöpflicher Güte, Werke ohne törichte Einbildung, Werke ohne Haften am eigenen Tun.

Auf der fünften Leiter zeigt sich, daß auch ein Bodhisattva lange noch nicht fertig ist. Er beginnt nur mit dem Stande freudiger Begeisterung. Da faßt ihn das Erbarmen mit dem Jammer menschlicher Verirrung, er gelobt, zu helfen und zu retten, tut alle Hemmungen des Hasses von sich ab, und die Erkenntnis von der Eitelkeit und Leerheit aller Dinge schwellt ihm so die Brust, daß er, einseitig auf die reine Wahrheit eingestellt, auf der zweiten Stufe es erreicht, allen Schmutz der Welt strengstens zu meiden. So kommt es auf der dritten Stufe so weit, daß er Licht ausstrahlt. Dies führt ihn viertens zu dem »Stande flammender Weisheit« mit radikaler Abkehr von der kleinsten Spur des Irrwahns. Die Frucht hiervon ist fünftens Unanfechtbarkeit, und sie befähigt ihn, sich, anders als die »Strengen«, allen Menschen gleichzustellen. So öffnet er sich sechstens in dem »Stand der Gegenwärtigkeit« erbarmungsvoller Güte; er sieht die Menschen alle in dem Kreislauf von Geburt und Tod verderben; für seinen Blick sind alle Menschen gleich, und »Stufen« spielen keine Rolle mehr. So erreicht er weiter nacheinander die Standorte der Wirkung in die Ferne, der Unerschütterlichkeit, des »guten Wissens«, und fünfzigstens zuletzt den Stand der »Dharma«- oder »Wahrheitswolke«, d. h. der Dharma- oder Wahrheitsleib hüllt ihn wie eine Wolke ein und schenkt durch ihn den anderen Menschen Freiheit in sich selber.

Damit steht der Bodhisattva schon sehr nahe an der Buddhaschaft. Noch ein Schritt, und er erlangt ein dem des Buddha »gleichwertiges Erwacht sein«, den Stand der reinsten Makellosigkeit. Und dieser kann zuletzt in den der »wunderbaren, unbeschreiblichen Erleuchtung« übergehen, in die eigentliche Buddhaschaft.

Es geht also beim Aufstieg über diese Stufen jeweils darum, etwas zu erfassen, was man auf der vorderhand erreichten Stufe noch nicht hat. Diese Schwierigkeit zu überwinden, sind die Bodhisattvas nun den Strebenden behilflich mit den sogenannten »Notbehelfen«[2], d. h. mit erzieherischen Mitteln, die im Licht der eigentlichen Wahrheit zwar

[1] »Geistige Wohnstatt«: vgl. das Wort der Bergpredigt: Wo euer Schatz ist, da ist auch euer Herz. Matth. 6, 21.

[2] Notbehelf, Sanskrit: upâya; chinesisch fa-biän; japanisch hô-ben. Vgl. auch Kap. 47, S. 273, Anm. 2.

verblassen, aber für die meisten Menschen immerhin vorläufige Bedeutung haben. Notbehelf ist schließlich alles, was man unter »Religion« versteht: Lehren, Gleichnisreden, Mythen, Sakramente, Liturgien, Anbetung von Buddhabildern, Feste, Feiern, fromme Sitten, und in strengerem Sinne ebenso das sittliche Bemühen wie auch die Versuche, das Geheimnis der höchsten Wahrheit und der Buddhaschaft verstandesmäßig zu erklären.
Mit den Worten »Stufenleitern« und »Notbehelfe« umfaßt Yüan-wu also nichts Geringeres als das geistige Ringen von Jahrhunderten buddhistischer Geschichte. Dieses Ringen war, wie zu ersehen ist, bestimmt vom Gegensatz zweier Pole. Einerseits war es darauf bedacht, den Buddha und die Buddhaschaft als Höchstes gegen alles, was darunter liegt, behutsam und mit feinster Unterscheidung abzugrenzen. Andererseits bot es in äußerster Weitherzigkeit den breiten Massen ein großes, mannigfaltig ausgeschmücktes Religionsgebäude an, in dem sich jedermann auf seine Weise heimisch fühlen konnte, ohne daß der Vorbehalt, dies alles sei »nur Notbehelf«, ihn ernstlich störte. Bedenkt man alles dies, wird man ermessen können, was es heißt, wenn Yüan-wu's Hinweis hier im Blick auf Yün-mën als den typischen Vertreter des chinesischen Zen beginnt: »Er übersteigt die Stufenleitern; er übergeht die Notbehelfe, tut sie ab.« Hier hat sich dem bisherigen Buddhismus gegenüber eine Revolution vollzogen, die das nach Buddha's Zeiten aufgekommene Gebäude auf den Kopf stellt. »Er übersteigt die Stufen« heißt nichts anderes als: er erkühnt sich als gewöhnlicher Mensch, so wie er dasteht, direkt nach der Buddhaschaft zu greifen. »Er tut die Notbehelfe ab«, das heißt: er läßt den anderen keine Ruhe in ihrer traditionsgemäßen Frömmigkeit, nicht einmal, wie sich nunmehr zeigt, in der Übung einer fein ersonnenen, das ganze All umspannenden Andacht.

Der Staub-und-Staub-Samâdhi

Von Yung-djia, dem »Erwachten *einer* Übernachtung«, kennen wir aus seinem »Lied von dem Erleben des WEGES« die Verse:

> Geist ist des Bewußtseins Wurzel,
> alles Dingliche ist Staub.
> Beide gleichen Fleckenspuren
> auf des Spiegels reinem Rund[1].

Betrachtet man die Welt der »Dinge« nur als eine einzige Ballung ungezählter Stäubchen, so ist für die Erkenntnis ihrer Leerheit bereits viel gewonnen. Das buddhistische Denken hat sich deshalb mit der Frage nach dem kleinsten Teilchen viel beschäftigt, freilich nicht im Sinn exakter Forschung, wohl aber mit dem Spürsinn einer kühnen Phantasie, die nicht zögerte, auch ohne Mikroskop weit hinter die Grenze des dem Auge Sichtbaren zurückzugreifen. So stellten die Scholastiker ein kleinstes Unsichtbares und darüber stufenweise sieben weitere auf, deren jedes siebenmal so groß wie das nächstkleinere sei. Erst das letzte dieser Stäubchen, also die 7^7- oder 823 543fache Vergrößerung des kleinsten Unsichtbaren ergebe dann das kleinste Sichtbare, den sogenannten »feinen Staub«[2], den allerdings nur Götter, Buddhas oder Bodhisattvas sehen können. Aus diesem feinen Staube nun besteht die ganze Welt, und zwar nicht allein die uns bekannte. Um den Weltenberg Sumeru liegen tausend Weltgebiete; und das ist nur das »kleine Weltentausend«. Das »große Weltentausend« ist tausendmal so groß; es besteht aus einer Million von Welten. Und alle sind nur eine Summe solcher feinen Stäubchen.

Das schon wiederholt erwähnte Avatamsaka- oder Blumenschmuck-Sutra will nun zeigen, daß diese ganze Welt der Dinge, strenggenommen, nur die Art und Weise darstellt, in welcher sich die unfaßbare ewige Wahrheit in dem menschlichen Gemüte spiegelt, so wie der runde Mond in dem bewegten Wasserspiegel allerlei verschiedene Gestalt annehmen kann. Wird nun die Welt der Dinge bereits als eine Welt von Staub erkannt, so ist auch jedes feine Stäubchen nichts weiter als ein Spiegel, der das Licht der Wahrheit widerstrahlt. Verfolgt man diesen Sachverhalt sorgfältig und beharrlich in gesammelter Betrachtung, so erscheint dem geistigen Auge eine unbeschreiblich potenzierte Lichtesfülle, indem jedes Stäubchen nicht allein direkt das Licht der Wahrheit widerspiegelt, sondern ebenso die Spiegelungen dieses Lichts in allen ungezählten Millionen anderer Stäubchen. Davon handelt ein Kapitel des genannten Sutras[3]. In ihm tritt ein Bodhisattva[4] auf, von dessen Andacht einige Verse die folgende Beschreibung geben:

In einem einzigen Stäubchen drin
läßt er sich tief versinken.
In allen Staubs gesamter Zahl
vollendet er's, wird fest.
Und ob auch jenes Stäubchen dann
so klein bleibt, wie es war,
Erstrahlt in ihm doch weit hinaus
die ganze Wunderwelt.

[1] S. Band I, S. 202.

[2] Feiner Staub: Sanskrit: anuraja; chinesisch we-dschën; japanisch mi-jin. Die Lehre vom Staub findet sich z. B. in dem dogmatischen Traktat Mahâvibhâsa, Kap. 136.

[3] Es ist das zwölfte Kapitel der sog. jüngeren chinesischen Übersetzung, die in achtzig Bändchen vorliegt. (Ihm entspricht in der älteren, sechzig Bändchen umfassenden Übersetzung das achte Kapitel.)

[4] Dieser Bodhisattva heißt chinesisch Djiän-schou, japanisch Ken-shu, indisch (vermutlich) Bhadrapati. Nach ihm heißt auch das betreffende Kapitel.

Dies ist es, was die chinesischen Buddhisten den Staub-und-Staub-Samâdhi nannten[1]. Ihm lagen ganz besonders die Liebhaber des Avatamsaka-Sûtra ob, und die Gelehrten unter ihnen entwickelten daraus ein feingesponnenes System von Lehren, um die Geheimnisse der Identität sämtlicher Erscheinungen und ihrer gegenseitigen Durchdringung bis in die letzten Konsequenzen zu verfolgen. Der große Avatamsaka-Gelehrte Fa-tsang[2] hat bei verschiedenen Zen-Meistern des achten Jahrhunderts starke Beachtung gefunden, so daß auch wohl in ihren Klöstern mancher Mönch den Staub-und-Staub-Samâdhi pflegte. Es ist somit durchaus begreiflich, wenn ein Mönch zu Yün-mën kommt, um ihn über die Bedeutung dieser Andacht zu befragen, sei es nun, daß es ihm damit ernst ist, oder daß er nur des Meisters eigene Stellung zu erkunden wünscht.

Yün-mën's Antwort

»Was bedeutet eigentlich der Staub-und-Staub-Samâdhi?« Eine offenbar ganz wunderbare, raffinierte Sache, denkt sich wohl der Mönch. Der Geist versenkt sich in ein winziges Stäubchen, und siehe, es beginnt zu leuchten; er eint sich mit dem nächsten Stäubchen, und es leuchtet auch. So geht es weiter fort und fort, das Licht wird immer heller, und zuletzt sieht er das ganze Universum leuchten und diese Lichtesfülle wiederum in jedem einzelnen der ungezählten Millionen Stäubchen widerstrahlen. Mit jedem Atemzug zieht er das Ganze in sich ein und haucht es wieder aus. Ein Hochgefühl ganz ohnegleichen! Das zu erleben, wäre wohl der Mühe wert. Yün-mën, der Meister, kennt es sicher aus Erfahrung. Machen wir die Probe und fragen ihn einmal darnach! Was bedeutet eigentlich der Staub-und-Staub-Samâdhi?

Yün-mën hat die Antwort, wie es scheint, schon fertig. Der Staub-und-Staub-Samâdhi? Das bedeutet weiter nichts, als in deinem Bettelnapf die Handvoll Reis und in deinem Wassereimer Wasser. So kann einer nur antworten, wenn er um den Staub-und-Staub-Samâdhi ganz genau Bescheid weiß, wenn er in seine Wunder eingedrungen und von seiner Lichtesfülle voll ist. Den Mönch jedoch kann diese Antwort nur verblüffen. »Im Napfe Reis, im Eimer Wasser«, welch ein Abstieg aus der reinen Höhe! wie banal, alltäglich!

Gerade so jedoch will Yün-mën es verstanden wissen. Und Yüan-wu hilft dazu noch nach mit einigen seiner Zwischenbemerkungen. Aus diesem Staub-und-Staub-Samâdhi, sagt er, machen sich die meisten Mönche eine Höhle der Absonderung, als sei die Lichtwelt des das All durchwaltenden Gesetzes nur für sie allein da, zu hohem geistigen Genuß. Sie sondern in Gedanken diese Lichtwelt von dem trüben Alltag

[1] Chinesisch dschën-dschën-san-mi; japanisch jin-jin-san-mai.

[2] Fa-tsang, japanisch: Hô-zô, 643–712.

ab, während es gerade dieser Alltag ist, in dessen Spiegel uns, wenn wir nur richtig hinsehen, das Licht des ewigen Gesetzes leuchtet. Sie nehmen es im Grunde mit der vollen Wahrheit gar nicht ernst; sie sind mit dem gemeinen Sandkorn nicht zufrieden, sie graben blind an ihm vorbei und durchwühlen den Boden, als läge darin extra irgendwo der Schatz vergraben; das Sandkorn selber sehen sie nicht leuchten. Darum ist auch das, was sie gemeinhin vom Staub-und-Staub-Samâdhi reden, nur Geschwätz. Sie nehmen mit dem Wort Samâdhi zwar den Mund recht voll, aber das ist nicht Samâdhi, sondern kalter Reif, der ihnen nur den Mund verstopft.

Der richtige Staub-und-Staub-Samâdhi ist überhaupt nicht etwas, über das sich reden läßt. Einzig schön und treffend ist das Gleichnis, welches Yüan-wu dazu anführt, der Vers des Dichters Li Hua aus seinem Fest- und Lobspruch auf ein kaiserliches Schloß der Residenzstadt Tschang-an: »Im Han-yüän-Schloß, da fragt man nicht, wo es nach Tschang-an geht.« Nach einem Ort, in dem ich selber wohne, brauche ich nicht zu fragen. Ich lebe und bewege mich darin. Und wenn nun dieser Ort das Schloß des Herrschers in der Residenzstadt ist, gehöre ich zu denen, welche eines Tages aus der Stadt vom Himmelssohn, dem Kaiser selbst, in seinen Kreis geladen worden sind. Für diesen Kreis ist Tschang-an nicht ein Gegenstand der Sehnsucht; er lebt in einer höheren Sphäre, und das ist seine Würde. So ist es auch mit denen, welche durch den Staub-und-Staub-Samâdhi durchgedrungen sind. Sie sind mit dem Geist der Wahrheit und des Lichtes selber eins geworden, und der ist höher als Vernunft und Rede. Auch Yün-mën's innere Überlegenheit und Würde hat hierin ihren Grund.

Dennoch redet er und gibt dem Mönche Antwort. Und Yüan-wu tut, als müßte er ihn dafür tadeln. Dieses Reden sei der zweite Fehler in dem Zwiegespräch. Yün-mën habe sich dazu durch die ungebührliche Frage des Mönchs verführen lassen. Und der japanische Meister Hakuin fügt hinzu, das sei überhaupt schon immer der Fehler bei den Buddhas und den Patriarchen. Sie reden von Dingen, über die man gar nicht reden kann. Warum können sie es doch nicht lassen? Es ist das Erbarmen mit den Irrenden, Verlorenen, das sie dazu drängt.

Aber trifft denn Yün-mën's Antwort überhaupt den Fragepunkt des Mönchs, den Staub-und-Staub-Samâdhi? »Im Napfe Reis, im Eimer Wasser«, das heißt für den Mönch dasselbe, wie für uns das tägliche Brot. Und für ihn ist diese Antwort ein Schlag ins Gesicht, wie denn auch Yüan-wu sagt: »ein Meißel«, um den Mann zu hobeln, also: um ihm weh zu tun. Doch eben das ist auf die hochgezielte Frage der Bescheid, der diesem Mönch not tut. Er hat sich verstiegen in ein Land der Träume, fern der Wirklichkeit. Jene Welt der Wahrheit und des Lichtes, die das Sutra in so zauberhaften Bildern malt, ist vom Staube unserer Alltagswelt in keiner Weise abgetrennt; dieser ist, wie schon gesagt, selbst Träger und Verkünder einer höheren Wahrheit. Der Reis im Napf, das Wasser in dem Eimer, es ist beides nichts als Staub, und Staub ist auch der Leib, der davon eine Weile lebt. Aber eben, wenn ich dies so, wie es ist, erkenne, anerkenne, leuchtet in mir und vor mir her in allem Staub ringsum die Wahrheit auf, die hell und frei macht. Bleibe du nur ruhig, will Yün-mën zu dem Mönche sagen, bei deinem Reis und Tee, und laß Samâdhi vorderhand Samâdhi sein! Habe auf dich selber acht bei jeglicher Hantierung; das ist auch Samâdhi! Eines Tages, wenn du stille bleibst, wird in dir das Licht aufgehen, und dann siehst du es in jedem Stäubchen.

Zum Verständnis des Gesangs

Hsüä-dou beginnt damit, daß er Yün-mën's Antwort einfach wiederholt: »Im Napfe Reis, im Eimer Wasser.« Und Yüan-wu nimmt es wichtig, daß Hsüä-dou sich damit begnügt und auf jede weitere Erklärung verzichtet. Es gibt hier nichts zu reflektieren und zu spekulieren. Gegen Yün-mën's Antwort kommt die Weisheit aller Wortemacher in der Welt nicht auf. Die herrliche Vision des Blumenschmuck-Sutras von der alles durchleuchtenden Wahrheit ist nicht dazu da, um eine noch so ausgetüftelte Philosophie daraus zu spinnen, sondern um dir den Blick für die geheimen Wunder deines Alltags zu erschließen, für dein täglich Brot, für Trank und Speise, für die Tagesarbeit, für die Stille deiner Nacht.

Die Verschwiegenheit all dieser Wunder ist Yüan-wu so wichtig, daß er auch in der Erläuterung darauf zurückkommt und zwei weitere Beispiele dafür nennt, wie Hsüä-dou im Gesang gewisse Antworten von Meistern ohne weitere Erklärung einfach wiederholt. Das erste Beispiel, nämlich Yün-mën's Antwort »Ein einziger Zuspruch«, kennen wir bereits vom 14. Kapitel her. Das andere folgt erst im 73. Kapitel unserer Sammlung. Weil es nun aber hier bereits erwähnt ist, so tun wir gut daran, von diesem späteren Kapitel wenigstens das Wichtigste vorwegzunehmen.

Vorgriff auf das 73. Beispiel: »Großmeister Ma's Verzicht auf die vier Hauptsätze und die hundert Negationen[1].« Schon der Hinweis auf das Beispiel ist bedeutend:

»Die Predigt des GESETZES, die vollzieht sich ohne Rede, ohne Verkündigung. Und das Hören des GESETZES, das vollzieht sich, ohne daß man hört und auffaßt. Wenn schon die Predigt ohne Rede und Verkündung vor sich geht, ist es da nicht besser, nicht zu reden? Und wenn schon das Hören ohne Hören und Vernehmen vor sich geht, ist es da nicht besser, nicht zu hören?«

Das darauffolgende Beispiel handelt von dem uns längst bekannten Großmeister Ma[2] und zweien seiner Schüler. Der eine heißt Dschï-tsang[3] und geht in der Tradition unter dem Namen seiner späteren Wirkungsstätte Hsi-tang, d. h. der Westhalle eines Klosters wahrscheinlich in Nan-tschang, der Hauptstadt der Provinz Kiangsi. Der andere

heißt Huai-hai[4] und ist uns als der bedeutende Meister Bai-dschang auf dem Reckenberg schon wiederholt begegnet. Hier finden wir die beiden noch im Kreis des Meisters, also höchstwahrscheinlich in dem soeben genannten Nan-tschang, wo Ma während der letzten zwei Jahrzehnte seines Lebens, also etwa von 768 bis 688 wirkte. Aus der nachfolgenden Geschichte geht hervor, daß Dschï-tsang weiße Haare hatte, Huai-hai schwarze. Vergleicht man die Geburtsdaten der beiden, so ergibt sich, daß der weißhaarige Dschï-tsang fünfzehn Jahre jünger war als der schwarzhaarige Huai-hai. Setzen wir, was sehr wohl möglich ist, ganz ungefähr das Jahr 775 für den erzählten Vorgang an, so wäre der schwarzköpfige Huai-hai damals 55 Jahre alt gewesen, Dschï-tsang mit dem weißen Kopf dagegen erst vierzig, ein immerhin auffallender Kontrast, der in der Bruderschaft zu mancherlei Belustigungen Anlaß geben konnte.
Nun der Bericht des 73. Beispiels:
»Ein Mönch befragte den Großmeister Ma, indem er sagte: ich möchte ganz abseits von den ›vier Thesen‹ und unter Ausschluß der ›hundert Negationen‹ den Meister einfach bitten, mir direkt den Sinn, in dem der Patriarch von Westen zu uns gekommen ist, zu zeigen.
Der Meister Ma erwiderte: ich bin heute müde von der Arbeit und nicht imstand, es dir zu sagen. Geh doch zu [meinem Gehilfen] Tsang und frage den!
Der Mönch fragte Dschï-tsang.
Tsang sagte: Warum fragst du nicht den Ehrwürdigen?
Der Mönch versetzte: der Ehrwürdige hat mich angewiesen, Euch zu fragen.
Tsang sagte: Ich habe heute Kopfweh und bin nicht imstand, es dir zu sagen. Geh doch zu Bruder Hai und frage den!
Der Mönch fragte Bruder Hai.
Hai sagte: Was diesen Punkt betrifft, verstehe *ich* gerade nichts.
Der Mönch berichtete dem Großmeister Ma, wie es ihm [bei Dschï-tsang und bei Huai-hai] ergangen war.

1 Die »vier Hauptsätze«, auf Sanskrit: catuskotika, sind nach der Lehre des Mahâyâna die einzigen vier möglichen Aussagen über reales Sein oder Nichtsein der Welt, nämlich 1. sie ist, 2. sie ist nicht, 3. sie ist und ist nicht, 4. weder ist sie noch ist sie nicht. Die »hundert Negationen« sind Verneinungen, welche sich aus der Auffassung vom Leersein alles Dinglichen ergeben. Hauptquellen dieser Lehre sind: das Große Nirvâna-sûtra, Kap. 3 und 24, das Lankâvatâra-sûtra, Kap. 4, und das Madhyamika-sûtra des Nâgârjuna.

2 Ma-dsu Dau-i, japanisch Ba-so Dô-itsu, 709–788; Traditionstafel III B 8; steht an der Spitze aller nachfolgenden Generationen der Linie III B. Vgl. vor allem das 3. und 26. Beispiel.

3 Hsi-tang Dschï-tsang, japanisch Sei-dô Chi-zô, 735–814; Traditionstafel III B 9 f. Von ihm war im 31. Kapitel die Rede; vgl. S. 501f., 512f.

4 Bai-dschang Huai-hai, japanisch Hyaku-jô E-kai, 720–814; Traditionstafel III B 9 a. Vgl. besonders die Beispiele 11 und 26.

Der Meister Ma bemerkte: Tsang ist ein Weißkopf, Hai ist ein Schwarzkopf.«

Auch diese Worte Ma's kann Hsüä-dou im Gesang nur wiederholen und dazu bekräftigen, daß selbst die klügsten Mönche es schwer haben dürften, aus solch schleierhafter Rede klug zu werden. Kurz, »im Napfe Reis, im Eimer Wasser«, dieses Wort, will Yüan-wu sagen, soll man nicht erklären, nicht zergliedern wollen, sondern soll es schlucken und bei sich behalten, bis es leise ganz von selbst zu klingen anfängt.

Darum, sagt er weiter, seien auch die Verse, die noch folgen, nur als Randbemerkungen zu nehmen, nicht als Auslegung der Antwort Yün-mën's. Wohl aber wehren sie dem Mißverständnis, das sich leicht an die im Staub-und-Staub-Samâdhi wunderbar erstrahlende Lichtwelt knüpfen kann. Immer da, wo eine »frohe Botschaft« Heil verheißt, regt sich die begreifliche Erwartung, es gehe um Befreiung von der Not und von dem Leid des Lebens im objektiv-konkreten Sinn, wie denn überall die Religion herhalten muß für gutes Wetter, für Gesundheit, für glückliches Gedeihen und womöglich für Bewahrung vor dem Tod. Demgegenüber deutet Hsüä-dou in zwei Gleichnisbildern an, wie in der Welt des Staubes Beständigkeit und unberechenbarer Wechsel immer beieinander sind. »Das Pol-Gestirn, des Südens Sterne stehen unverwandt am Ort.« Ein unverbrüchliches, beständiges Gesetz durchwaltet die Natur. Das aber schließt nicht aus, daß unvermutet Katastrophen sich ereignen können. Am flachen Strand von Tschekiang kann die Flut gewaltigen Schaden anrichten. Daß wir seit Newton für den Wechsel der Gezeiten eine physikalische Erklärung haben, ändert an der Gefahr von Sturmfluten im Grunde nichts. Das Grauen, das in Hsüä-dou's Vers sich ausdrückt, ist auch uns durchaus nicht fremd: »Der Wogen-Schwall schlägt weiß zum Himmel, hebt sich aufs flache Land.«

Der unberechenbare Wechsel also ist ein wesentliches Stück der ewiggültigen Ordnung. Der Staub-und-Staub-Samâdhi schließt in keiner Weise aus, daß eines Tages auch einmal kein »Reis im Napf«, kein »Wasser im Eimer« ist. Wohl ist die Menschheit seit Jahrtausenden damit beschäftigt, die Not und alle Hemmungen des Lebens abzuwehren, sei es durch Fortschritte der Technik oder der sozialen Ordnung. Der »Himmel auf Erden«, den die Heils-Propheten uns verkünden, scheint dabei so fern wie je zu sein. Etwas ist hier nicht in Ordnung. Und doch wissen wir nicht, wo es fehlt. »Du wägst – es wägt sich nicht, hältst an, und es hält nicht.« Wir stehen an einem toten Punkt, wir wissen nicht mehr weiter. Woran fehlt es?

Hsüä-dou läßt sich auf Einzelheiten dieser komplizierten Frage überhaupt nicht ein. Er geht dem Notstand direkt an die Wurzel. Nicht dieses oder jenes ist verkehrt; der ganze Mensch geht schon von Anfang an in falscher Richtung. Das besagt der letzte Vers: »Da steht ein jeder splitternackt, des reichen Gutsherrn Sohn.« Yüan-wu nennt uns die Quelle, aus welcher Hsüä-dou diesen krassen Ausdruck schöpft: ein

Gedicht des Einsiedlers vom Kaltenberge[1], von dem bereits im Anschluß an das 34. Beispiel ausführlich die Rede war. Deutlich spricht in seinen Versen sich der Schmerz darüber aus, daß das Licht des Buddhas, wenn auch längst schon ausgegangen, immer noch nicht bis ins Tal hinunterleuchtet, wo die große Menge wohnt. Dort regiert noch immer Not und Streit. Jeder einzelne in dieser Menge ist ein Glied an Buddhas Stamm, ist selbst im Grunde seines Wesens Buddha. Aber keiner weiß von dieser seiner adligen Geburt; jeder hat sich an ein Ich, das sich aus Staub zusammensetzt, verloren und schlägt sich lebenslang mit Staub herum.

Diesen Sachverhalt beschreibt der Einsiedler vom Kaltenberg im Bilde des berühmten Gleichnisses von dem verlorenen Sohn im Lotos-Sutra. Dort wird erzählt: Ein reicher Gutsherr hatte neben vielen Dienern doch nur einen einzigen Sohn. Dieser aber war als kleiner Knabe einmal weggelaufen und nicht wieder aufzufinden, obwohl der Vater fünfzig Jahre nach ihm suchen ließ. Inzwischen wanderte der großgewordene Sohn bald als Tagelöhner, bald als Bettler durch das weite Land und kam eines Tages, ohne es zu ahnen, auf das Gut des Vaters. Der erkannte ihn trotz seines jämmerlichen Aussehens sofort und sandte Diener, ihn hereinzuholen. Davor erschrak der Bettler, wich den Dienern aus und trieb sich nur scheu auf dem Hof herum. Durch zwei Diener, welche sich in Lumpen kleiden mußten, um den Mißtrauischen nicht abzuschrecken, verstand es dann der Vater, den Sohn wenigstens zur Reinigung des Aborts zu dingen und damit auf dem Hofe festzuhalten. Ganz langsam näherte er sich ihm nun und gewann allmählich sein Vertrauen. Aber das Bewußtsein, fremd in diesem Haus zu sein, ließ den Sohn so leicht nicht los. Erst nach zwanzig Jahren, als der Vater schon sein Ende nahen fühlte, konnte er es wagen, jenen vor versammelter Bekanntschaft und Verwandtschaft als seinen echten einzigen Sohn und Erben zu erklären und ihm sein großes Gut samt allen Schätzen zu vermachen[2].

So tief also, will das Gleichnis sagen, sitzt in uns Menschen die Verblendung, die nicht sehen will und darum auch nicht sehen kann, zu welch hoher Würde wir geboren sind. So mächtig bindet alle das

[1] Han-schan, japanisch Kan-zan; vgl. Band II, S. 43f., auch Band I, S. 115, im Zusammenhang mit We-schan Ling-yu genannt.

[2] Das Gleichnis vom verlorenen Sohn im Lotos-Sutra erinnert in den Grundgedanken deutlich an das uns bekannte Gleichnis Jesu, Luk. 15. Dennoch sind die beiden Gleichnisse ganz verschieden orientiert. Jesus schildert den Kontrast der beiden Brüder: der jüngere, verlorene, der reuig umkehrt, wird vom Vater freudig aufgenommen; der ältere, solide, ärgert sich und macht dem Vater Kummer. Im Lotos-Sutra liegt der Nachdruck auf den liebevoll erdachten »Notbehelfen«, mit denen es dem Vater nach und nach gelingt, den Sohn aus seinem starren Bettlerselbstgefühl zu lösen, bis er sich endlich über seinen wahren Stand als Sohn und vollberechtigter Erbe klar wird.

Gemeine. Das Sutra selbst hat freilich nicht den Ausdruck »splitternackt«. Es spricht nur von dem jämmerlichen Aufzug, in dem der Sohn daherkommt. Hsüä-dou dagegen übernimmt den krassen Ausdruck, weil ihm daran liegt, den Widerstand, mit dem der Mensch sich gegen seinen eigenen Adel sträubt, als etwas Unerhörtes aufzuzeigen, über das man nur unsagbar traurig sein kann. Wenn Yüan-wu anfangs auf die Kühnheit hinwies, mit welcher Yün-mën alle zweiundfünfzig Stufen, die zum Stand des Buddha aufwärts führen, überspringt, so überspringt hier Hsüä-dou diese ganze Stufenleiter abwärts bis zum Stand verstockter Blindheit ohne Rücksicht darauf, daß es auch in der Verderbtheit eine Menge Stufen gibt, wie sie ja schon das Strafrecht deutlich unterscheidet.

Dicht neben diese für die Menschheit so beschämende Beschreibung aber legt Hsüä-dou nun im selben Atemzug den Freibrief, mit dem der Buddha jedem Menschgeborenen den gleichen Adelsstand verbürgt, zu dem er selbst erwacht ist. Wenngleich keiner nur auch so viel hat, um seine Blöße zu bedecken, er ist dennoch von Geburt »des reichen Gutsherrn Sohn«. Also kommt es allein darauf an, diesem Ruf das Herz zu öffnen und die Augen aufzuschließen vor der neuen Perspektive, die sich für den Menschen auftut. Dann kann ich jeden Tag dem kleinen und gemeinen Ich, das mich in seine Bande zwingen will, den Abschied geben. Dann kann ich jedem Nebenmenschen, schiene er mir noch so widerlich, im Lichte des auch ihm verbrieften Adels achten. Dann habe ich die Freiheit, jedem anderen zu helfen, soweit es in meinen Kräften steht, und habe ebenso die Freiheit, alle Not zu tragen, die mir auferlegt ist. Denn dies mein Leibesleben ist ja auch, wie alles andere, Staub, der einmal sich zusammenballt und dann sich wieder löst. Ob das eine wohl tut und das andere weh, ist Sache der Empfindung; aber auch Empfindungen sind Staub. Als solche Stäubchen spiegeln sie das Licht der Wahrheit des Gesetzes, welches höher ist als Lust und Schmerz. Eben dieses ist die Höhe, ist der Adel, der dem »Sohn des reichen Gutsherrn« von Geburt an eignet. Und wenn alles dies ganz unbegreiflich ist, so ist es gerade recht. Denn das Unbegreifliche ist unsere Heimat. Oder weiß es irgend jemand besser?

Anhang

TRADITIONSTAFEL[1]

I

Indische Linie

Shâkyamuni Buddha Bodhi

1 Mahâ Kâshyapa	8 Buddhanandi	14 Nâgârjuna	20 (Shayata)
2 Ânanda	9 Buddhamitra	15 Kânadeva	21 Vasubandhu
3 Shânavâsin	10 Pârshva	= Âryadeva	22 Manorata
4 Upagupta	11 Punyayasha	16 Râhulabhadra	23 Haklenayasha
5 Dhîtika	12 Ânabodhi	17 Samghanandi	24 (Shishibodai)
6 (Mishaka)	= Ashvaghoscha?	18 Samghayathata	= Simhabodhi
7 Vasumitra	13 Kapimala	19 Kumâralâta	25 (Bashashita)

26 Punyamitra

27 Prajnâdhâra

28 Bodhidharma,
Erster Patriarch der chinesischen Tradition

II

Von Bodhidharma bis zum Sechsten Patriarchen und seinen Schülern

1. Generation Bodhidharma, chinesisch Pu-ti Da-mo
japanisch Bodai Daruma, 5.–6. Jahrhundert

2. Generation Hui-ko, japanisch E-ka, 487–593

3. Generation Sëng-tsan, japanisch Sô-san, gest. 606
Dichter des Gesangs Hsin-hsin-ming, japanisch Shin-jin-mei
(Stempel des gläubigen Herzens)

4. Generation Dau-hsin, japanisch Dô-shin, 580–651

5. Generation

a Der Fünfte Patriarch
Wu-dsu Hung-jën
Go-so (Kô-nin) Gu-nin
602–675

b Niu-tou (Ochsenkopf) Fa-yung
Vater des Niu-tou-(Ochsenkopf-)Zen
Go-zu Hô-yû
594–657

6. Generation

a (von 5a)
Der Sechste Patriarch
Lu-dsu Hui-nëng
Roku-so E-nô
Vater des »Südlichen Zen«
638–713

b (von 5a)
Der Vorsitzer beim Fünften Patriarchen
Schën-hsiu Schang-dso
(Shin-shû) Jin-shû Jô-za
Vater des »Nördlichen Zen«
gest. 710

[1] Die Traditionstafel des 1. Bandes erscheint hier in erweitertem Umfang und mit einer Namenliste in chinesischer Schrift, deren Ziffern und Buchstaben denjenigen der Tafel genau entsprechen. In einigen Fällen weicht die Lesung der Zeichen von der im I. Band gebrauchten ab. Das Zeichen für »groß« z. B., heute gewöhnlich »da« gelesen, lautet in besonderen Fällen »tai«. Und die Japaner haben für chinesische Meisternamen manchmal Sonderlesungen, die der sonst üblichen Aussprache entgegen liebhaberisch

Südliches Zen

7. Generation

a (selbständig) Haupt der Linie III A
Tjing-yüan Hsing-sï
Sei-gen Gyô-shi
660–740

b (von 6a) Haupt der Linie III B
Nan-yüä Huai-jang
Nan-gaku E-jô
677–774

c (von 6a)
Yung-djia Hsüan-djiau
Yô-ka Gen-gaku
Dichter des Lieds
vom WEG-Erlebnis,
Dschëng-dau-go,
japanisch Shô-dô-ka
665–713

d (von 6a)
Nan-yang Hui-dschung
Nan-yô E-chû
(Landesmeister Dschung)
675–775

8. Generation
(von 7d)
Dan-yüan Ying-dschën
(od. Dschën-ying)
Tan-gen Ô-shin (od. Shinnô)
8.–9. Jahrhundert

III

Die zwei Hauptlinien des »Südlichen Zen« von der 7. Generation bis auf Hsüä-dou und Yüan-wu

Linie III A

7. Generation
Tjing-yüan Hsing-sï
Sei-gen Gyô-shi
660–740

8. Generation
Schï-tou Hsi-tjiän
Seki-tô Ki-sen
700–790

9. Generation

a
Tiän-huang Dau-wu
Ten-nô Dô-go
738–807

b
Da-diän Bau-tung
Dai-ten Hô-tsû
gest. 819

c
Dan-hsia Tiän-jan
Tan-ka Ten-nen
739–824

d
Yau-schan We-yän
Yaku-san I-gen
750–834

Fortsetzung der Fußnote von S. 337
gepflegt werden. Wir haben versucht, auch solche Eigenheiten zu berücksichtigen. Ebenso wurden einige Jahreszahlen neueren Forschungen entsprechend geändert. Eine sichere Gewähr für die Richtigkeit solcher Angaben kann freilich nicht geboten werden.

10. Generation

a (von 9a) Lung-tan Tschung-hsin Ryû-tan Sô-shin (Ryô-tan Sû-shin)	*b (von 9b)* San-ping I-dschung Sam-pei Gi-chû	*c (von 9c)* Tsui-we Wu-hsüä Sui-bi Mu-gaku
d (von 9d) Dau-wu Yüan-dschï Dô-go En-chi 769–835	*e (von 9d)* Tschuan-dsï Dö-tschëng Sen-su Toku-jô	*f (von 9d)* Yün-yän Tan-schëng Un-gan Don-jô 780–841

11. Generation

a (von 10a) Dö-schan Hsüan-djiän Toku-san Sen-kan 782–865	*b (von 10c)* Tou-dsï Da-tung Tô-su Dai-dô 819–914	*c (von 10d)* Djiän-yüan Dschung-hsing Zen-gen Chû-kô
d (von 10d) Schï-schuang Tjing-dschu Seki-sô Kei-sho gest. 888	*e (von 10e)* Djia-schan Schan-hui Kas-san Zen-e 805–881	*f (von 10f)* Dung-schan Liang-djiä Tô-zan Ryô-kai 807–869

12. Generation

a (von 11a) Yän-tou Tjüan-huo Gan-tô Zen-kwatsu 828–887	*b (von 11a)* Gan-tan Dsï-guo Kan-tan Shi-koku	*c (von 11a)* Hsüä-fëng I-tsun Sep-pô Gi-son 822–908
d (von 11d) Da-guang Djü-hui Dai-kô Ko-ke	*e (von 11d)* Djiu-fëng Dau-tjiän Kyû-hô Dô-ken	*f (von 11e)* Lo-pu Yüan-an Raku-ho Gen-an 834–898
g (von 11f) Lung-ya Djü-dun Ryû-ge Ko-ton 835–923	*h (von 11f)* Tjin-schan Wën-sui Kin-zan Bun-sui	*i (von 11f)* Tsau-schan Bën-dji Sô-zan Hon-jaku 839–901
k (von 11f) Yün-djü Dau-ying Un-go Dô-yô gest. 901		

13. Generation

a (von 12c) Hsüan-scha Schï-be Gen-sha Shi-bi 835–908	*b (von 12c)* Djing-tjing Dau-fu Kyô-sei (Kyô-shô) Dô-fu	*c (von 12c)* Tschang-tjing Hui-lëng Chô-kei E-ryô 854–932
d (von 12c) Bau-fu Tsung-dschan Ho-fuku Jû-ten gest. 928	*e (von 12c)* Tsui-yän Ling-tsan Sui-gan Rei-san	*f (von 12c)* Yün-mën Wën-yän Um-mon Bun-en 864–949

g (von 12e) Ho-schan Wu-yin Kwa-zan Mu-in 891–960	*h (von 12a)* Lo-schan Dau-hsiän Ra-kan Dô-kan	*i (von 12a)* Jui-yän Schĭ-yän Zui-gan Shi-gen

14. Generation

a (von 13a) Lo-han Gue-tschën Ra-kan Kei-chin 869–928	*b (von 13c)* Wang Yän-bin Ô Em-bin	*c (von 13c)* Bau-tsï Hui-lang Hô-ji E-rô
d (von 13d) Yän-schou Hui-lun En-ju E-rin	*e (von 13f)* Fëng-hsiän Tsung-schën Hô-sen Tsû-shin	*f (von 13f)* Hsiang-lin Tschëng-yüan Kyô-rin Chô-on
g (von 13f) Ba-ling Hau-djiän Ha-ryô Kô-kan 10. Jahrhundert	*h (von 13f)* Dung-schan Schou-tschu Tô-zan Shu-sho 10. Jahrhundert	*i (von 13h)* Ming-dschau Dö-tjiän Mei-shô Tok-ken (»der Einäugige Drache«)

15. Generation

a (von 14a) Fa-yän Wën-i Hô-gen Bun-eki 885–958	*b (von 14a)* Tjing-tji Hung-djin Sei-kei Kô-shin	*c (von 14d)* Gue-dsung Dau-tjüan Ki-su Dô-sen gest. 985
d (von 14e) Hsiang, vom Lotos-blumenhorn Ren-ge-hô Shô	*e (von 14f)* Dschĭ-mën Guang-dsu Chi-mon Kô-so 10.–11. Jahrhundert	*f (von 14g)* Tschëng San-schëng Chô San-shô
g (Nachfahre von 12k) Liang-schan Yüan-guan Ryô-zan En-kwan		

16. Generation

a (von 15e)
Hsüä-dou Dschung-hsiän
(der Dichter der Gesänge)
Set-chô Jû-ken
980–1052

Linie III B

7. Generation Nan-yüä Huai-jang Nan-gaku E-jô 677–774	8. Generation Ma-dsu Dau-i Ba-so Dô-itsu 709–788

9. Generation

a Bai-dschang Huai-hai Hyaku-jô E-kai 720–814	*b* Nan-tjüan Pu-yüan Nan-sen Fu-gwan 748–834	*c* Tai-me Fa-tschang Tai-bai Hô-jô

d
Yän-guan Tji-an
En-kwan Sei-an (Sai-an)

e
Gue-dsung Dschï-tschang
Ki-su Chi-jô

f
Hsi-tang Dschï-tsang
Sei-dô Chi-zô
735–814

g
Dschang-djing Huai-hui
Shô-kyô E-ki
756/59–815/18

h
Ma-yü Bau-tschö
Ma-yoku Hô-tetsu

i
Pan-schan Bau-dji
Ban-zan Hô-shaku

k
Schï-gung Hui-tsang
Shak-kyô E-zô

l
Djin-niu
Kin-gyû

m
Bai-dschang We-dschëng
Hyaku-jô I-shô (I-sei)

n
Dschung-i Hung-ën
Chû-yû Kô-on

o
Pang Yün Djü-schï
Hô Un (On) Ko-ji

p
Wu-djiu
U-kyû

10. Generation

a (von 9a)
Huang-bo Hsi-yün
Ô-baku Ki-un
gest. 850

b (von 9a)
We-schan Ling-yu
I-san Rei-yû
771–853

c (von 9a)
Tschang-tjing Da-an
Chô-kei Dai-an

d (von 9a)
Bai-dschang Niä-pan
Hyaku-jô Nehan

e (von 9a)
Wu-fëng Tschang-guan
Go-hô Jô-kwan

f (von 9a)
Schï-schuang Hsing-kung
Seki-sô Shô-kû

g (von 9b)
Tschang-scha Djing-tsën
Chô-ja Kei-shin
gest. 868

h (von 9b)
Dsï-hu Li-dsung
Shi-ko Ri-shô
gest. 880

i (von 9b)
Dschau-dschouTsung-schën
Jô-shû Jû-shin
777–896

k (von 9b)
Lu Gëng Dai-fu
Riku Kô Tai-fu

l (von 9c)
Tiän-lung
Ten-ryû

m (von 9d)
Guan-nan Dau-tschang
Kwan-nan Dô-jô

n (von 9e)
Gau-an Tai-yü
Kô-an Tai-gu

o (von 9i)
Pu-hua
Fu-ke

11. Generation

a (von 10a)
Lin-dji I-hsüan
Rin-zai Gi-gen
gest. 867

b (von 10a)
Mu-dschou Dau-ming
(Boku-shû Dô-mei)
Boku-jû Dô-myô

c (von 10b)
Yang-schan Hui-dji
Kyô-zan E-jaku
807–883

d (von 10b)
Liu Tiä-mo
Ryû Tetsu-ma

e (von 10b)
Ling-yün Dschï-tjin
Rei-un Shi-gon

f (von 10b)
Hsiang-yän Dschï-hsiän
Kyô-gen Chi-kan

g (von 10c)
Tai-sui Fa-dschën
Tai-zui Hô-shin
9. Jahrhundert

h (von 10c)
Ling-schu Ju-min
Rei-ju Nyo-bin

i (von 10l)
Djü-dschï
Gu-tei Chi-kan

k (von 10m)
Guan-nan Dau-wu
Kwan-nan Dô-go

12. Generation

a (von 11a)	*b (von 11a)*	*c (von 11a)*
Hsing-hua Tsun-djiang	Bau-schou Yän-dschau	San-schëng Hui-jan
Ko-ke Son-shô	Hô-ju En-shô	San-shô E-nen
gest. 920		
d (von 11a)	*e (von 11a)*	*f (von 11b)*
Tung-fëng An-dschu	Ding Schang-dso	Tschën Tsau
Tô-hô (An-shu) An-ju	Jô Jô-za	Chin Sô
g (von 11c)		
Hsi-da Guang-mu		
Sei-tô Kô-boku		

13. Generation

a (von 12a)	*b (von 12b)*	*c (von 12g)*
Bau-ying (Nan-yüan) Hui-yung	Hsi-yüan Sï-ming	Dsï-fu Ju-bau
Hô-ô (Nan-in) E-gû	Sai-in Shi-myô	Shi-fuku Nyo-hô
9.–10. Jahrhundert		

14. Generation
a (von 13a)
Fëng-hsüä Yän-dschau
Fu-ketsu En-shô
896–973

15. Generation
a (von 14a)
Schou-schan Schëng-niän
Shu-zan Sei-nen
926–993

16. Generation
a (von 15a)
Fëng-yang Schan-dschau
Fun-yô Zen-shô
10.–11. Jahrhundert

17. Generation

a (von 16a)	*b (von 16a)*	*c (von 16a)*
Schï-schuang Tschu-yüan	Da-yü (Tsui-yän) Schou-dschï	Lang-yä Hui-djiau
Seki-sô So-en	Tai-gu (Sui-gan) Shu-shi	Rô-ya E-kaku
986–1038/39		

18. Generation

a (von 17a)	*b (von 17a)*	*c (von 17b)*
Yang-tji Fang-hui	Huang-lung Hui-nan	Yün-fëng Wën-yüä
Yô-gi Hô-e	Ô-ryô (Ô-ryû) E-nan	Um-pô Bun-etsu
gest. 1049	1002–1069	(Mon-etsu)

19. Generation

a (von 18a)	*b (von 18b)*	*c (von 18b)*
Bai-yün Schou-duan	Hui-tang Dsu-hsin	Bau-fëng Ko-wën
Haku-un Shu-tan	Kwai-dô So-shin	Hô-hô Koku-bun
1025–1072	1025–1100	gest. 1102
d (von 18b)		
Dung-lin Tschang-dsung		
Tô-rin Jô-sô		

20. Generation

a (19a)	*b (von 19b)*	*c (von 19d)*
Wu-dsu Fa-yän	Huang-lung Sï-hsin	Dung-po Djü-schï
Go-so Hô-en	Ô-ryû Shi-shin	= Su Schï (Dung-po)
(vom Berg des	gest. 1139	Tô-ba Ko-ji
5. Patriarchen)		= So Shi (Tô-ba)
1024–1104		1036–1101

21. Generation
(von 20a)
Yüan-wu Ko-tjin
En-go Koku-gon
1063–1135
Verfasser des Bi-yän-lu

Zur Traditionstafel in chinesischer Schrift

Dank dem tätigen Interesse einiger Professoren an der philosophischen Fakultät der Universität Kyôto für das Werden dieser Verdeutschung des Bi-yän-lu, oder, wie es in Japan heißt, Hekigan-roku, sind wir zu unserer Freude imstande, hier die Namen unserer Traditionstafel, wie sie oben stehen, auch in chinesischer Schrift darzubieten. Nur im Abschnitt I sind deren viele ausgelassen, da die Art, wie die Chinesen jene ihnen völlig fremden indischen Namen auf ihre gänzlich andersartige Schreibweise übertrugen, für uns belanglos ist. Im übrigen ist jeder chinesische Meister hier mit denselben Ziffern und Buchstaben so angeführt, wie er in chinesischer Schrift geschrieben wird. Und diese ist nach dortiger Auffassung das eigentlich authentisch Richtige und rechtlich Gültige. Die Aussprache eines Zeichens kann je nachdem variieren, so, wie z. B. das Schriftzeichen für »groß« zwar meistens »da« gelesen wird, in besonderen Fällen aber auch »dai« oder auch »tai« (auch We-schan wird vielfach Gue-schan gelesen; es sprechen aber klare Gründe dafür, daß er We-schan hieß).
Zunächst kam uns Professor Tsujimura Kô-ichi zu Hilfe, der mir schon während seines Studienaufenthaltes in Deutschland bei der Aufstellung eines Registers für unseren ersten Band beigestanden hatte. Ihm haben sich inzwischen auch zwei seiner älteren Kollegen angeschlossen: der bekannte Philosophie-Professor Nishitani Keiji und der in neueren Jahren als bedeutender Exponent des Zen-Buddhismus besonders hervorgetretene Professor und Priester Hisamatsu Shin-ichi, der vor Jahren auch in Deutschland aufgetreten ist (vgl. auch das S. 348 genannte Buch von Helmut Thielicke).
Als Übersetzer und Erklärer des Bi-yän-lu darf ich es als eine freundliche Fügung betrachten, daß gerade diese drei Gelehrten sich nun auch zum besten dieses unseres Buches bemühten und die für chinesische Namen alten Stils besonders zuständige Druckerei Kawakita Insatsu K.K. in Kyôto dazu vermochten, dem Carl Hanser Verlag in München auf drei schön gedruckten Seiten die gesamten Namen unserer Traditionstafel zur Wiedergabe zur Verfügung zu stellen. Wir sind der Druckerei für ihre uns wertvolle Hilfe bleibend dankbar.

列祖畧系

I 西天二十八祖

釋迦牟尼佛菩提

1 摩訶迦葉　　2 阿難陀

14 龍樹（那伽閼樹那）　　15 迦那提婆（提婆）

21 世親（天親）（婆修盤頭）

28 菩提達磨

II 東地六祖及其支流

1 祖師 菩提達磨

2 二祖 慧可

3 三祖 僧璨（著信心銘）

4 四祖 道信

5 a 五祖 弘忍　　5 b 牛頭法融（牛頭禪祖）

6 a 六祖 慧能（南禪祖）　　6 b 神秀（北禪祖）

南禪初代

7 a 青原行思　　7 b 南嶽懷讓

7 c 永嘉玄覺（一宿覺・著證道歌）

7 d 南陽慧忠（忠國師）

8 (7d) 耽源眞應（應眞）

III A 青原下至雪竇畧系

7 青原行思

8 石頭希遷

9a 天皇道悟　　9b 大顚寶通　　9c 丹霞天然

9d 藥山惟儼

10 a (9a) 龍潭崇信　　10 b (9b) 三平義忠　　10 c (9c) 翠微無學

10 d (9d) 道吾圓智　　10 e (9d) 舟子德誠　　10 f (9d) 雲巖曇晟

* 括弧內數字示前項系統

11 a (10a)	德山宣鑑	11 b (10c)	投子大同	11 c (10d)	漸源仲興
11 d (10d)	石霜慶諸	11 e (10e)	夾山善會	11 f (10f)	洞山良价
12 a (11a)	巖頭全豁	12 b (11a)	感潭資國	12 c (11a)	雪峰義存
12 d (11d)	大光居誨	12 e (11d)	九峰道虔	12 f (11e)	洛浦元安
12 g (11f)	龍牙居遁	12 h (11f)	欽山文邃	12 i (11f)	曹山本寂
12 k (11f)	雲居道膺				
13 a (12c)	玄沙師備	13 b (12c)	鏡淸道怤	13 c (12c)	長慶慧稜
13 d (12c)	保福從展	13 e (12c)	翠巖令參	13 f (12c)	雲門文偃
13 g (12e)	禾山無殷	13 h (12a)	羅山道閑	13 i (12a)	瑞巖師彥
14 a (13a)	羅漢桂琛	14 b (13c)	王延彬	14 c (13c)	報慈慧朗
14 d (13d)	延壽慧輪	14 e (13f)	奉先深	14 f (13f)	香林澄遠
14 g (13f)	巴陵顥鑒	14 h (13f)	洞山守初	14 i (13h)	明招德謙
15 a (14a)	法眼文益	15 b (14a)	淸谿洪進	15 c (14d)	歸宗道詮
15 d (14e)	蓮華峰祥	15 e (14f)	智門光祚	15 f (14g)	靈澄散聖
15 g (12k)	梁山緣觀				
		16 (15e)	雪竇重顯		

III B 南嶽下至圜悟署系

		7	南嶽懷讓		
		8	馬祖道一		
9 a	百丈懷海	9 b	南泉普願	9 c	大梅法常
9 d	鹽官齊安	9 e	歸宗智常	9 f	西堂智藏
9 g	章敬懷暉	9 h	麻谷寶徹	9 i	盤山寶積
9 k	石鞏慧藏	9 l	金牛和尙	9 m	百丈惟政
9 n	中邑洪恩	9 o	龐蘊居士	9 p	烏臼
10 a (9a)	黃檗希運	10 b (9a)	潙山靈祐	10 c (9a)	長慶大安
10 d (9a)	百丈涅槃	10 e (9a)	五峰常觀	10 f (9a)	石霜性空
10 g (9b)	長沙景岑	10 h (9b)	子湖利蹤	10 i (9b)	趙州從諗
10 k (9b)	陸亙大夫	10 l (9c)	天龍和尙	10 m (9d)	關南道常
10 n (9e)	高安大愚	10 o (9i)	普化		
11 a (10a)	臨濟義玄	11 b (10a)	睦州道明	11 c (10b)	仰山慧寂

11 d (10b) 劉鐵磨 11 e (10b) 靈雲志勤 11 f (10b) 香嚴知閑

11 g (10c) 大隋法眞 11 h (10c) 靈樹如敏 11 i (10l) 俱胝和尙

11 k (10m) 關南道吾

12 a (11a) 興化存奬 12 b (11a) 寶壽延沼 12 c (11a) 三聖慧然

12 d (11a) 桐峰庵主 12 e (11a) 定上座 12 f (11b) 陳操尙書

12 g (11c) 西塔光穆

13 a (12a) 寶應(南院)慧顒 13 b (12b) 西院思明

13 c (12g) 資福如寶

14 (13a) 風穴延沼

15 (14) 首山省念

16 (15) 汾陽善昭

17 a 石霜楚圓 17 b 大愚(翠巌)守芝

17 c 瑯琊慧覺

18 a (17a) 楊岐方會 18 b (17a) 黃龍慧南 18 c (17b) 雲峰文悅

19 a (18a) 白雲守端 19 b (18b) 晦堂祖心

19 c (18b) 寶峰克文 19 d (18b) 東林常總

20 a (19a) 五祖(山)法演 20 b (19b) 黃龍死心

20 c (19d) 蘇東坡

21 (20a) 圜悟克勤

*Nachtrag zum Literatur-Verzeichnis des 1. Bandes**

Erich Fromm, D. T. Suzuki, Richard de Martino: Zen-Buddhismus und Psychoanalyse. Szczesny-Verlag, München 1960.

Itô Yûten: Heki-gan-shû Tei-hon. Risôsha, Tôkyô 1963.

Hugo M. Enomiya-Lassalle, S.J.: Zen – Weg zur Erleuchtung. Herder & Co., Wien 1960.

Hugo M. Enomiya-Lasalle, S.J.: Zen-Buddhismus, dargestellt und christlich erörtert. Verlag J. P. Bachem, Köln 1966.

Helmut Thielicke: Vom Schiff aus gesehen. Gütersloher Verlagshaus, Gütersloh 1965.

Gerta Ital: Der Meister, die Mönche und ich, im zen-buddhistischen Kloster. Otto Wilhelm Barth Verlag, Weilheim/Oberbayern 1966.

* Bei der Menge von Veröffentlichungen, die seit 1960 über Zen erschienen sind, konnte uns hier nur an den wichtigsten Werken gelegen sein. Dazu gehört vor allem das zweitgenannte von Itô Yûten: Heki-gan-shû Tei-hon, das freilich schwer zu erhalten sein dürfte. Die beiden nächsten erinnern in der erstaunlichen Verbindung von Weitherzigkeit und Strenge an die große Zeit der jesuitischen Mission in Japan, wie sie nach 1549 Franciscus Xaverius eingeleitet hat. Die zwei letztgenannten schildern persönliche Begegnungen deutscher Besucher Japans mit hervorragenden Vertretern des heutigen Zen in Japan in lebendiger Anschaulichkeit.

Zur beiliegenden Karte

Um dem Leser dieses Buches eine geographische Vorstellung davon zu geben, wo die Meister, denen er darin begegnet ist, gewirkt haben, und welche Wanderungen Suchende zu deren Wirkungsstätte unternehmen mußten, fügen wir hier eine Karte an, mit deren Maßstab sich die Weite jener Wanderungen ungefähr errechnen läßt. Mehr als dies will sie nicht leisten. Sie zeigt weder die Verbreitung des Gesamtbuddhismus in China, noch auch die des Zen im Mittelalter, sondern nur die Sitze der in diesem Buch erwähnten Meister, ja übergeht auch hier solche von geringerer Bedeutung. Immerhin wird sie, was hier aus jener Zeit der Dynastien Tang und Sung berichtet wurde, dem Leser anschaulicher machen. Er wird vor allem auch jene drei Orte finden, an welchen Yüan-wu Ko-tjin die von Hsüä-dou gesammelten und besungenen »Beispiele der Alten« vor seinen Hörerschaften mit der ihm eigenen Originalität besprochen und erläutert hat: zuerst in Tschëng-tu, der Hauptstadt von Sïtschuan (IX), dann zwischen 1111 und 1115 auf dem Djia-schan unweit von Li (Li-dschou) nordwestlich des Dung-ting-Sees in Hunan (IV), nahe der Smaragdenen Felswand, die unserem Buch den Namen gab, und endlich, mehrere Jahre später, in der Hauptstadt dieser Provinz, Tschang-scha. Während von der Vortragsreihe auf dem Djia-schan der Druck in unseren Händen ist, den Dschang Ming-yüan um 1300 in seiner abgelegenen Heimat Tschëng-tu durchgeführt hat, scheinen von dem dritten Vortragszyklus überhaupt nur Manuskripte umgelaufen zu sein, von welchen aber der japanische Meister Dô-gen Zen-ji bereits 73 Jahre vor Erscheinen jenes »Dschang-Druckes«, nämlich um 1227/28 seine Abschrift nach Japan mitgebracht hat (vgl. unseren Vorbericht S. 15ff.).
Die Provinzen, die für uns in Frage kommen, bringt die Karte in römischen Ziffern, die entsprechenden Provinznamen sind, von Süden nach Norden im Zick-Zack aufsteigend, rechts unten auf der Karte angegeben.
Das Aufsuchen von Orten auf der Karte soll das Ortsregister (S. 360) erleichtern, indem es hinter jedem Ortsnamen die römische Ziffer der zugehörigen Provinz nennt. Dabei berücksichtigt es über die im zweiten Band erwähnten Orte hinaus die meisten der auf der Karte erscheinenden Namen.

PERSONENREGISTER*

* Arabische Ziffern ohne zusätzliche Angaben in diesem oder den beiden folgenden Registern bezeichnen die Seiten des 2. Bandes des »Bi-yän-lu«; sofern ausnahmsweise auf Seitenzahlen des 1. Bandes verwiesen wird, ist das vermerkt.
Die Register nennen auch Namen, welche nur in Fußnoten zu finden sind.

(Trt III B 9 = Traditionstafel III B, 9. Generation)

ORTSREGISTER

Das Ortsregister soll das Nachschlagen wichtiger Textstellen des 2. Bandes ermöglichen, aber auch das Suchen nach den auf der Karte eingezeichneten Orten erleichtern. Hinter den Ortsnamen findet sich deshalb die mit römischer Ziffer bezeichnete Provinz (entsprechend der beiliegenden Karte). Sofern es sich um einen im 2. Band in wesentlichem Zusammenhang erwähnten Ort handelt, folgen darauf die Seitenzahlen in diesem Band. Wird ausnahmsweise auf Seitenzahlen des 1. Bandes verwiesen ist dies vermerkt. Die im Buch berücksichtigten chinesischen Provinzen sind folgende:

I	Kwangtung	VIII	Hupe
II	Fukien	IX	Sï-tschuan
III	Kiangsi	X	Schensi
IV	Hunan	XI	Honan
V	Tschekiang	XII	Schantung
VI	Kiangsu	XIII	Hope
VII	Anhui	XIV	Schansi

Verschiedene Namen für den gleichen Ort sind durch Gleichheitszeichen verbunden. Übersetzungen des Namens, abweichende Schreibungen, sonstige erklärende Angaben sind in Klammern gesetzt. – Kl. = Kloster.

INHALT

Anhang

ISBN 3-446-11251-0

2. Auflage 1981 · · Gesetzt aus der Bembo-Antiqua · Druck J. Hablitzel Dachau · Bindung R. Oldenbourg Heimstetten · Die Gesamtausstattung besorgte Eugen O. Sporer · Printed in Germany